신명기 강해 4

신명기 강해 4

1판1쇄 발행 2013년 1월 3일

지은이 존 칼빈
옮긴이 곽홍석
펴낸이 이상준
펴낸곳 서로사랑(알파코리아 출판 사역기관)
만든이 이정자, 윤종화, 주민순, 장완철
　　　　 이소연, 박미선, 엄지일
이메일 publication@alphakorea.org

등록번호 제21-657-1
등록일자 1994년 10월 31일
주소 서울시 서초구 방배1동 918-3 완원빌딩 1층
전화 02-586-9211~4
팩스 02-586-9215
홈페이지 www.alphakorea.org

신명기 강해 4

Sermons on DEUTERONOMY

존 칼빈 지음 / 곽홍석 옮김

서로사랑

차례

헌사

제네바교회 목사들의 서문

헌사

Sermons on DEUTERONOMY

영국의 대법관 토마스 부름레이 나이트 경께

　당신의 선하신 지도력을 증거하려는 나의 마음이 간절하기 때문에 나는 모든 면에서 이 책을 헌정하는 것이 가장 좋은 방법이라고 생각했습니다. 이 책에는 하나님의 모든 율법과 이스라엘 백성들이 그것을 실천하는 방법이 자세하게 해설되어 있습니다. 율법을 정독하는 것만이 율법을 여러 가지 방법으로 칭찬할 수 있는 길입니다. 학식과 지혜가 많고 권력이 높고 덕이 큰 사람에게도 그렇습니다. 왜냐하면 우리가 율법의 저자를 알게 된다면 그 저자가 인간이 아니고 하나님이시라는 것을 알게 될 것이기 때문입니다.

　율법에 대해서 말하자면, 그것은 전 세계의 재판관들이 알아야 할 법이며 등불이고 지혜의 원천이며 진리의 시금석이고 의의 법칙이며 선의 기초입니다. 또한 축복의 기반이며 생활의 지침이고 지식의 돌파구며 우리의 지능을 다스립니다. 율법을 성실하게 수행하면 번영하게 되며 평화롭게 되며 참된 기쁨을 누리게 되며 죽지 않게 되며 행복하게 됩니다. 만약 우리가 율법을 전하려는 노력을 하게 되면 그것은 놀랍게도 많은 기적과 기사와 이적을 행하게 되며 하나님께서 임재하시는 영광과 존귀를 받게 됩니다. 또한 율법을 제정하신 분의 형상을 따라 거듭나서 참으로 거룩하고 의롭게 됩니다. 율법의 목적은 우리를 그리스도께로 인도해서 우리가 구원을 얻게 하는 것입니다. 율법은 전적으로 영적이며 거룩하며 영원한 순종을 요구합니다. 말할 수 없이 위대하고 인간이 표현할 수 없고 인식할 수 없는 위엄과 영광으로 가득합니다.

만약 우리가 이 율법을 공포하기 위해서 봉사하고 공헌한 당사자에 대해서 말하자면, 그는 하나님의 특별한 택하심을 받은 사람으로서 가장 뛰어난 은사를 받고 성령으로 충만했으며 (그리스도를 제외하고), 그와 비견할 선지자가 없었으며 그리스도의 형상이었고, 하나님과 친했으며 선한 관리자의 완전한 귀감이었고, 바로 그 집안의 아버지였습니다. 그리고 이 율법이 선포된 당사자들에 대해서 말하자면, 하나님께서 그들을 의도적으로 선택하시고 구속해 주시고 가장 비참한 폭정에서 구원해 내셨으며, 그들의 왕이 되시고 그들과 함께 하셔서 그들이 영원히 당신의 백성과 왕 같은 제사장이 되게 하려고 하셨는데, 그것은 확실히 놀라운 특전입니다. 그리고 거기에 담겨있는 내용을 제시하고 또 독자들로 하여금 그 내용을 잘 이해할 수 있도록 해설한 이 설교를 한 사람에 대해서 말하자면, 하나님께서 그에게 여러 가지 재능과 놀라운 은사를 주셨다는 것과, 또 우상 숭배와 미신을 타파하고 사람들을 하나님께로 인도하고 그리스도의 양떼들을 교화하기 위해서 피나는 노력을 부지런히 했다는 것이 잘 알려졌습니다. 그는 생존시에 많은 존경을 받고 명성을 얻었으며 지금도 여전히 그렇습니다. 내가 그분이 쓴 신명기를 번역하는 노력에 대해서 말하자면, 나는 당신께서 이에 대한 평가와 질책을 즐겁게 내려주시기를 겸손하게 앙망합니다. 나는 그것을 기쁘게 받아

들이며 그것을 통해서 하나님의 교회가 존재하며 조금이라도 부흥하는
데 일조하게 될 것입니다.

1582년 12월 25일

선하신 당신의 지도에 항상 가장 겸손하게 복종하는

아더 골딩(Arthur Golding)

제네바교회 목사들의 서문

Sermons on DEUTERONOMY

거룩한 공회의 믿음을 신봉하는 모든 성도들과 그리스도인 독자들에게 우리의 주님이신 예수 그리스도의 이름으로 문안합니다.

하나님께서 그 당시에 이스라엘 백성 가운데 당신의 교회를 세우시는 큰 은혜를 베푸신 것을 알려주는 시편 말씀은 주로 하나님께서 그들에게 당신을 섬기는 확실한 방법과, 선한 생활을 하는 참된 방법과, 구원을 받는 옳은 방법을 알려주신 은혜를 찬양하는데 그렇게 하는 것이 당연합니다.

그리고 그것이 모세와 또 다른 하나님의 종의 저서를 통해서 이루어지기도 했으며, 또 그들의 저서와 일치하는 생생한 목소리를 통해서 이루어지기도 했습니다. 만약 그것이 없었다면 그들이 향유할 수 있었던 모든 풍성함과 번영은 그들의 정죄의 분량을 늘려서 그들에게 불리한 기록에 불과하게 되었을 것입니다. 그러므로 하나님께서는 당신께서 거룩한 성 예루살렘의 성문을 지키셨다는 것과, 거기에 살고 있던 주민들에게 복을 주셨다는 것과, 그 주변의 모든 연안에 있던 평화와 평온과 전 백성들의 생명을 보조하는데 필요한 모든 것을 공급해 주셨던 당신의 배려에 대해서 언급하셨습니다. 그리고 마지막으로 야곱에게 당신의 말씀을 주셨으며, 이스라엘 백성들에게 당신의 규례와 법도를 주셨다고 말씀하시면서 나머지 모든 것의 감미로움과 확실성이 달려있는 중요한 요점을 제시하셨습니다. 그 당시에는 이런 유익이 예루살렘 성과 아브라함의 후손에게만 한정되었습니다. 거기에서 강조된 대로 하나님께서는 다른 어떤 민족도 그렇게 대하지 않으셨으며 그들에게는 당신의 법도를 알려 주시지 않으셨습니다. 그러나 예수 그리스도께서 오셔서 이 은혜를 이 땅의 모든 나라에 확대하셨으며 선지자들을 통해서 약속하셨던 복음을 충성스럽게 전파하는 당신의 경건한 사도들을 통해서 이룩하셔서 선지자들이 성경에서 한 말이 믿을 만하고 온전하다는 것이 충분히 입증되었습니다.

그러기에 이러한 통고는 우리 주 예수 그리스도의 모든 교회, 즉 그것들이 어떤 나라에 있든 상관없이 모든 교회에 해당되며 모든 교회는 하나님께서 당신의 말씀을 그들이 이해할 수 있는 언어로 읽고 들을 수 있도록 다정하게 가르쳐 주시는 하나님의 긍휼을 인정해야 합니다. (적 그리스도의 강압적인 폭력에 의해서) 그런 큰 은혜가 오랫동안 중단되었지만 우리는 그것을 비웃어서는 안 됩니다. 그리고 하나님께서는 그 은혜를 다시 베풀기 시작하셨습니다. 반면에 우리는 그것을 더 달콤하고 호의적이라고 생각해야 하며 사단의 졸개들이 우리에게서 강탈해 간 것들을 돌려 달라고 기도합시다. 그리고 우리는 하나님께서 이 세상의 죄로 인하여 대단히 진노하셨음을 인정하고 우리의 뒤를 이을 자녀들에게 그와 같은 벌이 내려지지 않도록 해야 합니다. 성경은 이 가르침으로 처음부터 끝까지 꽉 차 있습니다. 특히 신약성경이 그렇습니다. 거기에는 모든 지식이 성실하게 기록되어 있습니다. 하나님의 종 모세가 쓴 오경은 모든 후배들, 즉 모든 선지자들과 사도들에게 물을 제공하는 샘물과 같습니다.

여러분은 모세의 오경을 다른 성경 말씀과 비교하는 것이 교회에 많은 유익이 되고 이익이 된다는 것을 믿지 못할 것입니다. 그런 까닭으로 하나님께서는 당신의 섭리에 따라서 그것을 수백 년 동안 계속해서 많은 위험에서 놀라운 방법으로 보호해 주셨습니다. 그 외에도 우리는 거기에서 우리의 믿음이 유구한 역사를 가지고 있다는 것과, 참된 신앙의 실체는 항상 하나였다는 것과, 더욱이 바로 그 믿음의 형태를 신약성서의 말씀을 통해서 우리에게 완전하고 확실하게 알려준다는 것을 알게 됩니다. 사도 베드로가 모든 선지자들에 대해서 언급할 때, 충성된 자들은 그들의 기독교 신앙을 기르기 위해서 말조심을 잘 하고 있다고 말한 적이 있습니다. 사도 베드로는 거기에서 모세를 모든 선지자들 중에서 으뜸으로 꼽은 것이 확실합니다. 왜냐하면 모세는 예수 그리스도를 그리스도께서 자신에 대하여 요한복음 5장에서 강력하게 공언하신 대로 썼기 때문입니다.

따라서 (사도 바울이 히브리인들에게 말한 것처럼) 모세가 말하고 쓴 내용은 후에 하나님의 아들과 그분의 사도들이 신약성서에 쓸 내용을 증언하는 것이라고 결론을 내려도 좋을 것입니다. 그런데 모세의 오경에 대해서 알고 있는 사람들 대부분은 그중에서도 신명기가 가장 늦게 쓰여졌다는 것을 인정할 것입니다. 따라서 신명기는 다른 기록서의 경향을 알려주며, 또 그것들을 통해서 보다 잘 살아가는 방법을 가르쳐 주며, 더욱이 그것들의 핵심을 담고 있습니다. 그러한 이유가 우리의 사랑하는 형제, 아니 그보다는 우리의 좋은 아버지 같으며 예수 그리스도의 복음을 충성스럽게 전하는 사역자인 존 칼빈 선생을 감동시켜서 신명기를 설교하고 해설하게 했던 것처럼 보입니다. 그는 백성들이 다음에 나올 세 기록서를 이해하기 위해서는 그렇게 하는 것이 필요하다는 것을 알게 되었습니다.

그러므로 그가 전에 성경의 다른 기록서에 대해서 한 설교문처럼 순서대로 모았으며 그중의 많은 것은 이미 출판되었습니다. 그의 나머지 설교문이 하나님의 도우심을 받아 빛을 보게 될 것이지만 이 설교집이 제일 먼저 출판되는 것이 좋을 것처럼 보였습니다. 이 설교를 통해서 효과를 얻기 위해서는 어떤 추천사나 서문이 필요하지 않고 오랫동안 읽는 습관이 필요합니다. 우리의 선한 존 칼빈 선생의 인격과 은사에 대해서 참된 보고를 들은 적이 있는 사람들 모두는 그분의 설교문을 틀림없이 읽게 될 것이며, 그분의 이름이 적혀 있는 책에서 하나님의 성령에 맞먹는 유익하고 선하며 거룩한 것을 발견하게 될 것이라고 확신합니다. 여기에서 중요하게 알아야 하고 주목해야 할 요점은 독자들이 앞에서 말한 설교 전집을 처음 대할 때 그에 대한 맛을 약간 보도록 그 요점을 반복해서 알려주는 것이 대단히 좋을 것입니다.

모든 사람들은 서둘러서 그 설교문을 읽고 또 설교자 자신이 직접 설교하는 것처럼 듣는 것이 더욱 좋습니다. 우리는 한 가지 요점만을 언급하려고 하는데, 그것에 대해서는 이미 앞에서 간단하게 말했습니다. 즉 모세가 쓴 이 신명기는 많이 읽혀지고 내용이 잘 알려졌기 때문에 이 책은 누가 참된 믿음을 갖고 있으며 누가 의문을 품은 사람인지를 잘 보여줍니다. 그런데 일부의 사람들은 오늘까지도 의문을 품고 있으며 자기들 자신의 생각에 따라서 지나치게 대담해져서 명백한 하나님의 말씀에 맞서기로 결심합니다. 우리는 여기에서 흔히 이단자 혹은 이교자라고 불리우는 회교도와 유대교인과 사례산 사람 등 그 밖의 그와 유사한 자들에 대해서 말하는 것이 아니라 오랫동안 그리스도인이라고 불렸던 사람들에 대해서 말하고 있습니다.

하나님의 인자하심과 선하심으로 인해서 그들에게는 거룩한 세례를 받았다는 증표가 계속 남아 있으며 말로는 예수 그리스도를 믿는다고 주장합니다. 오늘날에는 많은 것이 변했습니다. 어떤 사람은 하나님을 섬기는 데에는 우상이 있는 것이 좋아서 교회 안에 우상을 세워야 한다고 말하는가 하면, 다른 사람은 그와 정반대로 그렇게 하는 것은 기독교를 심히 모독하는 짓이며 참된 기독교 정신을 완전히 저버리고 가짜 신앙을 받아들이는 것이라고 주장합니다. 만일 사람들에게 모세가 이 책에서 말하는 것을 듣고 싶어하는 마음이 생긴다면 모세는 그가 쓴 다른 성서의 중요한 요점도 알려줄 것입니다. 만약 그들이 그렇게 하지 않는다면, 그들은 예수 그리스도를 부인하고 성령님에게 반항했다는 유죄 판결을 받게 될 것입니다. 모세는 하나님께서 그런 식의 예배를 참지 못하신다는 것과, 우상을 강력하게 금지하셨다는 것과, 또 만약 당신의 백성들이 단순한 규례에 온전히 의지하지 않고 다른 짓을 하려고 한다면 그들을 무섭게 처벌하실 것이라는 것을 알려줍니다. 그렇게 하는 데에는 두 번째 계명만 있어도 충분하고도 남을 것입니다.

그러나 (모세는 그 계명을 출애굽기 제20장에 썼으며 이 책의 제5장에서 그것을 자세하게 다시 썼기 때문에) 하나님께서는 "너를 위하여 새긴 우상을 만들지 말라"고 말씀하셨습니다. 그리고 하나님께서는 어떤 유별난 것을 주장해서 말다툼을 일으키는 사람이 없게 하기 위하여 "위로 하늘에 있는 것이나 아래로 땅에 있는 것이나 땅 아래 물속에 있는 것의 아무 형상이든지 만들지 말며"라는 말씀을 첨가하셨습니다. 더욱이 하나님께서는 당신께서 받으실 예배의 일부분이 아무리 적더라도 우상에게 주는 것을 바라지 않으신다는 것을 보여주시기 위해서 "그것들에게 절하지 말며 그것들을 섬기지 말라"는 말씀을 더하셨습니다.

　마지막으로 하나님께서는 그것을 어기는 자와 그들의 자녀에게는 삼사 대까지 보복하시겠다는 무섭고도 무시무시한 경고를 하셨습니다. 이 계명이 매우 분명한 말로 기록되었기 때문에 그 뜻이 말할 수 없이 더 분명하게 되었습니다. 따라서 사람들로 하여금 죄를 짓게 하는 호색하는 자들은 우상과 종교를 혼합하는 방법을 통해서 그들과 그들의 탐욕이 거둔 큰 소득을 인식하여 두 번째 계명을 누락시키고 마지막 계명을 둘로 분리시켜서 삼이라는 수가 온전히 이루어지게 했습니다. 그러나 모세는 이 외에도 신명기에서 명료한 말로 설명했기 때문에, 만약 오늘날 어떤 사람이 그것에 관심을 갖고 있지 않다면 "들으려고 하지 않는 자만큼 귀가 먹은 자가 없다"라는 격언이 그 사람에 의해서 입증될 것이며, 그는 선을 행할 의사가 전혀 없는 자일 것입니다.

　그 후에 지금까지 몇몇 사람들이 그 문제를 두고 논쟁을 하고 있지만, 그들을 추궁하고 또 추궁해도 그들은 완전히 경직되어 있기 때문에 전에 언급했던 반대자들에게 시의 적절하게 알려주었던 것처럼, 그들에게는 교회 안에 있는 우상에게 어떤 거룩함을 줄 능력과 힘이 없으며, 이후로도 그들이 아무리 노력을 해도 그럴 것입니다. 그러나 우리로서는 백성들과 그들의 지도자들과 장관들의 마음을 감동시켜서 그들로 하여금 어떤 것이 하나님의 노여움을 진정시켜 드리고, 또 어떤 것이 점점 더 발전할 기회를 주는 좋은 방법인지 알게 해달라고 계속해서 기도 드려야 합니다. 한편 그것은 우리가 다른 개혁된 거룩한 교회와 함께 유지해 왔던 거룩한 기독교의 신앙심과 참된 사도다운 믿음으로 우리를 강건하게 해 줍니다. 이 점과 관련해서 말하라면, 그것이 우리에게는 난공불락의 요새가 되는 것이 확실하기 때문에 우리는 이 사실을 대대로 보여줄 수 있습니다.

즉, 우리는 제일 먼저 참된 사도답던 초대교회에는 그들의 성회가 성전에서 열렸든, 그 밖의 다른 곳에서 열렸든 상관없이 우상이 없었으며 백성들이 우상 앞에 무릎을 꿇거나 그들 앞에 우상을 세우려고도 하지 않았습니다. 이스라엘 백성들이 바벨론에서 돌아온 후 포로로 잡혀있을 때에도 교회가 전에 이스라엘 백성들에 의해서 관리되었을 때처럼 선하고 신실한 이들은 의도적으로 그렇게 하는 것을 피했습니다. 한 단계 더 올라가면, 우리는 참된 선지자들은 우상과 우상을 숭배하는 방법에 반대하는 "목소리를 낸데" 대해서 하나님으로부터 칭찬을 받았다는 사실과, 경건한 왕들은 그들의 백성들 가운데서 그런 미신적인 행위를 할 계기를 주지 않고 말살하고 뿌리 뽑음으로 인해서 하나님의 호감을 샀다는 사실과, 선한 재판관과 장관들도 왕 앞에서 그렇게 했다는 것, 그리고 (고대에 대한 책을 제일 먼저 낸) 모세도 우상에 대해서 그렇게 말하고 처리했다는 것을 알게 될 것입니다. 그런데 모세는 흔치 않게도 백성들을 가르치는 책임과 백성들의 공공복지를 중진시키는 책임을 둘 다 맡고 있었습니다.

이렇게 해서 여러분은 참된 공회는 사람들이 어떻게 생각하든 상관없이 복음을 따르는 편에 서 있다는 것을 알게 되었습니다. 그리고 우리는 겉으로 나타나는 외적인 우상 숭배에서 벗어나야 하기 때문에 우리는 우리 자신을 세밀하게 살펴 하나님을 순수하게 섬기고, (우상 숭배라고 불리는) 탐욕적인 야망과 이 세상의 지나치게 허황된 것을 피하고, (가능한한 많은) 주의를 해서 우리의 신중하지 못한 처신으로 인해서 복음과 복음을 사랑하는 마음에서 절대로 물러나지 않도록 합시다. 그렇게 해서 순종하지 않는 자가 변명을 하려고 하나 그것이 그들을 넘어뜨리는 계기가 되었다는 사실을 알려줍시다. 더욱이 오늘날 자기 자신을 그리스도인이라고 자칭하는 많은 사람들에게서 보이는 괴상한 무지, 아니 그보다는 고집 센 완강함이 우리로 하여금 더 열심히 기도하게 합니다. 그러면 우리의 선하신 하나님께서 모든 사람들의 마음 안에서 큰 자는 물론 작은 자의 마음 안에서도 왕과 방백과 그 밖에 다른 관리자는 물론 그들의 부하의 마음 안에서도 효과적으로 역사하셔서, 불쌍한 세상 사람들이 아무것도 배우지 못해서 새 신자의 위치에 머물러 있는 것을 더 이상 허락하지 않으실 것입니다.

우리는 두 번째 계명을 기본 원칙이라고 부릅니다. 왜냐하면 그것은 참된 신앙의 가장 중요하고 가장 확실한 기초 중의 하나이며 (여러분이 아시는 대로) 첫 번째 계명에 꼭 필요한 부속물이기 때문입니다. 그리고 우상을 숭배하는 것은 하나님을 섬기는 것과 혼합시키는 것을 막론하고 하나님보다 다른 신들을 주장하는 것이기 때문입니다.

하나님께서는 회개를 권고하시기 위해서 우리에게 굉장히 많은 벌을 내리셨습니다. 지금도 여전히 그렇게 하심에도 불구하고 세상 사람들은 전혀 깨닫지 못하고 있다고 해도 놀랄 일이 아닙니다. 하나님께서는 전에 이 땅에 있던 백성들을 당신의 회초리로 충분히 치셨으며, 그 외에도 당신의 인자하심으로 인해서 복음을 여러 곳에 전파하기 시작하시고 나서 50년 동안 하나님께서는 그들로 하여금 그들이 하나님의 거룩하신 가르침을 경멸한 것을 벌하기 위해서 내리시는 당신의 징벌을 여러 가지 방법으로 느끼게 만들기도 하였습니다. 그럼에도 불구하고 우리는 (만약 우리가 기도를 계속한다면) 하나님께서 당신의 어리석은 신도들의 기도를 언젠가는 들어주셔서 그 기도가 풍성한 효과를 내게 하시고, 또 우리들의 죄로 인해서 처참한 폐허 속에 묶여 있던 당신의 나머지 교회들도 구출해 주실 것이라고 믿고 있습니다. 비록 사단이 사방에서 그의 앙심을 토할지라도 우리는 하나님께서 이미 복음에 주셨던 축하 선물을 더 풍성하게 받게 됩니다.

비록 거룩한 가르침이 여러 곳에 있는 불쌍한 백성들의 귓속에 울리고, 또 세례식과 성찬식이 순수하게 집례되고, 또 하나님을 찬양하는 소리가 시와 노래로 사람들에게 울려 퍼지며, 아버지께서 우리의 소망이 되시며, 불쌍한 죄인들의 유일한 옹호자가 되는 예수 그리스도의 이름으로 경배를 받고 계시지만, 금년에는 해가 가리워져서 복음의 전도가 영원히 중단되기를 바라고 소원하는 자들이 많이 있습니다. 그러나 하나님과 우리의 위대한 태양이신 예수 그리스도의 역사로 그들의 소원은 이루어지지 않을 것입니다.

그리고 하나님의 나라가 낮은 이곳에서 스스로 그 영역을 확장하는 동안에 우리는 모세가 쓴 이 신성한 책이 주는 가르침을 이해하고 활용하기를 바라는 사람들 모두가 하나님의 충성스러운 종인 존 칼빈 선생이 직접 쓴 이 설교를 읽는 수고를 하기를 간절히 기도합니다. 그는 일생 동안 말과 글로 교회를 섬겼던 것처럼, (발람과 같은 선지자들이 부인할지라도) 그의 저서는 하나님의 도우심을 받아 모든 사람들을 계속해서 교화시킬 것이라고 우리는 확실히 믿고 있습니다. 더욱이 오늘날 출판업자들은 탐욕스럽고 욕심이 매우 많기 때문에 양심의 가책을 전혀 받지 않고 서로를 무자비하게 쳐부수고 있습니다. 그런데 만약 그들이 그렇게 하지 않는다면, 사람들에게 인쇄업자가 칼빈 선생이 이룩한 열매와 그분이 이 책을 출판하는데 드린 수고가 헛되지 않게 기도해 달라고 부탁할 필요가 없었을 것입니다.

어떤 고장에서는 출판업자들이 지금까지 출판되었던 위대한 칼빈 선생의 책들을 조급하게 출판해서 보기에 안타까울 정도로 출판 솜씨가 매우 조잡했을 뿐만 아니라, 심지어 어떤 출판업자들은 그들이 조각조각 구했거나 은밀하게 훔쳐온 불완전한 원고를 칼빈 선생의 이름으로 출판하기도 했습니다. 만약 이 유일한 이유가 우리로 하여금 이 문제에 의도적으로 관여하게 하지 않았다면, 우리는 확실히 이런 경고를 삼가고 인쇄업자들이 그들 자신의 고유한 문제를 좋아하는 대로 처리하게 내버려 두었을 것입니다. 우리는 그들이 무슨 의도로 그런 짓을 하는지 알지 못합니다. 그들은 저자와 하나님의 교회에 잘못한 것이 확실합니다.

더욱이 그들은 위험한 짓을 하고 있습니다. 어떤 사람이 잘못된 가르침으로 얼룩진 책들을 속여 팔아서 그 책들이 하나님의 진실한 종의 이름으로 널리 퍼지게 된다면, 초대교회의 여러 학자들에게 일어났던 것과 같은 일이 일어날 것입니다. 사도 바울도 데살로니가인들에게 마치 바울 자신이 저자인 것처럼 '그의 이름'으로 교회 안에서 나돌고 있는 편지와 서신을 조심하라는 경고를 했습니다. 확실히 하나님께서는 우리를 보존해 주시고 또 당신의 은총으로 인해서 우리를 그 교회의 목자로 세우시기를 기뻐하시는 한, 우리는 칼빈 자신이 쓰지 않은 책을 칼빈이 썼다고 주장하거나, 자기들의 그릇된 생각을 첨가해서 정말로 칼빈이 쓴 책을 망쳐 놓으려고 하는 자들을 당연히 책망해야 합니다. 그러나 그런 위험을 사전에 예방하고 가능한 한 그런 계기를 피하는 것이 훨씬 좋습니다. 그러므로 필사본을 가지고 있는 분들은 이곳에 있는 한 집사님이 보관하고 있는 원본과 충분한 대조를 한 후에 그것을 출판하실 것을 하나님의 이름으로 간구합니다.

그리고 이미 출판된 칼빈 선생의 서적을 다시 출판하려고 하는 분들은 자신의 개인적인 이익을 도모하기 보다는 공공의 유익과 교회를 부흥시키는 것을 더 중요하게 여기기를 바랍니다.

그 밖에도 우리는 여러분 모두가 하나님의 은총을 받게 해달라고 간구합니다. 육신으로는 다윗의 혈통에서 나셨으며 동정녀 마리아의 아들이신 그리스도 예수님이 여러분과 함께 하시며, 사도 바울이 강조하고 우리 모두가 항상 믿었던 것처럼 하나님께서 영원히 축복해 주시기를 간절히 기도드립니다. 아멘.

사랑하는 형제들이여, 우리는 여러분의 기도를 부탁합니다.

제네바에서, 1567년 1월

하나님의 말씀을 전하는 여러분의 비천한 형제 목사들

61편_ 신 8:14~20

Sermons on DEUTERONOMY

항상 여호와를 기억하라

"두렵건대 네 마음이 교만하여 네 하나님 여호와를 잊어버릴까 하노라 여호와는 너를 애굽 땅 종 되었던 집에서 이끌어 내시고 너를 인도하여 그 광대하고 위험한 광야 곧 불뱀과 전갈이 있고 물이 없는 간조한 땅을 지나게 하셨으며 또 너를 위하여 물을 굳은 반석에서 내셨으며 네 열조도 알지 못하던 만나를 광야에서 네게 먹이셨나니 이는 다 너를 낮추시며 너를 시험하사 마침내 네게 복을 주려 하심이었느니라 또 두렵건대 네가 마음에 이르기를 내 능과 내 손의 힘으로 내가 이 재물을 얻었다 할까 하노라 네 하나님 여호와를 기억하라 그가 네게 재물 얻을 능을 주셨음이라 이같이 하심은 네 열조에게 맹세하신 언약을 오늘과 같이 이루려 하심이니라 네가 만일 네 하나님 여호와를 잊어버리고 다른 신들을 좇아 그들을 섬기며 그들에게 절하면 내가 너희에게 증거하노니 너희가 정녕히 멸망할 것이라 여호와께서 너희의 앞에서 멸망시키신 민족들 같이 너희도 멸망하리니 이는 너희가 너희 하나님 여호와의 소리를 청종치 아니함이라"(신 8:14~20).

우리는 여기서 모세가 전에 다루었던 내용에 대해서 더 많은 것을 알아야 합니다. 그리고 나는 이미 그것에 대해서 부분적으로 자세하게 설명해 주었습니다. 모세는 백성들에게 하나님께서 애굽 땅의 종 되었던 그들을 구출해 내시고 그들로 광야를 통과하도록 인도하셨는데, 그것은 하나님의 놀라우신 선하심이 없이는 이루어지지 않았을 것이라고 말했습니다. 우리가 역경에 처해 있을 때 하나님께서 우리를 구출해 내시고 우리에게 선을 베푸셨다면 하나님의 인자하심이 더 아름다워 보였을 것이며, 우리에게 더 잘 알려졌을 것입니다. 만약 우리에게 역경이 다시 닥쳐온다면 우리는 인자하신 하나님을 생각하게 될 것입니다. 그것이 모세가 말하려고 하는 내용입니다.

모세는 백성들이 육신적인 쾌락에 빠지는 것을 막기 위하여, 하나님께서 당신의 손을 뻗으셔서 그들을 구원해 내셨을 때 그들이 어떠한 어려움 속에 있었는지 생각해 보라고 했습니다. 그는 "하나님께서 어떠한 방법으로 너희를 이 땅으로 인도해 내셨으며 지금 너희로 하여금 편안하게 쉴 수 있게 하셨는지 생각해 보라. 이런 것들에 대하여 깊이 생각해 보라. 그러면 너희는 하나님이 매우 인자하시다는 것을 알게 되어 하나님을 잊었다는 변명을 할 수 없게 될 것이다"라고 말했습니다. 그리고 그는 그가 앞에서 말했던 것과는 다른 목적으로 만나(Manna)에 대해서 언급했습니다. 그는 백성들에게 그들이 전에 보지 못했던 이상한 방법으로 음식물을 공급받았다는 것을 알려 주려고 했습니다.

하나님의 공급하심

"너희는 40년 동안이나 빵이나 밥을 먹지 않고 살아왔다. 하나님께서는 너희를 전에 알려지지 않았던 만나로 먹여 주셨으며, 너희에게 새로운 음료를 주셨다. 즉 하나님께서는 물기 없는 단단한 바위에서 생수가 나오게 하셔서 너희로 마시게 하셨다. 하나님께서는 이와 같이 자연의 질서를 바꾸셔서 너희로 하여금 위대하신 하나님의 임재를 더 잘 인식할 수 있게 하셨다." (앞에서 언급되었던 대로) 땅이 곡식을 생산하는 것은 하나님께서 이 땅에 복을 주셔서 그 속에 당신의 능력을 불어넣으셨기 때문인 것이 사실입니다. 그러나 우리는 그것을 인식하지 못합니다. 우리는 우리 가운데서 흔히 일어나는 것들을 대수롭게 여기지 않기 때문입니다.

대자연의 이치에 대해서 언급할 때 우리는 하나님이 배제되셔야 하며, 하나님은 그 어떠한 영향력도 행사하셔서는 안 된다고 믿고 있습니다. 우리는 매우 어리석기 때문입니다. 우리 가운데서 일상적으로 일어나는 것들을 바꾸시는 것과 하나님의 백성들을 만나로 먹이시는 것, 그리고 그들로 하여금 당신께서 단단한 반석에서 흘러나오게 하신 물을 마시게 하시는 것이 하나님의 뜻이었습니다. 그것은 당신의 백성들에게 천국에 속한 하나님의 능력을 더 분명하게 보여 주는 역할을 했으며, 그들은 그들이 인간의 방법으로 영양을 공급받고 있지 않다는 생각을 하게 되었습니다. 하나님께서는 당신의 실체를 세상적이지 않은 방법으로 나타내시어 우리로 당신의 선하심과 능력을 더 잘 알게 하시며, 우리를 구원해 주시고 우리를 지켜 주시는 분은 하나님이라는 것을 깨달아 알게 하십니다.

마침내 모세는 "그들로 하여금 그들이 이처럼 재물을 풍성하게 누리게 된 것은 다 그들 자신의 능력이나 권능 때문이라고 말하지 못하게 하기 위해서 하나님의 백성들을 괴롭히고 그들을 시험하는 것이 하나님의 뜻이다"라고 말했습니다. 우리는 여기서 먼저 하나님께서 당신의 백성들을 가르치실 때 사용하셨던 순서를 주목해야 합니다. 모세가 표현한 대로, 하나님께서는 고난으로 시작하셨습니다. 그렇습니다. 그렇게 되어야 합니다. 우리 여호와 하나님께서 우리를 배고프고 목마르게 만드시고, 우리로 하여금 가난과 역경을 참아내게 하지 않으시면 우리는 결코 좋은 교육을 받지 못할 것입니다.

우리가 알고 있는 대로, 본래부터 사람에게는 자만심이 많습니다. 그러므로 하나님께서 그들을 강제로 굴복시키지 않으시면 그들은 그릇된 허영심으로 이성을 잃게 될 것입니다. 더욱이 그들을 배불리 먹여 주면 그들은 하나님께 대들기 시작하여 하나님을 그들의 주인이라고 인정하지 않습니다. 때문에 우리를 겸손하고 온순하게 만들기 위해서 하나님께서는 어쩔 수 없이 우리를 괴롭게 만드셔야 합니다. 그것을 중요하게 여기십시오.

고난의 유익

하나님께서 우리에게 모세가 말하는 이와 같은 시련을 주시는 것은, 내가 앞에서 말한 대로 하나님에게는 우리를 유심히 살피실 필요가 있기 때문이 아닙니다(사람들은 다른 사람의 마음속에 무엇이 들어 있는지 모르기 때문에 어쩔 수 없이 다른 사람들을 시험해 보아야 합니다. 그러나 하나님께서는 그렇게 하실 필요가 없습니다. 하나님은 모르는 것이 없으시기 때문입니다). 인간의 방법에 따르면, 모든 것을 드러내서 그들 안에 가장이나 가식이 있는지 알아보고, 정직하고 솔직하게 행할 정도로 그들의 마음이 의로운지 알아봅니다. 만일 하나님께서 이런 것들을 조사해서 들추어내시면, 하나님께서는 사람들의 몸을 수색하고 검사하고 시험하신다는 말을 듣게 되십니다. 어찌 되었거나, 하나님께서 그렇게 하시는 것은 하나님 당신을 위해서가 아니라 우리를 위해서입니다. 우리가 알고 있는 바와 같이 사람들은 자만심만을 내세우며, 그들 속에는 완전한 미덕과 거룩한 것밖에 없는 것처럼 처신합니다. 그러나 하나님께서 그들을 조금만 꼬집으셔도 그들은 즉각 화를 내며 독소를 내뿜습니다. 이렇게 해서 우리는 하나님이 우리를 시험하시는 이유를 알게 되었습니다.

만일 하나님께서 우리를 자주 괴롭히시더라도 우리는 그것을 이상하게 생각하거나 필요 없다고 여겨서는 안 됩니다. 우리는 명심해야 합니다. 만약 하나님께서 우리를 향락에 빠지도록 내버려 두시고 우리를 우리의 기호에 맞게 다루신다면 우리가 어떻게 되겠습니까? 우리는 결코 하나님이 주시는 멍에를 메려고 하지 않으며, 하나님을 경외하는 것이 어떤 것인지 알지 못하며, 하나님의 능력에 굴복하는 것이 어떤 것인지 이해하지 못하며, 하나님을 찾아가서 우리에게 복 주시기를 간구하는 것이 어떤 것인지 알지 못할 것입니다.

고난은 매우 유익하니, 그것을 끝까지 참고 견디어 내고, 마음이 내키지 않더라도 즐거운 마음으로 그것에 승복합시다. 그렇게 하는 것이 참된 겸손과 순종입니다. 사람들이 계속해서 거드름을 피우면 그들은 머리 숙여 하나님께 순종할 수 없고, 또 하나님을 섬길 수 없으며, 그들은 기어이 그들의 목을 매고 있는 고삐를 늦추어서 그들 자신의 악한 생각과 욕심을 따르려고 하기 때문입니다. 우리가 알고 있는 바와 같이, 완악함이 우리 안에 깊이 뿌리박고 있기 때문에 하나님만이 그것을 강제로 바로잡으실 수 있으십니다. 사람들에게 강한 타격을 가해서 그들을 쓰러뜨리지 않는 한 그들은 순종하지 않으며, 그들에게서는 어떠한 겸손도 찾아볼 수 없습니다. 그들은 자신의 비위를 맞추며, 놀랍도록 자신을 가장하며, 그들에게는 부족한 것이 없다고 여기기 때문입니다.

그들은 자신들을 유능한 사람이라고 여겼지만 하나님께서는 그들에게서 그와 정반대되는 사실을 밝혀내셨습니다. 그것이 모세가 다음 본문 말씀을 통해서 나타내려는 내용입니다. 그는 "너를 낮추시는 것이 하나님의 뜻이다"라고 말했습니다. 하나님께서 무슨 목적으로 그렇게 하셨습니까? 그들로 하여금 "내 손의 힘으로 내가 이 재물을 얻었다"고 말하지 못하게 하기 위해서입니다. 우리가 알고 있는 바와 같이, 하나님께서 대자연의 질서가 순리대로 진행되는 것을 용납하신다면, 부유한 자는 그의 재물이 하늘에서 내려왔다거나 하나님께서 그것에 관여하셨다고 생각하지 않고, 그의 재산은 모두 상속받은 것이거나 세습 받은 것이거나 자신의 노력과 지략에 의해서 얻은 것이라고 말할 것입니다. 따라서 여호와 하나님께서 그들은 아무것도 아니며 그들은 아무것도 할 수 없다는 것을 보여 주셔야만 그들이 발전할 수 있습니다. 그리고 하나님께서는 사람들로 하여금 그들의 마음이 내키지 않지만 그것을 느끼게 하십니다.

하나님의 복

만약 이스라엘 백성들이 광야에서 40년 동안 기이한 방법으로 영양을 공급받았다면, 그것은 그들이 약속의 땅에 들어가서 음식을 먹을 때 그들로 하여금 다음과 같은 생각을 하게 하기 위해서입니다. 즉 그들은 '하나님께서 고기를 주신 것은 사실이지만 늘 그렇게 하신 것은 아니다. 만나로 먹여 주신 때도 있었다. 그러므로 나는 내가 소유하고 있는 것들을 나의 능력으로 사지 않았다는 것을 알아야 할 필요가 있으며, 내 자신이 그것들의 조달자라고 말할 수 없다. 나는 그것들을 허락하신 하나님께 경배를 드려야 하며, 그것들을 거저 주시는 하나님의 선물로 받아들여야 한다. 그러면 하나님께서는 나로 하여금 그것들을 계속 누리게 하실 것이다. 그러나 만약 내가 그것들이 하나님으로부터 온 것이라고 인정하지 않게 되면 하나님께서 그것들을 나에게서 거두어 가시는 것이 마땅하다'라고 생각해야 합니다. 만약 이 교훈이 선조들에게 도움이 되었다면, 그것은 우리에게도 유익이 될 것입니다. 그렇게 되면 많은 재물을 소유하고 있는 자들은 그들이 그렇게 된 것이 하나님께서 그들에게 복을 주셔서 그들에게 당신의 은혜를 넘치도록 부어 주셨기 때문이라는 것을 알게 될 것입니다.

사실 하나님께서는 사람의 됨됨이를 존중하지 않으실 때도 있습니다. 하나님께서는 종종 악한 자들에게 재물을 주기도 하십니다. 그것이 그들에게는 더 중한 벌로 변하게 됩니다. 하나님께서 그들을 관대하게 대해 주셨음에도 그들이 베풀어 주신 은혜를 통해서 유익을 얻지 못한다면, 그들은 하나님 앞에 나와서 심판을 받고 갑절의 벌을 받아야 합니다. 그럼에도 불구하고 우리는 사람이 부유하게 되는 것은 그들 자신의 능력이나 지혜나 노력 때문이 아니고 하나님의 복 때문이라는 것을 일반적인 법칙으로 여겨야 합니다.

하나님께서는 이스라엘 백성뿐만 아니라 우리를 주관하시기를 기뻐하셨습니다. 비록 몇몇 사람들은 많은 노력을 해서 부자가 된 것처럼 보이지만, 그들이 그렇게 된 것은 그들과 함께 역사하시는 하나님의 복 때문입니다. 어떤 사람들은 그들의 조상이 그들에게 많은 소유를 물려주어서 부자가 된 것처럼 보이지만, 그들이 그렇게 된 것은 그들과 함께 역사하시는 하나님의 복 때문입니다. 이런 일이 그들에게 우연히 일어나지는 않습니다. 이 모든 것은 하나님께서 예비하시고 주관하십니다.

분명히 말하지만, 우리는 이와 같은 내용이 시편에 기록되어 있다는 사실을 알아 두어야 합니다(시 127:2). 즉 사람이 일찍 일어나서 밤늦도록 수고를 해서 물을 마시고 흑빵을 먹지만, 그는 자신의 배를 반도 채우지 못합니다. 하나님께서 역사하셔서 은혜를 베푸시지 않는 한 그는 아무 유익도 얻지 못합니다. 반면에 하나님께서는 그의 아이들이 잠을 자고 있는 동안에 그들 위에 복을 내리실 때도 있습니다.

만약 사람들이 자기 자신의 능력으로 부자가 될 수 있다고 생각한다면 그것은 스스로를 속이는 짓입니다. 마치 부자가 된 것이 자기 자신의 방법에 의해서 된 것처럼 생각해서 거드름을 피운다면, 그들은 완전히 미친 자일 것입니다. 그들은 그렇게 함으로써 하나님을 모독하여 하나님이 받으셔야 할 영광을 자신의 것으로 취하는 것이 됩니다. 그러므로 그들이 하나님께서 주신 것들을 잃게 되는 것은 지극히 당연합니다. 예를 들면, 한 신하가 성실과 충성을 바치겠다고 맹세한 그의 군주에게 대들고 자신의 임무를 수행하지 않는다면, 그는 자신이 가지고 있는 모든 것을 잃게 될 것입니다. 그것이 당연합니다. 하나님께서는 당신의 신하들에게 하신 것처럼 우리에게도 당신의 은총을 나누어 주십니다.

하지만 하나님께서는 당신의 왕권을 당신께서 직접 챙기십니다. 그래서 하나님은 만왕의 왕으로 알려지고 있습니다. 하나님께서 그렇게 하시는 것은 당신의 유익이 아닌 우리의 유익을 위한 것이기 때문에 하나님이 만왕의 왕이 되시는 것이 당연합니다. 만일 우리가 하나님을 속이고 그분의 왕권을 강탈할 정도로 심술궂고 완고하다면, 하나님께서는 우리에게 주셨던 재물을 거두어 가지고 우리를 다시 가난하게 만들지 않으시겠습니까? 그러면 우리는 어쩔 수 없이 하나님께 소송을 제기할지도 모릅니다.

그렇습니다. 세상적으로 보아서는 돈이 많고 부유하며 망하지 않을 것 같아 보이는 집안도 변화가 오면 소멸되고 기울어질 것입니다. 사람들은 그것을 보고 어찌할 바를 모를 것입니다. 내가 하는 말은 평민의 가정에 대해서뿐만 아니라 해마다 많은 임대료를 받는 대 부호의 가정에도 해당됩니다. 그들의 재산은 처음에는 절반으로, 다음에는 3분의 1로 줄어들게 되고, 마침내는 아무것도 남지 않게 됩니다. 그것이 이상하게 보입니다. 하나님께서 장난을 치시며 이 세상에 속한 것들을 뒤집어놓기를 기뻐하시는 것처럼 보일 것입니다. 아무튼 그 원인은 감사할 줄모르는 우리에게 있습니다.

사람들이 하나님께서 그들의 손에 쥐어 주신 것들을 선한 양심을 가지고 쥐고 있지 않는 한 그 물건이 그들의 손에서 떠나는 것이 합당합니다. 그러므로 우리는 모세가 한 다음 말에 담겨 있는 가르침을 잘 알기위해서 그만큼 더 많은 노력을 기울여야 합니다. 모세는 "너의 하나님께서는 네가 이르기를 내 능력과 내 손의 힘으로 내가 이 재물을 얻었다고 말하지 않게 하기 위해서 너를 낮추셨다"고 말했습니다. 만약 사랑과 선한 뜻이 우리로 하여금 모든 것을 하나님에게서 받았다고 인정하게 해서 하나님을 영화롭게 해 드리지 못한다면, 최소한도 하나님께서 우리를 치시는 것이 우리로 하여금 하나님을 영화롭게 해 드려야겠다는 생각을 하게 하고, 또 어떤 방법을 통해서든지 우리로 하여금 하나님의 은혜에 대해서 생각하게 할 것입니다. 그러면 우리는 하나님께서 지금까지 보여 주셨던 본보기를 통해서 더 많은 복을 얻게 될 것입니다.

광야 훈련

우리는 우리가 살아오는 동안에 직접 목격했던 일뿐만 아니라 오래 전에 이루어졌다고 성경에 기록되어 있는 일들을 주목하게 됩니다. 우리는 그런 일들을 회상해 보아야 합니다. 하나님께서는 그것들이 우리를 교육시키는 데 도움이 되게 하십니다. 작은 일에 하나님께 감사할 줄 모른다면 큰일에서는 어떻겠습니까? 세상 사람들이 알고 있는 것처럼 감사하려는 마음이 훨씬 줄어들 것입니다.

환난을 통해서 우리를 유순하게 만들 필요가 있다면, 우리는 우리가 먹고 마시는 것을 가지고 자랑하지 않도록 해야 합니다. 확실히 우리가 영적인 문제에서는 그러한 방법으로 가르침을 받는 것이 지극히 당연합니다. 이런 경우에는 하나님의 명예가 더 심한 실추를 당하게 되기 때문입니다. 그런데 우리가 알고 있는 바와 같이 대부분의 사람들에게는 그러한 경향이 있습니다. 사실 그렇게 한다는 것은 이미 너무나 엄청나고 참을 수 없는 비열한 짓입니다. 사람들은 자신의 능력과 노력에 의해서 식량을 조달하고 생명을 보존해 나간다고 추측하고 있습니다. 그들이 먹고 마실 음식물을 조달하는 방법이 훌륭하다고 칭찬하는 것은 너무나 부끄러운 짓입니다. 만약 그들이 자신의 수고와 노력으로 그들의 생명을 보존해 가고 있다고 생각할 뿐만 아니라, 천국에 들어가서도 하나님의 자녀가 되어서 거룩한 생활을 하고 있는 것이 그들 자신의 뜻으로 되었다고 굳게 믿고 있다면, 그것은 하나님 한 분만이 받으셔야 할 찬양을 자신의 것으로 취하는 것이 아닙니까? 그렇습니다. 하나님은 덧없는 이 세상 것에서 당신의 권한을 약탈당하실 뿐만 아니라 하나님 영광의 대부분을 강탈당하십니다.

하나님께서는 우리 안에 있는 나쁜 행실을 바로잡아 주시며, 당신의 선하심을 통해서 우리를 감동시켜 주십니다. 또한 우리를 구원으로 인도해 주시며, 우리로 하여금 우리가 가지고 있는 모든 선이 하나님에게서 비롯되었다고 시인하게 하십니다.

우리가 알고 있는 바와 같이 자유의지설이 크게 칭찬을 받아 왔습니다. 오늘날에도 우리가 천주교 신자들과 벌이는 중요한 논쟁 중의 하나는, 그들은 인간이 완전히 타락하여 망가졌으며, 연약할 뿐 아니라 어떠한 선한 일도 전혀 할 수 없다는 것이 믿겨지지 않는다고 말하는 것입니다. 사실 그들도 인간은 연약하기 때문에 그들에게는 죄를 짓기 쉬운 약점이 있다는 것을 충분히 인정합니다. 그러나 그들은 인간에게는 아직도 얼마간의 능력이 남아 있어서 하나님께서 우리를 도와주시고 우리의 약점을 보완해 주시면 그것으로 충분하다고 여기고 있습니다. 그러나 사람들이 정해진 한도를 넘어서 하나님의 능력에 도전한다면 그들은 반격을 받게 되고, 하나님께서는 그들을 강제로 굴복시켜서 무릎을 꿇게 하시고, 더욱이 그들을 때려 눕혀서 그들 안에 있는 사악한 교만을 산산이 찢어 놓으시는 것이 당연하지 않습니까? 그렇습니다. 그와 똑같은 이유로 하나님께서는 이 땅에서 덧없는 삶을 살고 있는 우리를 광야에서 당신의 백성들을 다루셨던 것과 같이 다루십니다.

낮은 이 땅에서 우리가 영위하는 삶은 이스라엘 백성들이 40년 동안 광야에서 한 여정과 같습니다. 우리는 여기서 떡을 먹고 포도주를 마시며 살고 있습니다. 그러나 하나님께서 우리의 양식으로 하늘에서 만나를 내려 주시면 우리는 하나님께 정상적인 음식을 달라고 아우성을 칠 것입니다.

우리가 이 세상에 있는 것이 광야에 있는 것과 똑같습니다. 많은 위험이 사방에서 우리를 에워싸고 있습니다. 그래서 하나님께서는 어쩔 수 없이 우리를 인도하시며, 우리로 하여금 여러 가지 방법으로 당신의 임재를 느끼게 하십니다. 그래서 광야가 오늘날 우리가 처해 있는 상태의 참된 모형이라 생각해도 무리는 아닙니다. 그러나 우리는 하나님께서 우리를 열악한 가운데 내버려 두시기 때문에 우리가 심한 역경 속에 처해 있는 것으로 생각합니다. 우리는 매우 연약하기 때문에 우리를 쓰러뜨리는 데는 그 어떤 것도 필요치 않습니다. 마귀는 우리를 그의 그물 속으로 끌어들여서 우리가 도움을 전혀 받지 못하게 만들고, 많은 고난이 우리의 눈을 가리게 해서 우리가 무슨 말을 해야 할지, 어떻게 해야 할지도 모르게 합니다.

왜 하나님께서는 우리를 그렇게 만드십니까? 왜 우리가 살고 있는 곳이 지상 낙원과 같지 않습니까? 우리에게는 그런 식으로 양육되는 것이 필요합니다. 그렇게 하지 않으면 우리는 오만으로 기고만장하게 될 것이며, 하나님께 어떠한 신세도 지고 있지 않다고 생각하게 될 것이며, 자기 자신을 우상으로 만들고 자만하게 되어 자기 자신을 신으로 만들게 될 것입니다. 그러므로 우리 여호와 하나님께서는 어쩔 수 없이 우리를 낮추시고, 우리가 어떠한 존재인지를 알려 주십니다. 우리로 허리를 구부리게 하시며, 우리에게 하나님을 영화롭게 해 드리는 방법을 가르쳐 주십니다.

이렇게 해서 우리는 "네 하나님이 광야에서 너를 낮추셨다"고 한 모세의 말을 통해서 우리가 주목해야 할 것이 무엇인지 알게 되었습니다. 하나님께서 우리를 일생 동안 채근하시는 목적은 우리를 당신의 뜻에 굴복시켜서 순종하게 하시기 위해서뿐만 아니라 주로 우리를 겸손하게 만드시기 위해서입니다. 그렇게 되면 우리는 우리 자신의 힘으로 된 것이 아무것도 없다고 생각하게 되고, 우리 자신의 힘과 능력을 전혀 믿지 않게 되어서 하나님을 의지하게 됩니다. 더욱이 하나님께서 우리를 창대하게 하신다면 우리는 그것이 누구에게서 비롯되었는지 생각해 보아야 합니다. 우리의 능력 때문에 그렇게 된 것이 아니기 때문입니다.

우리는 많은 위선자처럼 행해서는 안 됩니다. 그들은 자신들이 가엾은 처지에 놓여 있으며 애처로운 존재라고 멀쩡하게 고백하고 나서도, 하나님께서 그들을 구해 내서서 그들을 속박에서 해방시켜 주시면 그들은 즉시 하나님께 대들기 시작하며, 전에 그들이 겪었던 역경은 더 이상 생각해 보지 않게 됩니다. 하나님께서 우리를 꼬집으실 때 우리 자신을 정죄하는 것만으로는 충분하지 않습니다. 만일 하나님께서 나를 구원해 주시지 않으셨다면, 나는 나에게 유익이 되는 것을 전혀 갖지 못했을 것이라고 말해야 합니다. 하나님께서 우리가 소원하는 것을 다 이루어 주시고, 우리가 하나님이 주시는 풍성한 복을 느끼게 되면, 우리는 하나님을 잊지 않기 위해 이전보다 더 주의해야 합니다. 만약 하나님께서 당신의 손을 뻗으셔서 나를 구해 주지 않으셨다면 나는 어떻게 되었겠습니까? 나는 수천 번이나 몰락했을 것입니다. 하나님께서 나를 구원해 내신 방법이 신기하지 않습니까? 이제 나에게는 내 덕분이라고 주장할 수 있는 것이 아무것도 없습니다. 그래서 우리가 풍성하게 가지고 있을 때도, 다시 말하면, 하나님께서 우리의 욕구를 채워 주실 때도 우리는 우리가 전에 겪었던 역경을 항상 마음에 기억하고 있어야 합니다. 그렇게 함으로 하나님 한 분에게만 영광이 돌아가게 됩니다. 그렇게 되는 것이 당연합니다. 그것이 모세가 한 이 말에서 우리가 실제로 터득해야 할 내용입니다.

하나님이 주신 능력

모세는 이어서 "네 하나님 여호와를 기억하라 그가 네게 재물 얻을 능을 주셨음이라"고 말했습니다. 모세는 여기서 인간들로 아무것도 내세울 수 없게 하기 위하여 이 말을 했습니다. 사람들은 그들의 능으로 그들의 재물을 모았다는 핑계를 찾으려고 계속 골몰하고 있기 때문입니다. 사람들이 생계를 유지하기 위해서 수고를 할 때, 그들은 그들 나름대로의 계획을 세우며 그들에게 충분한 능력과 기술이 있는지 검토해 봅니다. 한 사람이 그의 생계를 위해서 힘써 일한다면, 적어도 그는 훌륭한 선견지명을 가지고 있는 것처럼 보입니다. 그는 빈틈이 없으며 기회를 잘 포착해서 자신을 불쾌하게 해 주는 것을 피해 갑니다. 모세는 사람들이 아무리 많이 애를 쓰고, 노력을 하고, 자력으로 꾸려 나가기 위한 좋은 계획을 가지고 있고, 아무리 현명하고 분별력이 있을지라도, 하나님께서는 당신의 명예가 박탈당하는 것을 바라지 않으신다고 말했습니다. 사람에게 분별력과 육체적인 적응력 및 고통을 참아내는 힘과 추진력과 도움을 주시는 분은 하나님이시기 때문입니다(약 1:17).

하나님께서는 이 모든 것들을 사람들의 손에 쥐어 주십니다. 이것이 전부가 아닙니다. 하나님께서는 우리에게 주셨던 은혜 위에 복을 더해 주기도 하십니다. 우리가 아무리 높은 자리에 올라가 있다 하더라도 하나님께서 당신의 새끼손가락으로 우리를 건드리시거나 우리를 향해서 숨을 내쉬기만 하시면 모든 것이 완전히 날아가 버릴 것이기 때문입니다(고전 3:7). 그리고 시편에 있는 말씀대로 모든 것이 아침에는 푸르다가 해가 뜨면 시들어 말라 버리는 풀과 같기 때문입니다(시 37:2). 그러니 모세가 이런 말을 한 데에는 이유가 있다는 것을 잘 알아 둡시다. 즉 우리는 모든 것을 하나님께 의지하고 있다고 생각해야 하며, 우리에게 재물을 모을 수 있는 능력을 주시는 분은 하나님이라는 것을 인정하지 않으면 안 됩니다.

모세는 **능력**(Power)이라는 말에 우리에게 속한 모든 것, 즉 선천적인 능력과 물건을 만드는 솜씨와 우리를 발전시키는 데 도움이 되는 방법을 포함시키려고 했습니다. 하나님께서 직접 우리를 다스리시고 인도해 주시지 않으시면 우리가 하는 모든 것은 아무런 목적을 달성하지 못하여, 모든 것이 우리의 의도와 어긋날 것이 확실하기 때문입니다. 사실 우리가 알고 있는 바와 같이 사람들은 자기 자신을 속이는 데에는 도사이기 때문에, 흔히 말하는 대로 이 세상일에 관한 한 그들에게 속이는 법을 가르쳐 줄 필요가 없습니다. 하나님께서는 그들이 하는 어리석은 말과 제멋대로 하는 판단을 비웃으십니다. 그리고 마침내는 모든 것을 타도하십니다.

모세가 사용한 **능력**이나 **힘**(Power or Strength)이라는 말은 건강과 노력하는 체질과 우리가 당연히 갖고 있어야 할 정신적인 지혜와 명철뿐만 아니라, 일을 장악하는 능력과 우리가 노력하는 일이 잘 진행되어 우리에게 유익이 되게 하시는 하나님의 복도 의미합니다. 만약 우리가 이 교훈을 깊이 명심하고 있으면 그것이 일생 동안 우리를 유익하게 할 것입니다. 그러면 번영이 우리의 눈을 가리지 않을 것이며, 우리가 하나님을 잊기 위해서 잠을 자는 일도 없을 것입니다.

하나님께서 우리를 부유하게 하셨다면 우리는 그것이 하나님 덕분이라고 생각해야 하며, 그 재물이 어떠한 방법으로 우리의 손에 들어왔든지 그 영광을 우리에게 돌려서는 안 되고 하나님께 돌려야 합니다. 하나님께서는 우리에게 당신의 은혜를 당신께서 좋다고 생각하시는 대로 나누어 주시며(신 32:8), 모든 사람에게 당신께서 좋아하시는 분량대로 주십니다(엡 4:7). 그렇게 하시는 것은 우리의 공로 때문이 아닌, 우리로 하여금 하나님의 선하심을 느끼게 하시기 위해서입니다. 우리가 일단 이 사실을 전적으로 믿게 되면 우리는 그것을 통해서 우리의 재물을 남용하지 말라는 경고를 받게 될 것입니다.

사람들 가운데 보면 기고만장하게 되어서 날뛰며, 거드름을 피우며, 자기 자신을 과장하기 위해서 허세를 부리는 자들이 있는데, 우리는 그들처럼 되지 맙시다. 분명히 말하지만, 우리는 이와 같은 악한 짓을 자제해야 합니다. 하나님께서 우리에게 재물을 주신 것은 우리의 공로 때문이 아닙니다. 하나님께서 우리를 당신 곁으로 끌어들이시는 것은 우리로 하여금 당신을 우리의 구세주로 삼게 하고, 또 하나님께서는 우리에게 유익을 주신다는 것과 우리에게 친절하시다는 것을 알려 주시기 위해서입니다. 그러므로 우리는 하나님이 주시는 은사를 진지하고 소중하게 활용해야 합니다. 또한 세상적인 기분을 풀기 위해 만용을 부려서도 안 됩니다.

끝으로 우리는 우리의 재물이 영원히 우리의 소유가 될 것이라고 생각해서는 안 됩니다. 그것들이 우리의 손을 떠날지도 모르기 때문입니다. 따라서 우리는 우리의 소유를 항상 하나님의 손에 맡겨야 합니다. 하나님께서 오늘 우리를 풍부하게 채우셨을지라도 우리는 그렇게 해주신 하나님께 감사하면서 내일 겪게 될지도 모를 궁핍함을 차분하게 참아 낼 준비를 하고 있어야 합니다(빌 4:12). 이를 통해서 여러분은 재물이나 그 밖에 그와 비슷한 것들이 우리의 눈을 현혹시킨다는 것과, 우리를 굳건히 서게 하거나 우리 자신을 영화롭게 만들어 주지 않는다는 사실을 알게 되었습니다. 우리는 항상 '내가 무엇이라고 하나님께서는 나에게 나의 이웃에게보다 더 많은 것 주시기를 기뻐하셨을까?'라는 생각을 해야 합니다.

하나님께서는 마음이 내키시면 언제라도 우리에게 주신 것들을 거두어 가실 수 있습니다. 따라서 우리는 우리에게 어떠한 자격이 있다고 생각해서는 안 됩니다. 황송하게도 하나님께서는 우리로 하여금 하나님의 은혜를 느끼게 만드셨으며, 우리는 하나님께 그만큼 많은 신세를 지고 있습니다. 우리는 그것을 자랑해서는 안 됩니다. 그것은 우리를 먹여 주시는 우리의 주인을 배반하는 짓이기 때문입니다. 그러니 우리를 거만하게 만들고 결국에는 우리로 하여금 하나님을 잊게 만드는 재산을 소중하게 여기지 맙시다.

하나님의 은혜와 우리의 사악함

다시 말하지만, 만일 우리가 덧없는 이 세상에서 겸손한 자가 되려면 다음과 같은 점을 중요하게 여겨야 합니다. 즉 우리 여호와 하나님께서 우리를 당신의 성령으로 강하게 해 주셔서 우리로 하여금 이 세상의 모든 유혹에 맞서서 용감하게 싸우게 해 주셨으며, 우리가 다른 사람들에게 좋은 본을 보여 주었다는 말을 들을 정도로 하나님을 잘 섬겼더라도 하찮은 허영심에 사로잡혀서는 안 되고, 우리에게 이와 같은 능력을 주시는 분은 하나님이시라는 생각을 해야 합니다. 왜 나는 이 세상에서 가장 행실이 나쁜 자가 되지 않았습니까? 분별없고 짐승 같은 정욕에 휘말리지 않고 온갖 방탕한 짓에 빠지지 않은 것은 하나님께서 나를 보호해 주셨기 때문이 아닙니까? 나는 견디기 어려운 역경에 부딪혔지만 거기에서 용케도 빠져나왔습니다. 그것은 하나님의 은혜입니다. 그러므로 하나님으로부터 성령의 능력을 받은 자들은 그들이 하나님에게 그만큼 더 많은 은혜를 입고 있으며, 또 그들에게는 그들이 물려받은 능력뿐만 아니라 하나님께서 은사로 주신 능력도 있다는 것을 인정해야 합니다. 그렇게 해서 하나님 한 분만이 영광을 받으시게 해 드리고, 우리는 가증스러운 위선자가 되지 않도록 해야 합니다. 위선자들은 입으로는 그들에게 은혜를 주신 분이 하나님이시라고 고백하지만, 그 은혜가 그들 자신의 의중에서 나온 것이라 굳게 믿고 있습니다. 그러니 우리는 마음을 완전히 비우고, 우리에게서 강한 자만심을 완전히 제거하고, 우리의 모든 것을 하나님에게서 받았다고 진정으로 고백합시다.

만약 이 고백이 떡과 포도주와 관련해서 이루어져야 한다면, 천국 생활이나 하나님 한 분에게만 속해서 인간으로서는 도저히 할 수 없는 일과 관련해서 우리는 어떻게 해야 합니까? 사람들에게는 본래부터 먹을 것과 마실 것을 얻을 수 있는 능력이 있는 것처럼 보일 것입니다. 그러나 그들 자신을 하나님의 자녀나 천사의 친구로 만들어서 거룩한 생활을 영위하게 하는 문제에 대해서 생각해 보면 그들이 마음대로 할 수 있는 것이 아무것도 없습니다. 우리는 아담이 지은 죄로 인해 죄악 속에서 살고 있습니다. 그런데 하나님께서 우리를 그 죄악에서 깨끗하게 해 주셨습니다. 그 사실을 곰곰이 생각해 봅시다. 하나님께서 그렇게 하신 것은 하나님께서 우리를 계속해서 보호해 주시고, 또 우리가 필요할 때 우리를 강하게 해 주시는 것과 마찬가지로 하나님의 거저 주시는 은혜라는 것을 확실히 알아 둡시다(롬 3:26, 5:15, 엡 2:8~9).

모세는 그들에게 말한 후에 "네가 만일 네 하나님 여호와를 잊어버리고 다른 신들을 좇아 그들을 섬기며 그들에게 절하면 내가 너희에게 증거하노니 너희가 정녕히 멸망할 것이다"라고 했습니다. 모세가 이러한 경고를 더한 것은 하나님의 은총을 많이 입고서도 하나님을 생각하지 않는 자들에게 많은 자극을 주기 위해서입니다. 이러한 일은 거의 모든 사람에게 계속해서 일어납니다. 만약 하나님께서 그들에게 부드럽게 경고하시고 그들을 다정하게 대해 주시며 그들을 당신의 무릎 위에 편안하게 앉히시면, 그들에게 무슨 말을 해도 소용없습니다. 그들은 들은 척도 하지 않으며, 하나님의 인내심을 시험해 보아서 하나님의 호감을 모독하며, 하나님께서 그들을 아껴 주실수록 그들은 하나님의 사랑과 호의를 그만큼 더 중요하게 여기지 않기 때문입니다.

그러므로 사람들에게 경고를 해서 그들을 깨우쳐 주고 자극해 주어야 합니다. 하나님께서는 우리의 마음을 가능한 한 강제적인 방법이 아닌 사랑으로 사려고 노력하시는 것이 사실입니다. 그러나 하나님께서 우리에게 다정하게 말씀하셔도 우리는 하나님의 가르침을 비웃기만 하고 그것에 대해서 생각을 하지 않을 정도로 우리의 마음이 강팍하게 되었다는 것을 하나님께서 아시고 계시기 때문에 하나님께서는 경고를 주십니다. 모세도 여기서, 또 그 밖에 다른 많은 곳에서 그와 같은 방법을 사용했습니다. 그리고 성령님께서도 성경의 처음부터 끝까지 그런 식으로 말씀하십니다. 하나님으로서는 우리에게 다정하지 않은 방법으로 말씀하시기를 꺼리시기 때문에, 하나님께서는 어쩔 수 없이 우리를 깨워서 우리로 하여금 즐거운 마음으로 당신에게 접근하게 하신다는 사실을 잘 알아 둡시다.

우리의 사악함과 방탕함은 폭로되었습니다. 우리는 하나님께 다가가는 대신에 하나님으로부터 물러섭니다. 하나님께서는 우리에게 아버지처럼, 아니 그보다는 한 어머니가 그의 어린 아이들에게 말하는 것처럼 다정하게 말씀하시고 우리를 다정하게 대해 주십니다. 그럼에도 불구하고 우리가 하나님께 등을 돌리고 또 우리를 몹시 사랑하시는 하나님을 멸시한다는 것은 우리가 완고하다는 것을 입증하는 것이 아닙니까? 그렇습니다. 보통 우리에게는 그러한 악한 면이 있습니다. 그러므로 비록 우리가 성경을 통해서 자주 협박을 당하고, 하나님께서 우리에게

노를 발하시며, 또한 설교를 듣고 많은 가책을 받게 되더라도 우리는 그 것을 이상하게 여기지 말아야 합니다. 모든 사람들로 하여금 자기 자신을 살펴보게 하십시오. 하나님께서는 항상 당신의 언약을 우리 앞에 제시하시고 "내 아들아 이리로 오라"고 부르십니다. 우리에게는 그것만으로 충분합니다.

그러나 그와 반대로 우리가 알고 있는 바와 같이 모든 사람들은 그러한 선한 일을 왜곡합니다. 그러므로 하나님의 이름으로 우리에게 제시된 가르침 안에 가혹함이나 엄격함이 있다면 우리의 사악함이 그 이유를 따질 것입니다. 그리고 그 가르침 안에 가혹함이나 엄격함이 없다면 우리는 계속해서 그런 죄를 범하게 되고, 우리는 우리의 배설물 속에서 썩어질 것입니다. 그래서 우리를 거기에서 꺼낼 방도가 없게 됩니다. 왜냐하면 모든 사람들은 그들 자신이 망하는 것을 기뻐하기 때문입니다. 우리는 그것을 알아 둬야 합니다. 만약 우리가 하나님의 심판을 두려워하지 않게 되면 우리 가운데 어느 누구도 자기 자신에 대하여 심판을 내리려고 하지 않을 것이며, 우리가 하나님의 손에서 벗어났다고 생각하여 우리의 잘못을 보고서도 못 본 체하려고 할 것입니다. 비록 하나님께서 우리를 심판하시기 위해서 우리를 소환하셔서 우리를 부끄럽게 하실지라도 우리는 계속해서 우리의 죄 속에 빠져서 잠을 자고 있을 것입니다. 만일 협박을 당하지 않으면 우리는 무슨 짓인들 못하겠습니까? 그러니 성령께서 너그럽게 대해 주셨다가 엄격하게 다루시는 것이 당연합니다. 그리고 사람들이 그러한 대우를 받게 되는 것이 당연합니다. 하나님께서는 사람들의 귀를 비트실 뿐 아니라 그들의 교만을 꺾고 그들을 상냥하게 만드셔서 그들이 하나님께 가까이하고 싶은 마음을 먹게 하기 위해서 그들을 세게 치십니다. 사람들이 스스로 알아서 그렇게 하는 일은 없습니다.

우상 숭배에 대한 경고

여기서 모세는 "네가 만일 네 하나님 여호와를 잊어버리고 다른 신들을 따른다면"을 힘주어 말했습니다. 모세는 그 말을 통해서 이스라엘 백성들은 건전한 교훈과 바른 신앙으로 훈련되었기 때문에 그들은 미신을 믿거나 우상을 숭배할 수 없지만, 그들이 하나님을 잊는 배은망덕한 일을 할 때에는 그렇게 하는 것이 가능하다는 것을 시사했습니다. 일단 하나님께서 우리에게 당신의 진리를 가르쳐 주시고 당신의 참 모습을 드러내 보이신다면, 우리에게는 그것으로 충분합니다. 하나님의 진리는 우리에게 대단히 밝은 빛이 되시므로 고의가 아니면 탈선할 수 없기 때문입니다. 만약 어떤 사람이 대낮에 길을 가다가 바위를 들이받거나 도랑에 빠졌다면, 그가 그것을 보지 못했다고 말할 수 있겠습니까? 그의 시력에 이상이 없으며 그 밖에 태양이 그를 인도해 주니, 그가 어떻게 그런 변명을 할 수 있겠습니까? 우리도 그와 똑같습니다. 하나님께서 우리에게 당신의 말씀을 주셔서 우리를 깨우쳐 주시니 우리는 더 이상 흑암에 거할 수 없게 됩니다. 만약 우리가 돌진해서 도랑에 빠지게 되면 우리는 책망을 받아 마땅합니다. 모세는 그것을 "네가 만일 다른 신들을 좋아가면 너는 네 하나님 여호와를 잊을 것이다"라고 한 말을 통해서 나타내려고 했습니다.

하나님께서는 이교도들에게 당신의 실체를 드러내 보이지 않으셨기 때문에, 그들에게는 이스라엘 백성들보다 자신을 변명할 수 있는 구실이 더 많이 있었습니다. 그러나 이스라엘 백성들은 이미 하나님의 율법을 받아들였으며, 하나님께서 그들을 구원의 길로 세워 주셨기 때문에 그들은 하나님을 모른다는 말을 할 수 없게 되었습니다. 모세는 신명기 32장에서 다음과 같이 엄격히 선포했습니다: "나는 오늘날 하늘과 땅을 불러 내가 너희를 구원의 길로 세운 것을 증언케 하노라. 그러니 앞으로 너희는 아무것도 듣지 못했다고 주장하지 못할 것이다. 만일 너희가 가르침을 받았다면 너희는 하나님의 뜻에 따라 살아가기 위해서 노력을 했어야 했다. 나는 그것을 너희에게 충분하게 보여 주었으니 그것을 따르라"(신 32:1~2).

이제 우리는 이 가르침을 통해서 유익을 얻고, 오늘날 그것을 유익하게 활용해야 합니다. 천주교 신자들과 회교도들과 이교도들이 흑암 중에 살고 있더라도 전혀 놀랄 일은 아닙니다. 그럼에도 불구하고 그들은 틀림없이 하나님 앞에서 정죄를 받게 될 것입니다(롬 2:12). 그러니 우리가 하나님께 붙어 있지 않으면 우리는 그들보다 훨씬 더 엄한 벌을 받아야 합니다. 하나님께서는 당신의 복음이 주는 순수한 가르침을 우리에게 가르쳐 주셨으며, 황송하게도 우리에게 당신의 진리를 알려 주셔서 우리로 하여금 선과 악을 구별할 수 있게 해 주셨기 때문입니다.

만일 우리가 다시 우상 숭배로 돌아간다면, 우리가 무지해서 속임을 당했다고 말할 수 있겠습니까? 그렇게 할 수 없습니다. 우리가 배신자처럼 하나님을 저버렸고, 거짓되고 불의한 겁쟁이처럼 우리의 믿음을 파괴했기 때문에 하나님께서는 항상 우리를 궁지에 몰아 넣고 놓아 주지 않으십니다. 우리는 여기서 하나님께서 당신의 말씀을 통해서 당신의 참 모습을 우리에게 분명하게 보여 주셔서 우리로 하여금 구원의 길을 알게 하셨으므로, 우리는 더 조심해서 하나님께서 주시는 순수한 가르침을 더 굳게 지켜야 한다는 것을 명심해야 합니다. 만약 우리가 하나님의 가르침에서 벗어났다면, 그것은 우리가 하나님을 잊었기 때문입니다. 즉 의도적으로 하나님으로부터 등을 돌리고, 우리가 하나님을 알고 나서 하나님을 저버렸기 때문입니다.

사실 이것은 모든 사람에게 해당됩니다. 분명히 말하지만, 이것은 무지한 자들에게도 해당됩니다. 왜냐하면 하나님께서는 모든 사람들에게 하늘과 땅을 통해서 당신의 실체를 드러내 보이시기 때문입니다(롬 1:20, 신 4:7, 12). 그러나 하나님께서는 여기서 하나님의 말씀을 사용해서 우리에게 당신의 실체를 드러내 보이셨는데, 그것은 매우 다정한 방법입니다. 그러니 만약 우리가 이 교훈을 우리의 마음속에 잘 새겨 두어서 복음을 통해서 오늘날 우리에게 보여 준 것들로 인해서 우리가 유익을 얻을 수 있다는 생각을 하게 되면, 우리는 우리 하나님을 결코 잊지 않게 될 것이며, 탈선해서 미신을 좇는 일도 없을 것입니다.

그럼에도 불구하고 우리는 하나님의 용서를 받을 수 없는 죄가 무엇인지 알아 두어야 합니다. 하나님께서는 모든 죄 중에서 우상 숭배를 당신이 받으실 예배를 더럽히는 행위로 여기시며, 그것을 가장 증오하십니다. 사실 복음을 알고 있는 자가 사기를 치고, 강탈 행위를 밥 먹듯이 행하거나 혹은 교만함과 잔인함과 악으로 꽉 차 있거나 방탕과 그 밖에 다른 부정부패에 빠져 있다면, 하나님께서는 틀림없이 그를 벌하실 것입니다. 하나님께서 우리를 성결하게 해 주신 후에 우리 자신을 그렇게 더럽힌다는 것은 하나님을 크게 노엽게 해 드리는 것이기 때문입니다.

우리가 우상 숭배에 빠진다는 것은 단지 우리를 실족케 하는 연약함에서 비롯된 은밀한 비행이 아니며, 그것은 마치 우리가 하나님과의 관계를 더 이상 지속시키지 않으려고 시도하는 것처럼 하나님을 완전히 부정하고 하나님을 저버리는 짓입니다. 비록 의롭고 정직하여 정숙하고 온전한 생활 태도가 하나님 섬김의 일부분이 되지만, 하나님을 섬기는 데 가장 중요한 것은 하나님을 신뢰하고, 하나님을 영화롭게 해 드리고, 하나님의 이름을 부르며, 그분을 우리의 유일하신 하나님이라고 고백하는 일입니다. 우리는 그것을 잘 알고 있어야 합니다(마 22:37~38). 그러나 우리가 우상을 만들어서 그것들을 하나님의 자리에 대신 앉힌다면 그것은 하나님에게서 하나님의 신성을 강탈하는 짓이 아닙니까? 그것은 가장 공개적으로 하나님께 싸움을 거는 짓입니다. 그렇게 한다는 것은 마치 우리가 하나님을 천국에서 끌어내리고 하나님께서 이 세상을 다스리시지 못하게 하는 것과 같지 않습니까? 그렇습니다.

하나님을 부정한 방법으로 섬긴다는 것은 엄청난 혼란을 야기합니다. 그래서 모세는 이스라엘 백성들에게 만일 그들이 용렬하게도 우상숭배에 빠지게 되면 하나님께서는 그들을 멸절시키시되, 그들을 혼내 줄 때 하시는 것처럼 얌전하고 다정한 방법을 사용하지 않으시고, "하나님께서 그들에게 주시겠다고 약속하셨던 그 땅에 거주하고 있던 민족들에게 하신 것처럼 그들의 뿌리를 완전히 뽑아 버리실 것이다"라고 말했습니다. 그것을 이상하게 생각하지 맙시다. 그런 일이 아직 발생하지는 않았습니다. 그러나 모세는 그런 일이 그들에게 틀림없이 일어날 것처럼 말했습니다.

말씀을 통해 얻는 유익

하나님께서 우리에게 은혜를 베풀어 주시겠다고 약속하시면 하나님께서 하신 약속은 틀림없이 우리에게 큰 영향을 미칠 것입니다. 그것이 확실합니다. 그리고 하나님께서 우리를 당신 곁으로 얌전하게 끌어들이지 못하시면 하나님께서는 틀림없이 협박을 가하실 것입니다. 그러한 까닭으로 모세는 "내가 너희에게 증거한다"고 말했습니다. 우리는 이 말을 통해서 하나님께서 우리에게 말씀을 보내실 때 하나님께서는 우리에게서 엄숙한 서약을 받으시며, 또 당신의 말씀을 성실하게 전파하지 않으면 우리를 소환하고 호출하신다고 경고하신다는 것을 알 수 있습니다.

어떤 사람이 그에게 주어진 책임을 거절하여 율법대로 행하지 않았을 때 그는 소환을 당하게 되며 그의 상대자가 그에게 소송을 제기하는 것과 같이 하나님께서도 우리에게 소송을 제기하십니다. 내가 앞에서 말했듯이 하나님께서는 우리가 당신을 얌전하고 반갑게 찾아 주기만을 바라십니다. 그러나 하나님께서 우리를 당신 곁으로 끌어들이려고 하시는데 우리가 느리고 태만하여 그렇게 하지 않으면, 하나님께서는 우리를 송사하시고 우리에게 다음과 같이 항의하십니다: "나는 너의 마음을 끌기 위해서 최선을 다했지만 너는 전과 다름없이 나를 완강하게 대하고 있으니 나는 너에게 그것을 항의하는 바이다."

하나님께서는 당신의 사자들을 섭정으로 보내시며 그들에게 중대한 사명을 주십니다. 하나님께서는 "네가 지금 네가 처해 있는 멸망 상태에서 벗어나지 않는 것은 나의 잘못이 아니며, 만일 너희가 멸절된다면 그것은 네 자신의 결함 때문"이라고 말씀하셨습니다. 설교 말씀을 듣거나 성경을 읽을 때 우리가 우리의 마음을 아프게 하는 가혹함이나 격렬함을 느끼게 되더라도 우리는 하나님의 이름으로 우리에게 전해진 내용을 받아들이기를 꺼려서는 안 됩니다. 하나님의 말씀을 통해서 주시는 심한 꾸지람을 참고 견디는 것이 우리가 받을 수 있는 가장 큰 은혜라는 것을 확실히 알아 둡시다. 그것이 우리를 회개시켜서 우리를 하나님께로 인도해 주기 때문입니다. 그러므로 우리 자신의 사악함으로 인해서 그러한 유익을 잃는 일이 생기지 않도록 조심합시다.

62편_ 신 9:1~6

하나님의 언약을 믿으라

"이스라엘아 들으라 네가 오늘 요단을 건너 너보다 강대한 나라들로 들어가서 그것을 얻으리니 그 성읍들은 크고 성벽은 하늘에 닿았으며 그 백성은 네가 아는바 장대한 아낙 자손이라 그에게 대한 말을 네가 들었나니 이르기를 누가 아낙 자손을 능히 당하리요 하거니와 오늘날 너는 알라 네 하나님 여호와께서 맹렬한 불과 같이 네 앞에 나아가신즉 여호와께서 그들을 파하사 네 앞에 엎드러지게 하시리니 여호와께서 네게 말씀하신것 같이 너는 그들을 쫓아내며 속히 멸할 것이라 네 하나님 여호와께서 그들을 네 앞에서 쫓아내신 후에 네가 심중에 이르기를 나의 의로움을 인하여 여호와께서 나를 이 땅으로 인도하여 들여서 그것을 얻게 하셨다 하지 말라 실상은 이 민족들이 악함을 인하여 여호와께서 그들을 네 앞에서 쫓아내심이니라 네가 가서 그 땅을 얻음은 너의 의로움을 인함도 아니며 네 마음이 정직함을 인함도 아니요 이 민족들의 악함을 인하여 네 하나님 여호와께서 그들을 네 앞에서 쫓아내심이라 여호와께서 이같이 하심은 네 열조 아브라함과 이삭과 야곱에게 하신 맹세를 이루려 하심이니라 그러므로 네가 알 것은 네 하나님 여호와께서 네게 이 아름다운 땅을 기업으로 주신 것이 네 의로움을 인함이 아니니라 너는 목이 곧은 백성이니라"(신 9:1~6).

우리 안에는 극히 사악한 것 두 개가 있습니다. 그중의 하나는 하나님께서 우리에게 어떤 길을 약속하실 때 그것이 어렵다고 여기며 심히 놀라, 마치 하나님께는 당신께서 말씀하신 것을 이행하실 방안이 없는 것처럼 여겨 하나님의 능력을 평가절하하고, 하나님이 받아 마땅하신 존귀를 드리지 않는 것입니다. 비록 그것이 완전히 불가능한 것처럼 보일지라도, 우리는 하나님께서 그것을 이루실 방안을 충분히 찾으시고도 남음이 있을 것이라는 결론을 내려야 합니다(시 33:9). 하나님의 능력은 무한하셔서 그것이 우리의 상상에 의해서 측정되어서는 안 되기 때문입니다(롬 9:19, 사 40:18).

그러므로 우리는 "나의 하나님이시여! 정말로 나는 이러한 경우에 어찌할 바를 모르지만, 그 일을 당신의 손에 맡기겠나이다. 하나님께서는 내가 지금 이해하지 못하는 방법으로 역사하실 수 있으십니다"고 말해서 하나님을 영화롭게 해 드려야 합니다. 그러나 우리는 여호와를 그런 방법으로 존귀하게 해 드리기는커녕 의심과 불신으로 가득 차 있으며, 하나님이 당신께서 말씀하신 것만큼 선하신지 선하지 않으신지를 자세하게 조사하기 시작합니다. 그리고 만일 우리가 하는 일에 어떤 장애물이 생기게 되면 우리는 우리의 소망이 헛되게 되었다고 생각합니다.

이에 반해서 지극히 악한 것이 하나 더 있습니다. 하나님께서 어떤 문제가 일어나게 하셨는데 그 문제가 신속하게 처리되었을 때, 우리는 마치 하나님이 아무것도 아닌 것처럼 여기고 그렇게 된 것을 우리 자신의 덕분이라고 여깁니다. 그렇게 해서 우리는 전에 처해 있던 난처한 일을 잊게 되고, 우리 자신을 칭찬하게 되며, 우리의 어리석은 자만심에 취하게 됩니다. 이렇게 해서 하나님께서는 당신의 명예를 두 가지 방법으로 강탈당하십니다. 우리는 모든 경우에 이렇게 처신합니다.

내가 말했던 것과 같이, 만일 우리가 그 일이 너무 어렵다고 생각한다면 우리는 그것이 결코 일어나지 않을 것이라고 확신합니다. 그러나 그것이 이루어지면 우리는 하나님께서 행하신 역사를 손상시키며 그에 대한 칭송을 우리 자신에게로 돌리려고 노력합니다. 우리는 하나님에 대하여 감사하는 마음을 전혀 갖고 있지 않기 때문에 하나님을 보좌에서 끌어내리려고 합니다. 이러한 까닭으로 모세는 여기서 두 가지 악 모두를 책망하는 훈계를 했습니다.

안내자가 되시는 하나님

한편 그는 "들으라, 너희는 지금 너희에게 약속된 그 땅으로 들어갈 시점에 있다"고 말했습니다. 모세는 "지금 나는 너희가 두려워할 것이라고 확실히 믿고 있다. 왜냐하면 너희는 모든 면에서 너희를 능가하는 크고 강한 나라들과 싸워야 하기 때문이다. 그러므로 너희가 놀라고 실망할 것이며, 고개를 돌릴 것이다. 그래서 너희는 하나님께서 너희에게 약속하신 기업을 받지 못하게 된 것에 실망할 것이다. 그러나 하나님을 통해서 용기를 북돋워라. 그리고 너희는 하나님의 능력을 힘입어서 가나안 땅을 정복해야 한다는 것을 확실히 믿어라. 그러면 너희 하나님께서는 너희 안내자가 되실 것이며, 틀림없이 너희는 하나님이 너희의 모든 원수를 태워 버리기 위해서 맹위를 떨치는 불이라는 것을 알게 될 것이다. 그러므로 너희는 너희가 보게 될 어떤 것도 두려워하지 말고, 하나님의 능력은 인간의 모든 능력을 초월한다는 사실을 확실히 알아 두어라. 만일 너희 품위가 떨어지는 것을 알게 되더라도 너희는 가만히 있어라. 그리고 하나님으로 하여금 당신의 역사를 행하시도록 해 드려라. 그러면 하나님께서 인간의 도움 없이도 당신의 모든 원수를 진멸하실 수 있으시다는 것을 보여 주실 것이다. 그러므로 너희는 너희 하나님의 능력을 명심하고, 그것을 믿고 대담하게 거기에 의지하라"고 말했습니다. 이것이 모세가 여기서 강조하려는 첫 번째 요점입니다. 그리고 이것은 앞에서 말했던 불신을 고치는 데 도움이 됩니다.

사람들은 앞을 멀리 내다보지 않고 그 일이 쉬운지 쉽지 않은지에만 관심이 있습니다. 때문에 그들은 매우 어리석은 결론을 내려서 그들이 마땅히 내려야 할 평가를 하지 않습니다. 모세는 "너희는 불신의 상상력을 통해서 너희 하나님의 능력을 비하하지 않도록 조심하라"고 했습니다.

그 후에 그는 두 번째 악행에 대해서 이르기를, 하나님께서 그들에게 그들의 원수들을 무찌를 수 있는 능력을 주셨을 때 그들은 마치 그것이 그들 자신의 존귀함이나 공로나 재능이나 능력이나 기술에서 비롯된 것처럼 그것을 자랑해서는 안 된다고 했습니다. 모세가 말한 것처럼, 하나님께서 이 민족들의 악함으로 말미암아 그들을 쫓아 버리실 것이기 때문입니다.

모세는 "나는 이것을 확실하게 하기 위해서 앞에서 400년 전에 확정된 판결문이 완결되어서 이들 민족들에게 주어졌으며(창 15:16), 또 하나님께서는 그들에게 어떠한 개선과 변화가 있는지 알아보시려고 참고 기다리셨다"는 말도 했습니다. 그럼에도 불구하고 그들의 마음은 여전히 강퍅하고 비행이 점점 증가하니, 하나님께서는 당신께서 내리신 판결을 집행하시는 것이 당연하지 않습니까? 그렇습니다. 지극히 당연합니다.

따라서 이스라엘 백성들은 그들이 마치 가나안 땅에 들어갈 자격이 있는 것처럼 어떠한 헛된 자만심으로 들떠 있어서는 안 됩니다. 하나님께서 이들 민족들의 타락한 생활로 인해서 그들을 보복하셨으니, 그들을 계승한 자들은 그들보다 더 겸손해야 한다는 사실을 깊이 명심해야 합니다. 더욱이 만일 그들이 그들의 원수와 비교된다면 그들에게는 그들의 처지가 더 좋게 여겨지고, 그들이 그들의 원수보다 좋게 여겨질 이유가 전혀 없습니다.

분명히 말하지만, 그들에게는 그들 자신에 대해서 그렇게 과대평가를 받을 이유가 없었습니다. 모세는 그들에게 하나님께서 그들의 선조들과 맺은 언약은 그들이 태어나기 오래전에 완성되었다고 말했고, 내가 여러분들에게 말했던 것처럼 바로 그 언약은 거저 주신 것이기 때문입니다. 나는 그 언약이 자발적으로 이루어졌다고 말한 적이 있습니다. 그것은 인간의 어떠한 공헌에 그 기초를 두지 않았으며, 하나님께서는 그것을 통해서 자신의 선하심과 긍휼을 베푸시려고 하셨기 때문입니다. 그러니 여러분은 이스라엘 백성들이 모든 능력과 영광을 잃게 되었으며, 모든 세상적인 고귀함이 여기서 무너져서 하나님 한 분만이 선하고 의로우시다고 알려지셔야 한다는 것을 기억하십시오. 사람들은 모든 면에서 하나님께 신세를 지고 있습니다. 따라서 그들은 그들의 입을 다물고 있어야 하며, 마치 그들이 훌륭한 능력을 가진 백성들처럼 그들의 능력이나 장점을 자랑해서는 안 됩니다. 사실은 그것이 내가 반복해서 언급한 본문 말씀의 핵심입니다.

모세가 책망한 이 두 개의 악은 어느 한 때에만 기승을 부리지 않고 오늘날에도 여전히 퍼지고 있으며, 우리는 그것들이 우리의 속성에 뿌리를 내리게 합니다. 그러므로 이 가르침은 오늘날 우리에게로 향한 것이며, 우리는 그것을 통해서 유익을 얻어야 한다는 사실을 잘 알아 둡시다. 그러니 제일 중요한 요점과 관련해서 우리 조상 아브라함의 모범을 통해 보여 준 가르침을 회고해 봅시다. 아브라함은 바랄 수 없는 것을 믿었으며, 그 언약을 하신 분께서는 약속하신 것을 이루실 수 있다고 믿음으로써 그분께 영광을 돌려 드렸습니다(롬 4:18, 20~21).

자, 보십시오. 여기에 모든 충성된 자들이 알아 두어야 할 일반적인 규칙이 있습니다. 만약 그들이 하나님의 언약에 의지하려고 한다면 그들은 그 언약에 대해서 그들 자신의 지혜나 상상대로 추측해서는 안 됩니다. 그들의 추측은 아무것도 아니기 때문입니다. 그들은 하나님의 손 안에는 그들에게 알려지지 않았으며 그들이 인식하지 못하는 방법이 있다는 것을 확실히 믿어야 하며, 그들에게는 틀릴 수가 없는 하나님의 말씀을 가지고 계시다는 것을 믿는 것만으로 충분합니다. 이것은 그 범위가 아주 넓습니다. 그러나 지금으로서는 그것을 간단히 요약하는 것만으로도 충분합니다.

하나님께서 우리를 당신에게로 오라고 부르실 때 만약 우리가 우리 자신의 됨됨이만을 생각한다면 우리는 틀림없이 대단히 놀랄 것입니다. 예를 들면, 하나님께서 아브라함에게 자식을 약속하셨을 때 그는 이미 연령이나 그가 겪은 고통으로 인해서 병들고 심히 기가 꺾인 사람이었습니다. 그의 아내 역시 임신할 수 있는 연령을 지났으며, 더욱이 일생 동안 아이를 임신한 적이 없었습니다. 그래서 하나님께서 그에게 후사를 약속하신다는 것이 그를 비웃는 것처럼 보였을지도 모릅니다. 그런데 아브라함은 어떻게 했습니까? 그는 노령으로 지치고 기가 꺾인 자기 자신의 몸에 관심을 두지 않았으며, 사도 바울이 말한 것처럼 자기 아내가 임신할 수 있는지 없는지도 생각하지 않았습니다. 하나님께서 말씀하셨으므로 그는 그것을 믿었으며, 하나님은 신실하시기 때문에 그가 하나님을 믿어서 해로울 것이 없을 것이라고 확실히 믿고 있었습니다. 그는 우리에게 훌륭한 모범을 보여 주었으므로 우리도 그와 같이 처신해야 합니다.

내가 전에 말했던 것처럼, 만약 우리가 우리 자신의 연약함을 살펴본다면, 우리의 육신을 고려할 때 우리는 악취가 나는 썩은 고기에 불과합니다. 그럼에도 불구하고 하나님께서는 우리에게 당신의 영원한 나라의 영광을 약속하셨습니다. 그 일이 우리에게 합당한 것처럼 보입니까? 우리는 일분일초마다 우리의 의무를 저버리지만, 하나님께서는 우리에게 온 세상을 정복할 수 있는 힘을 약속하십니다. 사단이 최악의 발악을 하고 지옥의 모든 세력이 우리에게 대항해 올지라도 우리는 결코 압도당하지 않을 것입니다.

먼저 하나님께 의지하는 것이 중요

그런데 우리는 이 힘을 하나님으로부터 얻을 수 있습니다. 하나님께서 우리에게 우리가 상상하거나 우리 자신의 명철로는 이해할 수 없는 것을 약속하셨을 때에는 하나님께서 우리를 농락하시는 것처럼 보입니다. 그러나 우리는 한 차원 더 높이 올라가서 하나님께서 우리에게 하셨던 모든 언약을 실천할 수 있으시다는 것을 인정할 수 있을 정도로 하나님께 겸손하고 순종하는 마음으로 승복해야 합니다. 그렇게 하려면 어떻게 해야 합니까? 그렇게 한다는 것이 우리의 능력을 초과한다는 것을 알고 있지만, 우리는 하나님을 의지해야 합니다. 하나님께서 우리에게서 제일 받고 싶어 하시는 존귀와 우리에게 요구하시는 바로 그 제사는 우리가 하나님의 말씀을 의심할 수 없는 진리라고 인정하는 것이기 때문입니다(삼상 15:22). 그럼에도 불구하고 우리의 이성과 상상은 우리에게 정반대되는 짓을 하라고 합니다. 그런 까닭으로 선지자 하박국은 "자기의 망대에 올라가서 망을 볼 것이다"(합 2:1)라고 말했습니다.

믿음에 관한 한 우리는 낮은 이 땅에 머물러 있어서는 안 되며, 사람들이 말하는 대로 믿음을 깔보아서도 안 됩니다. 이를테면 우리의 망대로 올라가서 세상적인 모든 방해물을 제거할 임무를 완수해야 합니다. 만일 우리가 사도 바울이 말하는 것처럼 하늘에 닻을 내리지 않으면 우리는 우리를 삼켜 버릴 폭풍우와 회오리바람에 흔들릴 것이라는(히 6:19) 생각을 해야 합니다. 바다 위를 항해하고 있는 그들을 바라보십시오. 만일 그들에게 폭풍이 다가오는 것이 보이면 그들은 닻을 내릴 것입니다. 그것이 그들의 신뢰를 받고 있는 물건이기 때문입니다. 비록 전에 없이 큰 파도가 닥쳐오고 그들의 배가 비바람에 이리저리 요동치고 흔들릴지라도 그들의 닻이 그들을 보호해 줍니다. 사도 바울은 우리의 닻이 천국에까지 닿아야 한다는 것과, 우리는 하나님께서 그 말씀을 하시는 것만으로도 충분하다고 대담하게 결론을 내려야 한다는 것을 우리에게 보여 주기 위해서 이러한 비유를 사용합니다. 하나님은 인간처럼 변하지 않으시기 때문입니다. 그리고 하나님께서는 그것을 이행할 수 있는지 없는지를 알지 못하시고 헤프게 어리석은 약속을 하지 않으십니다.

그러나 만일 하나님께서 어떤 일을 말씀하시고 그것을 즉시 이행하지 않으신다면, 비록 우리가 그분의 행하심을 이해하지 못할지라도 하나님께서 그렇게 하시는 것은 그것을 통해서 우리를 겸손하게 만들기 위해서라는 것을 확실히 알아 둡시다. 그리고 우리의 일생 동안 하나님을 우리의 안내자와 인도자로 모셔야 한다는 사실을 명심합시다. 만일 우리의 힘이 연약하다면 하나님의 강력하신 능력에 의지합시다. 우리에게 강력한 원수가 대적해 올지라도 우리는 하나님의 감호와 보호 아래 있기 때문에 어떠한 위험도 받지 않을 것이며, 우리의 원수들이 우리에게 어떠한 해도 가하지 못할 것입니다.

이 가르침을 활용해서 두 가지 방법으로 우리의 유익이 되게 합시다. 우리가 이 세상에 살고 있는 동안 우리는 영육 간에 사방에서 습격을 당하고 있습니다. 우리에게는 오늘날 하나님의 교회의 실상이 보입니다. 우리는 소수에 불과하며, 우리의 원수는 거대한 무리를 형성하고 있습니다. 그들은 우리를 한 번에 먹어 치우기에 충분한 것처럼 보입니다. 우리는 힘이 전혀 없는 양과 같으나, 우리의 원수들은 욕심이 많고 잔인한 이리 떼와 같습니다. 그들은 이 세상의 모든 권력과 능력을 그들의 편으로 삼습니다. 이렇게 해서 여러분은 믿는 자들이 오늘날 어떠한 궁지와 곤혹 속에 처해 있는지 알게 되었습니다. 그럼에도 불구하고 우리 주 여호와께서 우리를 당신의 날개 아래 품어 주시고, 일생 동안 우리의 보호자가 되어 주시며, 성벽과 도랑이 되어 주시겠다고 확약하셨으니, 그 말씀을 믿고 하나님께서 보존해 주실 것을 전혀 의심하지 맙시다. 비록 이 세상이 우리를 향해서 어떠한 악한 짓을 행할지라도 우리는 항상 안전할 것입니다. 우리는 피난처 되시는 하나님께로 달려가서 "하나님이 보시기에는 우리의 생명과 죽음이 다 중요하다"(시 116:15)고 하신 언약에 우리 자신을 굳게 의지하도록 합시다.

이러한 까닭으로 모세는 서두에서 "이스라엘아 들으라"고 말했습니다. 그것은 필요 없는 말이 아닙니다. 그러나 이 세상 추세가 이미 우리를 장악하고 있기 때문에 우리는 불신에 사로잡혀 있고, 우리 자신을 하나님에게 구속시킬 수 없으며, 하나님의 언약을 고수할 수도 없습니다. 때문에 하나님께서는 우리에게 하나님의 말씀을 들으라고 권고하시며, 우리를 각성시키셔서 우리로 하여금 잠을 자지 않게 하십니다. 그러나 하나님께서는 우리를 이 세상에서 멍들게 하거나 우리를 향해 마구 공격해 오는 모든 위험을 무너뜨리실 수 있으시다는 것을 알려 주시려고 하십니다. 그러니 우리의 육신을 파멸시키려 하는 우리의 세상적인 원수와 관련해서 말하자면, 하나님께서는 그들을 능히 저지하실 수 있으시다는 것을 의심하지 맙시다.

다시 말하지만, 마귀가 존재하는 한 무한한 유혹이 있으며, 모든 사람 속에는 우리를 죽음에 이르게 하는 가장 악한 죄가 있기 때문에, 우리 모두는 내부적으로 싸움을 하고 있습니다(롬 7:5). 그러나 하나님께서 우리의 인도자가 되시겠다고 말씀하셨으니, 우리는 넉넉히 견디어 낼 수 있음을 의심하지 맙시다. 비록 우리의 힘이 연약하며 비록 우리에게 아무 힘이 없을지라도 하나님께서 우리에게 당신의 손을 뻗으시면 우리는 정복당하지 않을 것입니다. 우리가 완전히 굴복된 것처럼 보일지라도 우리는 우리 하나님의 능력에 의해서 지탱될 것입니다. 그러므로 하나님을 신뢰하고 하나님의 언약을 믿어, 우리가 속임을 당할지도 모른다는 염려를 하지 맙시다.

우리는 아무리 작은 것이라도 우리 자신을 믿어서는 안 됩니다. 하나님께서는 그러한 자만을 비웃으실 것이기 때문입니다(시 62:10). 만일 우리가 피조물을 신뢰하게 되면 우리는 틀림없이 속임을 당하고 사기를 당하게 될 것입니다. 그러나 하나님께 영광을 돌리는 문제에 있어서는 성경 여러 곳에서 언급된 것과 같이 우리의 담대함이 우리를 부끄럽게 만들 것이니 두려워하지 맙시다.

여기서 모세는 하나님이 그들의 인도자가 되실 것이며, 더욱이 그들에게 반대하는 모든 것들을 태워 버리는 불과 같이 되실 것이라고 분명하게 말했습니다. 이 말이 첨가된 데에는 이유가 있습니다. 우리에게는 두려움을 부풀리는 경향이 있기 때문에, 우리는 우리 적의 능력을 과대

평가하며 난쟁이를 거인으로 둔갑시킵니다. 그러니 우리의 원수가 정말로 키가 크고 힘이 세다면 우리는 어떻게 하겠습니까? 우리는 그들을 보고 심히 놀랄 것입니다. 그러나 모세는 여기서 그러한 의심과 불신을 부추겨서는 안 된다고 말합니다. 이러한 까닭으로 모세는 하나님이 우리에게는 평상시처럼 보이지 않으시고 모든 것을 삼켜 버리는 불과 같으시다는 비유를 사용했습니다. 비록 우리에게 검이나 창이나 총이나 그 밖에 다른 무기가 없을지라도, 하나님께서는 우리가 알지 못하나 우리를 충분히 도와주실 수 있는 방법이 있으십니다. 우리는 그것을 알고 있으니 그것이 우리를 만족해 주도록 합시다.

모세는 이것을 필요한 만큼 잘 표현할 수 없기 때문에, 만일 우리에게 불이 보이면 우리는 그것이 숲과 도성과 큰 나라를 태워 버릴 수 있다는 것을 알게 된다고 말했습니다. 하나님은 맹렬한 불이시니, 하나님이 우리의 원수들을 충분히 무찌를 수 있는 강력한 분이시라는 것을 의심하지 맙시다. 다윗이 사방에서 포위를 당하여 지옥의 나락으로 떨어질 것처럼 보일 정도로 가장 어려운 환난 중에서도 위안을 받으려고 할 때, 그는 종종 하나님을 맹렬한 불이라고 했습니다. 그는 그에게 강경하게 반대하는 자 모두가 그것으로 인해서 소멸될 것이며, 그를 죽이려고 모의하는 자들은 모든 것을 삼켜 버리는 그 불로 완전히 태워 버려질 것이라고 확실히 믿고 있습니다(시 83:1).

맹렬한 불의 역할을 하시는 하나님

우리는 모세가 한 이 말을 이러한 방법으로 실천해야 합니다. 다른 모든 선지자들이 이 말에서 위로를 받고, 이 말로 그들에게 닥쳐왔던 모든 환난에 맞서서 그것들을 이겨 낸 것처럼 다윗도 그런 말을 할 수 있었습니다. 그와 똑같은 이유로 모세는 하나님에 대하여 하나님의 백성들의 모든 원수들을 쫓아 버리시는 맹렬한 불이라고 했습니다. 또한 다윗은 피난처를 찾아 그곳으로 달려갔습니다. 대군이 그에게 싸움을 걸어오는 것을 볼 때마다 그에게는 승리의 가망이 없고, 자신은 자신의 나라에서 추방당한 것과 다름없는 사람 같았으며, 더욱이 그를 멸망시키려는 자들이 대단히 많기 때문에 그는 말할 수 없이 괴로워했습니다. 그래서 여러분에게는 그가 지극히 가엾은 사람 같았으며, 회복할 가망이 없는 가엾은 존재처럼 보였을 것입니다. 그럼에도 불구하고 그는 하나님을 자기 편으로 모시는 한 그에게는 두려울 것이 없다고 자랑합니다. 그리고 똑같은 방법으로 사도 바울도 만일 하나님이 우리의 편이 되신다면 우리에게 대적할 사람이 없다는 것과, 또 우리에게는 많은 적이 있으나 그들은 우리를 압도할 수 없다는 결론을 내립니다(롬 8:29). 그들은 그들의 승리를 예단하지만, 만약 우리가 하나님을 우리의 보호자로 모시게 된다면 승리는 우리의 것이 될 것입니다.

이제 우리는 이 비유의 이치를 알게 되었습니다. 모세는 이 책의 제4장에서 그와 같은 말을 했지만 그 취지는 달랐습니다. 그는 거기에서 백성들을 선동하여 두려워하게 하고 조심하게 하려고 했습니다(신 4:24). 사실 우리는 하나님께서는 두 가지 방법으로 맹렬한 불의 역할을 하신다는 사실을 알아 둘 필요가 있습니다. 그중의 하나는 우리가 제4장에서 본 것과 똑같은 것으로, 사도 바울도 히브리서에서 그것을 주장했습니다. 사도 바울은 그 말씀을 이렇게 해석했습니다: "나의 친구들이여! 살아 계시는 하나님의 손에 잡힌다는 것은 무서운 일입니다. 우리는 그러한 주님을 몹시 희롱하고 있다는 사실을 알아 두고 그분의 말씀을 매우 경건하게 받아들입시다. 만약 그렇게 하지 않으면 우리는 거기에서 하나님은 우리를 멸하시는 분이라는 것을 알게 될 것입니다."

정말로 하나님이 우리에게 다가오셔서 우리를 부르실 때, 하나님은 우리를 상냥하게 유인하시며 우리에게 온갖 부드러움과 아버지와 같은 사랑을 베풀어 주십니다. 그러나 하나님께서 어떻게 처신하시든, 그것이 사람들이 하나님의 선하심을 냉소자들이 하는 것처럼 왜곡해도 된다는 의미는 아닙니다. 그런데 그런 자들이 전에 없이 많습니다. 오늘날에는 하나님의 말씀을 비웃는 자들이 많이 보이며, 그들은 하늘에서 다스리시는 하나님에게는 그들을 다스릴 권한이 없다고 주장합니다. 그들은 지나치게 뻔뻔스러우며, 그들은 개가 가지고 있는 만큼의 신앙심도 갖고 있지 못하다는 것을 폭로합니다. 그들은 모든 일에서 그런 식으로 하나님을 조롱해도 된다고 믿고 있습니다. 그럼에도 불구하고 그들은 벌을 피할 수 있다고 생각하고 있습니다.

인간은 감사할 줄 모르고 하나님의 선하심을 경멸해서 하나님을 몹시 격분시키기 때문에 그들은 하나님을 강렬한 불로 느끼게 될 것이라는 말이 나왔습니다. 비록 하나님께서 당신이 한 아버지라는 것을 보여 주시고, 우리를 당신의 자녀로 인정하셔서 우리로 하여금 당신을 온유하게 대해 주게 하시고, 우리로 하나님께 당신이 받아 마땅한 이 영광과 사랑을 바치게 할 목적으로 우리를 당신의 무릎 위에 앉혀 놓으시고 우리를 먹이실지라도, 만약 우리가 그분의 은혜로운 호의를 왜곡해서 그분을 존경하지도 않고 그분에게 순종하지도 않는다면, 우리는 그분의 아버지다우신 사랑을 느끼는 대신 그분은 우리를 삼켜 버리시는 맹렬한 불이라는 것을 알게 될 것입니다.

우리는 두렵고 경외함으로 겸손한 생활을 하고, 항상 하나님께서 주시는 멍에를 메고, 우리를 양자 삼으신 하나님께 순종하며, 하나님께서 우리를 향해서 아버지가 되시는 것처럼 그분을 향해서 참된 자녀가 되기 위해서 우리는 제일 먼저 모세가 여기서 한 말을 어떻게 지켜야 하는지 알게 되었습니다. 이와 더불어 하나님은 우리의 적을 멸하시는 맹렬한 불이라는 사실을 잘 알아 둡시다. 우리의 원수들이 우리를 협박하고, 그들의 거만만으로도 우리를 멸절시킬 것처럼 보일지라도, 우리는 모든 환난에서 우리를 위로하시는 하나님의 능력을 굳게 붙잡도록 하며, 하나님은 맹렬한 불이실지라도 우리에게는 꺼릴 것이 전혀 없다고 생각합시다.

이렇게 해서 당신은 이 교훈을 어떻게 이중으로 활용해야 하는지를 알게 되었습니다. 첫째로, 그것이 우리로 하여금 우리 하나님을 두려워하게 하며 그분에게 순복하게 하는 굴레처럼 되게 하고, 둘째로, 그것이 모든 시험을 극복할 수 있는 보루처럼 되게 해야 합니다. 우리의 적들이 우리에게 대항하기 위해서 그들이 할 수 있는 모든 짓을 다하고, 우리가 우리를 무너뜨리고 멸망시키는 것이 그들 손 안에 있다는 말을 듣고 두려움에 떨고 있을 때에도 우리는 이 점을 상기해서 다음과 같이 말하도록 합시다. "그렇다면 우리 하나님께서는 어떻게 하시겠는가? 우리는 하나님께서 태만하게 천국에 앉아 계시다고 생각하는가?" 사실 하나님께서는 얼마 동안 우리로 괴롭힘을 당하게 하시고, 우리의 목을 총검에 맡기시고, 우리를 도살장으로 끌려가는 가련한 양처럼 만드실지도 모르지만, 그럼에도 불구하고 하나님께서는 우리를 택하시어 당신의 기업으로 삼으셨기 때문에, 우리의 생명은 하나님 보시기에 귀중합니다. 비록 하나님께서 우리가 얼마 동안 고통당하는 것을 허용하실지라도, 마침내는 우리로 하여금 하나님은 늘 우리 곁에 계시다는 것을 깨닫게 하시므로 우리에게는 하나님을 영화롭게 해 드려야 할 이유가 항상 있게 될 것입니다. 특히 있는 힘을 다해서 우리를 괴롭히고 있는 자들을 하나님께서 압도하시는 것을 보게 될 때 그렇습니다. 하나님이 맹렬한 불이라고 불리는 것과 관련해서는 이만큼만 다루기로 하겠습니다.

거저 주시는 하나님의 선하심

이제 모세는 우리가 다루었던 두 번째 문제를 다루기 시작하는데, 우리는 그 내용을 잘 알아 두어야 합니다. 즉 하나님께서 우리를 도와주시고, 후원해 주시고, 우리를 위해서 우리가 기대했던 것 이상으로 많은 것이나 우리의 지혜로는 이해할 수 없는 것을 하셨을 때, 우리는 하나님께 그분이 받아 마땅한 영광을 돌려 드려야 합니다. 그렇게 함으로써 오만과 과장에 취하지 않게 하고, 또 오로지 하나님 한 분에게만 속한 것을 우리 자신에게 달라고 요구하지 않도록 합시다. 그런 배은망덕한 짓을 하지 않도록 조심합시다. 그리고 하나님께서 우리로부터 경배를 받는 것은 우리에게 그러한 자격이 있기 때문이라고 상상하지 맙시다. 이 점에 있어서는 우리의 몸속에 이런 자격이 있다는 것을 전혀 찾지 못할 것입니다. 그러나 하나님께서 다른 어떤 것보다도 우리를 훌륭하게 만들려고 하시는 것은 오로지 거저 베푸시는 그분의 긍휼 때문입니다.

모세가 여기서 가나안 땅에 관해서 언급하는 것이 사실입니다. 만약 사람들이 이 세상에서 덧없는 것들과 관련해서 아무것도 주장할 수 없다면, 그들이 어떻게 영생을 주장할 수 있겠습니까? 만약 내가 작은 땅을 얻지 못한다면 내가 어떻게 전 국토를 얻게 되겠습니까? 그러니 여기서 언급된 내용을 잘 알아 둡시다. 우리는 중요한 가르침을 얻어야 합니다. 만약 이스라엘 백성들이 그들에게 약속된 땅을 소유하게 된다면, 그것은 그들 자신의 의로움 때문이 아니고 거저 주시는 하나님의 선하심 때문입니다. 우리가 천국 생활과 하늘 영광의 상속에 대해서 언급할 때, 우리는 꿈에도 우리 자신의 능력을 생각해서는 안 되고, 하나님께서 당신의 의로움에 대해서 언급하셨다는 것과, 황송하게도 우리를 하나님의 선하심으로 택하셨다고 인정하는 것이 훨씬 당연합니다.

모세가 사람들로 하여금 자기 자신을 자랑할 계기를 잡지 못하게 하기 위해서 모든 자만심을 버리라고 한 이론과 이유를 잘 알아 둡시다. 그가 말하기를 "여호와께서 이 민족들을 네 앞에서 쫓아내셨다"고 했습니다. 그것이 중요한 요점입니다. 그렇게 되면 우리는 모든 허영심을 버리게 됩니까? 우리는 하나님께서 벌하시는 자들과 심히 가혹하게 대하시는 자들을 통해서 우리 자신을 곰곰이 살펴보아야 합니다. 우리에게는 그들보다 조금이라도 나은 것이 있습니까? 사실 우리 가운데 몇 사람은 자신을 자랑할 만하지만, 그들은 중요한 점을 빠뜨리고 결론을 내립니다. 우리 모두는 아담의 타락한 후예들이며, 본래부터 버림받고 저주받은 자들입니다. 그러니 우리는 어떻게 해야 합니까? 우리의 실체에 대해서 깊이 생각해 본다면, 우리는 우리의 모든 뻔뻔스러움을 무너뜨리는 것이 당연합니다. 자신에 대해서 가장 잘 알고 있는 자는 스스로 가장 적게 뿌린다는 격언이 있는데, 그것은 잘못 이용되었습니다. 적게 뿌린다고 해서는 안 되고 우리는 그것보다 더 해야 합니다. 자신에 대해서 잘 알고 있는 자는 스스로 아무것도 뿌리지 않고, 오히려 자기의 품격을 완전히 떨어뜨리고 자신을 완전히 부끄럽게 해야 합니다.

여러분은 여기서 인간 자체에 대한 참된 자격이 어떤 것인지를 알게 됩니다. 하나님 앞에서는 겸손이나 겸양을 가장할 수 없으며, 또 그럴

듯하게 보이게 할 수도 없습니다. 그러니 인간으로 하여금 그들의 자아를 철저하게 검사해 보고 조종하게 해서, 그들에게는 그들이 자랑할 지혜나 능력이나 의로움이나 그 밖의 다른 어떤 것도 없다고 인정하게 하십시오. 우리는 허영과 거짓된 것과 불성실한 것으로 가득 차 있어서 다스리기 힘든 존재며, 하나님께 반항하며, 악한 육신으로 충만해 있습니다. 우리 몸속에는 많은 막된 것이 있어서 우리가 가지고 있는 미덕을 가장 아름답게 보이려고 하지만, 우리는 하나님 앞에서 오물과 배설물에 불과하다고 생각하십시오. 성경이 우리에 대하여 어떻게 말씀하시는지 보십시오. 사람들이 자신들에 대하여 곰곰이 생각하게 될 때 그들은 이와 같은 생각을 해야 합니다. 즉 그들은 하나님의 진노가 그런 남자나 그런 여자에게, 더욱이 그렇게 위대하고 월등한 민족에게 임하는 것을 보고 안타까워해야 합니다. 오늘날 복음이 우리에게 전해지고 하나님의 나라로 들어가는 길이 우리에게 활짝 열려 있음에도 불구하고 많은 사람들이 영생의 빛에서 멀리 떨어져 있습니다.

하지만 우리에게 그들보다 더 낫다고 할 자격이 있습니까? 그것이 어디에 있습니까? 우리의 자격에 대해서 잠시 살펴보고 우리가 할 수 있는 모든 것을 주장해 봅시다. 하나님께서는 왜 우리를 그들보다 더 좋아하십니까? 하나님께서는 그렇게 하시기를 기뻐하시기 때문입니다. 그러므로 야비하고 불량한 자들이 하나님 곁을 떠나가고 있으며, 많은 불쌍한 영혼들이 하나님의 벌을 받습니다. 그들 모두가 우리 자신을 비추어 볼 거울이 되게 합시다. 만일 하나님께서 우리의 공로에 따라 우리를 재판하시기를 좋아하신다면, 우리는 그들보다 용서를 더 많이 받지 못할 것입니다. 또 하나님께서 우리를 참아 주시고, 황공하게도 우리에게 은혜를 베푸시는 것은 우리 하나님의 거저 주시는 선하심 때문이라고 결론을 내리도록 합시다. 하나님의 보복이 불신자들과 배신자에게 임하는 것을 보게 되면, 우리는 우리에게로 향하신 하나님의 긍휼에서 어떤 영광을 얻어야 하는지 알아야 합니다.

사도 바울도 로마서에서 "만약 하나님께서 거저 주시는 자의 선하심으로 인해서 우리를 아껴 주시지 않으시면 우리는 악한 자들과 함께 완전히 저주를 받게 될 것이다"(롬 2:2, 4:9, 29)라고 말했습니다. 이것은 우리를 교만하게 하고 우리를 술 취하게 할지도 모를 어리석은 자만에 빠지지 않게 하려는 의도에서입니다. 만약 우리가 하나님의 선하심에 의지해야 한다고 인정하면서도 하나님께 영광을 돌리지 않는다면, 하나님께서는 우리로 하여금 우리에게는 하나님이 주시는 그런 긍휼과 호의를 받을 자격이 없다는 것을 뼈저리게 느끼게 하실 것입니다.

이렇게 해서 여러분은 모세가 이스라엘 백성들에게 가나안 족속과 그들의 이웃 족속들을 그들의 죄 때문에 멸절시켜야 한다고 말한 이유를 알게 되었습니다. 만약 하나님께서 그들의 죄 때문에 그들을 벌하신다면 이스라엘 백성들이 즉시 반응했을지도 모릅니다. 하나님께서는 이스라엘 백성들로 하여금 그런 역할을 하게 하셨는데, 이것이 하나님께서 그들이 가나안 백성들보다 훌륭하고 의롭다는 것을 아셨다는 증거입니까? 그렇지 않습니다. 모세가 선언했던 대로, 하나님께서 이스라엘 백성들을 선택하신 것은 이스라엘 백성들에게 그런 자격이 있었기 때문이 아닙니다. 그들을 선도하는 것이 가나안 족속들을 선도하는 것보다 훨씬 힘들었습니다. 그럼에도 불구하고 하나님께서는 그들을 택하셨습니다. 그러니 하나님께서 이 세상에서 우리에게 보여 주시는 징벌을 통해서 유익을 얻도록 합시다. 불행이 우리에게 닥쳐오지 않을지라도 하나님의 학교로 나가서 하나님으로부터 겸손해지는 방법을 배우도록 합시다. 우리는 저주를 받은 자들처럼 하나님에 의해서 난폭하게 다루어지는 것이 마땅하기 때문입니다. 그런데 어떻습니까? 내가 앞에서 말한 대로 하나님께서는 우리를 참아 주십니다. 이것이 가장 중요한 요지입니다.

우리의 힘으로 할 수 있는 것

두 번째 요지는 여호와께서 언제 그 백성들을 네 앞에서 쫓아내시느냐입니다. 모세는 여기서 사람들이 자신을 속이는 도구가 되는 모든 어리석은 자랑거리를 잘라 냅니다. 어떻게 잘라 냅니까? 만일 우리가 적과 용감하게 싸우는 장대한 남자의 역할을 하지 않았다면 우리는 어떻게 되었겠습니까? 우리의 적은 힘이 셌으며, 능력이 있고 장대했으며, 그들에게는 거대한 요새와 군수품이 있었으며, 그들은 거인처럼 키가 컸습니다. 그들과 비교하면 우리는 난쟁이에 불과했습니다. 그래서 우리는 분발해서 담대하게 되어야 했습니다.

모세는 "심히 어리석은 자들아 너를 위해서 싸우는 것은 너희 자신이 아니고 너희 하나님이다"라고 말하여 이 모든 것을 일소시켰습니다. 그러므로 비록 하나님께서 우리를 들어 쓰시고 우리가 무엇인가를 하는 것처럼 보일지라도, 성과는 우리의 것이 아니고 우리를 통해서 역사하시고 당신의 능력을 우리에게 불어넣으시는 하나님의 것입니다. 우리는 우리의 능력을 자랑하려고 할지도 모르지만, 우리에게는 자랑할 것이 아무것도 없습니다. 그러나 하나님은 항상 당신의 능력의 창시자로 인정받으셔야 합니다.

모세가 주장한 두 번째 이유는 이스라엘 백성들에게 "내가 이것을 했다, 내가 저것을 했다, 내가 이것이 일어나게 했다, 내가 저것이 일어나게 했다"고 말할 정도로 그들이 거만해지거나 그들 자신의 능력을 놀라우리만큼 믿어서는 안 된다는 것을 가르쳐 주기 위해서였습니다. 그는 "너희가 그렇게 해서는 안 되며, 너희 하나님이 그 족속들을 몰아내시고 그들을 완전히 멸절시키는 분"이시라고 했습니다. 그런데 만약 일시적인 적에 대해서 이런 말이 주어졌다면, 사단과 우리 영혼의 원수에 대해서 어떤 말이 주어져야 합니까? 우리는 우리 영혼의 원수들을 이길 수 있습니까? 우리의 자유의지에서 나온 결과와 우리의 공로와 우리의 선행이 마귀와 이 세상 것들과 또 죽음 그 자체와 지옥을 이길 수 있습니까? 그럴 수 없습니다. 그러니 불쌍한 시각장애인들이 속임을 당해서 자기들은 많은 것을 할 수 있고 또 매우 유능하다고 여기는 것도 무리가 아닙니다.

그럼에도 불구하고 그들은 여기서 성령님에게 냉대를 받습니다. 성령님은 우리에게 우리는 아무것도 아니며, 우리의 힘으로 할 수 있는 것은 아무것도 없으며, 우리가 하는 모든 선은 하나님으로부터 나오며, 우리에게 선을 행하게 하시는 분은 하나님이시라는 것을 알려 주십니다(빌 2:13). 만약 사람이 덧없는 이 생명을 구하는 일에서 손가락 하나도 움직일 수 없다면, 그는 자신의 영혼을 천국으로 인도할 수 있습니까? 만약 어떤 사람이 자기 자신처럼 죽음을 면할 수 없고 덧없는 피조물인 그의 원수에 맞서서 아무것도 할 수 없다면, 그는 어떻게 이 세상과 지옥에 있는 모든 마귀들을 이겨 낼 수 있겠습니까? 그러니 더 이상 우리 마음이 내키는 대로 이것저것 할 수 있다는 어리석은 생각으로 스스로를 속이지 않도록 합시다. 만일 하나님께서 우리에게 당신의 손을 내미신다면 우리는 설 수 있게 되는데, 그것은 우리 자신 때문이 아니고 하나님 때문입니다. 그 사실을 알아 둡시다.

사도 바울은 많은 자랑을 했습니다. 무엇을 자랑했습니까? 그가 말하기를 "나는 나에게 힘을 주시는 예수 그리스도를 통해서 모든 것을 할 수 있다"고 말했습니다(빌 4:13). 그는 모든 것을 할 수 있다고 말합니다. 그는 그런 방법을 통해서 마귀에게 도전합니다. 그는 그런 담대한 방법을 주로 빌립보서에서 사용합니다. 그러나 그는 어떤 것도 자신의 덕분이라고 하지 않았습니다. 그는 예수 그리스도를 통해서 강건해진다고 말합니다. 그러니 만일 우리가 위로부터 강건함을 받게 되면 우리는 우월해질 것입니다. 그러나 앞에서 말한 대로, 우리를 강건하게 해 주시는 분은 하나님이시며, 하나님을 통해서, 또 하나님에 의해서 승리를 얻게 된다는 사실을 항상 인식하고 있어야 합니다.

모세가 주장하는 세 번째 이유는 하나님께서는 자기 백성들로 약속의 땅을 소유하게 하심으로 아브라함과 이삭과 야곱에게 하신 맹세를 이루려고 하시기 때문입니다. 여기서 이스라엘 백성들은 앞에서 보여 준 대로, 하나님께서 그들을 택하신 것은 그들이 다른 족속보다 더 가치 있고, 더 고상하고, 더 훌륭했기 때문이 아니라, 하나님께서 그들의 선조들과 약속하셨기 때문이라는 사실을 명심해야 합니다.

이제 무엇이 하나님의 마음을 움직여서 하나님으로 하여금 이 땅을 아브라함과 그의 후손에게 주게 하셨는지를 알아봅시다. 만일 하나님께서 인간의 가치를 중요하게 여기셨다면, 아브라함은 그 땅을 소유하기 위해서 다른 사람들보다 더 많은 자격을 갖고 있어야 했습니다. 그러나 그와 정반대로 그는 이방인으로 거기에 살고 있었으며(히 11:9), 거기에서 쫓겨났으며, 하나님의 명령에 의해서 그것을 갖게 되는 것이 거의 불가능한 것처럼 보였습니다. 그는 물도 마음대로 마시지 못했습니다.

물을 얻는 데에도 다른 사람들의 동정심을 구해야 했을 뿐만 아니라, 자신의 노력으로 우물을 팠지만 그와 그의 자손들은 거기에서 쫓겨나기도 했습니다(창 21:25).

하나님을 믿는 족장들은 이리저리로 떠돌아 다녔으며, 사람들은 그들을 몹시 조롱했고, 그들에게 많은 불법 행위와 옳지 못한 짓을 했습니다. 무엇보다 그들은 매장지 외에는 한 치의 땅도 갖지 못했습니다. 마침내 야곱은 그가 우거했던 천막을 친 땅에 대한 대가를 치러야 할 지경에까지 이르렀으며, 드디어는 할 수 없이 가나안 땅에서 나와 애굽 땅으로 들어가게 되었습니다(창 32:18, 33:19, 46:1). 믿음의 조상들은 그들이 생존하는 동안 그 땅을 소유하지 못했는데, 그들의 후손들에게는 그것을 소유할 자격이 그들보다 많았습니까? 그렇지 않습니다. 하나님의 언약은 오로지 거저 주시는 선물이며, 하나님은 인간의 어떠한 공로도 고려하지 않으셨습니다. 왜 그렇게 하셨습니까? 하나님께서는 그 백성들을 사랑하셨기 때문입니다.

우리는 하나님께서 그들 속에서 어떤 장점을 발견하셨느냐고 물어서는 안 됩니다. 우리는 하나님께서는 긍휼 베푸시기를 기뻐하신다는 사실에서 만족을 얻어야 합니다. 그것은 마치 하나님께서는 사람들에게서 선한 일을 찾지 않으시고 내 안에서 찾는다고 말씀하시는 것과 같습니다. 하나님께서는 완전히 버림을 받아 마땅한 사람들 가운데서 몇몇을 택하여 당신의 자녀로 삼으셨으며, 그것으로 인해서 그들은 하나님께 모든 찬양을 드릴 것입니다. 그것이 모세가 하나님께서 그들의 선조들과 맺은 언약을 강조한 목적이었습니다.

그런데 전에 말했던 대로, 이 언약은 이 백성들이 태어나기 전에 맺어졌다는 것을 우리는 알고 있습니다. 어떤 공상가들은 하나님께서는 사람들이 무엇이 될 것인가를 미리 아신다고 말하는데, 이스라엘 백성들은 그 공상가들처럼 하나님께서 그들의 존재를 중요하게 여기셨다고 말할 수 없었습니다. 만약 하나님께서 통찰력을 발휘하기만 하셨어도 확실히 하나님께서는 우리 모두가 마귀가 될 것이라는 것을 아셨을 것입니다. 즉 하나님께서는 우리가 모든 악으로 가득 차 있고, 우리 안에는 몹시 혐오스러운 것밖에 없는 불행하고 저주받은 피조물이 될 것이라는 것을 아셨을 것입니다. 하나님께서는 우리 안에서 이런 점을 발견하셨을 것입니다. 더욱이 하나님께서 우리를 선하게 만들려고 하신다면 우리로 하여금 하나님을 닮게 하셔야 합니다. 왜냐하면 사도 바울이 에베소서 2장에서 말한 것처럼 우리는 하나님의 작품이기 때문입니다(엡 2:10). 우리를 만드신 분은 하나님이시라고 시편 95편에도 분명하게 기록되어 있습니다(시 95:6). 다윗은 거기에서 우리가 하나님의 피조물로 이 세상으로 보냄을 받은 하나님의 첫 작품에 대해서가 아니고, 하나님의 은혜를 통해서 우리를 다시 지으신 작품에 대해서 언급합니다. 그러니 하나님께서 통찰력을 발휘하기만 하셨어도 우리 안에는 많은 모반과 악한 것밖에 없다는 것을 아셨을 것입니다. 간단히 말해서, 우리는 모든 면에서 저주를 받아 마땅한 중단 없는 사망의 후예입니다. 그러므로 하나님께서 우리가 선악 간에 아무것도 행하지 않았을 때 우리를 택하셨다면, 사도 바울이 로마서 9장에서 선언한 대로, 그것은 하나님의 긍휼을 베푸시기 위해서였을 것입니다(롬 9:11). 이렇게 해서 여러분은 모세가 여기서 우리에게 무슨 말을 하려고 하는지 알게 되었습니다.

이제 우리는 앞에서 언급했던 비교에 대해서 다시 상기해 보아야 합니다. 만일 하나님께서 가나안 땅과 일시적인 상속과 관련해서 맺은 언약이 거저 주시는 하나님의 선하심에서 비롯되었음을 알려 주기 위한 것이라면, 하나님께서 우리를 불러서 하나님 나라의 후사로 삼으시고, 당신이 우리의 하나님과 구세주가 되신다는 것을 알려 주시고, 당신의 선하심이 최고조에 달하게 하시고 모든 존경심이 묻히게 해서 사람들로 하여금 그들 자신에게는 하나님의 선하심을 막을 능력이 있다고 상상하지 못하게 하는 것이 훨씬 합리적이었을 것입니다. 하나님께서 우리를 불러 주시고, 황공하게도 복음을 믿게 해서 우리를 깨우쳐 주시는 것은 하나님께서 우리가 우리 어머니의 태에 있을 때뿐만 아니라 창세 전부터 우리를 택하셨기 때문입니다. 더욱이 하나님께서는 영원 전부터 우리를 택하셔서 당신의 자녀로 삼는 것을 기뻐하셨습니다(엡 1:4). 따라서 이유여하를 막론하고 우리에게는 내세울 것이 아무것도 없습니다. 그보다는 하나님만이 높임을 받으시게 해 드리고, 모든 영광을 하나님께 드리기 위해서 우리 자신을 부끄럽게 해야 합니다. 더욱이 우리는 하나님께서 우리를 다른 사람들보다 귀하게 여기시는 이유를 모르고 있다는 사실에 대해서 곰곰이 생각해 보아야 합니다.

사도 바울이 고린도전서에서 말한 대로, 우리에게 차별을 두시는 분은 하나님 한 분이십니다(고전 4:7). 바울은 당신을 뛰어나게 해 주시는 분이 누구시냐고 물었습니다. 사실 하나님께서는 당신에게 우리를 완전히 무너뜨릴 수 있는 이유가 충분히 있다는 것을 보여 주셨습니다. 믿는 자들이 그들 안에 무엇이 있는지를 철저히 조사해 보면, 그들 안에는 심히 비열한 것밖에 없다는 것과, 그들 자신에 대해서 가장 잘 알고 있는 사람은 그들 자신이라는 것을 알게 될 것입니다.

맹세의 의미

많은 사람들이 그렇게 거만하게 되는 이유는 무엇입니까? 그들은 하나님으로부터 떨어져 있으며 위선으로 가득 차 있어서 부도덕한 짓을 도덕적인 것으로 여기며, 더 나쁜 것은, 그들은 자기들의 부정한 짓과 음란한 짓과 비열한 짓을 통해서 자신을 기쁘게 한다는 사실입니다. 그러나 믿는 자들은 많은 자극을 받아 무엇이 하나님의 공의인지 곰곰이 생각해 봅니다. 그들은 자신에 대해서 깊이 생각해 본 후에 자기들의 결점에 주의하게 되고, 과장하지 않으며, 자기들에게 주어지는 하나님의 말씀을 택해서 그들 안에 있는 나쁜 행실을 덮습니다. 그렇게 함으로써 그들은 그들 자신을 진심으로 정죄하는 방법을 알게 되고, 어떠한 위선을 통해서도 그들 자신을 과장하지 않게 됩니다. 그러므로 하나님께서 믿는 자들을 찾아오시게 되면, 그들은 그들의 비행을 인정하고 그것들을 진심으로 증오하게 됩니다. 하나님께서 그들을 거듭나게 해 주시면, 그들은 하나님께서 성령님을 통해서 그들 안에서 역사하셨음을 느끼게 됩니다. 그들은 그들 안에는 중하게 여길 가치 있는 것이 아무것도 없다는 것을 잘 알고, 모든 것이 거저 주시는 하나님의 선하심의 덕분이라고 여깁니다.

우리 여호와 하나님께서 믿음의 족장들에게 서약하셨던 당신의 언약을 지키시겠다고 하셨으니, 우리는 하나님께서 오늘날에도 그 언약을 지켜 행할 것임을 의심할 필요가 없다는 것을 잘 알아 둡시다. 하나님께서는 그 언약을 통해서 기꺼이 당신을 우리에게 매어 놓으셨습니다. 맹세(swear)라는 말이 사용되었는데, 그것은 앞에서 말했던 대로 하나님께서는 인간의 덧없음을 고려하시어 그들과 약속만 하는 것으로는 충분치 않다고 생각하셨기 때문입니다. 하나님께서는 그들로 하여금 당신께서 하신 말씀을 더 확실히 믿게 하시기 위해서 황송하게 맹세도 하셨습니다. 사실, 비록 하나님이 간단하게 말씀하시더라도 우리는 하나님께 귀를 기울이고 복종해야 합니다. 그러나 하나님께서는 우리의 연약함에 맞추십니다. 하나님께서는 처음부터 그렇게 해 오셨습니다. 하나님께서는 우리에게 간단히 말하는 것으로는 충분치 않다고 생각하시어 엄숙한 서약을 해서 그 언약을 보증하기도 하셨습니다. 따라서 오늘날에도 우리의 구원 또는 덧없는 이 땅에서의 생활과 관련해서 어떤 의문이 생기거나 우리가 무엇이 될 것인가를 의심하게 되면, 우리는 하나님께서 하신 언약을 주시하게 되고, 그것들이 최대한의 보증이 된다고 확신합시다. 그렇게 해서 우리로 하여금 그것들을 의심할 이유를 전혀 갖지 못하게 합시다.

우리 하나님께서는 맹세하셨지만, 우리는 하나님을 불성실하시다고 비난합니다. 더욱이 우리는 하나님은 불성실하실 뿐만 아니라 믿을 수 없고, 심지어는 위증자라고 비판합니다. 얼마나 사악한 신성모독입니까? 우리가 그런 식으로 하나님을 모독했다는 비난을 받지 않으려면 우리는 우리에게 확실하게 보증된 언약을 굳게 붙들어야 합니다. 만일 하나님께서 가난하고 죽을 수밖에 없는 아브라함에게 하신 약속을 지키시고, 또 전에 없이 놀라운 은혜를 받은 연약한 피조물에 불과한 이삭과 야곱에게 똑같은 약속을 확약하셨다면, 우리는 하나님께서 모든 의로움과 거룩함의 원천이 되시며, 영광의 왕이시며 천사장이 되시는 우리 주 예수 그리스도의 손을 거쳐서 우리와 맺은 언약을 어기지 않으실 것이라고 믿는 것이 좋을 것입니다(히 8:6).

따라서 만일 우리가 우리의 귀를 막지 않고, 매우 관대하신 우리 하나님께서 우리에게 주려고 하시는 것들을 거절하지 않는다면, 최소한 우리는 이 가르침이 왜 우리에게 해당되는지 알게 될 것입니다. 그런데 우리가 알고 있는 바와 같이, 오늘날 대부분의 세상 사람들은 그들 자신의 눈을 가리려고 철저히 노력을 해서, 하나님의 언약과 관련된 그들에게 말한 내용에 대해서는 아무것도 알려고 하지 않습니다. 어떤 사람이 그들에게 복음을 전하고 또 구원의 길을 보여 줘도 그들은 그것이 무엇을 의미하는지 모르며, 그것을 맛보려 하지도 않습니다. 왜 그렇습니까? 그들 중의 몇 사람은 배반자이고 위선자이며, 몇 사람은 하나님의 위대하심을 공개적으로 멸시하는 자이며, 몇 사람은 이미 그들 자신의 사악한 감정에 사로잡힌 자이기 때문에, 그들은 하나님이 하시는 말씀에 귀를 기울이지 않거나 하나님께서 그들 속으로 들어가시는 것을 용납하지 않습니다.

그러나 우리로서는 하나님께서 하시는 말씀에 기꺼이 순종해야 하며, 하나님의 말씀을 경외하고 존경하는 마음으로 받아들이고, 우리의 대장이신 예수 그리스도의 깃발 아래 싸울 준비를 하고 이 세상의 모든 유혹을 단호하게 뿌리쳐 우리의 사악한 모든 정욕을 제거해야 합니다. 그렇게 할 때 우리는 하나님께서 우리를 우리가 태어나기 전에 양자 삼으셨으며, 당신의 긍휼하심으로 말미암아 우리를 택하셨으며, 우리를 복음으로 불러 주셨으며, 우리를 즉시 받아들이시고 보호해 주셨으므로, 마침내 하나님께서 우리를 하나님의 영원한 기업으로 삼으셔서, 우리로 하여금 하나님께서 우리에게 약속하신 영원한 영광을 누리게 하셨다는 사실을 의심하지 않게 됩니다.

63편_ 신 9:6~7

모세의 경고

"그러므로 네가 알 것은 네 하나님 여호와께서 네게 이 아름다운 땅을 기업으로 주
신 것이 네 의로움을 인함이 아니라 너는 목이 곧은 백성이니라 너는 광야에서 네
하나님 여호와를 격노케 하던 일을 잊지 말고 기억하라 네가 애굽땅에서 나오던 날
부터 이곳에 이르기까지 늘 여호와를 거역하였으되"(신 9:6~7).

어제 우리는 모세가 이스라엘 백성들에게 그들은 약속의 땅으로 들
어온 후에 자만해서는 안 된다고 경고하는 것을 보았습니다. 그리고 그
는 그들에게 그들이 그런 유익을 얻게 된 것은 그들의 공로 때문이 아니
라 하나님의 순수하신 은혜와 선하심 때문이라는 것을 알려 주었습니
다. 모세가 그런 주장을 한 데에는 세 가지 이유가 있습니다. 사람들로
하여금 자신들의 실상을 알게 하고, 자신을 완전히 부끄럽게 여기게 만
들고, 모든 것을 자신의 능력 덕분이라고 여기는 것이 아니라 거저 주시
는 하나님의 긍휼 때문이라고 믿게 하기 위해서입니다. 그러나 그들을
겸손하게 만드는 것이 어렵기 때문에 모세는 분명한 예를 들면서 "만일
네가 네 자신의 가치와 공로를 주장한다면 너는 목이 곧은 백성이니라.

너는 멍에를 멜 수 없고 하나님에게 순종하지 않는 그런 자와 같다. 너는 다른 민족보다 나을 것이 없기 때문에 네가 하나님의 택함을 받고 너에게 할당된 기업을 소유하고 다른 민족에게 우선할 자격이 없다는 것이 나타난다"고 말했습니다.

모세는 아직 기억 속에 생생하게 남아 있던 것들과 그들이 광야에서 일으킨 반역에 대해 되풀이해서 언급했으며, 그들은 하나님께서 그들을 애굽 땅의 노예 생활에서 구출해 내시기 위해서 행하신 기적을 잊고 있었기 때문에 그들에게는 용서받을 여지가 없다는 결론을 내렸습니다. 그것이 그들의 죄를 더 흉악하게 만들었습니다. 모세는 그들에게 그들이 광야 생활을 하는 동안 어떻게 하나님을 노엽게 해 드렸는지 회상해 보라고 했습니다. 그들은 그런 짓을 한 번만 한 것이 아니고 계속해서 더 포악해졌으며, 그들의 고집을 꺾지 않았습니다. 따라서 그들이 완전히 제거되는 것이 지극히 당연했습니다. 우리는 하나님께서 그 백성들을 당신 곁에 남겨 두시고, 그들을 약속된 기업 속으로 끌어들이시기 위하여 엄청난 긍휼을 베푸셨으며, 당신의 순수한 선하심으로 인해서 그들로 하여금 그것을 누리고 소유하게 하셨다는 결론을 내려야 합니다. 그것이 여기에 담겨 있는 내용의 요지입니다.

우리가 제일 먼저 알아야 할 것은 사람들이 그들의 눈앞에서 유죄라는 판결을 받을 때까지, 다시 말하면 그들이 법원에 기소된 범죄자처럼 정죄될 때까지 그들은 결코 그들의 죄를 고백하지 않으며, 겸손해지지도 않는다는 사실입니다. 우리가 알고 있는 대로 범죄자들은 뻔뻔스럽게도 그들이 저지른 죄를 모든 수단을 동원해서 부인합니다. 하나님 앞에 소환되어서도 그렇게 처신합니다. 그들은 그것을 공공연하게 부인하는 태도를 취하기보다는 항상 뒷걸음을 치며 어리석은 변명을 합니다. 결론적으로 말하면, 강제로 시키지 않으면 그들은 결코 하나님을 섬기지 않습니다.

이러한 까닭으로 하나님께서는 우리의 비열함을 드러내셔서 우리로 하여금 그것을 부끄럽게 여기게 하십니다. 만일 하나님께서 우리를 그런 방법으로 다루지 않으신다면 결코 우리로 하여금 허리를 굽히게 만들지 못할 것입니다. 첫 번째 이유는 우리가 자만심에 잡혀 있기 때문이고, 두 번째 이유는 우리가 위선에 눈이 멀었기 때문입니다. 사람들에게는 그런 생각이 많기 때문에 자신의 비참함이 알려지는 것을 바라지 않습니다. 게다가 그들은 매우 오만하게 되어서 그들이 지은 죄를 과장합니다. 하나님께서는 그들에게 그것을 우리가 여기서 보는 방법대로 상기시켜 주시는 것이 필요합니다. 그래서 하나님께서 그들을 소환하셔서 그들 앞에 그들의 죄를 제시하실 것입니다. 사람들은 자신을 정당화시킬 노력을 할 뿐만 아니라 하나님을 비난하는 지경에까지 이르기 때문입니다. 그런 까닭으로 하나님께서는 당신의 선지자 이사야를 통해서 "좋습니다. 우리 함께 법원으로 가서 우리 사이에 심판을 세워서 누가 승리하게 될 것인지 알아보도록 합시다"(사 43:26)라고 말씀하십니다.

자신의 공로를 주장하는 자들의 위선

하나님은 어떤 재판관이나 심판관에 예속될 수 없는 것이 사실입니다. 하나님께서는 당신의 위대하심이 그렇게 되는 것을 참아 주지 않으시기 때문입니다. 하나님께서는 사람들이 하나님에 대해서 투덜거리고, 누가 옳은지를 알아보기 위해서 하나님을, 이를테면 법정에 세우려고 하는 것을 보시고 그들의 가증스러운 위풍당당함을 비웃으십니다.

하나님께서는 그런 건방진 행실을 고려해서 "나는 그 문제에 대한 토의와 토론이 이루어지는 것에 만족한다. 나는 나의 판단력을 주장할 것이며, 너는 너의 주장을 피력할 것이다. 그러면 사람들은 누가 옳고 누가 그른지 구별할 것이다"라고 말씀하십니다. 그런데 하나님께서는 여기서 똑같은 방법으로 말씀하시지 않으시고, 요컨대, 만일 그들이 의로움을 조금이라도 사칭한다면 하나님께서는 그들을 논박할 수 있는 것이 당연하다는 것을 백성들에게 알려 주십니다. 모세는 그것을 확실하게 하기 위해서 "너는 네가 목이 곧은 백성이라는 것을 알아 두라"고 말했습니다.

우리는 이 가르침이 오늘날에 더 필요하다는 것을 알았습니다. 만약 사람들이 자만심으로 들떠 있고 위선으로 생활의 틀이 잡힌 때가 있었다면, 요즈음이 그때라는 것을 우리는 알고 있습니다. 하나님이 거침없이 조롱을 당하지만, 가장 악한 자들이 가장 높은 자리로 올라가기 때문에 그들을 비난할 정도로 대범한 사람이 아무도 없습니다. 따라서 이 가르침은 그만큼 더 강조되어서 모든 거만이 폐해지고 아무도 자신을 높이려는 생각을 더 이상 하지 못하게 해야 합니다. 우리는 그런 경지에 도달해야 합니다.

자기들의 행위에 의해서 정당화된다는 의견을 강력하게 주장하는 자들은 그들의 생활 태도가 가장 비열하고 악한 자들입니다. 우리는 그런 현상을 천주교 신자들 가운데서도 봅니다. 자신의 공로를 주장하고, 또 사람은 믿음에 의해서 의롭게 되지 않는다고 주장하려고 할 때 그들은 목청을 높여서 "무엇이라고요? 그리스도인은 하나님을 향해서 신성하게 된 거룩한 백성이 되어야 하지 않습니까? 그리고 성령님께서 우리를 다스려야 하지 않습니까? 우리는 천사와 같은 생활을 영위해야 하지 않습니까?"라고 외칩니다. 그들이 이렇게 말함에도 불구하고 여러분은 그들이 음란하며, 술주정뱅이며, 위증자이며, 또 성실하지 않으며, 교활하고 폭리를 탐해서 그들 몸속에는 하나님을 경외하는 마음과 사람들을 향한 정직한 마음이 전혀 없다는 것을 알게 될 것입니다. 그럼에도 불구하고 그들은 공로를 일일이 옹호하는 자이며, 더 할 수 없이 충실한 자인 척합니다. 그들이 말하는 것을 들으면 여러분은 그들 속에는 거룩한 것밖에 없다고 생각할 것입니다. 그러나 그와 반대로 온 세상 사람들이 분명히 볼 수 있는 것과 같이 그들의 생활은 가장 가증스럽고 추잡합니다. 사람들은 그런 방법으로 속임을 당합니다. 그러한 까닭으로 모세는 이 본문 말씀을 모세 당시를 위해서뿐만 아니라 우리가 이 세상 끝날까지 시행해야 할 규례로 기록하였습니다.

그러므로 우리에게 거만한 마음이 생겨서 우리의 육신이 우리를 자극해서 뻔뻔스럽게도 우리 자신을 과장하는 방식을 모른다고 말할 때, 우리는 여기서 한 말을 기억해 두어야 합니다. 그리고 다음과 같은 생각을 하도록 합시다. 즉 우리는 어떻게 해야 할까? 우리는 어떤 사람이며 어떤 생활을 해 왔는지 곰곰이 생각해 보아야 합니다. 만약 우리가 하나님 앞에 나와서 결산을 해야 한다면 우리는 그것을 통과할 수 있겠습니까? 우리가 세상에서 가장 처량한 자라는 생각을 해 보았습니까? 그리고 우리 자신을 승진시키기 위해서 이리저리로 돌아다닌다는 것은 하나님으로부터 하나님의 의로우심을 강탈해서 하나님이 사실대로 알려지지 않게 하는 것이 아닙니까? 우리가 완전히 꺾여서 정죄를 받아 하나님 한 분만이 의롭게 되시고 우리가 그것을 즐거운 마음으로 인정하지 않는다면, 하나님의 의로움이 다른 방법으로는 빛을 발할 수 없습니다.

따라서 자신의 능력으로 조금이라도 의롭게 되려고 하는 자는 확실히 하나님을 모독하고 하나님께 도전하는 것입니다. 그러니 우리는 이런 경고를 주목해야 합니다. 지금의 상태가 어떻습니까? 당신은 어떤 생활을 하고 있습니까? 당신이 창조주 앞에 나와서 심판을 받으라는 소환장을 받게 되면 당신은 그것에 응할 수 있습니까? 우리가 우리 자신을 위해서 주장하는 모든 항목에 대하여 하나님께서는 우리에게 불리한 주장을 일천 개나 할 수 있으시니 우리는 꺾여야 합니다. 우리는 그것을 명심하고 있어야 합니다.

순종이 참된 의로움

이렇게 해서 여러분은 사람들이 자만심으로 부풀어 있고 자기 자신을 정당화시키기를 간절히 바랄 때, 즉 하나님께 어떤 보답이나 대가를 요구할 때 그들이 자기들의 생활에 대해서 생각해 보아야 하는 이유를 알게 되었습니다. 그리고 모세는 이스라엘 백성들을 철저히 정죄하기 위해서 그들은 목이 곧은 백성이라는 것을 강조했습니다. 이 비유는 명에를 메야 하는 짐승에서 나왔습니다. 만일 그 짐승이 명에를 메기 위해서 고개를 숙이려 하지 않는다면 그 짐승은 사람에게 아무 도움도 주지 못하는 무용지물이 됩니다. 그것은 오히려 뿔로 받아서 많은 해를 주며, 모든 물건을 갈기갈기 찢어 놓고, 전진하는 대신에 뒤로 물러섭니다. 이 점을 고려해서 모세는 한마디로 목이 곧은 백성은 결코 의롭다고 여겨지지 않는다고 선포했습니다.

이에 대한 이해를 돕기 위해서 순종이 이 세상의 모든 제사보다 낫다 (삼상 15:22)고 말한 이유를 알아 둡시다. 만일 사람들이 어쩔 수 없이 자신의 의로움을 요구해야 한다면, 그들은 하나님께 온전히 순종하기 위해서 그들이 그들의 목을 숙이고 있는지 잘 보아야 합니다. 그들은 사람들 앞에서 자신을 자랑하는 것이 당연하다고 여길지도 모릅니다. 그러나 그들이 하나님이 주시는 멍에를 멜 정도가 되지 않으면, 다시 말해서, 그들이 하나님의 뜻에 따라 처신하고 하나님께서 원하시는 대로 그들을 다스리시도록 그들의 생명을 하나님께 바쳐서 그들이 예외 없이 하나님에게 진심으로 순종하는 데서 만족을 얻지 못한다면, 그들의 모든 선행은 배설물에 불과합니다. 이렇게 해서 여러분은 우리의 참된 의로움이 순종이라는 것을 알았습니다. 즉, 여러분은 죽어질 사람이 아닌, 살아 계시는 하나님을 기쁘시게 해 드리려고 하는 것이 순종이라는 것을 알았습니다. 이 점을 잘 알아 두어야 합니다. 이것을 통해서 내가 전에 가르쳐 준 가르침이 더 확고하게 될 것입니다.

사람들은 자기들에게 어떤 공로나 자격이 있다고 추측하기를 항상 기뻐하기 마련입니다. 그들이 거룩하고 의롭게 여겨지기를 바랄 때 그들은 자신에 대한 뜨거운 사랑을 가지고 있지만 하나님께 순종하지 않는 것을 전혀 중요하게 여기지 않았습니다. 그와 반대로, 하나님께서는 순종만을 요구하신다는 사실이 여기에서 우리에게 알려집니다. 우리가 우리 자신의 힘으로 하나님께 무엇인가를 드렸지만 우리가 드린 것은 아무것도 아니기 때문입니다.

그러나 하나님께서는 당신의 뜻을 우리에게 알려 주시고, 또 이를테면 굴레 혹은 멍에를 우리의 목에 씌우심으로써 우리가 하나님을 사랑하고 존귀하게 여기는지를 시험해 보십니다. 그렇게 하시는 것은 마치 하나님께서 "나에게 고분고분하고, 나를 향해서 너의 머리를 거만하게 들지 말고, 의기양양해 하지 말며, 고삐 풀린 망아지 노릇을 하지 말고, 너의 생활을 나의 율법과 계명에 따라서 영위하는 태도를 가지라"고 말씀하시는 것과 같습니다. 그것이 하나님께서 의도하시는 것입니다. 하나님께서 그렇게 하시는 것은 우리에게서 어떤 생활필수품을 받으시거나 우리가 하나님에게 어떤 해를 줄 수 있기 때문이 아니라, 우리가 하나님께서 우리를 다스리시는 것을 용납하고, 또 모든 사람들이 자신의 이성에 사로잡혀 있지 않고 "주님, 우리는 당신의 연약한 가족이오니 우리를 당신의 뜻에 따라 인도해 주십시오"라고 말하기 때문입니다. 우리가 하나님께 군주의 신분과 통치권을 맡길 때 그것이 우리가 기꺼이 하나님을 존귀하게 여긴다는 확실한 증거가 되기 때문입니다(욥 35:6~7, 시 16:2). 왜냐하면 우리에게는 지식도 없고 판단력도 없으며, 우리의 욕심이 완고하기 때문입니다. 그러니 "주님이시여 당신께서 우리를 다스려 주시고 당신의 율법이 우리에게 멍에와 굴레가 되게 하십시오"라고 하는 말은 하나님께서 사무엘상에서 말씀하신 순종이 이 세상의 모든 제사보다 낫다는 것과 같은 뜻입니다. 그리고 그것이 "너희 선조들이 애굽 땅에서 나올 때에 내가 그들에게 제물이나 그와 비슷한 것을 달라고 했느냐"(렘 7:21)는 예레미야 선지자의 말을 통해서 확실하게 되었습니다.

하나님께서 제물을 바치라고 명령하신 것은 사실이지만, 하나님께서 요구하신 것 중에서 가장 중요한 것은 하나님의 말씀에 순종하는 것이었습니다. 하나님께서 목표로 삼으시는 것, 즉 우리의 모든 의로움은 우리가 하나님의 말씀에 귀를 기울여서 하나님의 권위가 우리에게 중요하게 여겨지는 것입니다. 그러면 우리는 자신이 현명하다고 반박하지 않을 것이며, 우리가 좋다고 생각하는 것을 행하지도 않게 될 것입니다. 그리고 하나님만이 지배하시게 되니 우리는 귀를 기울여서 하나님의 가르침을 조심해서 받아들이기만 하면 됩니다. 더욱이 우리는 그것을 마치 내가 앞에서 말한 멍에와 굴레처럼 받아들이게 되고, 그것이 우리를 다스리는 것을 두고 불평하지 않게 됩니다. 만일 사람들이 그것을 통해서 자기 자신을 하나님의 뜻에 상냥하게 복종시키지 않으면 그들의 모든 성실과 생활이 하찮은 것에 불과하다는 것이 나타납니다. 거기에는 불순종밖에 없으며 아무 의로움도 없습니다. 모든 의로움과 모든 선한 행실의 기초는 하나님의 선하신 뜻에 따라 형성되어야 하기 때문입니다.

우리는 이것과 관련해서 우리 자신의 잣대나 계량기를 사용하려고 해서는 안 됩니다. 하나님만이 말씀하셔야 하며, 하나님만이 선과 악을 구별하는 재판관이 되셔야 합니다. 무죄냐 유죄냐를 선고하는 것은 하나님에게 속하기 때문입니다. 하나님께서는 당신께서 좋다고 생각하시는 것을 허락하기도 하시며, 허락하지 않으시기도 하십니다. 우리가 할 일은 "아멘"이라고 말하는 것밖에 남아 있지 않았습니다. 우리는 하나님께서 좋다고 생각하시는 것을 다 시인하고 하나님께서 싫어하시는 것을 다 정죄해야 합니다.

모세는 "너는 목이 곧은 백성이니라"고 간단하게 말하는 것으로는 충분치 않다고 생각해서 "너는 광야에서 네 하나님 여호와를 격노케 하던 일을 잊지 말고 기억하라. 네가 애굽 땅에서 나오던 날부터 이곳에 이르기까지 잊지 말고 기억하라"고 말했는데, 이 말은 그들을 자극하는 데 도움이 됩니다. 사람들은 여전히 그들의 비행을 숨기고, 또 그들의 죄를 덮어 버리기 위한 그림자나 구실을 발견하게 되면 그들은 즉시 자신이 의롭다는 생각을 하게 되기 때문입니다. 우리는 우리의 조상 아담에게 이런 일이 어떻게 일어났는지 알고 있습니다. 그는 이윽고 자기 몸을 가리기 위해서 무화과 나뭇잎을 찾아 나섰습니다(창 3:7). 그가 죄를 짓자 하나님께서 그를 책망하셨습니다. 그러자 그는 자기의 반역과 불순종을 깨닫게 되었습니다. 그렇게 되자마자 그는 어떻게 했습니까? 그는 하나님께로 와서 그의 죄를 고백해서 긍휼과 용서를 받아야 했습니다. 그러나 그는 자기가 나뭇잎 사이를 돌아다니고 있기 때문에 자신의 몸이 충분히 가리어졌으며, 그에게는 자기 몸을 숨길 작은 어두움이 있기 때문에 하나님께서 자기를 더 이상 보지 못하실 것이라고 여겼습니다.

우리의 잘못을 인정하라

우리 또한 매일 그와 똑같은 짓을 합니다. 우리가 어떤 잘못을 저지르자마자 우리는 그것을 속이기 시작하지 않을 수 없으며, 하나님께서 우리를 찾아내지 못하실 잠복처를 찾기 위해서 최선을 다합니다. 간단히 말해서, 우리 가운데는 주님께서 우리로 우리의 잘못을 순순히 인정하게 하기 위해서 우리의 아픈 곳을 건드리지 않으시면 자신의 심장으로 도둑의 소굴을 만들지 않는 자가 없습니다. 만일 우리가 하나님의 보복을 버티기 위해서 계략과 잠복처를 구해 우리 자신을 즉석에서 위장하려 한다면, 우리는 시간이 지남에 따라 무엇을 하게 되겠습니까? 우리는 우리의 죄에 대한 기억을 완전히 지워 버리려고 하지 않겠습니까? 그렇습니다. 그런 까닭으로 모세는 "너는 잊지 말고 기억하라"고 했습니다. 그는 기억하라는 말만 했어도 충분했을 것입니다. 사람들은 자신을 잠들게 하기 위해서 그들이 할 수 있는 모든 일을 다 하고 있으며 자신을 기쁘게 해 줄 방법을 찾고 있기 때문에, 모세는 이를테면 그들의 귀를 잡아당기면서 이렇게 말했습니다: "너희는 들으라. 너희는 이 문제를 앞두고 잠을 자서는 안 된다. 비록 너희에게는 너희의 죄를 물어 버리려는 경향이 있지만, 그렇게 해서는 안 되고 그것들을 항상 기억하고 너희 목전에 제시해 놓아야 한다. 그러면 너희는 너희 자신을 낮추어야 할 이유가 많다는 것을 알게 될 것이다."

우리는 여기서 우리가 범한 죄에 대해서 자주 생각해 보아야 합니다. 헛된 평계를 찾아다니지 않도록 주의합시다. 우리가 우리 자신을 정당화시킬 경박한 평계를 발견했을 때 잘했다고 생각하지 말아야 합니다. 그럴 때 우리는 우리 자신을 완전히 거꾸러뜨려서 우리 자신을 싫어하고 정죄 받은 사람처럼 되라는 경고를 받습니다. 그러면 우리에게는 피난처를 찾아 우리 하나님의 무한하신 긍휼로 달려가는 것 이외에 다른 방도가 남아 있지 않습니다. 그것이 우리가 일생 동안 우리 자신을 위해서 궁리해 낼 수 있는 가장 큰 유익입니다. 그런데 어떻게 해야 그렇게 됩니까? 우리의 잘못을 인정하면 됩니다. 이제 우리의 잘못을 인정하는 것을 비탄한 일로 여겨서 피하고 하나님의 진노를 불러일으킨 죄에 대해서 생각하기를 싫어하는 대신에, 우리는 아침저녁으로 그것에 대해서 생각해 보며 또 우리 자신을 검사해 보고서 "아아! 나는 이 세상에서 어떤 생활을 해 왔나?"라고 물어보아야 합니다. 그리고 늘 했던 것처럼 다른 사람의 죄로 방패를 만들려는 생각을 하지 말고, 우리의 전 생애와 우리가 저지른 이런저런 죄를 상기해 보고 하나님 앞에 우리의 탄식과 울음을 터뜨립시다. 그렇게 해서 그것이 우리가 우리 자신을 술 취하게 만들거나 우리를 우리 자신의 배설물 속에 파묻지 않겠다는 증거가 되게 합시다.

그 밖에도 우리는 하나님의 의로움에 도달해야 하며, 우리의 죄를 증오하고 혐오해야 합니다. 우리를 향하신 하나님의 긍휼을 찬양하도록 합시다. 그러나 그것은 하나님께서 버림받은 우리를 부르셨다고 생각할 때와 하나님께서 우리에게 큰 긍휼을 베푸셨음이 틀림없다는 생각을 할 때에만 이루어집니다. 하나님께서 나를 부르신 후에도 나는 하나님의 교회에서 퇴출당하고 완전히 격리당해 마땅할 때가 자주 있었습니다. 그럼에도 불구하고 하나님께서는 이 시간까지 나를 참아 주시고, 전과 다름없이 나를 향해서 계속해서 선을 베풀어 주십니다. 따라서 여러분은 하나님의 선하심이 알려지게 하고, 또 우리가 그것을 맛볼 뿐만 아니라 그것을 통해서 온전한 만족을 얻기 위해서 우리가 죄에 대해 어떻게 생각해야 하는지 알게 되었습니다.

모든 사람들이 그들의 육신이 그들을 잊기를 잘하는 자들로 만들기 위해서 애쓰고 있는 것을 볼 때 스스로를 각성시키고 자극해야 한다고 한 사도 바울의 권고에 따라, 비록 우리가 우리의 죄에 대해서 생각하는 것이 처음에는 다소 괴로운 일이지만, 그렇게 하는 것을 이상하게 여기지 맙시다. 우리에게는 위선적인 경향이 있지만, 우리는 그것과 싸워서 그것을 키우지 않도록 조심해야 합니다. 그러니 우리는 모세가 여기서 우리에게 한 말, 즉 잊지 말라고 한 것을 실천하도록 합시다. 그 이유는 우리가 당연히 해야 할 만큼 항상 그것을 상기할 수 없기 때문입니다. 비록 사기꾼이 우리의 눈을 일시적으로 가릴지라도 하나님께서는 눈가리개를 벗겨서 우리로 하여금 우리의 부정한 모습을 밝은 빛 속에서 보게 하셔서 그것을 부끄럽게 여기게 하십니다.

그러므로 우리의 죄와 비행에 대한 생각이 나게 되면 우리는 우리 자신을 살펴보고 우리 자신을 자극해야 합니다. 만일 우리가 하나님으로부터 긍휼을 받으려 한다면 우리는 우리 자신을 향해서 재판관의 역할을 해야 하기 때문입니다(고전 11:31). 더욱이 우리가 하나님에게 하나님의 은혜에 대해서 합당한 찬양을 드리려고 한다면 우리는 우리의 죄를 인정해야 합니다(수 7:19). 그것은 한 번만 이루어져서 되는 것이 아닌, 아침저녁으로 우리 자신을 검사해 보아야 하는 것입니다. 그리고 한 죄를 알게 되면 우리는 그것을 다른 것과 분류해야 합니다. 그러나 이 경우에는 대책이 없으며, 우리는 지나치게 신중할 수 없는 것이 사실입니다. 사람들은 자신의 분량에 따라서 하나님을 영화롭게 해 드린다는 사실을 알아야 합니다. 즉 그들은 자신을 전혀 칭찬하거나 중요하게 여기지 말아야 하며, 모든 영광을 하나님 한 분에게 돌리고 그들의 몸속에는 악한 것밖에 없다고 인정해야 합니다.

이렇게 해서 여러분은 우리의 죄를 아는 것이 우리를 인도해 준다는 것을 알게 되었습니다. 거기에 이를 때까지 우리는 그렇게 하기를 결코 중단해서는 안 되며, 거기에 이르고 난 후에도 그렇게 하기를 계속해야 합니다. 왜냐하면 우리가 다시 무지 속으로 떨어져서 전보다 더 거만하게 될 가능성이 항상 있기 때문입니다. 우리가 알고 있는 바에 따르면 겸손했던 사람이 일단 그들 자신을 망각하게 되면 결국에는 자신의 지식만을 신뢰하는 자가 됩니다. 그러니 우리는 이 교훈을 항상 명심해야 합니다. 겸손은 매우 온전한 미덕이며, 우리는 그것을 우리 안에서 우리가 바라는 만큼 충분히 발견할 수 없기 때문입니다. 그러므로 우리는 우리의 육신에서 나오는 모든 건방진 행동이 완전히 제거될 때까지 앞에서 말한 노력을 계속해야 합니다. 교만이 가장 고치기 힘든 죄이며, 그것은 모든 죄의 뿌리가 됩니다.

이렇게 해서 여러분은 네 자신을 기억하고 네가 지은 죄를 잊지 말라고 한 이 본문 말씀을 통해서 무엇을 기억해야 하는지 알게 되었습니다. 모세는 거기에 너는 광야에서 네 하나님 여호와를 격노케 했던 일을 첨가했습니다. 나는 이미 여러분에게 그 백성들에게는 변명할 여지가 그만큼 적다는 것을 분명히 알려 주었습니다. 그들은 그들이 애굽 땅에서 풀려 나올 때 하나님께서 행하신 기사를 알고 있으면서도 하나님을 향해서 독을 내뱉을 정도로 끊임없이 심술을 부리고 고집을 부렸습니다. 만일 그들이 이런 짓을 그 전에 했었더라면 확실히 그들은 비난을 받아 마땅했지만 그들의 죄를 참아 주기가 더 쉬웠을 것입니다. 그런데 하나님께서는 당신의 능력의 손을 펴서 가엾은 그들을 그들이 처해 있던 무참한 속박에서 구출해 내셨습니다. 그러나 하나님께서 그렇게 역사하시고 그들이 하나님의 위엄을 분명히 보았음에도 불구하고 그들이 여전히 하나님께 도전하기를 중단하지 않는다면, 그것은 틀림없이 마귀가 그들을 장악하고 있으며, 그들이 마귀의 악행에 미혹되어 있기 때문이 아닙니까?

하나님의 무한하신 인내심

모세가 여기서 광야라는 장소를 지적한 데에는 이유가 있습니다. 그는 백성들로 하여금 더 겸손해지게 하고, 그들이 저지른 부정이 크고 거대하다는 것을 느끼게 하려고 했습니다. 그들은 마치 하나님의 실체를 전혀 보지 못했던 자와 다름이 없었습니다. 하나님의 진리나 하나님의 역사를 체험한 적이 없는 어리석은 자에게는 교만하게 되고 넋을 잃게 되는 일이 생길 수 있기 때문입니다. 하나님께서는 이스라엘 백성에게 다가오셔서 "내가 너희의 구세주이며 내가 너희를 보호해 주겠으며 나는 내가 마치 천국에서 직접 내려온 것처럼 너희로 하여금 나의 능력을 느끼게 하고 눈에 보이게 너희 가운데서 거할 것이다"라고 말씀하셨습니다. 하나님께서 그렇게 말씀하시고 행동으로 그 약속을 지키셨음에도 불구하고 그들의 몸속에 반역밖에 없다면, 그것은 틀림없이 극심한 옹고집이 아니겠습니까? 정말 그렇습니다. 그것은 우리로 하여금 우리 자신을 주의하라는 경고와 같습니다. 하나님께서는 우리를 행복하게 해 주시기 위해서 다정하게 대해 주시고, 이렇게 말씀하셨던 것처럼 우리를 하나님께 더 단단하게 매어 놓으십니다. 그러므로 하나님께서 우리로 당신의 선하심을 느끼게 하려고 하실 때 우리는 하나님을 노하게 해 드리지 않도록 조심해야 하고, 하나님께 더 순종해야 합니다. 하나님께서 우리를 구원해 주시는 의도는 우리가 그것에 자극을 받아 하나님을 존귀하게 해 드리고, 하나님을 더 잘 섬기게 하기 위해서입니다. 그 사실을 알아 둡시다.

한편 하나님께서 우리를 긍휼로 찾아오실 때 우리는 더 많은 비난을 받아 마땅합니다. 예를 들면, 하나님께서 우리에게 당신의 말씀을 주실 때, 하나님께서는 그것을 통해서 당신께서 우리의 구원에 관심을 갖고 계시다는 것을 나타내십니다. 그러므로 만일 우리가 그것으로 인해서 하나님을 섬기는 일에 더 열심을 내지 않는다면 확실히 우리는 더 무거운 보복을 받아 마땅합니다. 그런데 모세는 여기서 하루의 죄를 언급하지 않습니다. 그는 백성들에게 그들이 애굽 땅에서 나온 후로 점점 더 사악하게 되었다고 말했습니다. 그가 말하기를 "너희는 오늘날까지 너희의 하나님에게 계속해서 불순종해 왔다"고 했습니다. 그들이 애굽 땅에서 나온 후 40년이 지났으며, 시편 95편 말씀과 같이 그것은 아주 오랜 시련이었습니다(시 95:10).

하나님께서는 그 백성들의 센 고집과 참을 수 없는 악한 짓을 40년 동안 참아 주셔서 당신의 무한하신 인내심을 보여 주셨습니다. 그러나 모세는 여기서 연 수에 대해서 언급하지 않았습니다. 그것은 상대방에게 잘 알려져 있기 때문입니다. 그에게는 "너희의 하나님께서 너희를 애굽의 속박에서 구출해 내신 지 얼마나 되었는지 계산해 보라"고 말하는 것으로 충분했습니다. 모세는 "하나님께서는 너희를 인도하여 너로 하여금 광야를 통과하게 하셨으며, 항상 너희 가운데 임재하신다는 것을 보여 주셨음에도 불구하고 너희는 그동안 내내 하나님을 알지 못했다. 너희가 하나님을 한 번만 몰랐어도 너희가 징계를 받는 것이 당연하다. 그런데 너희는 어떻게 했느냐? 너희는 여러 번 경고를 받고, 여러 번 협박을 당하고, 여러 번 책망을 받고, 여러 번 처벌을 받았다. 또한 하나님으로부터 많은 유익을 받았음에도 불구하고 너희는 여전했으며, 개심하지 않고 점점 더 사악해졌다. 그러니 너희는 완전히 구제불능한 자라고 일컬어져야 하지 않겠느냐? 우리 주님께서는 너희를 옳은 길로 되돌리기 위해서는 어떤 것도 미완성인 채로 내버려 두지 않으신다. 그럼에도 불구하고 너희는 여전히 완악했으며, 하나님께 있는 힘을 다해서 항거했다"고 말했습니다. 그러니 하나님께서 사람들을 꾸짖으신 것은 한 가지 잘못 때문이 아니라, 그들이 하나님을 계속해서 완강하게 대하고, 그들이 계속해서 고집을 부렸기 때문이라는 이 본문 말씀을 잘 알아 둡시다.

하나님께서는 그들의 잘못을 훈계와 처벌을 통해서 고쳐 주시지만, 그들은 여전히 그들의 죄로 더럽혀져 있으며, 자신의 죄 속에서 뒹굴기를 기뻐하고 있습니다. 우리는 우리 안에 무엇이 있는지 알고 있습니다. 이스라엘 백성들에 관해서 언급된 이 말은 즉시 그들을 정죄하기 위함이라는 것을 알아 둡시다. 사람들이 우리에게 우리 자신의 모습을 비추어 주는 거울의 역할을 해야 한다는 말에 따라 우리는 이 모든 것들을 우리의 교훈으로 활용해야 합니다. 그러니 모세가 여기서 한 말을 명심해 둡시다. 모세는 **그날부터 지금까지**라고 말했으니, 그가 반복해서 한 말에는 민수기에 있는 것과 마찬가지로 출애굽기에도 있는 모든 반역 행위를 포함하고 있습니다(출 14:11). 거기에는 이스라엘 백성들이 광야를 통과하자마자 불평을 토로하기 시작했다는 것이 나타납니다.

그들은 애굽 땅에는 그들을 파묻을 땅이 부족하냐고 투덜댔습니다. 그들은 "주님께서는 진정 우리를 우리가 처해 있던 괴롭고 처참한 생활에서 구출해 내시는 큰 은혜를 유독 우리에게 베풀어 주셨습니다. 우리는 비참한 짐승에 불과한 것처럼 여겨졌으며, 우리는 악한 자들과 당신의 원수들의 잔악한 행위로 인해서 심한 억압을 받았습니다. 주님! 진실로 당신의 이와 같은 선하심에 찬양을 받는 것이 지극히 마땅합니다. 그런데 당신께서는 당신의 몸을 다른 방법으로 우리에게 주셨습니다. 광야에서는 우리에게 양식이 절대로 부족했기 때문에, 만일 당신께서 우리를 불쌍히 여기지 않으셨다면 우리는 어쩔 수 없이 굶어 죽었을 것입니다. 그뿐 아니라 당신께서는 우리가 호소하는 대로 계속해서 우리를 도와주셨습니다. 그러니 우리의 연약함을 참아 주시고, 우리를 천한 새처럼 먹여 주시는 것이 당신을 기쁘게 해 드리게 하십시오. 까마귀와 그밖에 다른 생명을 먹여 주시는 분이 당신이시기 때문입니다. 그리고 우리는 당신의 형상에 따라 지음 받은 피조물입니다. 더욱이 우리는 당신께서 택하신 백성입니다. 당신께서는 황송하게도 우리를 당신의 자녀로 양자 삼으셔서, 우리에게 최소한도 당신에게 우리만큼 가까이하지 않는 다른 민족에게 베풀어 주시는 것만큼의 호의를 베풀어 주십니다"라고 말해야 했습니다. 그 백성들은 겸손히 나와서 하나님께서 전에 그들에게 행하셨던 선행에 감사하며, 그들은 하나님께서 앞으로도 그렇게 하실 것이라고 굳게 믿고 있다고 말해야 했습니다. 그러나 이스라엘 백성들은 그렇게 하지 않고 "애굽에는 우리를 파묻을 땅이 없느냐?"고 묻습니다(출 14:12, 16:3).

그들은 하나님으로부터 받은 은혜를 아주 깨끗이 잊어버렸습니다. 그리고 그들이 필요한 때에 하나님께로 나와서 간구하지 않고, 불평하고 욕하며 배반했습니다. 하늘에서 만나가 주어지고 그들이 그것을 먹었을 때에도 그들은 마실 것을 달라며 요구했습니다(출 17:2, 민 20:2). 그들은 손에 칼을 들고서도 자기들에게 자선을 베풀어 달라고 했습니다. 그것은 지나가는 사람의 목에 칼을 들이대는 강도와 같습니다. 이 야비한 건달들은 "우리에게는 우리의 생명을 유지해 주는 만나가 있는 것이 사실이지만, 우리에게는 마실 것도 있어야 합니다"라고 말하며 하나님을 향해서 두 번째 독설을 퍼부었습니다. 하나님께서는 강물이 바위에서 솟아나게 하시어 그들에게 마실 물을 주셨지만, 그것이 그들을 만족하게 해 주지 못했습니다. 그들이 말하기를, 만나는 그들에게 전혀 적합하지 않은 음식물이기 때문에 그들은 다른 음식물을 먹지 않으면 안 된다고 했습니다. 그들은 만나를 먹고 또 먹었으며, 그것에 싫증이 났습니다. 그러나 그것은 맛이 있는 좋은 영양제였습니다(민 11:4, 31).

이 외에도 그들은 땅을 경작하지 않아도 되었으며, 생활비를 벌기 위해 고생할 필요도 없었습니다. 하나님께서 그들에게 먹을 것과 마실 것을 다 주셨기 때문입니다. 그럼에도 불구하고 그들은 여전히 하나님을 향해서 달라고 소리쳤습니다. 그들의 욕심이 한이 없기 때문에 그들은 육신의 욕구를 위해서 하나님께 불평을 토로했습니다. 그렇게 해서 그들 자신에게 하나님의 보복을 불러일으켰습니다. 그것은 감사할 줄 모르는 기괴한 짓입니다. 그들은 고기를 먹었습니다. 그러나 그것이 그들을 질식시켜야 했습니다. 즉 음식물이 아직 그들의 목구멍에 남아 있을 때 하나님의 진노가 격해져서 그들은 그들이 한 불평에 대해서 비싼 대가를 치러야 했습니다. 왜냐하면 그들은 하나님께서 그들에게 베풀어 주신 측량할 수 없는 은혜에 만족하지 않았기 때문입니다.

만나는 천국의 양식이며, 시편 말씀과 같이 권세 있는 자의 떡이었습니다(시 78:25). 그들이 하나님의 징계를 느끼고 그들을 압도하는 보복을 보고 느꼈음에도 불구하고 그들은 끊임없이 다른 방법으로 하나님을 진노하게 해 드렸습니다. 어떤 때에는 음행을 했으며, 어떤 때에는 단합하여 모세와 아론에게 반발했으며, 어떤 때에는 불평을 했으며, 어떤 때에는 욕을 했습니다. 간단히 말하면, 그들의 행동에는 목표도 방법도 없었습니다. 그러니 모세가 "너는 네가 애굽 땅에서 나오던 일부터 하나님께서 너를 이 땅으로 데리고 오신 지금까지 네가 저지른 수많은 죄에 대해서 생각해 보라"고 말한 것은 당연합니다.

모세는 "하나님께서 너를 데리고 오셨다"고 말했는데, 이 말은 그들을 크게 자극하는 데 도움이 되었습니다. 그것은 "누가 너의 인도자였느냐? 네가 말할 수 없이 야비한 자였지만 하나님께서는 너를 잘 지켜 주셨으며, 안내해 주셨으며, 인도해 주셨다. 하나님께서는 네가 궁핍할 때마다 너를 고무해 주시고 도와주셨음에도 불구하고 너는 꼭 하나님을 그토록 격분시켜 드리지 않으면 안 되느냐?"고 묻는 것과 같습니다. 이스라엘 백성들이 그렇다는 것을 들은 후에 우리는 그들을 책망할 것이 아니라, 그들의 이름을 빌려 우리로 하여금 우리 자신을 바로 보게 하고, 이 예가 우리와 어떤 밀접한 관계가 있는지 생각해 보아야 합니다. 그러면 우리는 자기 자신을 조사해 보고 우리가 그들보다 나은 것이 전혀 없다는 것을 전반적으로 인정하게 될 것입니다. 그것을 입증하기 위해서 비록 우리가 광야 생활을 하지 않았고, 우리에게는 40년이라는 시간이 사전에 예약되지도 않았지만, 하나님께서 우리를 이 세상에 보내실 때부터 우리가 땅에 묻힐 때까지 우리의 목숨을 온전히 바치도록 합시다.

모세의 책망

우리는 어떤 생활을 하고 있습니까? 하나님께서는 우리에게 많은 은혜를 쏟아 부으셨습니다. 그러니 비록 하나님께서 이미 당신께서 해 주셨던 것 이상의 것을 해 주지 않으실지라도 우리에게는 하나님을 섬기고 존귀하게 해 드려야 할 충분한 이유가 있습니다. 그러나 하나님께서는 여전히 우리에게 은혜를 계속해서 베푸시니, 비록 우리의 심장이 무쇠나 강철로 되어 있더라도 그것은 우리의 마음을 녹이기에 충분하지 않습니까? 정말로 그렇습니다. 그런데 우리는 계속해서 더 사악하게 되어서 쉬지 않고 하나님을 괴롭혀 드립니다. 모세가 악행을 계속하는 이스라엘 백성들을 책망한 것처럼 우리 각자는 우리가 하나님을 노엽게 해 드린 것이 한 번이 아니었으며, 하나님께로 인도되어야 했는데도 우리는 뒷걸음질을 쳤습니다. 우리가 하나님께 반항했다는 사실에 대해서 생각해 보도록 합시다. 하나님이 주시는 멍에를 메기 위해 우리 몸을 기꺼이 바쳐야 함에도 불구하고 하나님께서 우리를 굴복시키지 못하실 정도로 매우 완악했습니다. 한 악행이 또 다른 악행을 불러일으키니 우리의 죄가 높이 쌓여서 큰 혼란을 야기합니다. 따라서 우리는 우리 자신을 모세가 여기서 언급한 자들과 비교해 보아야 합니다.

모세는 그 당시에 생존했던 자들이 그들이 애굽 땅에서 나온 때부터 계속해서 하나님께 반역했다고 했는데, 그는 그 이유를 말해 달라는 요구를 받을지도 모릅니다. 왜냐하면 그때 그들 대부분은 어린아이였으며, 아무리 해도 분별력 있는 성년에 이르지 못했기 때문입니다. 그러나 우리가 제1장에서 분명히 본 대로, 하나님께서는 그 집단 모두, 즉 어린아이들을 포함한 모두를 멸망시킬 마음을 먹으셨습니다(신 1:35). 성년이 되었던 자들은 그들에게 약속된 기업을 누릴 자격을 스스로 박탈했으며, 거기에서 추방당하고 차단되었기 때문입니다.

모세가 하나님의 진노를 부단히 유발시킨 자들을 책망한 이유가 무엇입니까? 그들은 "왜 우리가 책망을 받아야 합니까? 비록 우리의 부모들이 처신을 잘못하여 감사할 줄 모르고 순종치 않았으며 반역하고 불평불만과 사악한 욕심으로 충만해 있을지라도, 그에 대한 책임이 왜 우리에게 부과되어야 합니까? 안 됩니다. 우리는 그것을 참을 수 없습니다"고 대꾸할지도 모르기 때문입니다. 그러나 그 백성 전체가 비난을 받았기 때문에 아이들이 그들의 부모를 대신해서 정죄를 받는 것은 당연합니다. 이스라엘 백성은 여전히 한 몸체였으며, 부모가 부적절하고 악하게 행했을 뿐 아니라 자녀들 또한 그런 악한 짓을 고치지 않고 눈에 띄게 계속했기 때문입니다. 따라서 자녀들이 그들의 부모와 연결되어 있는 한, 그들을 이를테면 한 다발로 묶어서 하나님께서 그들 모두를 동등하게 정죄하시는 것이 합당합니다. 그들에 대해서 시편 89편에서 언급되어 있는 것과 같은 방법으로 시편 78편에서도 언급됩니다. 거기에서 우리 여호와 하나님께서는 네가 광야에서 얼마나 나를 거역했는지 생각해 보라고 말씀하십니다(시 89:31~33, 78:9~11).

그 후에도 그 선지자는 그들이 무례한 짓을 자주 했다고 그들의 잘못을 다시 지적했으며, 또 그들이 가나안 땅에 처음 들어가서부터 악한 짓을 끈질기게 되풀이했다고 결론을 내렸습니다. 따라서 만일 부모가 광야에서 무례한 짓을 했다면 그들의 자녀들도 그와 똑같은 짓을 답습해서 훨씬 더 악하게 되었을 것입니다. 그들이 일단 하나님의 안식처였던 기업을 소유하게 되면, 그들은 그들의 능력을 다해서 하나님을 섬기고 존귀하게 해 드리기 위해서 헌신했어야 합니다. 그런데 그들은 그렇게 하지 않았습니다. 그들은 그 땅을 미신과 우상 숭배로 가득 채워서 하나님께서 거룩하게 만드셨던 그 땅을 더럽히는 일에 모든 능력을 기울였습니다. 하나님께서는 그 기업을 거저 주셨는데, 그것은 마치 하나님께서 "내가 너에게 바라는 것은 네가 나를 섬기고, 또 내가 너에게 사랑이 많은 좋은 아버지였으며 내가 너를 항상 돌보고 지켜 주었다고 인정해 주는 것뿐이다"라고 말씀하시는 것과 같습니다. 그런데 이스라엘 백성들은 하나님께 경의를 표하는 대신에 우상을 세우고, 이교도들의 온갖 부정한 짓을 흉내 내고, 그릇되고 거짓된 신앙을 끌어들이기 시작했습니다. 그러니 여러분도 그들이 버림받고 완전히 단절되는 것이 당연하다는 것을 알게 되었습니다. 또한 우리는 선지자들이 이스라엘 백성들의 배은망덕한 짓을 계속해서 꾸짖었으며, 심지어는 그것 때문에 모든 사람들을 전체적으로 꾸짖기까지 했습니다.

　사도 스데반이 내가 말한 이유를 훨씬 잘 설명해 줍니다. 그는 "너는 네 앞에 있었던 너희 조상들처럼 계속해서 성령님을 거슬러 왔다"(행 7:51)고 말했습니다. 만약 이스라엘 백성들이 복음에 조용히 굴복하고 예수 그리스도를 그들의 구세주로 받아들여서 하나님을 존귀하게 해 드리고 하나님을 믿음과 회개로 껴안았다면, 사도 스데반이 그들 조상의 부끄러운 짓을 파헤치려고 하지 않았을 것입니다. 왜냐하면 그들 조상의 부끄러운 짓이 숨겨져 있었기 때문입니다. 그러나 그들이 모든 것을 혼란스럽게 만들었으며, 복음을 믿지도 않았으며, 더 나아가서 사악한 자만과 격노로 우리 주 예수 그리스도의 이름을 폐하려고 했습니다. 그들이 하나님께서 그들에게 베풀어 주신 선하심을 훼손하려고 하는 한, 그들의 조상의 죄를 밝혀내는 것과 하나님께서 그 백성들의 사악한 고집과 그 이전 2, 3천 년 동안에 저질렀던 죄를 정죄하시기 위해서는 그들에게 강력히 반대하는 것이 필요했습니다. 비록 하나님께서 우리 조상의 잘못한 죄를 용서해 주셨다 해도, 만약 우리가 계속해서 그들을 닮아 간다면 우리는 그들의 죄가 틀림없이 하나님의 장부에 기록으로 남아 있을 것이라는 사실을 알아 두어야 합니다. 여러분은 우리 조상의 죄가 묻히고 하나님께서 그것을 잊으셔서 우리에게 그 책임을 묻지 않으시기를 바랍니까? 그렇다면 우리는 우리가 그들을 닮지 않도록 더 많은 조심을 해야 합니다.

이렇게 해서 여러분은 우리가 태어나기 전에 지은 죄에 대해서 생각하는 것이 우리에게 많은 유익이 된다는 것을 알았습니다. 내가 그 때에 아직 태어나지 않았다는 생각을 해 봅시다. 만일 나의 조상들이 잘못해서 내가 그들과 동등하게 취급된다면 나는 어떻게 해야 할까요? 하나님께서는 3, 4대까지의 죄를 한데 모아서 그들의 후손을 벌하신다고 성경에 기록되어 있습니다. 만약 하나님께서 우리를 가혹하게 다루시기를 좋아하신다면, 우리는 파멸당해서 사라지는 것이 마땅합니다. 율법을 통한 협박이 적법하며, 그것이 우리의 머리 위에 당연히 임할지도 모릅니다. 만일 하나님께서 우리를 살려 주신다면 그것은 하나님의 순수한 선하심 때문입니다. 우리가 선조들이 했던 악한 짓을 답습했을 때 하나님께서 선조들과 우리에게 진노하셔서 그 잘못을 우리에게 돌리신다면 우리는 어떻게 되겠습니까? 우리가 우리 조상들이 지었던 죄를 계속 짓는다면 우리는 갑절의 벌을 받아야 하지 않습니까?

여러분은 모세가 그 당시에 생존해 있던 자들이 실제로 범했던 죄에 대해서 그들을 책망했을 뿐만 아니라 그들의 조상들이 애굽 땅에서 나와서부터 그때까지 지은 모든 죄에 대한 책임을 그들에게 물었다는 사실을 통해서 우리가 명심해야 할 것이 무엇인지 알게 되었습니다. 우리가 실제로 주목해야 할 것은, 사람들이 그들의 죄에 대해서 충분히 생각해 보지 않고 그들이 옳다고 여김으로써 그들 자신을 망쳐 놓을 뿐만 아니라, 자만하게 되어서 그들은 어쩔 수 없이 하나님으로 하여금 검은 것을 희다고 믿게 만들어야 할 것입니다.

그러므로 그것이 우리를 자극해서 우리로 하여금 모세의 가르침을 받아 우리 자신을 기꺼이 정죄하게 하십시오. 그리고 나서 우리 죄를 거짓 없이 진정으로 인정합시다. 우리는 그것들을 몹시 싫어하게 될 것입니다. 그래서 우리 몸속에는 어리석고 건방진 것이 단 한 방울도 남아 있지 않게 되며, 우리는 완전히 깨질 것입니다. 그러면 우리 속에는 심히 누추한 것밖에 없으며, 하나님께 모든 선한 것에 대한 신세를 지고 있다고 인정하게 됩니다. 우리는 그것을 우리의 공의나 공로에 대한 보답이 아닌, 오로지 하나님께서 우리를 향해서 베풀어 주신 하나님의 거저 주시는 긍휼로 받았습니다. 우리는 그것을 이루기 위해서 필연적으로 많은 것을 해야 합니다. 그것을 완성하기 위하여 우리가 지은 죄를 회상해 보기 위해 아침저녁으로 힘쓰고 노력합시다. 그리고 우리 자신을 심리하고 검사해 보기 위해서 우리 자신의 죄와 우리 조상이 지은 죄에 대해서 생각해 봅시다. 만일 하나님께서 우리의 재판관 역할을 하신다면, 우리는 우리 기억에 아직 생생한 우리 자신의 죄 때문에 완전히 멸망해야 할 뿐만 아니라, 우리가 태어나기 전에 지은 모든 죄가 우리의 머리 위에 정당하게 다시 재생될 수 있다는 것을 확실히 알아 둡시다.

우리는 선조들이 휘말렸던 것과 똑같은 죄에 휘말려 있기 때문입니다.

하나님의 지배와 다스리심에 승복하라

따라서 우리를 참아 주시는 하나님의 선하심을 찬양하기 위해 이것들에 대해서 잘 생각해 봅시다. 우리는 위선자 짓을 하지 않기 위해서 "그것은 이미 하나님을 충분히 노하게 만들었다"고 말할 수 있어야 합니다. 그들이 하나님과 하나님의 말씀에 맞서 싸워 왔으며 일생 동안 야비하게 처신해 왔지만, 그들은 죽음을 앞두고서도 그들의 양심에 가책을 받지 않고 "나는 교황과 미사에 대항해서 싸웠던 것처럼 하나님과 대항해서 잘 싸웠다고 생각한다"고 말하기 때문입니다. 그들로 하여금 그렇게 말하게 한 것이 무엇입니까? 그런 자들은 그들의 양심이 몹시 무디게 되어서 완전히 구제불능하게 되었으며, 또 마귀가 그들의 넋을 잃게 해서 그들이 자신의 죄를 더 이상 후회할 수 없다는 것이 분명하지 않습니까? 사도 바울이 말한 것처럼 그것은 모든 혼란의 극치입니다(딤전 4:2). 그와 같이 사악한 자들은 헛된 구실로 자신들을 정당화시키지 않으면 안 될 것입니다. 그러니 "나는 그렇게 생각했다"는 주장을 해서는 안 된다는 것을 잘 알아 둡시다. 그것은 우리 하나님을 노엽게 해 드리기에 충분합니다. 게다가 만일 우리 자신의 양심이 우리가 그렇게 한 것을 책망한다면 우리는 어떻게 되겠습니까? 그동안에 하나님이 우리의 잘못을 전혀 보지 못하는 죽은 우상처럼 되시겠습니까? 솔로몬은 "사람은 그가 하는 방법이 좋다고 생각하나 우리 주님께서는 당신의 저울로 우리의 업적을 평가하신다"(잠 16:9)고 말합니다. 사도 요한은 "만약 우리가 양심의 가책을 조금이라도 받게 되면 우리의 양심이 우리를 이미 심판한 것이다. 그러니 우리가 하나님 앞에 나오면 우리는 어떻게 되겠는가? 하나님께서는 우리의 양심보다 더 선명하게 보시지 않겠는가?"(요일 3:20) 하고 물었습니다. 그렇습니다. 우리 자신을 과장해서는 얻는 것이 아무것도 없습니다. 하나님께서는 어쩔 수 없이 우리 안에서 역사하셔서, 하나님께서 우리를 너그럽게 봐 주시지 않으면 우리는 완전히 망하게 된다고 말할 정도로 압도되고 완전히 깨어져야 합니다.

그 밖에도 우리의 참된 의로움(그것을 찬양하기보다는 그것이 우리의 유익이 되게 하기 위하여)은 하나님이 주시는 멍에를 메고 우리가 우리의 욕심과 기호에 따라서 생활하지 않는 것입니다. 만일 하나님께서 환난을 통해서 우리를 훈련시키시기를 좋아하신다면, 우리는 모든 방법의 인내를 통해서 하나님께 순종하는 것입니다. 그것이 우리의 참된 의로움입니다. 하나님의 율법이 우리에게 멍에의 역할을 해야 하는 한, 우리 자신이 하나님의 지배와 다스리심을 받는 것을 허용합시다. 그렇게 되면 우리는 우리 자신의 어리석은 열정에 사로잡히지 않게 되고, 우리 하나님께서 우리의 복종심을 시험하시는 것을 기꺼이 받아들이게 됩니다. 왜냐하면 하나님께서 우리에게 당신의 율법을 주셨기 때문입니다. 따라서 우리의 생활을 선행의 유일한 척도이신 하나님의 뜻에 따라 이루어가도록 합시다. 그리고 모세를 통하여 여기서 경고 받은 대로 거기에 온전히 승복합시다.

64편_ 신 9:8~12

말씀에 순종하는 생활

"호렙산에서 너희가 여호와를 격노케 하였으므로 여호와께서 진노하사 너희를 멸하려 하셨느니라 그 때에 내가 돌판들 곧 여호와께서 너희와 세우신 언약의 돌판들을 받으려고 산에 올라가서 사십 주야를 산에 거하며 떡도 먹지 아니하고 물도 마시지 아니하였더니 여호와께서 두 돌판을 내게 주셨나니 그 판의 글은 하나님이 친수로 기록하신 것이요 너희 총회 날에 여호와께서 산상 불 가운데서 너희에게 이르신 모든 말씀이니라 사십 주야가 지난 후에 여호와께서 내게 돌판 곧 언약의 두 돌판을 주시고 내게 이르시되 일어나 여기서 속히 내려가라 네가 애굽에서 인도하여 낸 내 백성이 스스로 부패하여 내가 그들에게 명한 도를 속히 떠나 자기를 위하여 우상을 부어 만들었느니라"(신 9:8~12).

우리는 앞에서 모세가 백성들이 하나님께서 그들을 애굽의 노예 생활에서 인도하여 내신 후로 악한 짓을 행하기를 그치지 않았으므로 그들의 옹고집과 완강함을 몹시 책망하는 것을 보았습니다. 자기들의 구원자며 아버지였던 하나님을 그렇게 의도적으로 경멸하는 것은 확실히 부도덕한 짓이었습니다. 그런데 모세는 그들이 지은 더 큰 죄와 그보다 훨씬 더 극악한 짓을 부각시켜서 그것에 대한 기억이 그들로 더 많은 각성을 하게 만들려고 했습니다. 즉 그들로 하여금 그들이 전에 지은 죄에 대해서 생각해 보게 하고, 또 그들이 완고하다는 것과 모든 면에서 버릇이 전혀 없는 백성이라는 것을 고백하게 만들려고 했습니다. 그리고 모세는 그들에게 하나님의 율법이 호렙 또는 시내 산에서 주어지는 동안에도 그들은 주조된 형상을 만들어서 하나님의 보복을 유발시켰다는 사실을 상기시켜 주었습니다.

그렇게 말하는 데에는 이유가 있습니다. 만약 하나님께서 사람들을 당신에게 복종시키기 위하여 당신의 모습을 드러내 보이신 때가 있었다면 그런 때가 바로 그때였습니다. 율법이 통상적인 방법으로 주어지지 않았지만 하나님의 위대하심이 그것을 통해서 뚜렷하게 나타났기 때문에 백성들은 그것을 보고 몹시 부끄러워했습니다. 호렙 산은 불과 번개와 연기로 가득했으며, 천둥소리가 들렸으며, 나팔소리가 울렸습니다. 간단히 말하면, 거기에는 하나님의 임재를 알리는 수많은 징조가 나타났기 때문에 이스라엘 백성들은 부득이 "여호와께서 우리에게 말씀하시지 못하게 하라. 만약 하나님께서 그렇게 하시면 우리는 죽을 수밖에 없다"고 말해야 했습니다.

이런 일이 있은 후에 모세는 일단의 인간과 구별된 자로서 이 세상의 상태에서 벗어난 천사로서 호렙 산에 올라가 있었습니다. 그래서 그에게는 먹을 것과 마실 것이 필요하지 않았습니다. 그리고 그것은 당연히 하나님을 섬기는 사람들을 황홀하게 만들기에 충분한 기적이었습니다. 그럼에도 불구하고 그들은 그들에게 가르쳐진 모든 것을 거절했으며, 그들은 1년은 고사하고 40일도 기다리지 못하여 그들을 애굽에서 인도해 낸 모세를 경멸하는 투로 "그에게 무슨 일이 일어났는지 모른다"고 말했습니다(출 32:1). 그들이 말하기를 "우리는 그가 어떻게 되었는지 모른다. 그러니 우리는 우리를 인도할 신을 갖도록 하자"고 했습니다. 그렇지만 그들은 충분한 가르침을 다정하게 받아 왔습니다. 하나님께서는 아침저녁으로 그들에게 나타나셨으며, 밤에는 불기둥으로 그들을 인도하셨고, 낮에는 그들 위에 구름이 끼게 하셨습니다. 그럼에도 불구하고 그들은 기어이 그들과 함께하는 신을 가지려 했습니다. 그들은 어떤 신을 가지려 했습니까? 확실히 꼭두각시를 가지려고 했습니다.

하나님께서는 그 백성들에게 당신의 놀라운 능력을 보여 주셨으며, 그들로 하여금 그것을 느끼게 만드셨으며, 그들은 하나님의 보호를 받고 있어 그들이 안전하다는 것을 알고 있었습니다. 그러나 이 모든 것이 그들에게는 아무 도움이 되지 않았습니다. 그들은 기어이 생명이 없으며 부정한 것인 금송아지를 그들의 신으로 삼으려고 했습니다. 그들이 그토록 짐승처럼 된다는 것은 흉악하고 악마 같은 짓이 아닙니까? 그들은 율법이 그들에게 전해지는 것을 생생한 기억력을 가지고 최근에 들었습니다. 하나님께서는 모세만을 한쪽으로 데리고 가셨으며, 그것은 마치 하나님께서 그 한 사람만을 위하여 그들 모두를 이 땅에서의 생활에서 격리시키는 것과 같았습니다. 하나님께서는, 이를테면 그들을 천국으로 데리고 올라가실 때 하시는 것처럼 그들에게 당신 자신을 다정하게 알려 주려고 하셨습니다. 그런데 그러는 동안에 그들은 은혜를 잊고 반역하는 자가 되어, 하나님께서 자신의 실체를 그들에게 나타내 보이시지만 그들은 그들의 눈을 가리고 보려고 하지 않았으며, 하나님의 위대하심과 무한하신 능력을 훼손했습니다. 생명이 없는 우상이 그들을 그렇게 만들었습니다. 확실히 그런 경멸과 그런 배은망덕한 짓과 그런 야비한 짓이 이스라엘 백성들을 부끄럽게 만드는 것이 당연합니다. 이스라엘 백성들은 그들을 인도할 우상을 가지려 했기 때문에 모세는 그들이 무서운 죄를 지었다고 강조했습니다. 즉 그는 하나님이 그들 안에 계셨다는 것을 알려 주는 가시적인 표시가 있었을 것이라고 말했습니다. 이렇게 해서 우리는 이 본문 말씀이 무엇을 의미하는지 알게 되었습니다.

이율배반적인 이스라엘 백성들

우리는 여기에 기록된 모든 정황을 잘 알아 두어야 합니다. 그는 "호렙 산에서 너희가 여호와를 어떻게 격노하게 하였는지 기억하라"고 말했습니다. 그 산은 성스럽게 되어야 했습니다. 하나님께서는 그곳을 당신의 율법을 주는 장소로 택하셨기 때문입니다. 그런 점을 고려할 때 그곳은 이 세상 끝날까지 고귀하게 되어야 할 장소입니다. 하나님께서는 모든 의로움의 척도가 되는 당신의 뜻을 거기에서 나타내시고 아브라함의 후손들과 언약 맺으시기를 기뻐하셨으니, 그 장소가 거룩하다고 인정받는 것이 당연하지 않습니까? 그것은 어떠한 미신에 의해서가 아니고 그 백성들이 시내 산에 대해서 언급할 때마다 그들의 하나님을 존귀하게 해 드려야겠다는 마음을 더 굳게 함으로써 이루어집니다.

그것은 광야에 있는 한 산인데 그 전에는 잘 알려지지 않았습니다. 그런데 지금은 하나님께서 당신의 위대하심을 보여 주실 정도의 지상 낙원이 되었습니다. 하나님께서는 모세에게 "네가 서 있는 그곳은 거룩하니 신을 벗으라"고 말씀하셨습니다(출 3:5). 하나님께서는 거기에서 당신을 나타내 보이시려 마음먹으셨기에 그것에 특별한 존경심을 표하라고 요구하셨습니다. 시내 산에 관해서도 똑같은 이치가 적용되는 것이 당연하지 않습니까? 그 백성들은 하나님께서 거기에서 그들에게 베풀어 주신 특별한 은혜를 인정해서 1백 년이나 1천 년 후에 하나님을 존귀하게 해 드리는 일에 매혹되어야 함에도 그들은 그렇게 하지 않았습니다. 율법이 주어지는 동안과 모세가 아직 그 산 위에 남아 있는 동안에 그들은 하나님을 떠났으며, 하나님을 욕하기 시작했습니다. 이에 모세는 그들이 그렇게 하는 것은 마치 어떤 사람이 신도들이 하나님께 기도를 드리고 또 하나님의 말씀을 듣고 성만찬을 받기 위해 함께 모여 있는 교회 안으로 무례하게 돌진해 들어가서 죄가 될 수 있는 악행이나 비열한 짓을 하는 것과 같다는 것을 알려 주어서 그들의 죄를 더 무겁게 하려고 했습니다. 그런 죄가 그만큼 더 흉악하지 않습니까? 그렇습니다. 그 백성들의 죄가 그와 같습니다. 따라서 우리가 그 내용을 읽을 때 우리의 머리카락이 곤두서야 합니다. 그리고 그것이 우리에게 본보기가 되어야 합니다.

만약 성령님의 제지를 받지 않으면 우리가 그들보다 나을 것이 없다는 사실을 알아야 합니다. 우리는 인간이 어떤 존재인지 잘 생각해 보아야 합니다. 이 사람들은 하나님께서 모든 백성들 가운데서 택하신 백성들이었습니다. 하나님께서는 그들에게 당신의 가르침을 주셨으며, 그들에게 율법을 보여 주셨습니다. 그럼에도 불구하고 그들은 매우 저주스러운 짓에 빠져 있었습니다. 하나님께서 우리에게 오시더라도, 만약 하나님께서 가르침과 성령의 능력을 통해서 우리를 붙들어 주지 않으시면 우리가 탈선하게 되는 것이 확실합니다.

율법이 이 백성들에게 선포되어서 그들이 그것을 몰라서 죄를 짓는 일이 없게 하고, 그들로 하여금 하나님을 섬기는 방법을 모른다고 말하지 못하게 했습니다. 특히 하나님께서는 당신의 뜻을 그들에게 분명하게 밝히셨으므로 그들은 그것을 고수해야 했으며, 그것에 아무것도 보태지 않고 있는 그대로 지켜야 했습니다. 이 모든 가르침에도 불구하고 그들은 하나님이 주시는 모든 가르침을 저버렸으며, 한도를 넘는 짓을 쉬지 않고 했습니다. 그것은 그들이 아무것도 모른다고 말하는 것과 다름이 없었습니다. 그러니 사람들이 우리에게 훈계하는 것도 무리가 아니라는 것을 알아 둡시다.

그러나 우리 귀에 하나님의 진리가 전에 없이 많이 울릴지라도, 만약 하나님께서 우리의 마음속에 사람들이 그들의 입을 통해서 말한 내용을 새겨 놓지 않으시면, 다시 말해, 하나님께서 그것들을 우리의 마음속에 새겨 놓으시고 우리로 하여금 그것이 우리가 반드시 지켜야 할 것이라는 것을 알게 하지 않으시면, 우리는 틀림없이 정반대 방향으로 나아갈 것입니다. 그것이 우리가 이 본문 말씀에서 기억해 두어야 할 내용입니다.

모세는 그가 왜 사십 주, 사십 야를 산에 머물며 떡도 먹지 아니하고 물도 마시지 않았는지를 다시 자세히 설명했습니다. 모세는 율법의 권위를 더 잘 세워 주고, 그것이 매우 경건하게 받아들여지게 하고, 또 사람들에게 율법은 세상에 속한 것이 아니라는 것을 알려 주기 위하여 그렇게 했습니다. 그것을 알아 둡시다. 우리는 이것을 통해서 하나님의 말씀을 우리에게 전하는 것은 매우 중요한 일이라는 것과, 그것이 하나님에게서 왔다는 것을 의심할 필요가 없다는 것, 그리고 그것에 온전히 복종해야 한다는 것을 알았습니다. 만약 우리에게 그것이 없다면 우리 속에는 신앙심이 전혀 없을 것입니다. 사실 우리는 신앙심을 가지고 있다고 충분히 추측할 수도 있습니다. 그러나 신앙심, 즉 믿음과 하나님을 섬기는 일의 중요한 기초는 틀림없이 우리의 교리입니다. 만약 우리가 이교도나 회교도나 모든 우상 숭배자들이 하는 것처럼, 또 천주교 신도들이 그들의 의향에 맞는 꿈속에서 행하는 것처럼 오로지 생각을 따라 행한다면, 그것은 장난감에 불과하며, 그것은 상상 위에 세워진 공중누각에 불과할 것입니다. 우리가 하나님을 섬기고 또 하나님의 인정을 받는 첫 번째 단계는 우리의 교훈에 대해서 확신을 갖고 있는 것입니다.

우리는 우리의 교훈이 훌륭하다고 생각하거나, 그것이 우리에게 훌륭하게 보였다거나, 그것이 훌륭하다는 말을 들었다고 말하지 말고, 우리는 하나님의 말씀을 우리의 안내자로 삼는다고 말해야 합니다. 그것을 열심히 계속합시다. 우리가 그 길을 따르는 한 우리는 실패할 수 없습니다. 우리의 인도자는 결코 우리를 속이지 않으실 것이며, 우리는 하나님께 복종하는 일에서 속임을 당하지 않을 것이기 때문입니다. 그것이 우리가 명심해 두어야 할 내용입니다.

하나님께서 당신의 말씀을 인정하시고 권위를 세워 주시는 한, 인간이 그것에 대해서 더 이상 질문을 하거나 의심을 해서는 안 됩니다. 하나님께서는 그것을 보여 주십니다. 우리는 하나님의 말씀이 우리에게 매우 필요하다는 것을 알고 있지만 세상 사람들은 그것을 전혀 중요하게 여기지 않습니다. 오늘날 천주교 신도들이 그렇게 고집을 부리는 이유는 그들이 내가 언급한 것들을 못 들은 척하기 때문이 아닙니까? 사람들이 그들이 가지고 있는 것 모두를 철저히 조사해 보면 확실히 그들이 내세울 수 있는 핑계는 자신의 상상밖에 없다는 것을 깨닫게 될 것입니다. 그들이 하나님의 예배와 믿음의 신조라고 칭하는 항목들은 그들 자신의 이성 이외에 다른 방법으로는 유지해 나갈 수 없습니다. 그들은 오로지 다른 사람이 말한 것을 더 검토해 보지 않고 믿기 때문입니다. 때문에 그들은 항상 쉬지 않고 계속해서 중얼거립니다. 한편 그들은 고집이 세기 때문에 하나님의 말씀에 대하여 악담을 하며, 그들이 할 수 있는 모든 모욕을 다 합니다. 만일 어떤 사람이 그들의 잘못과 실수를 알려 주려고 하면 그들은 매우 완고하기 때문에 그는 그들을 전혀 설득시킬 수 없습니다. 그러므로 우리의 눈앞에 제시된 것을 더 용의주도하게 살펴봅시다. 만일 우리가 하나님 섬기는 법을 직접 하나님께 받았으며 우리의 신앙이 그 법에 기초를 두고 있다는 확신을 갖지 못하면, 우리는 종교 혹은 기독교가 무엇인지, 또 우리의 믿음이 견고한지, 견고하지 않은지 모릅니다. 그 점을 중요하게 여기십시오.

율법은 복음의 그림자

그러나 만일 우리가 율법을 경멸하고 그것을 전혀 중요하게 여기지 않는다면 우리는 화를 받아 마땅합니다. 율법은 모세가 이 본문 말씀에서 말하는 것 같은 권능을 가지고 선포되었기 때문입니다. 하나님이 율법을 직접 보증하셨으니 인간은 그보다 더 확실한 보증을 요구해서는 안 됩니다. 하나님께서는 당신의 율법을 보증하시기 위해서 그 이상의 것을 하실 수 있으셨습니까? 없으셨습니다. 우리는 그 율법과 그 내용을 들은 후에 머리를 끄덕일 뿐, 그것에 전혀 감동을 받거나 자극을 받지 않습니다. 우리는 우리의 몸속에 냉랭함밖에 없다는 것을 알았습니다. 우리 중 많은 사람들은 그것을 경멸하며 그것에 이를 갈기도 합니다. 그런데 하나님께서 당신의 진리를 그렇게 보증하신 후에 우리가 하나님을 배반한다면 우리는 어떤 변명을 할 수 있겠습니까? 그것은 하나님의 권위에 대한 도전이 아닙니까? 참으로 그렇습니다. 따라서 하나님을 멸시하는 자 모두는 그들이 좋아하는 어떠한 핑계를 댈지라도, 하나님과, 하나님의 영원하신 권위와 하나님의 신성하고 거룩하신 능력에 공개적으로 도전한 데 대해서 유죄 판결을 받게 됩니다. 율법을 공포하실 때 하나님께서는 당신이 하실 수 있으시고 또 인간이 감당할 수 있을 정도로 그들에게 접근해 가셨기 때문입니다.

사실 하나님께서는 당신의 실체를 있는 그대로 보여 주지 않으셨습니다. 우리에게는 하나님에 대한 지식을 받아들일 능력이 없었기 때문입니다. 특히 하나님께서 율법을 공포하실 때 인간의 미미한 능력과 연약함에 맞추어서 당신을 나타내신 것이 확실합니다. 내가 하는 말은 율법뿐만 아니라 율법의 부칙으로 추가된 예언서를 의미합니다. 예언서는 율법에 대한 해설서가 되기 때문입니다. 그런데 복음을 선포할 때는 어떤 증거가 있었습니까? 그때 하나님께서는 땅뿐만 아니라(아가서에 기록되고 히브리서에서 사도 바울이 주장한 대로) 하늘도 진동시키셨습니다(아 2:7, 히 12:26). 그리고 율법을 선포할 때보다 복음을 선포할 때 더 큰 장대함이 나타났습니다.

사도 바울이 말한 대로 인간에게 공포만을 가져다준 율법이 그렇게 찬양을 받았으니, 복음은 어떻게 되어야 합니까? 율법은 복음을 통해서 우리에게 완전하게 보여 주는 것들의 그림자나 형상에 불과합니다(골 2:17). 하나님께서는 우리가 변하여 당신의 영광에 이르게 하기 위하여 복음을 통해서 당신의 모습을 직접 마주 대하여 보여 주십니다(고후 3:18). 그럼에도 불구하고 하나님이 하시는 말씀에 경건하게 귀를 기울이지 않으며, 또 하나님이 우리가 숭배해야 할 분이라는 것을 보여 주지 않으며, 우리의 모든 느낌과 우리의 모든 애정과 우리의 모든 생각을 그분에게 기꺼이 바치지 않으니, 우리의 머리 위에 어떤 저주가 임하겠습니까? 만약 우리가 율법과 복음이 주는 가르침을 겸손하고 경외하는 마음으로 받아들일 정도로 낮아지지 않는다면, 우리는 하나님의 절대적인 권능과 영광에 공개적으로 도전하는 것이 됩니다. 무엇보다도 하나님께서 당신의 율법이 사람들 가운데서 권위 있게 하시고, 또 사람들을 그것에 굴복시키기 위해서 어떤 방법으로 당신의 율법을 보증하셨는지도 알아 둡시다.

하나님께서는 율법의 창시 책임을 당신 자신에게 지우시는 방법을 택하셨습니다. 그것은 알아 둘 가치가 충분히 있는 또 하나의 요점입니다. 하나님께서는 그것을 통해서 우리가 사람을 의지하는 것이 아닌, 우리로 하여금 참되고 확실한 믿음을 갖게 하기 위해서 당신 한 분만을 바라보게 하실 것입니다(고전 2:5). 따라서 우리의 생각이 피조물에 사로잡혀 있는 한 우리는 항상 투덜거리게 될 것입니다. 비록 우리의 머릿속에 어떤 고집스러운 의견을 품고 있을지라도, 그것을 가르쳐 주신 분은 하나님이시며, 우리가 소유하고 있는 것은 모두 하나님 덕분이라고 확실히 믿을 정도가 되면 그런 고집은 완전히 사라질 것입니다. 그런 확신이 있다면 우리는 올바른 믿음을 갖고 있는 것이 됩니다.

그런데도 세상 사람들은 그 사실을 쉽게 잊어버립니다. 천주교 신자들이 하나님에 대해서 들어 본 적이 있는지 의심스럽습니까? 매우 의심스럽습니다. 그들은 하나님의 말씀에 반대하여 온갖 가증스러운 짓을 다하며, 그러한 그들의 행위는, 이를테면, 하나님을 완전히 무시해서 하는 악랄하고 부끄러운 짓과 같습니다. 그들은 기어이 복음을 제쳐 놓고 그들이 좋다고 생각하는 것 모두를 혼합해야 한다고 주장하기 때문입니다. 우리는 그들이 잘못하고 있다는 것을 알고 있습니다. 하나님께서 당신의 율법을 선포하실 때 하나님께서는 여기에 너희에게 유익한 것을 알려 줄 현명한 사람이 있다고 말씀하지 않으셨다는 사실을 기억해 둡시다.

하나님께서는 모세를 당신 곁으로 데리고 올라가셔서 천국의 증표를 보여 주셨습니다. 그것은 마치 하나님께서 "모세는 나 자신이다. 나는 너희가 그가 말할 모든 것들을 내가 말한 것처럼 여기기를 바란다. 나의 정체가 그를 통해서 드러났기 때문이다. 비록 내가 너희에게 인간의 입을 통해서 말할지라도, 너희는 그가 가지고 있는 모든 것이 나에게서 비롯되었다는 것과, 그 자신의 능력이나 그 자신의 머리로 계획된 것이 아무것도 없다는 것을 알아 두어라" 라고 말씀하시는 것과 같습니다.

모세의 신분을 다른 사람들과 다르게 한 목적이 무엇이었습니까? 먹고 마시는 것이 습관화된 사람이 사십 주야를 금식한다는 것은 불가능합니다. 따라서 우리는 하나님께서 실제로 당신 자신이 율법의 저자였으며, 모세를 통해서 그것을 선포하셨다는 것을 보여 주시려고 하셨다는 결론을 내릴 수밖에 없습니다. 비록 모세는 매우 월등한 사람이었지만 종에 불과했으며, 주인이 아니었습니다. 그는 어떤 것도 자신의 공으로 돌리지 않았으며, 그가 받은 것들을 손에서 손으로 성실하게 나누어 주었습니다.

하나님께서는 당신의 교회를 다스리시는 일과 교회의 규정을 제정하는 일을 당신께서 직접 맡으시고 모든 사람들은 가만히 있기를 바라셨습니다. 심지어 모세도 그 한계를 넘지 않았으니, 오늘날 다른 사람들이야 일러 무엇 하겠습니까? 마침내 우리는 하나님께서 결코 모세보다 위대한 선지자, 혹은 그와 같은 자를 하나님의 백성들 가운데서 세우지 않으셨다는 사실을 알게 될 것입니다(신 34:10). 모든 선지자의 우두머리가 되시는 예수 그리스도 한 분 외에는 그에게 필적하거나 그를 능가하는 이가 아무도 없습니다(빌 2:9~10, 골 1:16~17). 모든 것의 통치권을 갖고 계시는 예수 그리스도가 모세보다 위대하신 것이 지극히 당연합니다.

그분은 천사들보다 높으시며, 심지어 육신을 입으신 영원한 하나님이시며, 우리의 중재자이시며, 모든 무릎이 그분 앞에 꿇게 하시려고 하나님 아버지께서 당신의 오른쪽으로 그분을 들어 올리셔서 하나님의 부관으로 삼으셨기 때문입니다(딤전 3:16).

우리는 교황과 그의 부하들이 신앙의 신조를 날조하고, 사람의 영혼을 위해서 법률을 만들고, 교회를 속박하기 위해서 자유를 박탈하는 몹시 뻔뻔스러운 짓을 하는 것을 보게 됩니다. 그들은 어떻게 해서든 모든 순수한 교훈을 폐지하고 하나님의 말씀을 어겨 가면서 그들이 획책한 그들의 꿈과 망령된 짓들을 이루려고 합니다. 따라서 만일 우리가 사람을 존귀하게 해 주려고 노력한다면, 그것은 하나님으로부터 하나님의 위엄을 약탈하는 것이며, 만일 우리가 하나님의 말씀에 무엇이라도 더한다면 우리는 교리를 어긴 자가 된다는 사실을 명심합시다. 그것이 우리가 확실하게 해야 할 점입니다. 그렇게 하지 않으면 우리는 우리의 신앙과 믿음에 대한 확신을 갖지 못하게 될 것입니다.

사실 천주교 신도들은 "왜 사람들은 성모 마리아의 계명을 지켜서는 안 되느냐"고 물어서 자기들을 겸손하게 보이려고 합니다. 겸손은 꼭 필요한 것이지만, 하나님께서는 그들이 그렇게 하는 것을 용납하려고 하시겠습니까? 겸손보다 더 칭찬받을 만한 것은 없습니다. 그러나 그들은 사람들 앞에서는 더 말할 수 없이 겸손하지만, 하나님께는 뿔을 세우고 달려듭니다. 만일 그들이 하나님께 받아 마땅하신 영광을 드리려 한다면 그들은 하나님 한 분에게만 속한 것을 사람들에게 주어서는 안 됩니다. 만일 그들이 누룩이나 그들 자신의 상상에서 나온 부정한 것을 하나님의 말씀에서 나오는 순결한 것과 혼합하기 시작한다면, 그것은 하늘과 땅을 혼합하는 것보다 더 끔찍한 짓이 되기 때문입니다.

하나님의 피조물 서로서로를 구별하는 것은 쉽습니다. 비록 그것들 사이에는 전에 없이 다른 점이 많이 있지만, 그것들 사이에는 사람이 꾸며낸 것과 하나님 말씀 사이에 있는 일치점보다 더 많은 일치점이 있습니다. 따라서 천주교 신도들이 그들 고안물을 하나님의 말씀과 혼합하기 시작하고, 외람스럽게도 율법을 그들의 마음이 내키는 대로 만든다면, 모든 것이 혼란스럽고 무질서하게 되어서 거기에는 더 이상 순수함이 있지 않게 됩니다. 천주교 신도들은 그들의 성당, 그보다는 흉악한 회당이라고 불려야 할 그들의 성당의 계명을 겸손하게 준수한다고 주장하지만, 심히 오만한 짓에 불과합니다. 그들은 그들의 오만함으로 인해서 하나님께 공개적으로 도전합니다. 그들은 그들의 생각이 하나님의 지혜보다 훨씬 더 위대하고 홀륭한 것처럼 그들의 어리석고 짐승 같은 짓을 크게 칭찬합니다. 이렇게 해서 여러분은 모세가 시내 산에 올라가 있는 동안 내내 떡을 먹지도 않았으며 물을 마시지도 않았다고 말한 점과 관련해서 무엇을 기억해 두어야 하는지 알게 되었습니다.

율법의 권위

우리는 여기서 모세가 음식물을 억제한 목적을 알게 됩니다. 그것은 금식의 표본을 세우는 것도 아니며, 진정 어떤 규정을 제정하는 것도 아니었습니다. 그는 금식에 대한 규칙을 만들기 위해서 그렇게 한 것이 아닙니다. 그보다는 앞에서 언급된 대로, 하나님께서는 당신의 율법에 권위를 세워 주실 목적으로 보통 사람에게는 일어날 수 없는 그런 기적이 일어나게 하셨습니다. 그것이 하나님의 의도였습니다. 예수 그리스도께서 40주야를 먹지도 마시지도 않으셨다(마 4:2)는 것을 구실 삼아서 그분의 본을 따라 40일 금식을 한다는 것은 매우 어리석은 짓이라는 것이 여기서 나타납니다. 확실히 우리 주 예수 그리스도께서 금식하신 것은 복음이 율법보다 덜 존중되어서는 안 된다는 것을 보여 주시기 위한 것이었습니다. 우리는 그와 같은 일이 엘리야에게 일어났다는 것을 알고 있습니다(왕상 19:8, 마 17:3). 예수 그리스도께서 변화 산에서 변화하셨을 때 모세와 엘리야가 나타난 것은 오로지 율법과 복음 사이에는 일치점이 있다는 것을 보여 주기 위해서가 아닙니까? 우리는 이것을 통해서 엘리야는 그 두 분 사이, 즉 모세와 그리스도의 중간에 있었다는 것을 알았습니다. 왜냐하면 엘리야가 율법을 복원시켰으며, 부패했던 신앙을 정화하였기 때문입니다. 이렇게 해서 여러분은 모세와 엘리야가 그런 면에서 예수 그리스도와 일치하기 때문에 그들은 예수님께 절을 했을 뿐만 아니라, 예수 그리스도만이 율법의 끝이고 완성이시며, 그분이 모든 것이 귀속되어야 할 당사자라고 선포했습니다.

예수 그리스도께서는 40주야를 먹지도 않고 마시지도 않으셨습니다. 그러나 매년 그렇게 하지 않으시고 일생 동안 단 한 번, 즉 그분의 아버지 하나님께서 그분에게 맡기신 공생애를 시작하려고 하실 때 그렇게 하셨습니다. 예수 그리스도께서는 그것을 기적적인 방법으로 하셨습니다. 그런데 사람들이 그것을 하나의 규정으로 제정하거나 그것을 하나의 공통적인 규율로 만들려고 한다면 그것은 모든 것을 거꾸로 뒤집는 것이 아닙니까? 그것은 마치 그들이 하나님의 능력을 멸시하는 것처럼 하나님의 기적을 손상시키는 짓이 아닙니까? 확실히 그렇습니다. 우리는 그것이 매우 무지한 짓이라는 것을 알고 있습니다. 이러한 미신적인 습관은 매우 오래되었으며, 교황이 있기 전에 사단이 그런 흉악한 죄를 가지고 왔지만 우리는 그것을 싫어하고 혐오해야 합니다. 그것은 단순한 남용이나 사람들이 예사롭게 가질 수 있는 분별없는 신앙심이 아니고 예수 그리스도에 대한 모독이기 때문입니다. 복음의 명예를 실추시키고, 우리로 하여금 성령께서 목적하시는 것들을 잊게 하는 것이 사단의 방침입니다. 성령님의 목적은 우리로 하여금 율법과 복음이 이 땅에 속한 교훈이 아니며, 인간이 만들어 낸 것도 아니고, 온전히 천국에 속하며 하나님으로부터 나왔다는 것을 알게 하시는 것이었습니다. 우리가 그것을 알게 되면 우리는 그 교훈에 머리를 숙이게 될 것입니다.

그렇기는 하지만 금식이 유익하지도 거룩하지도 않다는 의미는 아닙니다. 비록 우리가 40일 금식을 하지 않을지라도 성경에는 우리에게 하라고 명령하는 다른 금식이 있습니다. 즉 성경에서는 제일 먼저 끈기 있게 절제하라고 하십니다. 하루를 금식하기 위해서 하루를 포식해서는 안 되고, 하나님께서 우리에게 내리시는 은혜를 알맞게 사용해야 합니다. 풍부하게 가지고 있는 자들로 과다하게 남용하지 못하게 해야 합니다. 그리고 우리의 금식이 과도함이나 혼란을 야기하지 못하게 하고, 의도적으로 먹을 것과 마실 것을 자제하는 것처럼 의도적으로 우리 자신을 자제하고 속박해야 합니다. 자신들을 먹여 살릴 수 있는 것을 충분히 갖고 있지 않은 자들에 대하여는 그들로 하여금 그들의 궁핍에 만족하게 하고, 하나님께 감사하는 마음으로 그것을 참을성 있게 받아들이게 하십시오. 만일 주님께서 우리에게 환난을 주셨거나 우리에게 어떤 근심거리가 있다면 금식을 하도록 합시다. 그렇게 해서 우리로 하여금 하나님께 기도와 간구를 드리고 싶게 하고, 우리의 마음을 하나님께 더 잘 드리고 싶은 마음이 생기게 하고 겸손해지게 해서 우리의 잘못을 하나님께 아뢰도록 합시다. 우리의 금식이 우리를 하나님께로 달려가게 하고, 우리 자신으로 하여금 하나님 앞에 불쌍한 죄인으로 출두하게 하고, 하나님께 긍휼과 용서를 간구하게 하는 자극이 되게 하십시오. 이것이 성경이 허용하는 금식입니다.

그러나 마귀가 만들어 낸 그 미신적인 행위는 하나님의 말씀과 모세를 통해서 보였을 뿐만 아니라, 우리 주 예수 그리스도를 통해서 더 온전하게 나타난 하나님의 능력을 손상시킵니다. 우리 주 예수 그리스도께서는 다른 사람의 강요에 의해서가 아니고 당신의 자유로운 의지로 금식을 하셨습니다. 그렇게 해서 그분은 자신이 죄를 제외한 모든 것에서 우리와 같다는 것을 보여 주셨습니다. 예수님께서는 금식의 고통을 충분히 피할 수 있으셨습니다. 사실 그분께서는 금식하는 동안 배고프지도 목마르지도 않으셨습니다. 예수 그리스도께서는 자신이 입으셨던 신분을 벗어 버리셨습니다. 비록 그분께서는 종의 형체를 하고 계셨지만(빌 2:7), 그 40일 동안에는 종의 신분이 그분 안에서 영향을 미치지 않았습니다.

모세는 "그 때에 하나님의 손으로 기록하신 두 개의 돌판, 곧 언약의 두 돌판을 받았다"는 말을 더했습니다. 이 말은 이스라엘 백성들로 하여금 하나님을 향해서 그들이 지은 지극히 큰 불신을 더 부끄럽게 여기게 하는 역할을 했습니다. 만일 나와 다른 한 사람이 계약을 체결하려고 할 때 상대방이 계약 내용을 분명하게 하는 동안에 그와 반대로 나는 그를 배반할 어떤 계획을 세우고 있다면 그것이 얼마나 사악한 짓이겠습니까? 나는 이중으로 잘못하는 자가 되어야 하지 않겠습니까? 그렇습니다. 만일 어떤 사람이 계약을 체결했는데 그 후에 그 계약을 파기하거나 계약서를 발기발기 찢어 버린다면 그는 벌을 받게 될 것입니다. 한 당사자는 선하고 성실한 뜻으로 그것을 실천하지만 상대방은 모든 것을 술책과 배신으로 망쳐 놓으려 한다면 그것에 대해서 무엇이라 말해야 합니까? 이스라엘 백성들이 그와 똑같이 처신했습니다.

하나님께서는 모세를 한쪽으로 데리고 가셨습니다. 하나님께서 그렇게 하신 목적은 당신의 백성들로 하여금 복을 얻게 하고, 그들의 신앙이 그들의 구원을 확실히 보장해 준다는 것과, 그들은 지구상에 있는 다른 모든 민족이 했던 것처럼 멋대로 해서는 안 된다는 것을 확실히 믿게 하시기 위해서가 아닙니까? 따라서 하나님께서는 당신께서 그 백성들에게 주신 율법을 믿을 만한 문서로 만들어서 그것에 대한 기억이 영원히 지속되게 하시고, 잊힐 그런 교훈이 되지 않게 하셨습니다. 그러나 하나님께서 당신의 백성에게 복을 주고 계시는 동안에 그들은 하나님의 은혜를 악으로 갚아서 하나님께 심하게 도전하기 시작했으며, 새로운 신을 가지려 했습니다.

하나님의 언약을 기억하라

이렇게 해서 우리는 모세가 그들의 악한 행실의 정도를 높여서 그들로 하여금 그들이 지은 죄의 끔찍함을 알게 해서 그들을 더 부끄럽게 만들려고 했던 이유를 알게 되었습니다. 그 말은 오늘날 우리에게도 해당됩니다. 하나님께서는 당신의 율법을 한 번만 선포하신 것이 사실이며, 하나님의 복음도 그와 같습니다. 그럼에도 불구하고 우리는 하나님의 율법과 하나님의 복음 둘 모두를 기록으로도 갖고 있으며, 더욱이 그것은 매일매일 우리에게 전해집니다. 만일 세례 받을 때 보여 주었으며 맹세했던 우리의 믿음이 거짓이라는 것이 밝혀져서 하나님을 진노하고 격노하게 해 드렸다면, 그것은 우리가 번영하는 것을 더 불가능하게 하지 않습니까? 확실히 그렇습니다. 따라서 우리로 하나님을 더 경외하고 두려워하는 생활을 하게 하기 위해서는 하나님께서는 당신의 말씀을 전하는 자를 임명하십니다. 그 후에는 그것이 우리에게 전해지고 자세하게 설명되게 하는 은혜를 베푸십니다. 그 목적은 우리로 하여금 하나님의 언약을 기억하게 해서 그것을 실천하게 하기 위해서입니다. 그것을 알아 둡시다. 그러므로 하나님께 아무것도 우리를 거기에서 돌이키지 못하게 해 달라고 기도드립시다. 그렇게 되면 우리는 변치 않고 더 꿋꿋하게 하나님께 순종하게 될 것입니다. 이렇게 해서 여러분은 그 본문 말씀에서 우리가 무엇을 기억해 두어야 하는지 알게 되었습니다.

그 외에도 하나님께서 당신의 율법을 선포하는 것으로는 충분치 않다고 생각하시어 그것을 기록으로 남기셨다는 사실을 알아 둡시다. 인간이 진리를 터득하는 데에는 지혜가 부족하기 때문입니다. 그러므로 우리 하나님께서는 어쩔 수 없이 그것에 대한 대책을 세우셔야 하며, 우리에게 모든 것을 잘 살펴보라고 경고하셔야 합니다. 우리는 매우 연약하기 때문입니다.

만일 이스라엘 백성들이 그들의 임무를 완수했다면 하나님께서 그들에게 말씀하시는 것만으로도 충분했습니다. 하나님께서는 모든 사람들이 당신의 율법을 잘 알 수 있도록 그것을 세분해서 전하셨기 때문입니다. 십계명이 그것이며, 하나님께서는 선한 생활의 규칙이 되는 당신의 모든 뜻을 거기에 포함시키셨습니다. 모든 교훈이 열 개의 말씀에 포함되어 있습니다. 이렇게 해서 여러분은 이스라엘 백성들이 가르침을 아주 이해하기 쉽게 받았다는 것을 알게 되었습니다. 만일 시내 산에서 하나님의 음성을 들었던 자들이 그들에게 주어진 임무를 완수했다면 그들은 그것을 그들의 자녀들에게 가르쳐 주었을 것입니다. 그 가르침은 아버지로부터 자녀에 이르기까지 기억되었을 것입니다. 왜냐하면 앞에서 말한 바와 같이 하나님께서는 그들을 알기 쉽게 가르치셨기 때문입니다.

하나님께서는 당신의 백성들이 자신을 화려하게 만들기 위해서 차고 다녔던 팔찌나 노리개 대신에 그들이 율법의 구절로 장식품을 만들고, 그들의 벽과 천장에 율법의 조항을 써 놓거나 새겨 놓기를 바라셨습니다. 그렇게 함으로써 그들이 눈을 어디로 돌리든 그들로 하여금 하나님의 율법을 기억하게 할 어떤 기억물을 갖게 했습니다. 사람들이 그들의 맹약을 동판이나 돌판에 새겨 놓는 습관이 있는 것처럼, 하나님께서는 당신의 백성들로 하여금 당신의 율법을 더 확실하게 기억하게 하실 목적으로 돌을 택하시어 거기에 당신의 율법을 새겨 놓으셨습니다. 종이나 양피지를 사용하는 것이 내키지 않으셔서 당신의 율법을 돌에 쓰셨습니다. 그리고 그렇게 하시는 데 인간의 솜씨를 빌리지 않으셨습니다. 그것은 인간의 수작업이 아닌 하나님께서 직접 쓰신 것입니다. 그렇게 하신 것은 하나님께 솜씨가 있으셨기 때문이 아니고, 율법은 인간의 손으로 쓰였거나 새겨진 것이 아니라 하나님께서 기적적인 방법으로 허락하시고 인준하셨다는 것을 알려 주게 하기 위해서입니다. 그것이 사실이니 우리는 하나님께서 우리의 믿음을 확실하게 하기 위해서 철저히 대비하셨다는 것을 알아 둡시다.

하나님께서 그렇게 하신 것은 우리가 무엇을 따를 것인가를 알기 위해서 많은 어려움을 당하지 않게 하기 위해서입니다. 우리가 보는 바와 같이 온 세상 사람들이 심히 야비하게 되려고 하는 것이 사실입니다. 그에 대한 예가 많이 있습니다. 이스라엘 백성들이 탈선하여 우상 숭배에 자주 빠지는 것은 안타까운 일입니다. 하나님의 이름이 그들 가운데서는 폐기된 것처럼 보입니다. 모든 것이 문란하게 되었습니다. 그들은 미신에 깊이 빠져 있었기 때문에 인간으로서는 그들과 이방인을 구별할 수 없을 정도가 되었습니다. 그들은 자신들을 매우 속되게 만들었기 때문에 그들 가운데는 믿을 만한 것이 더 이상 남아 있지 않았습니다. 그럼에도 불구하고 하나님을 섬기려는 마음을 가지고 있는 자들은 확실한 가르침에 집착했습니다. 하나님의 뜻이 서면으로 제시되었기 때문입니다. 미신을 타파하려고 한다면 그 방법은 어렵지 않았습니다. 율법이 글로 쓰였기 때문입니다. 우리가 우리 하나님에게 순종하려고 한다면 우리는 율법을 잘 지켜야 합니다. 만일 우리가 율법이 주는 교훈을 저버린다면 하나님께서도 우리를 저버리실 것입니다. 하나님께서는 당신의 백성들의 신변을 보증하기 위하여 충분한 준비를 하셨기 때문에, 그들의 믿음이 의심을 받지 않고 확고하고 변함이 없게 되었습니다.

오늘날의 우리들에 대해서 말한다면, 우리는 율법 시대의 선조들이 가지고 있었던 것보다 더 많은 것을 가지고 있습니다. 우리는 율법과 예언서뿐 아니라 복음도 갖고 있기 때문입니다. 그런데 우리는 무엇을 해야 합니까? 오늘날 자신은 어느 쪽을 향해야 할지 모르며 시비와 논쟁과 이견이 생기는 것을 보게 되므로, 모든 것을 미결 상태로 내버려 두겠다고 주장하는 자들은 하나님께서 복음이 율법의 참되고 온전한 완성이라는 것을 더 잘 알려 주시기 위해서 당신의 율법을 문서로 기록해 놓으시고, 또 당신의 선지자들을 통해서 그에 대한 설명을 첨부하신 것이 헛수고가 되었는지 생각해 보아야 합니다.

성령이 주시는 교훈

하나님께서는 우리에게 틀림없는 당신의 진리를 알려 주셨습니다. 만일 우리가 당신의 입에서 나오는 말씀에 순종하면 우리는 결코 속임을 당하지 않을 것이라고 말씀하셨음에도 불구하고, 우리는 마치 하나님께서 우리가 무엇을 해야 할지 모르도록 내버려 두신 것처럼 하나님을 책망해야 합니까? 세상 사람들이 탈선하고 악하게 된 이유는 오로지 인간이 감사할 줄 모르기 때문입니다. 그것을 알아 둡시다. 우리에게는 밝은 대낮을 걷게 할 만반의 준비가 되어 있습니다. 그러므로 만약 우리가 우리를 다스리시는 하나님을 모시고 있다면 우리는 믿음 없는 자들의 미신적인 행위를 모독하게 되고, 또 사태가 모호하게 되는 것을 더 이상 용납하지 않을 것입니다. 우리는 이것을 통해서 하나님께서는 그것이 단 하루만이 아니고, 이 세상 끝날까지 지속되게 하기 위해서 그런 말씀을 하셨다는 것을 알게 되었습니다.

우리에게는 성령이 주시는 교훈이 있으니, 담대하게 전진해 갑시다. 그리고 그것이 우리가 집착해야 할 가르침이라는 것을 확실히 알아 둡시다. 그렇게 해서 우리 입에서 어디로 가야 할지 모르겠다는 말이 더 이상 나오지 못하게 합시다. 그것이 올바른 방법이니, 모세가 그 후에 주장한 것처럼 우리는 그를 따라 행하도록 합시다(신 13:5, 사 30:21). 이 두 개의 돌판은 출애굽기와 레위기와 우리가 다루고 있는 신명기에 기록된 모든 말씀을 담고 있지 않은 것이 사실입니다. 이 돌판에 있는 내용은 거기에 담겨 있는 내용을 요약한 것에 불과하며, 거기에는 열 개의 절밖에 담겨 있지 않습니다. 그럼에도 불구하고 우리의 하나님께서는 이 두 개의 돌판을 통해서 모세가 기록해 놓은 모든 말씀은 당신에게서 나왔다는 것을 알려주려고 하셨습니다. 다시 말하면, 하나님께서는 언약이 글로 기록되거나 맹약이 동판에 새겨지는 것처럼 성경이 있어야 한다고 하셨습니다. 그래서 하나님께서는 당신의 율법에 대한 기록이 영원히 남아 있어서 사람들로 하여금 거기에서 이탈할 계기를 갖지 못하게 하십니다. 하나님께서 두 개의 돌판을 만들게 하신 것은 그것을 통해서 인간의 솜씨를 보여 주시기 위해서가 아니고 하나님께서 당신의 율법을 인간의 손을 빌리지 않고 새겨 놓아서 그것이 하나님으로부터 왔다는 것을 알려 주시기 위해서입니다. 하나님께서 두 개의 돌판에 두 번 쓰신 것에 대해서는 후에 다루겠습니다. 내용이 차례대로 잘 기록되어 있기 때문에 나는 지금 그것에 대해서 말하지 않겠습니다.

40일 후에, 하나님께서는 모세에게 일어나 여기서 속히 내려가라 이 백성이 나와 내가 그들에게 베풀어진 호의를 잊고 스스로 부패해졌다고 말씀하셨습니다. 여기서 모세는 이스라엘 백성들에게 그들이 하나님을 그렇게 일찍 배반하고 뛰쳐나간 것은 매우 부끄럽고 가증스러운 짓이라는 것을 보여 주면서 그의 이야기를 계속했습니다. 비록 그들이 400년, 심지어는 1천 년을 버텼을지라도 그들은 용서받지 못했을 것이 확실합니다. 하나님께서 그 백성들의 유익과 행복을 증진시키려고 하실 때 그들은 우상을 만들기 시작했으며, 40일도 안 되어서 허수아비를 세웠습니다. 그리고 모세가 들리어져서 천사들과 함께 있게 되자 그들은 '우리는 그 한 사람 덕분에 세상 사람들과 떨어진 것과 일반이 되었으며, 하나님께서 우리를 성화시켜 주셨으며, 우리가 우리의 신앙 안에서 세속적인 것을 갖지 못하도록 하시기 위해서 우리를 당신의 나라로 데리고 가셨다'고 생각했어야 했습니다. 그런데 그들은 그렇게 하지 않았으니 그것이 얼마나 야비한 짓이었습니까?

율법이 작성되는 동안에 그들은 기어이 다른 신을 가지려고 할 정도로 심히 부패하게 되었기 때문에 하나님께서는 모세에게 속히 내려가라고 명령하셨습니다. 하나님께서 그들은 부패했다고 말씀하셨으니 그들이 부패했던 것이 분명합니다. 하나님께서 사용하셨던 말씀은 그들이 더 말할 나위 없이 부패했었다는 것을 나타낼 뿐이었습니다. 실로 하나님께서 이스라엘 백성들이 부패했다고 말씀하신 것은 맞습니다. 왜냐하면 그들은 비겁한 타락자와 위증자가 되었으며, 하나님의 진리와 규칙에서, 그리고 마침내는 천국과 이 땅에서의 모든 질서에서 돌이켰기 때문입니다.

우리의 결백함은 하나님께 순종하는 것 이외에 다른 곳에는 없습니다. 한 여인이 자기 남편을 향해서 순결을 지키는 한 그녀는 합법적이고 충성스러운 아내라고 한 사도 바울의 비유에서처럼, 하나님께서 우리에게 요구하시는 정숙은 우리가 오로지 하나님 말씀에만 집착하는 것입니다(고후 11:2). 따라서 만약 우리가 우상을 만들기 시작한다면 그것은 우리가 자신의 남편을 제쳐놓고 자신의 몸을 모든 호색가와 부랑자에게 맡기는 악명 높은 매춘부처럼 되어서 우리 자신을 심히 부패시키는 것입니다. 우리도 그와 꼭 같습니다. 이 백성들도 이와 똑같은 방법으로 말할 수 없이 부패해졌습니다. 우리가 우리 자신의 어리석은 생각을 따른다면, 그것은 우리가 있는 힘을 다해서 하나님의 위엄을 훼손시키는 것이 됩니다.

우리가 하나님의 위엄에 손을 댄다 해도 그것에 어떤 해도 줄 수 없는 것이 사실입니다. 그러나 사도 바울이 말한 것처럼, 우리는 우리가 그렇게 하려고 한 죄를 면치 못할 것입니다. 왜냐하면 우리는 진리를 거짓말로 바꾸었으며, 모든 것을 속였기 때문입니다. 더욱이 우리는 하나님의 순수하신 교훈을 버림으로써 대자연의 질서를 파괴했습니다. 우리는 하나님 대신에 우상과 생명이 없는 죽은 것을 세우고, 우리 자신이 계획한 일을 행하기 시작하여 하나님으로부터 당신의 통치권을 강탈해서 하나님께서 우리를 다스리지 못하게 했습니다. 따라서 주님께서 평이한 말로 이 백성들이 한 우상을 만들었다고 하지 않으시고 이 백성들이 부패했다, 다시 말하면, 그들은 모든 것을 망쳐 버렸다고 말씀하셨는데, 거기에는 이유가 있습니다.

따라서 우리가 순수한 하나님 말씀에서 탈선하게 되면, 우리는 언제나 흉악한 짓과 우리 자신을 망치는 짓을 하게 마련이며, 우리는 어떤 것도 온전하고 건전하게 남겨두지 않습니다. 간단히 말하면, 우리는 천국에 속한 것과 땅에 속한 것을 함께 혼합하고 하나님의 권위를 완전히 손상시키는 짓을 합니다. 따라서 우리는 하나님의 순수하신 말씀에 그만큼 더 승복하고, 우리 자신의 머리로 어떤 것도 고안해 내지 말고, 어떤 새로운 사상도 제기하지 않으며, 우리 여호와 하나님께서 우리에게 알려 주신 것에만 집착해야 합니다. 왜냐하면 하나님께서는 순종 이외에는 아무것도 용납하지 않으시기 때문입니다(삼상 15:22). 그 후에 모세는 나머지 말을 했는데 지금으로서는 그것을 설명할 수 없습니다. 우리에게는 이와 같은 하나님의 약정이 있는 것만으로 충분합니다. 우리는 하나님의 진리를 배반할 정도로 많이 탈선하지 않을 것이며, 하나님께서 당신의 말씀을 우리에게 써서 주셨고, 당신의 말씀이 매일 매일 우리에게 전해지는 것이 하나님의 뜻이기 때문에, 우리는 하나님의 말씀에 순종하는 생활을 할 것입니다.

65편_ 신 9:13~14

진정으로 당신의 성호를 부르는 자는…

"여호와께서 또 내게 일러 가라사대 내가 이 백성을 보았노라 보라 이는 목이 곧은
백성이니라 나를 막지 말라 내가 그들을 멸하여 그 이름을 천하에서 도말하고 너로
그들보다 강대한 나라가 되게 하리라 하시기로"(신 9:13~14).

나는 어제 여기에서 여러분에게 모세로 하여금 이스라엘 백성들을
책망하게 만들었던 죄가 얼마나 악랄하고 흉악했었는지 보여 주기 시
작했습니다. 모세가 그 죄를 그들 앞에 제시했던 이유는 그것을 통해서
그들을 더 겸손하게 만들기 위해서였습니다. 그는 그 외에도 그 죄가 중
하다는 것을 알려 주는 기록도 보여 주었습니다. 그들의 사악한 죄는 하
나님을 크게 진노케 하여, 하나님께서는 그 백성들을 멸망시키고, 그들
의 뿌리를 뽑고, 그들에 대한 기억을 영원히 지워 버리려고 하셨습니다.
만일 하나님께서 당신의 진노의 분량을 측정하셔서 인간의 죄를 그
죄의 크기에 따라서 처벌할 수 있다면, 하나님께서 당신의 백성을 구원
하시고 그들을 위해서 많은 이적을 행하셨음에도 불구하고 그들에 대
해서 더 이상 언급되지 않게 해서 그들을 지워 버리려고 하셨을 것입니

다. 왜냐하면 그들의 죄가 대단히 중했다는 결론을 내지 않을 수 없었기 때문입니다. 그것이 모세가 한 말의 뜻이기도 합니다. 그것은 마치 모세가 "불쌍한 동포들아, 지금의 너희 처지와 과거의 너희의 처지에 대해서 잘 생각해 보아라. 너희가 하나님의 도우심으로 구원을 받았음에도 너희가 하나님으로부터 그런 은혜를 받은 후에 하나님을 배반하였으니, 너희에 대한 기억이 이 세상에 남아 있지 않게 하기 위해서 너희는 완전히 뿌리 뽑히고 그에 대한 벌이 내려지는 것이 합당하다. 만일 내가 너희를 위해서 하나님께 간청하지 않았다면 하나님께서는 너희를 멸절시키기로 결심하셨을 것이다. 그런데 너희는 자만하여 너희 자신에 대해서 생각하며, 너희가 이 땅을 얻은 것을 너희 자신의 의로움과 너희 자신의 능력이나 그 밖에 다른 것의 덕택으로 여긴다. 그러나 사실은 그와 반대이다. 너희는 너희가 무슨 짓을 했는지 알고 있다. 너희는 하나님께서 너희를 구출해 내신 것을 너희의 힘을 다해 부인하였으며, 너희에게 약속된 구원과 너희를 위해서 예비된 유업을 저버렸다. 간단히 말하면, 하나님께서 너희에게 무서운 보복을 내리시는 것이 합당하다. 너희가 하나님을 심히 노하게 해드렸다는 사실을 생각하여 하나님의 긍휼을 찬양할 방법을 알아두도록 하라"고 말하는 것과 같습니다. 이렇게 해서 여러분은 모세가 한 이 말이 무엇을 시사하는지 알게 되었습니다.

그런데 우리는 하나님께서 사용하신 단어를 주목해야 합니다. 하나님께서는 "내가 이 백성을 보았노라. 보라 이는 목이 곧은 백성이니라"라고 말씀하셨습니다. 여기서 하나님께서는 당신에게는 이 백성들을 완전히 제거시킬 합당한 이유가 있다는 것을 보여 주십니다. 왜냐하면 그들은 구제불능의 상태에 있었기 때문입니다. 사실 하나님께서는 모든 인간에게 이유나 까닭을 알려 주지 않으시고 벼락을 내리시는 것도 마땅합니다. 그리고 모든 입은 마땅히 닫혀져야 합니다. 왜냐하면 하나님에게 반박하거나 하나님이 내리시는 벌에 반대해서는 우리가 아무것도 얻지 못하기 때문입니다. 하나님은 시편 51편 말씀과 같이 항상 의로우시다는 것이 발견될 것이며, 하나님의 이름을 모독하는 자는 누구나 부끄러움을 당하게 될 것입니다. 그럼에도 불구하고 하나님께서는 여기서 이스라엘 백성들을 그렇게 가혹하게 벌하기로 결정하신 이유를 보여 주시는데, 그것은 모세의 소망을 더 많이 이루어 주시기 위해서입니다. 하나님께서 "나는 이 백성들이 목이 곧은 백성이라는 것을 알았다"고 말씀하셨습니다. 우리가 일단 심술궂은 고집을 부리게 되면 그것은 마치 우리가 우리의 죄 안에서 썩어진 것과 같아서, 하나님께서 우리를 완전히 멸하기 위해서 손을 쓰시는 것 이외에 다른 방도가 없습니다.

사실 우리가 범한 가장 가벼운 죄도 하나님의 극히 가혹한 벌을 받아 마땅하지만, 하나님께서는 "하나님은 노하시기를 더디 하시고 오래 참으신다"는 성경 말씀에 맞게 행동을 조절하십니다. 초범일 때에는 우리를 용서해 주시고 우리에게 가혹한 조치를 취하지 않으십니다. 그러나 우리의 마음이 매우 강퍅하게 되어 인내를 통해서는 우리의 마음을 사로잡을 수 없고, 또 우리의 잘못을 고쳐 주실 수 없고, 우리가 우리의 허리를 굽히게 할 수 없을 정도로 완강하다는 것을 보시게 되면, 하나님께서는 어쩔 수 없이 다른 방법으로 역사하실 것입니다. 또 "나의 신이 영원히 사람과 함께 하지 아니하리라"(창 6:3)는 창세기 6장의 말씀에 따라 더 이상 그들과 함께하시지 않을 것입니다. 그들 속에는 부정한 것밖에 없기 때문에 하나님께서는 더 이상 그들을 법에 고소하지 않으실 것입니다. 하나님은 어쩔 수 없이 그들을 정죄해야 하고, 당신께서 내린 형벌을 그들에게 집행할 수밖에 없습니다. 그들은 이미 많은 유죄판결을 받았으니, 더 이상 고발해 보았자 아무 소용이 없습니다. 그렇지만 비록 우리가 연약할지라도 최소한 우리의 죄악된 짓을 계속하고, 죄 안에서 기뻐하고, 우리의 죄를 키우기 위해서 고집을 부리지 않도록 하며, 즉시 하나님께로 돌아가서 죄 지은 것을 후회하도록 합시다.

만일 하나님께서 우리를 위협하시거나 혹은 우리에게 당신이 노하셨다는 징후를 조금이라도 보이시면, 우리는 즉시 허리를 구부리고 우리 안에 완악한 마음이 생기지 않도록 해야 합니다. 만일 우리가 하나님을 완악하게 대하고 고집을 부린다면, 우리는 우리의 뜻과는 관계없이 하나님으로부터 "내가 이 백성을 보았노라. 보라, 이는 목이 곧은 백성이라. 나는 어쩔 수 없이 그들을 멸절시키겠다"는 선고를 받게 될 것입니다. 우리는 여기서 자기 자신을 살피어 자신의 잘못을 인정하고, 하나님 앞에서 겸손함으로 모든 교만과 완고함을 버려서 하나님으로 하여금 우리의 목이 곧지 않고 유순하다는 것을 아실 수 있도록 해 드리라는 경고를 받는다는 사실을 중요하게 여겨야 합니다. 그것은 "하나님의 능하신 손 아래서 겸손하라. 그러면 너희는 심판 날에 난폭한 대접을 받지 않을 것이라"고 한 사도 베드로의 말의 뜻과 같습니다(벧전 5:6). 사도 베드로는 하나님의 전능하신 능력에 대해서 언급하면서, 만일 우리가 하나님의 능력에 맞서서 싸우게 된다면 우리는 그것이 우리에게는 너무 벅차다는 것을 알게 될 것이라고 알려 주었습니다.

사람들이 처음에는 안달을 하고 또 하나님께 완강하게 반대하면 많은 것을 얻을 수 있을 것이라고 생각하는 것이 사실입니다. 그러나 결국 그들은 사도 베드로가 하나님의 전능하신 능력에 대항하는 자 모두를 저주하기 위해서 하나님의 손을 전능한 손이라고 칭찬한 데에는 이유가 있다는 것을 알게 될 것입니다. 따라서 우리에게는 하나님의 손 아래 허리를 굽히고 하나님의 손이 우리를 치시는 것이 정당하다고 확신하는 것 이외에 다른 대책은 없습니다. 만일 하나님의 손이 우리를 다치게 하지 않으셨다면, 우리는 하나님께서 당신이 우리의 적이라는 것을 보여 주실 때까지 기다리지 말고 하나님의 진노를 예방하도록 합시다. 이렇게 해서 여러분은 우리가 이 본문 말씀을 통해서 명심해야 할 것이 무엇인지 알게 되었습니다.

신중하신 하나님

또 하나의 요점이 있습니다. 여호와께서는 "내가 이 백성을 보았노라. 이는 목이 곧은 백성이니라"고 말씀하셨습니다. 그것은 하나님께서는 이 말씀을 통해서 당신께서는 그 백성들의 방탕함이 완전히 구제불능이라는 것을 체험을 통해서 잘 아신다는 것을 의미합니다. 하나님께서는 그 사람이 어떤 사람인가를 알아보시기 위해 많은 질문을 하실 필요가 없습니다. 왜냐하면 모든 사실이 하나님께 알려졌으며, 아무리 많은 시간을 끌어도 하나님께서 이미 알고 계시는 것 이상의 것을 알려드릴 수는 없기 때문입니다. 성경은 하나님께서는 사람들이 흔히 하는 것처럼 모험을 하지 않으신다는 것을 우리에게 알려 주기 위해서 그런 말씀을 사용합니다.

그런데 사람들은 진실을 알고 있지 않거나 진실에 대해서 물어보기도 전에 처벌하기 시작하는 경우가 자주 있습니다. 하나님께서는 심사숙고를 하시기 때문에, 우리의 몸속에 무엇이 들어 있는지 알아보지 않으시거나 우리를 선도할 방법이 있는지 없는지 잘 생각해 보지 않으시고 당신의 손을 들어 우리를 응징하시는 일은 전혀 없습니다. 하나님께서는 그것을 여기에서 우리에게 보여 주십니다. 하나님께서 그렇게 많은 수고를 하심에도 불구하고 만일 우리가 의도적으로 완강해진다면 우리는 어쩔 수 없이 가장 무서운 정죄를 받게 될 것입니다.

여러분은 모세가 **보았노라**(See)와 **보라**(Behold)라는 말을 통해서 무엇을 의미하는지 알게 되었습니다. 그것은 마치 하나님께서 경험을 통해서 입증하시는 것과, 또 그 백성을 상종해서는 안 된다는 것과, 또 그 피조물들은 그들의 악한 행실에 대해서 심판을 받는 것이 마땅하며, 그것에 대해서 변명할 여지가 없다는 것을 당신의 손가락으로 지적하시는 것과 똑같습니다. 사실 우리는 하나님께서 죄를 정밀하게 검사하셨다는 것을 늘 인식하지는 못하지만, 마침내 우리는 그 사실을 알게 될 것입니다. 그와 같은 이유로 하나님께서 소돔과 고모라를 파멸시키려고 하실 때 하나님께서는 상황을 파악하시려고 내려오셨습니다. 비록 그들의 죄가 심히 중하기 때문에 천국 백성들까지도 그것을 원통해 한다는 소리가 천국에 계시는 하나님의 귀에 들려도, 하나님께서는 황송하게도 그들의 행함을 더 엄밀하게 조사하십니다(행 18:20). 하나님께서 그렇게 하시는 것은 그렇게 하실 필요가 있어서가 아니라, 하나님의 공의는 올바르며 비난할 점이 없다는 것을 우리에게 보여 주시기 위해서입니다.

따라서 하나님께서 우리를 벌하실 때마다 우리는 너무 오랫동안 편히 누워서 잠을 잤다는 것과, 하나님께서는 그동안에도 감찰하고 계셨다는 것과, 우리가 제때 행실을 고치지 않았기 때문에 우리는 연체금을 물어야 한다는 것을 알아 두도록 합시다. 만일 하나님께서 우리를 벌하시기를 서두르시는 것처럼 보인다면, 우리는 우리에게 시간을 주겠다는 제의를 받아들이지 않았다는 사실에 대해서 생각해 보아야 합니다.

하나님께서 우리를 당신께로 돌이키시기 위해서 회개할 시간을 주셨을 때, 우리는 그것을 받아들이기보다는 우리 자신의 위선이 우리의 눈을 멀게 했습니다. 이런 까닭으로 하나님께서는 우리를 매우 혹독하게 다루셨습니다.

이제 모세가 첨가한 내용에 대해서 생각해 봅시다. 하나님께서는 이 백성들을 멸절시킬 목적으로 "나를 막지 말라 내가 그들을 멸하여 그 이름을 천하에서 도말하여 그들에 대해서 더 이상 언급되지 않게 하겠다"고 모세에게 말씀하셨습니다. 하나님께서 나를 막지 말라고 말씀하셨으니 모세가 하나님을 방해하는 것처럼 보입니다. 하나님께서 당신이 직접 결심하셨던 일들을 실행하지 못하시고, 인간이 하나님을 저지하여 하나님께서 목적하셨던 일을 실천할 수 있는 자유를 제한당한다는 사실은 하나님의 능력에 어울리지 않습니다. 이 사실이 어떻게 이해되어야 합니까? 모세에게는 하나님의 판단을 억제할 권능이 없는 것이 사실입니다. 우리는 여기서 하나님의 무한한 선하심을 보게 됩니다. 즉 하나님은 사람들에게 아무런 빚을 지지 않으셨다고 생각하셨음에도 불구하고, 하나님께서는 황송하게도 그들을 위해서 그렇게 하십니다.

하나님께서는 자신을 우리의 기도와 간구에 묶어 놓으십니다. 그것들이 이를테면 하나님의 진노를 억제하는 역할을 해서 하나님께서는 여러 번 당신의 진노를 푸시곤 하셨습니다. 만일 우리가 하나님 앞에 나와서 겸손해지면 하나님의 마음이 바뀌십니다. 그 말은 하나님께서 당신의 목적을 바꾸신다는 뜻이 아닙니다. 우리는 여러 가지 감정의 지배를 받으며 변합니다. 그러나 하나님 안에는 그런 것이 없습니다. 하나님께서 결심하신 것에는 변화가 없습니다. 하나님께서는 우리로 하여금 무엇이 우리의 유익이 되는지를 알게 하기 위해서 어쩔 수 없이 우리가 갈 수 없는 하나님의 높으신 보좌에서 허리를 구부리셔야 하며, 조잡하고 결함이 많은 우리에게 맞는 비유를 사용하셔야 합니다. 그러므로 하나님께서는 우리가 기도를 한다는 것은 마치 우리가 하나님의 진노를 중단시켜서 우리를 완전히 소멸시키지 못하시게 하기 위해서 하나님이 가시는 길에 장애물을 설치하는 것과 같다고 말씀하십니다.

하나님께서는 자발적으로, 또 기탄없이 우리와 언약을 맺으셨습니다. 그렇기 때문에 우리가 하나님께 기도드릴 때마다 하나님께서는 우리의 요구를 들어주시니, 우리가 하나님을 찾아간 것이 우리를 실망시키지 않을 것입니다. 하나님께서는 기꺼이 우리의 뜻과 소원을 들어주신다는 사실을 우리는 항상 인식하게 될 것입니다. 여호와께서는 당신을 경외하는 자의 소원을 이루어 주십니다(시 145:19). 사람의 뜻을 이루신다는 하나님의 말씀은 틀림없이 우리의 가슴을 찌를 것입니다. 그런데 그분이 누구시며, 우리는 어떤 자들입니까? 우리는 하나님 앞에서 자기 자신을 드러내기를 부끄러워하는 피조물입니다. 우리 자신의 뜻이나 소원을 드러내 보인다는 것은 틀림없이 우리를 부끄럽게 할 것입니다. 그리고 그것은 우리로 하여금 "주님! 당신께서는 당신이 기뻐하시는 것을 행하십시오. 우리가 우리의 욕망이나 감정을 표현하는 것은 합당하지 않기 때문입니다. 우리는 미련한 피조물에 불과하지 않습니까"라고 말하게 할 것입니다.

우리가 순종하는 마음으로 하나님을 갈망하는 것이 하나님의 뜻이었습니다. 사도 요한이 그의 서신서에서 말한 것처럼 우리는 모험하는 마음으로 하나님에게 기도드리거나 우리의 욕망을 이루기 위해서 하나님을 억압하겠다는 우리의 생각을 주장해서는 안 됩니다(요일 3:22, 5:14). 우리는 그런 대담함을 보여서는 안 되고, 순종하는 마음으로 우리의 마음을 우리 하나님에게 굴복시켜야 합니다. 우리가 우리의 행복을 위해서 어떤 것을 하나님께 기도드려도 하나님께서는 그것을 무척 기뻐하시며, 마치 하나님과 우리 사이에는 깰 수 없는 언약이나 맹약이 있는 것처럼 그것을 허락하시어 우리를 기쁘게 해 주십니다. 하나님께서는 허리를 낮게 굽히시어 우리의 요구를 들어주시니, 우리가 그 이상 무엇을 바라겠습니까? 그런데 하나님께서는 그렇게 하셨으며, 그것을 이 말씀을 통해서 잘 보여 주십니다.

하나님께서는 모세에게 나를 막지 말라고 말씀하셨습니다. 그것은 하나님께서, 이를테면 당신의 친구나 동료에게 말씀하시는 것 같았습니다. 하나님께서는 당신이 원하시면 모세를 죽일 수도 있으셨지만 그렇게 하지 않으셨습니다. 그때 모세는 하나님을 막을 수 있으며, 하나님의 자유를 제한할 수 있습니까? 할 수 없습니다. 그러나 내가 앞에서 말한 바와 같이, 하나님께서는 당신에게 드려지는 기도로 하여금 당신의 보복을 집행하는 것을 막도록 자신을 속박하게 하십니다. 그런 까닭으로 이 이야기가 시편에서 반복됩니다. 거기에서 만일 모세가 그 결렬된 중에서 하나님 앞에 서지 않았다면 모든 백성들이 멸망했을 것이라는 것이 강조되었습니다(시 106:23).

의인의 기도가 갖는 힘

시편 기자는 적이 한 성읍을 대포로 포격하게 되면 적이 그 성읍을 강탈하고 거기에 있는 모든 사람을 살육하러 들어갈 수 있는 구멍이 생긴다는 비유를 사용했습니다. 하나님께서 일단 당신의 백성들에게 노를 발하시면 하나님께서는 즉시 그들에게 당신께서 말씀하셨던 협박으로 공격하십니다. 그러면 그들 속으로 뚫고 들어갈 수 있는 돌파구가 생기게 됩니다. 모세는 이런 판국에 대처했습니다. 즉 그는 하나님께 맞섰으며, 이 백성들을 위해서 하나님께 잘 말씀드려서 불화를 다시 중단시켰으며, 하나님의 진노를 저지해서 그것이 더 이상 발해지지 않도록 했습니다. 이것은 모세의 공적만을 알려 주는 것이 아닙니다. 우리의 여호와께서는 그것을 통해서 우리의 기도와 간구가 잘 드려졌을 때에 거기에 어떤 힘이 있는지 알려 주십니다. 그래서 우리는 우리에게 걸맞은 열심과 하나님께서 요구하시는 믿음과 겸손한 마음을 가지고 하나님께로 나아갑니다.

우리는 사도 야고보가 엘리야에게 대해서 한 말을 기억하고 있어야 합니다. 야고보는, 엘리야는 그의 기도만으로 비가 오게도 했으며, 하늘 문을 닫히게 해서 가뭄이 들게도 했다고 말했습니다(약 5:17). 믿지 못할 일이 일어났습니다. 엘리야 선지자가 하나님께 기도를 드리기 위해서 입을 열었을 때, 그에게는 우상을 숭배하는 왕과 그의 악한 짓에 동참했던 자 모두를 벌하기 위해서 하늘 문이 닫히게 하고, 모든 곳에 전체적인 기근을 불러일으킬 수 있는 능력이 생겼습니다. 그리고 그 후에 그가 하나님께로 나아가서 비를 내려 달라고 요구했을 때, 하나님께서는 하늘 문과 거기에서 나오는 모든 물줄기를 다시 여셔서 이 땅이 물로 흡족히 젖게 하셨습니다.

그럼에도 불구하고 사도 야고보의 의도는 여기에서 우리에게 그것을 알려 주는 것은 우리로 하여금 엘리야의 능력을 칭찬하거나 그것이 그에게는 특별한 특전으로 허용되었다고 말하게 하기 위해서가 아니고, 우리에게 의인의 기도가 얼마나 효력이 있는지를 알아보게 해 주어서 우리에게 하나님께 기도드리는 것을 장려하는 것입니다. 엘리야 선지자가 그의 기도를 통해서 하늘 문을 열기도 하고 닫기도 했으니, 우리 또한 하나님의 이름을 부를 때 응답을 받게 된다는 사실을 의심하지 맙시다. 지옥문이 열렸을 때 우리는 그 문을 다시 닫을 수 있으며, 비록 악인들이 이 세상을 마음대로 할 수 있는 것처럼 보일지라도 하나님께서는 우리의 요구대로 그들을 뽑아 버리실 것입니다. 따라서 하나님께서 우리에게 하신 언약을 굳게 믿고 대담하게 기도드립시다. 그러면 우리의 기도가 능력을 받아, 필요하면 대자연의 질서도 바꾸어 놓을 수 있습니다. 여호수아의 말을 따라 태양이 하루와 하룻밤을 멈추어 서 있어서 그 날과 그 다음 날 사이에는 밤이 없게 되었던 것처럼 말입니다(수 10:13).

이와 같은 것들을 보았으니, 우리는 그런 일은 한 번만 일어났으며, 그런 능력은 성인이나 성도에게만 있다고 말하지 말아야 합니다. 비록 하늘과 땅이 함께 뒤섞이고 모든 것이 말할 수 없이 혼돈해졌을지라도, 만일 우리가 하나님을 온전히 믿고 하나님을 의지하면, 하나님께서는 우리에게는 완전히 고장난 것처럼 보였던 것들도 넉넉히 고치실 수 있으시다는 것을 우리에게 보여 주십니다. 우리는 그것을 알아야 합니다. 그러면 우리는 우리의 기도가 우리에게 맺어 주는 열매를 보게 될 것입니다. 이렇게 해서 여러분은 모세에게 나를 막지 말라고 하신 하나님의 말씀을 통해서 무엇을 알아 두어야 하는지 알게 되었습니다.

그럼에도 불구하고 우리는 하나님께서는 중재와 간구를 할 수 있는 그런 사람을 우리 가운데 세우기를 희망하신다는 사실을 알아 두어야 합니다. 왜냐하면 우리는 우리들 대부분이 매우 냉랭하다는 것을 알고 있기 때문입니다. 온 나라와 많은 군중 가운데서 하나님께 기도하겠다는 열심을 가졌으며 필요한 만큼 그렇게 하려고 하는 경향을 지닌 사람이 스무 명이나 열 명이 되지 않을 때가 자주 있습니다. 만일 그들이 난국에 대처해서 기도를 하지 않는다면 우리는 어떻게 되겠습니까? 확실히 우리는 이스라엘 백성들이 금송아지를 만들어서 하나님의 보호를 벗어 버렸던 것과 똑같이 우리는 그대로 내버려질 것입니다. 그때부터 이스라엘 백성들에게는 그들을 지켜 줄 신이 없게 되었습니다. 만일 누군가가 우리의 죄악 된 행동을 고쳐 주지 않는다면, 우리도 그들처럼 우리 하나님의 보호에서 탈출함으로써 매일매일 우리 자신을 벌거벗기는 일이 일어납니다. 우리가 알지도 못하는 어떤 사람이 우리를 위해서 타협을 하기 때문에 하나님께서 우리를 관대하게 보아 주시는 경우가 자주 있습니다. 우리는 이 사실을 알아야 합니다.

우리 모두는 기도드리는 일에 열의가 없다고 느끼고 있으며, 또 우리는 하나님께서 명령하시는 만큼 용기 있고 열심히 기도하지 않기 때문에, 우리는 누군가가 그렇게 해 주는 것을 그만큼 더 고맙게 여겨야 합니다. 우리 모두 다음과 같은 생각을 갖도록 합시다. '만일 내가 혼자며 온 세상이 나와 같다면 어떻게 될 것인가?' 우리에게는 하나님께서 중하게 여기실 만한 가치가 없기 때문에 우리는 멸망할 것입니다. 하나님께서는 인간이 그런 모습으로 당신 앞으로 나아오도록 규정하셨으니, 우리가 멸망하는 것이 우리 하나님의 뜻이 아니라는 것을 우리는 알아 두어야 합니다.

따라서 우리가 어떻게 지내든 우리는 스스로를 훈계한 후에 우리 자신과 다른 사람들을 위해서 기도하는 열정을 가지고 나아가도록 하며, 또 하나님께서는 우리를 불쌍히 여기시며 더욱이 우리의 요구를 들어주셔서 우리의 이웃을 용서해 주시기도 하신다는 사실을 의심하지 맙시다. 이러한 경우, 마치 우리가 다른 사람의 구원도 책임질 수 있는 것처럼 우리 자신을 과장하는 오만한 짓을 해서는 안 되며, 우리는 다른 사람의 구원을 하나님께서 보여 주신 대로 받아들여야 합니다.

나에게는 하나님께서 내 기도를 들어주실 만한 가치가 없습니다. 그럼에도 불구하고 하나님께서는 황송하게도 나 자신을 위해서나 다른 사람을 위해서 뿐 아니라 전 국가를 위한 나의 기도를 들어주십니다. 우리 각자로 하여금 그렇게 하도록 시키십시오. 하나님께서는 처참한 죄인인 우리를, 당신에게 등을 돌린 우리를, 또 당신의 진노를 끊임없이 유발시킨 우리를 귀중하게 여기실 뿐 아니라, 우리의 개인적인 친구 및 당신의 전 교인을 위해서 드리는 우리의 기도와 간구를 들어주십니다. 우리 하나님이 우리에게 얼마나 인자하신지 생각해 봅시다. 만일 우리에게 모든 믿는 자를 위해서, 더욱이 우리가 알지 못하는 자를 위해서, 더 나아가서 불신자를 개종시킬 방법이 있다면 그들을 위해서도 기도해야 합니다(딤전 2:1). 하나님께서는 이 세상 사람들 가운데서 가장 멀리 떨어져 있는 자들과 우리가 알지 못하는 자들과 심지어는 아직 하나님의 가족이 되지 못하였거나 하나님의 양떼가 되지 못해서 길 잃은 자들을 위해서 드리는 우리의 간구도 그렇게 들어주시니, 그것은 우리로 하여금 하나님을 신뢰하게 만들고, 확신을 갖고 하나님께 기도하게 하는 방법이 되지 않겠습니까? 그렇게 되면 우리는 하나님께로 흔들리는 갈대처럼 나아가지 않으며(욥 1:6), 하나님께서는 우리의 기도를 들어주시기 때문에 우리의 기도가 땅에 떨어지지 않을 것입니다. 왜냐하면 우리가 하나님께 호소하고, 하나님의 언약을 믿고 하나님께 의지하기 때문입니다.

이렇게 해서 불쌍한 세상 사람들이 사단에게 간구함으로써 얼마나 많은 곤욕을 치르게 되었는지 알았습니다. 사람들은 모세와 엘리야의 간구가 가납되었음을 알고 그들은 남자 성도와 여자 성도를 세워서 그들을 하나님을 향한 그들의 대변인과 보호자로 삼아야 한다는 결론을 내리게 되었습니다. 그러나 사도 야고보가 한 말에 따르면, 내가 전에 말했던 것처럼 성경 말씀은 그와는 정반대입니다. 하나님께서 그렇게 말씀하신 목적은 우리로 하여금 모세에게 달려가게 하려는 것이 아니고, 그의 본을 통해서 우리도 의심하지 않고 기도하게 하는 것입니다. 왜냐하면 그 언약은 그에게 해당되는 것처럼 우리에게도 해당되기 때문입니다. 모세는 자기 자신이 선하다고 믿지 않았으며 하나님 앞에서 나머지 백성들보다 더 귀중하다고 여기지도 않았으나, 그는 하나님께서 자기를 그런 일에 끌어들이셨다는 것을 기뻐했습니다.

서로를 위해 기도하라

하나님께서는 우리에게 당신께로 오라고 말씀하시며, 더욱이 우리에게 어떤 가치가 있는지 없는지를 고려하지 않으시고 당신의 손을 내밀어 우리를 받아 주십니다. 하나님께서 그렇게 하시는 것은 당신의 언약 때문입니다. 이제 그 언약을 우리의 기반으로 삼읍시다. 우리에게는 아무 가치가 없다는 것을 알게 될 것입니다. 우리는 우리 주님께서 오라고 초대하시는 것으로 충분합니다. 우리는 아무런 미덕을 가지고 있지 않지만, 만일 우리가 하나님에게 순종한다면 그것이 우리의 모든 미덕보다도 하나님을 더 기쁘시게 해 드릴 것입니다. 그러므로 하나님께서 우리에게 당신께 나아와 경건한 선지자들의 본을 따라 기도하고 간구하라고 권유하심에도 불구하고 우리가 그와 반대로 성도들을 우리의 대변인과 보호자로 삼는다면, 그것은 너무나도 엄청난 잘못입니다.

한편, 비록 모세가 이 세상에 있는 동안에는 이스라엘 백성들을 위해서 기도했지만, 그가 천국에 있는 지금도 그에게 똑같은 임무가 주어지는 것이 당연합니까? 성경은 모세가 우리를 위해서 지금도 간구한다고 합니까? 우리 한 사람 한 사람은 용기를 내어 하나님께 기도드려야 한다는 이 평범한 가르침에 만족합시다. 왜냐하면 하나님께서는 예외 없이 모든 사람에게 그렇게 약속하셨기 때문입니다. 우리가 간청할 수 있는 것은 우리가 훌륭하기 때문이 아니고 하나님이 선하시기 때문입니다. 하나님께서는 우리를 받아들이시기 위해서 당신의 손을 내미실 정도로 자발적이시라는 것을 나타내십니다. 무엇보다도 서로를 위해서 기도드립시다. 그리고 우리의 기도가 가납된다는 것을 의심하지 맙시다. 비록 우리는 냉담하고 나태하지만 하나님께서는 당신의 교인들의 요구를 들어주셔서, 비록 우리가 아주 대범하게, 또 열정을 갖고 우리가 마땅히 해야 할 만큼 즐거운 마음으로 하나님께 접근하지 않을지라도 하나님께서는 우리를 불쌍히 여기십니다. 하나님은 우리의 많은 요구에 주의를 기울이실 뿐만 아니라 전 교인들이 하는 일반적인 기도를 가납해 주십니다. 그러므로 살아 있는 동안 기도에 몰두합시다. 우리는 믿음을 갖고 기도해야 합니다. 그렇지 않으면 우리의 기도가 가납되지 않을 것입니다.

여기서 말하는 믿음에는 어떤 뜻이 있습니까? 거기에는 우리가 하나님의 말씀으로 가르침을 받는다는 뜻이 있습니다. 사도 바울은 로마서에 기록되어 있는 대로, 우리가 하나님의 진리를 모르거나 또 복음이 우리에게 전해지지 않았다면 우리는 하나님을 찾아갈 수 없다는 것을 불변의 이치로 간주합니다(롬 10:14, 17). 이 원칙에서 벗어난 자들 모두는 길 잃은 짐승같이 되며, 그들의 기도가 결코 그들에게 이익이 되지 않는다는 사실을 확실히 알아 둡시다. 왜냐하면 그들의 마음속에는 하나님의 언약에 대한 확신이 없어서 하나님의 이름을 더럽히기 때문입니다.

이제 "너로 그들보다 강대한 나라가 되게 하리라"는 말씀에 대해서 생각해 봅시다. 하나님께서는 모세에게 그가 두려워할 이유와, 하나님께서 이스라엘 백성들을 향해서 베풀어 주셨던 선한 뜻이 소멸될 이유와, 또 모세가 높이 쓰임을 받아 그 백성들의 구원과 그들에게 약속된 행복을 위해서 노력한 것이 헛되게 될 이유가 없다는 것을 보여 주셨습니다. 하나님께서 "나는 너를 바꾸어 다른 백성이 되게 할 것이다"라고 말씀하셨습니다. 그러나 모세는 그 말씀에 만족하지 않고 여전히 하나님께 간구합니다. 이 말씀이 첨가된 데에는 이유가 있습니다. 그것은 우리로 하여금 모세는 자기 자신을 돌보지 않고 자기 자신을 잊은 채 그에게 맡겨진 사람들의 행복을 구했다는 사실을 알려 주기 위해서입니다. 이 사실이 우리가 이곳에서 명심해 두어야 할 내용입니다.

그럼에도 불구하고 하나님께서 새 민족을 세우실 만하신지 그렇지 않으신지를 여기서 알아볼 필요가 있습니다. 하나님께서는 아브라함과 그의 후손들에게 언약을 맺으셨기 때문입니다. 하나님께서 이 백성들을 멸절시키시려면 당신께서 하신 말씀을 철회하시고 또 당신께서 맺은 언약을 취소하셔야 하지 않겠습니까? 그런 일은 없을 것입니다. 우리는 하나님의 판단에 대해 지나치게 꼬치꼬치 캐물어서는 안 되며, 하나님의 판단을 진지하고 품위 있게 다루어야 합니다. 만일 우리가 하나님의 판단 속으로 너무 깊이 들어가서 이것저것을 뒤진다면, 우리는 그것이 우리가 거기에서 빠져나올 수 없는 매우 깊은 함정이라는 것을 알게 될 것입니다. 하나님께서 그 백성을 멸절시키시기를 원하셨다면, 하나님께서는 당신의 약속이 헛되지 않게 하기 위한 방법을 알고 계셨습니다. 그 사실을 알아 둡시다. 기록된 대로 하나님은 능히 돌들로도 아브라함의 자손이 되게 하실 수 있습니다(마 3:9). 따라서 우리는 하나님을 이해할 수 없으니, 하나님을 우리의 방법이나 자연의 일반적인 질서에 국한시켜서는 안 되며, 하나님은 우리를 매우 놀라게 할 방법으로 역사하실 수 있으시다고 생각해야 합니다. 그리고 우리는 하나님께서 어떤 방법으로 역사하셨는지 알지 못할 것입니다.

여러분은 이 본문 말씀을 통하여 하나님의 판단이 우리의 능력을 초월할 때 우리는 그것들을 아주 조금씩 그리고 샅샅이 뒤지기 시작해서는 안 된다는 것을 알게 되었습니다. 솔로몬 왕이 잠언 25장에서 말한 대로, 일을 숨기는 것은 하나님을 영화롭게 해 드리는 것입니다(잠 25:2). 비록 하나님께서 이것저것 하시는 그 이유를 우리에게 보여 주지 않으실지라도, 그것으로 인해서 하나님의 영광이 축소되지 않고 오히려 증대됩니다. 그것은 사람들에게 그들의 연약함을 알려 줍니다. 그렇게 해서 그들은 겸손한 생활을 배우게 되고, 자신의 지혜를 과대평가하지 않게 됩니다. 그것을 중요하게 여기십시오.

그런데 여기에는 더 엄밀하게 살펴보아 마땅한 것들이 있습니다. 제일 먼저 모세는 화해시키기를 중단하지 않았다고 성경에 기록되었다는 사실입니다. 그것이 이상하게 보일지도 모릅니다. 앞에서 언급한 대로, 만일 우리의 기도가 믿음에서 나오지 않았다면 우리의 기도는 잘못된 것입니다. 믿음에는 하나님의 뜻을 확실히 알고 있다는 뜻이 있습니다.

사도 요한은, 만일 우리가 올바르게 기도하려고 한다면 우리는 하나님의 명령을 따라야 하며, 우리 자신의 취향을 따라서는 안 된다고 권고했습니다(요일 3:23, 5:14). 그럼에도 불구하고 모세는 이 본문 말씀에서 하나님의 강력한 만류에 반하여 하나님에게 간청합니다. 하나님께서는

"내가 하는 일에 간섭하지 말라. 나는 그대가 그것에 대해서 하는 말을 더 이상 듣지 않겠다. 이 백성들은 기필코 멸절되어야 한다"고 말씀하셨습니다. 그럼에도 모세는 여전히 간청했습니다. 아마도 그가 그렇게 하는 것이 적절하지 않게 보이고, 더욱이 하나님에게 침까지도 뱉을 마음을 먹고 있거나 최소한 일종의 반항을 보이는 것처럼 보일지도 모릅니다. 그러나 그렇지 않습니다. 우리는 모세가 이때보다 더 순종했던 적이 없다는 사실을 주목해야 합니다. 왜냐하면 모세에게서 하나님께서 하신 그 언약을 강제적인 유혹으로도 빼앗아갈 수 없기 때문입니다. 하나님께서 모세에게 그 백성들을 멸절시킬 결심을 하셨다는 것을 알려주셨을 때에도 모세는 마치 하나님께서 그에게 그가 목적하는 것을 허락해 주실 것처럼 여전히 간구했습니다. 그 이유가 무엇입니까? 모세가 하나님을 신용하지 않았기 때문입니까? 아니면 불신자들처럼 하나님이 하시는 협박을 믿지 않았기 때문입니까? 불신자들은 대개 하나님께서 진노하셔서 그들을 협박하시면, 그들은 그것을 비웃었습니다. 그러나 모세는 그렇지 않았습니다. 그렇게 하지 않는 것이 그의 성향입니다.

하나님께서는 아브라함과 언약을 맺으셨으며, 그 언약은 어떤 일이 있어도 변경될 수 없습니다. 그것은 인간의 공로에 달려 있지 않고 하나님이 거저 주시는 선하심에 그 근거를 두고 있기 때문입니다. 모세는 이 사실을 알고 있었습니다. 그러므로 모세는 하나님께서 그 백성들을 멸절시키겠다고 하시는 말씀을 들었을 때, 그는 맺어진 언약의 내용을 확실히 믿고 자기 자신을 하나님의 말씀과 상쇄하기 시작했습니다. 사실 모세는 언약에 대해서는 아무 말도 하지 않았습니다. 그러나 그 백성들에게는 400년 후에 그들이 하나님께서 그들에게 약속하셨던 유업을 소유하게 된다는 사실이 잘 알려졌습니다. 모세는 변경할 수 없고 영원토록 효력을 발휘하는 하나님의 언약을 꽉 붙잡고 떨어지지 않았습니다 (딤후 2:13). 비록 인간이 전에 없이 악할지라도 하나님께서는 당신의 선하심으로 인해서 그들의 모든 죄를 덮으려고 하시기 때문에 하나님의 말씀은 틀림없이 효력을 발휘해야 합니다. 하나님께서 당신의 백성들의 죄를 속량해 주시고 기간이 완전히 차면 그들은 하나님의 약속을 누리게 될 것입니다. 그러면 이 모든 것들이 틀림없이 이루어질 것입니다. 그리고 모세는 하나님으로 하여금 당신께서 하신 말씀을 지키시게 하여 하나님의 체면을 세워 주었습니다.

모세는 마치 대포알 같은 극심한 협박을 받았음에도 불구하고 똑같은 믿음을 견지했습니다. 그의 믿음은 그림자처럼 어른거리는 믿음이 아닌 하나님의 말씀과 언약을 품은 믿음이며, 단단히 고정되어 움직일 수 없는 믿음이었습니다. 우리가 알고 있는 대로 모세는 하나님의 협박에 항거했을 때보다 하나님께 더 잘 순종한 적이 없었습니다. 그러나 그가 그렇게 한 것이 문제 전체를 해결해 주지는 않았습니다. 사람들은 "하나님께서는 많은 말씀을 하시는데 왜 모세는 하나님께서 하신 한 말씀을 다른 말씀보다 더 많이 신뢰하느냐?"고 물을지도 모릅니다. 그리고 의심스러운 것이 하나 더 있습니다. 하나님은 변치 않으시고 단 한 가지 뜻밖에 갖고 있지 않으십니다. 그런데 왜 하나님께서는 당신께서 직접 결심하신 것 외에 다른 말씀을 하십니까? 하나님께서 그렇게 하시니 하나님은 이중적으로 행하시는 것이 됩니다. 우리가 알기로 그것은 하나님의 성품에 전혀 맞지 않습니다.

하나님의 뜻을 구하라

첫 번째 질문과 관련해서 말하자면, 모세는 성령의 인도를 받고 있었습니다. 그리고 그는 하나님께서는 아브라함과 맺은 언약을 고수하셔야 된다는 것을 온전히 믿었습니다. 그래서 그는 그 언약을 믿었습니다. 게다가 그는 하나님의 협박이 정당하며, 또 그 협박을 시행하시는 것이 당연하다고 생각했습니다. 만약 그렇게 생각하지 않았다면 그가 한 기도는 조롱거리에 불과했을 것입니다. 비록 하나님께서는 당신께서 하시는 일에 간섭하지 말라고 하셨지만, 모세는 한 방도가 있을 것으로 생각하여 다시 간청하기 시작했습니다. 그는 그렇게 해서 백성들이 저지른 잘못과 죄가 흉악하다는 것을 잘 나타냈습니다. 그와 같은 흉악한 범죄는 그 백성들을 완전히 멸절시키기에 충분합니다. 그때 모세는 성령의 인도를 받고 있었기 때문에 자신의 뜻이 하나님의 뜻과 맞지 않을지라도 그는 우리가 무엇을 따라야 하는지를 알고 있었습니다.

그런데 아브라함은 정반대로 행했던 것처럼 보였습니다. 하나님께서는 아브라함에게 이삭을 주어서 그의 씨로 한 민족을 이루시고 그들을 당신의 자녀로 삼으시겠다고 약속하셨습니다. 그럼에도 불구하고 하나님께서는 아브라함에게 제 손으로 이삭을 살해하라고 명령하셨습니다(창 22:2). 그런데 여기에서 우리에게 보여 준 보기에 따르면, 아브라함은 "주인님이시여, 당신께서는 나에게 나의 아들 이삭에게 한 씨를 주어서 그로 하여금 온 세상이 구원을 받도록 하시겠다고 약속하셨습니다. 그러므로 그는 반드시 살아야 합니다"라고 말했어야 했던 것처럼 보입니다. 그러나 아브라함은 성령의 인도를 받고 있었기 때문에 아무 불평도 하지 않고 하나님께 온전히 순종했습니다. 그는 이삭이 죽게 되면 하나님께서는 그의 재에서 씨를 충분히 일으키실 수 있다고 믿었기 때문입니다.

이와 같은 시험이 믿는 자들에게 닥쳐와서 그들로 하여금 하나님이 하나님의 본질에 반대되는 것을 하시는 것처럼 보이게 되더라도, 하나님께서는 틀림없이 당신의 성령으로 그들을 다스리시고, 그들에게 지혜와 분별력을 주셔서 그들로 하여금 항상 선하고 그들의 직분에 속하는 것에 항상 집착하게 하시고, 하나님의 말씀을 전혀 의심하지 않게 합시다. 우리는 그 사실을 알아 두어야 합니다. 그러므로 하나님께 당신의 뜻을 우리에게 가르쳐 달라고 간구하고, 하나님의 말씀을 상고하기 위해 노력합시다. 그러면 확실히 하나님께서는 우리가 탈선하는 것을 용인하지 않으시며, 우리가 잘못되는 것도 허락하지 않으실 것입니다. 하나님께서는 우리가 서투르며 쉽게 이리저리로 끌려 다닌다는 것을 알고 계시기 때문에, 우리를 당신의 성령으로 통제하시며, 당신께서 우리에게 명령하신 것을 이해할 수 있는 분별력을 주실 것입니다. 하나님께서 모세나 아브라함을 실망시키지 않으신 것처럼 우리도 실망시키지 않으실 것입니다.

두 번째 질문은 왜 하나님의 말씀과 하나님의 의도가 다르냐는 이유를 묻는 것이었습니다. 그것은 하나님의 성품에 맞지 않는 일입니다. 하나님께서는 당신 자신을 진리라고 명명하셨기 때문입니다. 그러므로 하나님께서는 당신이 진리라는 것을 실제로 꼭 보여 주셔야 합니다. 하나님께서는 단정적으로 말씀하지 않으시고 조건부로 말씀하십니다. 그러나 그 조건이 나타나지 않습니다. 그러므로 우리는 하나님의 말씀이 시사하는 목표를 주목해야 합니다. 그러면 우리는 거기에는 모순이 없다는 것을 알게 될 것입니다.

하나님께서는 아브라함에게 "너의 후손이 약 400년 동안 노예가 될 것이다. 그러나 그 후에는 내가 너와 약속한 언약을 이행할 것이다"라고 말씀하셨습니다. 아무 조건 없이 하신 하나님의 이 약속은 반드시 이행될 것입니다. 그것은 인간의 형편에 따라 좌우되지 않습니다. 거기에는 "너의 후손들이 바르게 처신해야 한다"는 조건이 붙지 않았습니다. 그러나 하나님이 결정하신 것에서는 하나님의 의도가 바뀔 수 없습니다. 그래서 하나님께서는 모세에게 "내가 하는 일에 간섭하지 말라 나는 이 백성들을 완전히 제거해 버리겠다"고 말씀하셨습니다. 그 말씀에는 "이 백성들은 완전히 멸절당해 마땅하다. 그들은 구제불능이니 난들 더 이상 무엇을 할 수 있겠느냐? 나는 그들을 조용히 참아 주었으며, 그들을 징벌하기도 했다. 그들은 정당한 방법으로는 개선되지 않을 것이며, 또한 악랄한 방법으로도 개선되지 않을 것이다. 그들은 구제불능이므로 그들은 반드시 완전히 뿌리가 뽑혀야 하며 망해야 한다"는 뜻이 담겨 있습니다. 그렇습니다. 그런데 하나님께서는 내가 하는 일에 참견하지 말라고 말씀하셨습니다. 그 말씀에는 조건이 내포되어 있습니다. 그것은 마치 하나님께서 "나는 이제 재판관의 직분을 수행할 준비가 되어 있다. 지금 내가 해야 할 것은 이 백성들 위에 벼락을 내려서 그들을 완전히 소멸시키는 것밖에 없지 않느냐? 너는 그들을 위해서 간구하지만 말아라"고 말씀하시는 것과 같습니다.

우리에게 영향을 미치는 기도의 효력

이제 우리는 내가 앞에서 언급했던 내용을 더 잘 이해하게 되었습니다. 즉 하나님께서는 모세와의 관계를 끊거나 그가 기도하는 것을 가로막지 않으셨습니다. 그보다 하나님께서는 그가 그렇게 하는 것을 격려해 주셨습니다. 하나님께서 그렇게 하신 것은 마치 하나님께서 "만약에 네가 없다면 이 백성들은 멸망되었을 것이다. 만일 내가 그들을 그들의 소행대로 처리했다면 나는 그들을 무찔러 버렸을 것이다. 그들은 고집이 세기 때문에 개선이 불가능하다. 지금이 내가 내린 언도를 집행할 때다. 지금 그렇게 하지 않으면 나는 결코 그것을 집행하지 못하고 말 것이다. 그만 하자. 나는 더 이상 말하지 않겠다. 그러나 나는 네가 요구한 분량만큼 들어주겠다. 따라서 만일 네가 나에게 간구한다면 나는 그것으로 인해서 제지를 당할 것이다"라고 말씀하신 것과 같았습니다.

우리는 두 질문이 잘 설명된 것과 이 본문 말씀을 통해서 고양된 유익을 알게 되었습니다. 첫째는, 우리가 하나님께 진정으로 기도할 때 우리 기도의 효력이 우리에게 나타난다는 사실입니다. 둘째는, 우리는 위협이 우리를 더 자극해야 한다는 것을 알게 되었습니다. 하나님의 진노가 우리에게 많이 발해지면 발해질수록 우리에게는 하나님께 기도하고 싶은 마음이 더 많이 생겨야 합니다. 그것은 마치 하나님께서 우리를 강제로 그렇게 하도록 시키시는 것만 같습니다. 우리는 우리 자신만을 위해서 기도해서는 안 되며, 우리 구원에만 신경을 써서도 안 되며, 우리 머리에 임하는 위험만을 두려워해서도 안 됩니다. 그리고 하나님께서 가하시는 협박이 우리에게 들려올 때 그것이 우리를 깨우쳐 주어야 하며, 우리로 하여금 하나님 앞으로 나가서 "주님이시여! 여기에 썩어 없어져야 할 불쌍한 자가 있사오니 당신의 처분대로 하시옵소서"라고 말해야 합니다.

하나님께서 우리에게 나타내시는 노여움과 협박으로 인해서 하나님을 더 두려워하도록 합시다. 하나님께서는 우리로 하여금 당신의 노여움과 협박을 예방하게 할 목적으로 우리에게 판결을 내리십니다. 하나님께서 우리의 죄를 선고하실 때에는 우리에게 우리의 비행을 교정할 얼마간의 시간 여유를 항상 주십니다. 그래서 우리는 하나님께서 당신의 말씀을 통해서 명령하신 것과 같은 교정 방법을 찾을 수 있게 됩니다. 이렇게 해서 여러분은 모세가 보여 준 모범을 통해서 우리가 명심해 두어야 할 것이 무엇인지 알게 되었습니다.

간단히 말하면, 우리는 사람들에게 언약이 없고 그들이 하나님께 기도하고 간구하는 것이 하나님의 뜻이라는 확신이 없을 때, 그들이 그렇게 하기 위해서 모든 노력을 기울이는 것이 합당치 않다는 것을 알았습니다. 하나님께서는 그들에게 그들을 방해하려는 어떤 유혹도 그들이 계속 앞으로 나아가는 것을 막지 못할 정도로 강한 열정을 주실 것입니다. 그러나 그들에게 있어 하나님은 그들의 기도와 간구를 들어주실 마음이 없으시고, 오히려 그들을 방해하고 그들을 완전히 떨쳐 버리실 생각을 하시는 것처럼 보입니다. 그러므로 우리는 하나님께 끈질기게 호소하기를 중단하지 말아야 합니다. 우리 주 예수 그리스도께서 사악한 재판관과 관계가 있었던 과부와 관련된 비유에서 언급하신 그 끈질김은 행실이 나쁘고 고집 센 그 재판관을 부끄럽게 만들었습니다(눅 18:2). 그러나 확실한 것은, 우리가 하나님께 가게 되면 우리는 끈질길 필요가 없다는 것입니다. 예수 그리스도께서는 만일 우리가 우리에게 나쁜 감정을 품은 비겁한 사람들에게서 긍휼을 발견하게 되면 우리는 하나님으로부터 훨씬 더 많은 은혜를 받게 될 것이라고 알려 주셨습니다.

하나님께서는 우리가 당신께로 갈 때까지 기다리지 않으시고 우리를 오라고 부르시며 유인하십니다. 하나님은 대단히 친절하시니 우리의 요구가 관철되지 않을 것이라고 생각하지 맙시다. 그렇다고 해서 한 번의 형식적인 기도로 끝내지 말고 하나님께 끝까지 끈질기게 기도합시다. 비록 하나님께서 우리의 기도를 응답해 주시지 않는 것처럼 보이고, 우리를 곤궁하게 내버려 두시고 우리가 보기에는 우리의 불행이 계속해서 늘어날 것 같을지라도, 우리는 꼭 기도를 계속하고 하나님께서 우리에게 하신 약속을 신뢰합시다. 그 약속은 확실하고 틀림이 없습니다. 즉 하나님께서는 당신을 찾아가서 진정으로 당신의 성호를 부르는 자를 결코 실족시키지 않으십니다.

66편_ 신 9:15~21

오직 하나님을 향해 달려가라

"내가 돌이켜 산에서 내려오는데 산에는 불이 붙었고 언약의 두 돌판은 내 손에 있었느니라 내가 본즉 너희가 너희 하나님 여호와께 범죄하여 자기를 위하여 송아지를 부어 만들어서 급속히 여호와의 명하신 도를 떠났기로 내가 그 두 돌판을 내 두 손에서 들어 던져 너희의 목전에서 깨뜨렸었노라 그리고 내가 전과 같이 사십 주야를 여호와 앞에 엎드려서 떡도 먹지 아니하고 물도 마시지 아니하였으니 이는 너희가 여호와의 목전에 악을 행하여 그를 격노케 하여 크게 죄를 얻었음이라 여호와께서 심히 분노하사 너희를 멸하려 하셨으므로 내가 두려워 하였었노라 그러나 여호와께서 그 때에도 내 말을 들으셨고 여호와께서 또 아론에게 진노하사 그를 멸하려 하셨으므로 내가 그 때에도 아론을 위하여 기도하고 너희의 죄 곧 너희의 만든 송아지를 취하여 불살라 찧고 티끌 같이 가늘게 갈아 그 가루를 산에서 흘러내리는 시내에 뿌렸었느니라"(신 9:15~21).

이스라엘 백성들이 금송아지를 만들었는가 하면, 그들의 구원자인 하나님을 배신하고 자기 자신을 여러 방법으로 그분의 능력을 체험했던 하나님에게 맡기지 않고 죽은 것에 맡겼으므로, 하나님께서 그들에게 화를 내시는 것을 보았을 때 모세는 자기가 갖고 있던 뜨거운 열의를 드러내 보였습니다. 그가 말하기를, 그는 두 돌판을 들고 있었는데, 백성들이 우상 숭배에 깊이 빠져들어 간 것을 보고 두 돌판을 깨뜨렸다고 했습니다.

여기서 모세가 성급한 감정에 사로잡혀 있지 않았었느냐는 의문이 생길 수 있습니다. 왜냐하면 두 돌판은 하나님께서 직접 쓰신 것이기 때문입니다. 거기에는 사람의 솜씨가 전혀 들어 있지 않았으며, 거기에 있는 십계명은 하나님의 친필이었습니다. 그 백성들이 죄를 지었다 하더라도 모세가 하나님이 손수 쓰신 작품을 던져 버렸으니 말입니다. 그런 행동은 전혀 겸손에서 나오지 않고 분별없는 열정과 강한 고집에서 나온 것처럼 보입니다. 그러나 우리는 감히 그런 야릇한 일에 대해서 판단을 내려서는 안 됩니다.

우리가 알고 있는 바와 같이 하나님께서는 당신의 종을 당신의 성령으로 다스리시며, 때로는 당신의 진실한 사자를 자극해서 그들로 하여금 특별한 방법으로 당신을 기쁘게 해 드리게 하십니다. 비록 우리가 그것에 대해서 일정한 규칙을 제정하지 못하지만 행위 자체는 책망 받을 일이 아닙니다. 우리는 비느하스(Phinees)에게 어떤 일이 일어났는지 알고 있습니다(민 25:6). 그에게는 재판관의 직분이 아닌 제사장의 직분만이 맡겨졌음에도 불구하고 그는 지성소를 더럽힌 음행자와 음부를 처단했습니다. 하나님께서는 그가 취한 조치를 허락하셨습니다. 성경에 이에 대한 내용이 기록되어 있습니다. 그럼에도 불구하고 그것은 우리가 성령님의 특별한 감동을 받지 않는 한 취해서는 안 될 특이한 행위입니다(행 10:30~31).

이 본문 말씀에 대해서 이야기해 보겠습니다. 모세는 두 돌판을 깨뜨렸습니다. 그가 그렇게 한 것은 성급함 때문이 아니라 하나님을 향한 열정이 그로 하여금 그렇게 하도록 인도했습니다. 그리고 하나님께서도 백성들에게 그들의 죄가 얼마나 흉악했었는지 이해시키려는 목적으로 거기에서 당신의 실체를 드러내 보이셨습니다. 모세는 하나님으로부터 당신의 언약을 가지고 내려가서 그가 섬기는 하나님을 대신하라는 명을 받았습니다. 그러므로 그의 행위는, 이를테면, 하나님의 언약이 깨어져서 갈기갈기 찢기었음을 백성들에게 선포하는 것이 되었습니다. 하나님께서는 "내가 너희를 선택한 것이 사실이다. 나는 너희와 언약을 맺었으며, 나는 내가 너희의 하나님이라는 것을 보여 주었으며, 그 언약을 두 개의 돌판에 새겨 놓아서 그것들이 영원토록 기억되도록 했다. 그런데 너희는 나에 대한 믿음을 버렸으니 나로서도 너희를 버리고 또 우리 사이에 맺었던 언약도 취소할 수밖에 없다"고 말씀하셨습니다.

깨어진 언약

우리는 모세가 모험적인 일을 전혀 하지 않았으며, 육신의 정욕에 이끌리고 있지도 않았다는 것을 알고 있습니다. 그렇지만 하나님께서는 모세를 통해서 그 백성들에게 당신께서는 그들을 포기하셨으며, 그들을 당신의 자녀로 여기지 않으시며, 그들을 완전히 부인하신다는 것을 보여 주셨습니다. 바로 화합의 그 언약은 백성들이 하나님의 율법에 굴복하여 순종하고, 하나님을 그들의 여호와로 인정하며, 비록 그것들에 결점이 있을지라도 하나님을 경배하는 것입니다. 그런데 그들은 금송아지를 만듦으로써 그들에게 약속되었던 신뢰를 완전히 저버리게 되었습니다. 그들이 그런 짓을 했으니 하나님께서 그들을 털어 버리시고 하나님과 그들과의 관계를 영원히 끊어 버리시는 것이 지극히 당연합니다. 이 점을 중요하게 여기십시오.

그런데 그것은 모세가 한 행위와는 부합되지 않는 것처럼 보입니다. 왜냐하면 모세는 하나님과 그 백성들 사이를 분리시키려는 목적으로 두 돌판을 깨뜨려야 했기 때문입니다. 그럼에도 불구하고 그는 그들을 위해서 화해를 요구했습니다. 더욱이 그는 기도와 간구로 하나님께 간청하는 것에 만족하지 않았을 뿐 아니라 열정으로 불타고 있었습니다. 그래서 그는 하나님께 자기를 이 세상에서 데려가시고 자기의 이름을 생명책에서 지워 버려 달라고 간청했습니다(출 32:32). 이스라엘 백성들의 죄를 용서해 주신다는 조건으로 자신이 저주를 받게 해 달라고 했습니다.

얼핏 보면 이 둘은 일치하지 않는 것처럼 보입니다. 즉 모세는 몹시 화가 나서 하나님을 대신해서 언약을 파괴하고 무효화시켜서 그 백성들을 천국과 구원의 모든 소망에서 추방시키려고 했으며, 그들로 하여금 그들에게 약속된 기업도 갖지 못하게 하려고 했습니다. 그럼에도 불구하고 그는 하나님께로 나아가서 자기 자신을 하나님께 드려서 그 백성들을 대신해서 벌을 받게 하고, 그들의 저주를 자신이 영적으로는 물론 육적으로도 지게 해 달라고 했습니다. 우리는 그것을 통해서 하나님의 사역자들은 그들의 책임을 완수하겠다는 뜨거운 열정을 갖는 것이 당연하다는 것을 알았습니다. 그럼에도 불구하고 그들은 망해야 할 자들과 미워했던 자들과 혹독하고 심하게 대해야 했던 자들을 불쌍히 여기고 동정하기를 중단하지 않습니다. 그것이 모세의 열정이 그로 하여금 돌판을 깨뜨리게 한 그의 행동을 통해서, 또 출애굽기에 기록된 모세의 직무 수행을 통해서 보입니다(출 32:27, 29).

모세는 이스라엘 백성들을 심히 책망했을 뿐 아니라 레위 지파에게 그들의 손을 깨끗이 하라고 명령했습니다. 어떻게 깨끗이 하라는 말입니까? 그들이 만나는 모든 사람을 죽여서 그렇게 하라고 했습니다. 그가 말하기를 "오늘날 너희는 너희의 몸을 여호와께 봉헌하라"고 했습니다. 레위 족속은 그런 직무수행을 위해서 선택되었습니다. 비록 그들에게 성전에서 제사 드리는 일이 맡겨졌지만, 그들에게는 하나님을 향해서 그들의 손을 정화해야 한다는 명령이 주어졌습니다. 어떤 방법으로 말입니까? 그들의 형제를 살해해서 그렇게 하라고 했습니다. 그래서 그들은 친척 여부를 가리지 않고 모두 살해했습니다. 모세는 "사실 너희는 모두 아브라함의 자손이다. 그러나 오늘 너희는 금송아지를 만듦으로써 하나님께 지은 죗값을 치르지 않으면 안 된다"고 말했습니다. 모세는 이 백성들을 더 이상 참아 줄 수 없어 인정사정을 전혀 두지 않았으며, 하나님께 지은 죄를 용서받게 할 마음도 먹지 않았습니다. 그럼에도 불구하고 모세는 자신이 육체적인 처벌뿐 아니라 가능하면 저주를 받으면서까지 그들의 책임을 대신 지려고 했습니다.

그러나 우리는 앞에서 다루었던 내용을 항상 회상해 보아야 합니다. 즉 하나님의 종들은 그들에게 맡겨진 사람들의 행복에 대해서 항상 관심을 가져야 합니다. 그들은 구원 받을 가망이 어느 정도 있는 사람이 멸망하는 것을 바라보기보다는 자기 자신을 죽일 열성을 가지고 있었습니다. 그럼에도 불구하고 하나님께서 그들에게 그들의 의무를 다하라고 명령하실 때 그들은 항상 민감하고 과격했습니다. 그들이 불쌍한 죄인들에게 동정심을 보이지 않는 것은 그들이 잔인해서가 아니라 긍휼을 베푸는 것은 그들의 재량으로 선택할 수 있는 것이 아니기 때문입니다. 그들은 그들의 직분과 하나님의 뜻을 고려해야 합니다.

이 두 가지 모두가 모세를 통해서 우리에게 보입니다. 그리고 모든 선지자들도 그와 같이 처신했습니다. 그들이 백성의 목숨을 살려 주는

데 신경을 쓰지 않는 것처럼 보이는 것도 무리가 아닙니다. 그들은 하나님이 진노하실지도 모른다고 위협하고 저주하고 정죄합니다. 간단히 말하면, 그들이 가지고 오는 것은 청천벽력밖에 없는 것처럼 보입니다. 그럼에도 불구하고 그들에게는 동정심과 배려하는 마음이 있기 때문에 그들은 하나님께 그것을 받을 만한 가치가 없는 자에게 호의를 베풀어 달라고 간청합니다. 예레미야 선지자는 "누가 나의 눈에 눈물을 줄꼬? 그렇게 되면 내 백성들의 죄를 위하여 애통하리로다"(렘 9:1)라고 말했습니다. 한편 그는 무어라고 말했습니까? 그는 그 백성들을 너그럽게 책망하기 위해서 온화한 말을 사용했습니까? 그렇지 않았습니다. 그는 마치 선천적인 모든 감정을 모두 잊은 것처럼 그들을 향해서 큰 소리로 외쳤습니다. 이렇게 해서 우리는 이 두 가지 면이 잘 조화되는 것을 알게 되었습니다. 즉 하나님으로부터 당신의 말씀을 전하는 자로 택함을 받은 사람들은 그들에게 맡겨진 불쌍한 죄인들의 행복과 유익에 대해서 관심을 기울이고 그들이 멸망을 향해 가는 것을 안타까워하며 마음속으로 심히 슬퍼하는 것이 당연합니다. 그럼에도 불구하고 그들은 서슴지 않고 그들의 직분이 요구하고 또 그들이 하나님을 섬기는 데 꼭 필요한 만큼의 완강함을 보여 줍니다.

모세가 한 요구에 대해서 더 생각해 보겠습니다. 그는 하나님의 생명책에서 그의 이름이 지워지기를 바란다고 말했는데, 그것은 흔치 않은 일입니다. 그렇게 하는 것이 불가능하다는 것을 그는 잘 알고 있기 때문입니다(출 32:32). 그는 하나님의 결심은 바뀔 수 없고, 또 하나님의 자녀로 택함을 받는 것은 어떤 방법으로도 변경될 수 없다는 것을 모를 정도로 무식하지 않았습니다. 그러므로 이 요구는 규칙에 맞지 않고, 더욱이 믿음에 부합되지 않는 것처럼 보였습니다. 그러나 모세는 이와 같은 그의 열정으로 인해서 무엇이 이루어질 수 있는지 꼼꼼히 생각해 보지 않았습니다. 그 사실을 알아 둡시다. 그는 오로지 이 백성 전체를 멸하지 마시고 자기 한 사람만 멸해 달라고 하나님께 기도할 뿐이었습니다. 그는 가능하면 그때까지 저질러진 모든 잘못에 대한 책임을 지려고 했습니다.

이 외에도 여기서 알아 두어야 할 것은, 모세는 하나님의 영광을 언약을 받은 백성들의 행복과 비교했다는 사실입니다. 그는 하나님의 진리가 폐기되지 않고서는 그 백성들이 완전히 뿌리 뽑힐 수 없다는 사실을 확고히 믿고 있었습니다. 하나님께서는 자신의 몸을 아브라함의 후손에게 매어 놓으셨기 때문입니다. 그러므로 만일 그 백성들의 대가 끊어진다면 하나님이 변할 수 있는 분으로 보일 것입니다. 하나님께서는 인간이 이해할 수 없는 어떤 방법을 충분히 찾아내실 수 있으셨을 것입니다.

하나님을 향한 뜨거운 열망

그러나 모세는 자기가 상상할 수 있는 이상의 것을 판단할 수 없었습니다. 이 경우에 모세는 어찌할 바를 몰랐으며, 하나님께는 당신의 언약을 실천하심으로써 당신께서 성실하시고 진실하시다는 것을 입증하셔야 했습니다. 그러므로 모세는 자기의 분수를 잃어버린 채 넋을 잃게 되었으며, 그는 하나님의 성호가 모욕을 당하거나, 하나님이 약속을 지키지 않으셨다거나, 하나님이 당신의 목적을 바꾸셨다는 말이 나오게 하기보다는 자신을 저주의 제물로 바치려고 했습니다.

우리는 이것을 통해서 모세가 진실한 기도를 드렸다는 것을 알았습니다. 그럼에도 불구하고 그 문제의 진상을 간단하고 단순하게 보지 마십시오. 그것이 어떻게 이루어졌습니까? 그를 그렇게 하도록 움직인 것은 열정이었습니다. 그것은 성급하고 육신적인 열정이 아니라 하나님을 인간의 모든 신분보다 높여 드리려는 하나님을 향한 뜨거운 열망이었습니다. 그럼에도 불구하고 이런 것들이 일반적 원칙이라고 묘사되어서는 안 됩니다. 우리는 모세의 마음을 갖고 있지 않기 때문입니다. 그러나 우리는 그와 보조를 같이해야 합니다. 우리에게는 하나님의 영광이 가리어지거나 또는 하나님이 경배를 받지 못하시거나 또는 하나님의 공의와 지혜와 선하심과 능력에 대한 명성이 하나님에게 돌려지지 않게 하기보다는 온 세상이 망하기를 바라는 열정이 있어야 합니다.

간단히 말해서, 우리는 하나님의 영광을 우리의 육신적인 모든 재산뿐만 아니라 우리 영혼의 구원보다 더 중요하게 여겨야 합니다. 비록 우리가 그렇게 한다는 것은 어렵지만, 우리는 그렇게 하도록 노력해야 합니다. 사도 바울도 유대인을 위해서 그와 같이 했습니다. 그가 말하기를 "나는 나의 친척을 위해서 저주를 받을 마음이 있다는 것을 알았다"고 했습니다(롬 9:3). 그를 그렇게 하도록 감동시킨 것은 인간적인 연민이 아니었습니다. 그의 눈은 아브라함의 후손에게 한 언약을 주시하고 있었습니다. 그것을 고려하면 하나님께서는 그 백성들의 씨의 그루터기를 계속 지키셔야 했습니다. 그렇지 않으면 이단자와 불신자들이 하나님을 거짓말쟁이라고 소문을 낼 것이며, 그들은 율법과 모든 언약을 비웃을 것입니다.

이에 사도 바울은 하나님의 이름이 그런 수모를 당하지 않게 하려고 필요하다면 자기 자신을 저주해 달라고 요구했습니다. 그러나 그는 하나님께서는 그를 보호해 주셨던 하나님의 손에서 그가 달아나는 것을 용납하지 않으실 것을 확실히 믿고 있었습니다. 그러나 그것에 대해서 논쟁을 벌이는 것은 우리의 할 일이 아닙니다. 앞에서 말한 바와 같이 모세는 그런 열정으로 미치게 될 만큼 기쁘게 된 것에 만족했습니다. 그는 하나님의 이름이 조롱을 당하거나 불신자들이 그들의 입을 벌려서 하나님을 모독하는 것을 보는 것보다는 자기 자신과 온 세상이 없어지기를 바라는 열정을 갖고 있었습니다. 이것이 우리가 모세의 기도에서 유념해야 할 내용입니다.

이제는 모세가 두 돌판을 깨뜨린 사건과 관련해서 다시 생각해 봅시다. 우리는 여기서 하나님의 종들은 타락하여 불쌍하게 된 자들을 측은하게 여긴다는 것을 알았습니다. 그러나 그들은 악을 조장시킬 긍휼을 절대로 베풀어서는 안 되고, 하나님께서 명하신 것을 수행하도록 조심해야 합니다. 사람들은 어리석은 동정심에 끌려서 하나님을 노엽게 해 드릴 때가 있습니다. 그들은 그들이 참고 견디어 낼 수 있는 자들에게 선을 베푼다는 생각을 했지만, 그것이 그런 자들 속에서 악을 키워서 그것이 그들을 더 악하게 만드는 원흉이 됩니다.

간단히 말해서, 사람들에게는 자만심이 지나치게 많아서 그들은 하나님보다 더 많은 긍휼을 베풉니다. 이런 사실이 모든 경우에 보입니다. 그러나 만약 그들의 감정을 엄밀하게 검사해보면 그들이 그렇게 한 것이 사랑하는 마음에서 나오지 않았다는 것을 알게 될 것입니다. 한동안 그들은 예민하고 엄하여 멸망시키는 것밖에 없습니다. 그러나 여러분은 손바닥을 뒤집는 순간에 그들의 기분이 달라진 것을 알게 될 것입니다. 여러분은 그들의 기분이 변해서 그들의 동정심이 많아지는 것을 보게 될 것입니다. 그들이 어떤 방법으로 그렇게 됩니까? 그들은 하나님의 명령을 고려하지 않고 월권을 합니다. 설상가상으로 그들은 회개를 하지 않는 자에게 항상 긍휼을 베풉니다. 그런 결과로 그들은 불에 기름을 붓는 격이 되어서 그들에게 향한 하나님의 진노를 더 뜨겁게 합니다. 그러므로 하나님으로부터 직분을 받은 사람들은 죄가 범해지는 것을 보고 그 죄를 처벌하지 않고 그대로 내버려 두어서는 절대로 안 됩니다. 왜 그렇습니까? 만일 그들의 비행이 자리 잡는 것을 용납해 주어서 그것이 곪게 되면 그것이 점점 자라서 종말에는 고치지 못하게 될 것이기 때문입니다. 그것은 질병을 제때, 제 장소에서 치료하지 않으면 고칠 수 없게 되는 것과 같습니다.

우리는 사도 바울이 한 다음 말을 기억해야 합니다. 그가 말하기를 "우리는 약한 잡초가 자라는 것을 용납해서는 안 되고 우리는 늦기 전에 그것들을 뽑아 버려야 한다"(히 12:15)고 했습니다. 만일 우리가 그렇게 하지 않으면 그들이 웃자라서 우리가 원할 때 그들을 뽑아 버릴 수 없게 되고, 그것들이 우리의 눈을 막고 좋은 식물이 성장하는 것을 막을 것입니다. 우리가 우리 가운데서 악한 것을 제거하는 임무를 등한히 할 때 하나님께서는 그런 방법으로 우리의 태만을 벌하실 것입니다. 이렇게 해서 우리가 유념해야 할 것이 무엇인지 알게 되었습니다. 그러나 우리는 또한 이 가르침을 우리의 교육에 활용하도록 합시다.

가르치는 책임을 맡은 사람들로 하여금 그들 자신을 세밀히 조사해 보게 하고, 그들의 책임에 대해서 깊이 생각해 보게 하고, 하나님께서 그들에게 명령하신 것을 명심하게 해서 그들로 하여금 그들의 임무를 완수하게 하십시오. 그렇게 하지 않으면 그들은 가장을 할 것입니다. 그러면 하나님께서는 그들에게 명하신 것에 대한 결산서를 제출하라고 요구하실 것입니다.

한편 우리는 우리의 악행과 죄가 하나님의 말씀으로 심하게 꾸지람을 받고 우리에게 엄한 경고가 주어지는 것을 볼 때가 있습니다. 그렇게 되는 것이, 우리의 교사가 우리를 하나님의 손에 넘겨서 우리의 공과에 따라 하나님의 벌을 받게 한 것처럼 보여도 그것을 이상하게 생각하지 맙시다. 많은 사람들은 그들의 상처에 적절한 치료를 하지 않고 우리에게 그들의 상처에 기름을 바르라고 시키는데, 그들은 심한 질책을 받지 않을 수 없습니다. 우리는 그들과 같이 되지 맙시다. 그러면 그들은 어떻게 됩니까? 그들은 결국 죽게 될 것입니다. 반대로 우리가 바르게 가르침을 받으려면 우리는 책망과 위협을 당해야 합니다. 더욱이 우리는 그것들을 심하고 엄하게 받아야 합니다. 그러면 우리는 우리의 죄에 대해서 생각하게 되고 하나님 앞에서 겸손하게 됩니다.

모세는 그 백성들이 지은 죄를 보고 몹시 화가 나서 즉시 두 돌판을 깨뜨렸습니다. 그러고 나서 하나님의 예배를 모독한 자들을 벌하기 위해 칼을 뽑았으며, 그의 지파인 레위인들에게 그와 같이 하라고 격려했습니다. 우리는 이것을 기억하고 있어야 합니다. 모세가 자기 손으로 그런 처단을 집행할 때 그는 슬픔과 동정심으로 골수까지 아픔을 당하지 않을 수 없었습니다. 모세는 겸손하고 다정다감한 사람이었으며, 다른 모든 사람들보다 더 많은 선하고 동정적인 성향을 가지고 있었습니다. 그럼에도 불구하고 그는 그의 책임을 완수하지 않을 수 없었습니다. 그가 그렇게 하지 않았다면 그는 하나님께 성실하지 않은 자가 되었을 것입니다.

그 후에 그는 이렇게 말했습니다. "나는 너희가 금으로 송아지를 만들어서 너희 하나님에게 죄를 지은 것을 보았다. 그리고 너희는 하나님께서 너희에게 지정해 주신 도에서 벗어났다." 모세가 이것을 알게 된 것은 하나님께서 그에게 그것을 확인시켜 주셨기 때문입니다. 그러나 모세는 자기의 눈으로 그들의 행동을 직접 입증해야 했습니다. 그런데 여호수아는 전쟁이 일어난 것 같다고 말했지만 모세는 그렇지 않다고 했습니다(출 32:17~18). 왜냐하면 그들 중에는 환희의 소리를 내는 자가 있는가 하면 두렵고 슬픈 소리를 내는 자도 있었기 때문입니다. 그러나 모든 군중들은 즐겁고 유쾌했습니다. 그래서 모세는 틀림없이 거기에 무슨 일이 있을 것이라고 생각했습니다. 그가 내려왔을 때 그는 그들이 우상 숭배자의 방식에 따라 미친 듯이 춤을 추고 있는 것을 보았습니다. 그런데 우상 숭배자들은 그런 어리석고 방자한 짓을 통해서 그들의 신을 잘 섬긴다고 생각합니다. 그래서 이스라엘 백성들은 이와 같은 그들의 춤을 하나님께 드리는 제사의 일부로 택했습니다. 그러므로 모세는 앞에서 말한 벌을 집행했습니다.

모든 파멸과 멸망의 원인

이 본문 말씀과 관련해서 우리가 알아 두어야 할 것은, 우리가 지금 다루고 있는 것을 우리가 전에 다루었던 적이 있다는 것입니다. 즉 모세는 이스라엘 백성들이 하나님께서 그들에게 일러 주신 길에서 갑자기 빗나간 것을 꾸짖었습니다. 비행의 원인은 그들이 율법에 있는 규칙을 지키지 않는 데 있기 때문입니다.

모든 파멸과 멸망의 원인은 하나님의 말씀에서 벗어나려는 우리의 변덕스러움에 있습니다. 우리가 이 한계를 넘어서 조금이라도 벗어나게 되면 우리는 완전히 파멸 속으로 빠져 들어가게 됩니다. 그러므로 그 사실은 우리로 하여금 우리 하나님께 순종하는 일에 더 열심을 내게 해 줍니다. 특히 하나님께서 우리를 옳은 길에 세우시기 위해서 우리에게 은혜를 베푸실 때에 그렇습니다. 왜냐하면 하나님께서는 모든 사람을 인도하시기 위해서 그렇게 하시는 것이 아니기 때문입니다.

사실 모든 사람들, 심지어는 하나님의 가르침을 한마디도 듣지 못한 사람들도 핑계치 못합니다(롬 1:20). 우리로 말하면 하나님께서 우리를 부르시어 우리를 통치하시고 우리에게 구원의 도를 가르쳐 주셨기 때문에 우리는 이 특전에 대한 특별한 결산서를 작성해야 합니다. 그것을 누리고 있으니 우리는 탈선할 수 없습니다. 그래서 우리는 하나님의 이름으로 우리에게 제시되는 가르침에 귀를 기울여야 합니다. 그러나 만일 우리가 그런 유익을 등한히 여긴다면 우리는 많은 책망을 받아 마땅합니다. 그러므로 하나님의 말씀에 전적으로 순종하도록 합시다. 그렇지 않으면 사람들이 정해진 도에서 떠나게 되고, 모든 것을 망쳐 놓고 모든 것을 뒤집어 놓는다는 성경 말씀(신 9:12)에 따라 우리는 모든 악한 짓을 행하게 될 것입니다.

그런데 착하고 바르게 행하는 길은 하나밖에 없습니다. 그것은 우리 하나님께 순종하여 우리 자신의 지혜와 상상력을 전혀 신임하지 않으며, 또 우리 자신이 고안해 낸 것을 지속하지 않고, 하나님께서 우리에게 명령하시고 작정하신 것에 집착하도록 노력하는 것입니다. 우리는 그렇게 하도록 해야 합니다. 만일 그렇게 하지 않으면 우리는 불행하고 버림받은 자가 될 것입니다. 우리는 점점 더 악하게 되고, 우리의 추잡함은 끝이 없고 그 분량을 알 수 없게 될 것입니다.

우리가 알고 있는 대로 이런 일이 하나님의 말씀을 즉시 무시하고 심히 추잡한 미신에 빠져들어서 직접 만든 금송아지에게 절을 한 이 백성들에게서 일어났습니다(출 32:2). 그들은 몹시 흥분하여 부정한 짓을 전혀 가리지 못했으며, 하나님을 노엽게 해서 자신을 더럽혔습니다. 아론은 그들에게 그들의 장식품과 보석을 가지고 오라고 했는데, 그것은 그들로 하여금 그런 대가를 치러서 우상을 갖게 되는 것을 싫어하게 하기 위해서였습니다. 그런데 장식품이나 모든 보석을 가지고 오지 않은 남자와 여자는 한 사람도 없었습니다. 그런 무례한 철면피들은 넋을 잃었으며, 마귀가 그들을 휘어잡아서 열광하게 만들었습니다. 그들은 그들의 모든 재물이 약탈당하는 것을 거절하지 않았으며, 그들이 우상을 갖게 되는 한 비용이 얼마나 들지에 대해 상관하지 않았습니다. 우리는 이 예를 통해서 우리 자신을 엄격하게 다루고 산만하게 되지 말라는 경고를 받습니다. 왜냐하면 우리는 하나님의 순수한 가르침이나 하나님께서 당신의 말씀을 통해서 우리에게 보여 주신 믿음에서 조금이라도 벗어나는 일이 일어나서는 안 되기 때문입니다.

이 돌판을 깨뜨린 데에는 주목해야 할 것이 하나 더 있습니다. 하나님께서는 그것을 통해서 당신이 당신의 율법을 한 번 쓰시는 것만으로는 우리에게 충분하지 않다는 것을 보여 주려고 하셨습니다. 우리는 그것에 두 배로 몰두해야 합니다. 사실 모세가 이 본문 말씀에서 이 사실을 반복해서 말한 데는 또 다른 목적이 있습니다. 그가 그렇게 하는 데에는 귀찮은 것이 전혀 없습니다. 그는 그의 얼굴을 수건으로 가리었습니다. 백성들은 그의 얼굴에서 나오는 영광과 무서운 광채를 견딜 수 없었기 때문입니다(출 34:30, 33). 사도 바울은 그렇게 된 것이 율법을 찬양하기 위해서라고 했습니다(고후 3:7). 바로 그 이야기 자체는 모세가 그것으로 인해서 한 천사로 알려져야 하며, 그가 더 이상 평범한 인간의 신분에 있다고 여겨서는 안 된다는 것을 충분히 보여 줍니다. 그래서 그의 얼굴은 태양처럼 밝게 빛났으며, 백성들은 그것을 견디지 못했습니다. 그 사실은 그들로 하여금 그들 자신의 연약함과 덧없음을 상기시켜 주었습니다. 그것이 모세가 자기 얼굴을 가리려고 수건을 쓴 중요한 이유였습니다.

사도 바울은 하나님께서 이스라엘 백성에게 침침함과 무지함이 생기게 하고, 그들이 율법을 읽거나 율법이 전해지는 것을 들을 때마다 그들이 아무것도 보지 못하게 하기 위해서 눈을 수건으로 가리게 될 것이라는 것을 그 이전에도 형상을 통해서 보여 주셨다는 것을 부인하지 않습니다. 그는 그런 일이 그의 생존 시에도 이스라엘 백성들 사이에서 일어났다고 말합니다(고후 3:13~15). 왜냐하면 그들이 모여서 모세의 글을 읽었지만, 그들은 이방인이 그랬던 것처럼 계속해서 완전한 짐승이 되었기 때문입니다. 그들은 그들의 어리석은 망상으로 인해서 야비하게 되었으며, 하나님의 진리를 전혀 인식하지 못했습니다. 사도 바울은 그들에게 예수 그리스도가 없이는 모든 율법은 아무것도 아니며 죽은 것에 불과하다는 것을 알려 줍니다. 왜냐하면 예수 그리스도는 율법의 실체이며 완성이시기 때문입니다(골 2:17).

돌판을 깨뜨린 것과 관련해서 말하자면 모세를 그렇게 하도록 만든 것은 앞에서 말한 이유 때문입니다. 즉 백성들에게 하나님께서는 그들과의 관계를 부인하셨다는 것을 보여 주기 위해서였습니다. 그것은 마치 그가 "너희 하나님께서는 너희를 포기하셨으며 너희와 결별하셨다. 너희의 사악함이 하나님으로부터 너희를 분리시켰으니 하나님께서도 당신의 약속을 완수하셨다고 주장하시는 것이 지극히 당연하다. 그리고 하나님께서는 그런 불충을 보여 준 너희와 같이 흉악하고 고집 센 백성들에게 더 이상 매이지 않으신다"고 말하는 것과 같습니다. 그것이 첫 번째 이유입니다.

그런데 또 다른 이유가 하나 더 있습니다. 즉 우리가 갖고 있는 것은 형상 혹은 영상에 불과합니다. 따라서 하나님께서 당신의 율법을 한 번 쓰시는 것으로는 우리에게 충분하지 않습니다. 우리에게는 그것의 두 번째 필사본이 필요합니다. 그것은 우리에게 이익이 될 것입니다. 거기에 담겨 있는 가르침 그 자체가 살아 움직이며 효력과 힘과 능력이 있다는 것을 보여 주기 때문에 그것은 우리에게 유익이 됩니다.

예레미야 선지자는 하나님께서 당신에게 충성하는 자들과 새 언약을 맺으시되, 애굽 땅에서 그들의 선조들과 맺은 것 같이 하지 않으시고 당신의 율법을 그들의 가슴속에 써 놓으시며, 또 그것을 그들의 내장 속에 새겨 놓음으로써 맺으실 것이라고 말합니다(렘 31:32~33). 그러므로 하나님께서는 우리에게 당신께서 두 개의 돌판에 쓰신 당신의 율법은 무효이며 효과가 전혀 없다는 것을 알려 주시려고 하셨다는 사실을 잘 알아 둡시다. 왜 그렇습니까? 만일 하나님께서 당신의 율법을 글로나 입으로 하는 말로만 우리에게 전하게 한다면 그것에는 아무런 지배력이나 위력이 없을 것이기 때문입니다. 하나님께서는 그것에 대한 책임이 우리 자신에게 있다는 것을 보여 주십니다. 왜냐하면 우리가 하나님께 했던 약속을 꾸준하게 지키지 않았으며 곁길로 나아갔기 때문입니다. 하나님께서는 우리에게 약속하신 모든 것을 착실하게 완수하시어 당신의 몫을 다하셨으나 우리는 하나님과의 모든 관계를 끊었기 때문에, 우리는 하나님으로부터 차단되고 추방되었으며, 하나님께서 우리에게 제시하셨던 언약을 잃게 되었습니다. 그러므로 하나님께서는 당신의 율법을 한 번 쓰신 후에 어쩔 수 없이 그것을 다시 쓰게 되셨습니다.

형상이 항상 완전한 진실을 상징하는 것은 아닙니다. 그래서 다소간의 차이가 있을 때가 종종 있습니다. 하나님께서 우리에게 보여 주시고 우리로 하여금 인식하게 하시는 진리와 형상이 다르다는 사실을 알아 둡시다. 하나님께서는 당신의 율법을 다시 돌에 쓰지 않으셨습니다. 우리의 마음이 딱딱했기 때문에 하나님께서는 우리의 마음을 부드럽게 변화시키셨습니다. 에스겔 선지자가 말했던 것처럼 하나님께서는 우리에게 돌 같이 굳은 마음 대신에 살같이 부드러운 마음을 주셨습니다(겔 11:19, 36:26). 즉 하나님께서는 우리의 마음을 부드럽고 유연하게 하셔서 우리로 하여금 당신의 율법을 받아들이게 하고 그것을 우리 몸속에 새겨 놓게 하셨으며, 또 하나님께서 명하시는 것을 다 행하며 따를 수 있도록 하셨습니다. 그러므로 우리는 이 형상을 우리 마음속에 잘 품고 있어야 합니다. 왜냐하면 그것은 유익이 되기 때문입니다.

하나님께서 우리를 부르시면 우리는 우리 자신에 대해서 깊이 생각해야 합니다. 만일 우리가 하나님께 드리는 예배를 더럽힌다면, 비록 돌판을 깨뜨린 모세는 지금 없지만 하나님께서는 당신이 우리와 떨어져 계시다는 것과 우리를 당신 집의 객으로 여기시겠다는 것을 단호하게 보여 주실 것입니다. 하나님께서는 당신이 선택하신 것을 후회하지 않으시는 것이 사실입니다. 하나님께서는 당신께서 좋아하시는 자를 구원하실 것입니다(출 33:19). 만일 우리가 하나님의 말씀에 전적으로 집중하지 않으면, 그것은 마치 하나님과 싸우고 하나님으로부터 도망쳐 나온 도망자와 같고, 또 휘어잡을 수 없는 어린아이가 하는 짓과 같을 것입니다. 하나님께서는 우리가 그런 식으로 당신의 언약을 경멸하는 것을 용납하지 않으실 것이며, 그런 배은망덕한 행위에 틀림없이 보응하실 것입니다. 그때 하나님께서는 모세를 통하여 우리에게 당신께서는 진리에서 벗어나서 그것에 집중하지 않는 자 모두를 저버리신다는 것을 보여 주셨습니다. 그래서 하나님으로서는 그들과 더 이상 아무 관계가 없게 되며, 더 이상 그들을 아는 체하지 않으실 것입니다.

우리 자신을 미워하라

우리는 이와 같은 무서운 선고가 우리에게 내려지지 않도록 조심해야 합니다. 주님께서 우리를 부르실 때마다 그것이 우리를 두렵고 무섭게 만들도록 하십시오. 그리고 하나님의 계명이 우리 귀에 들리게 하고, 또 그 계명을 우리 앞에 제시해 놓고, 또 계명을 지키라는 독려를 받는 것으로는 부족하다는 것도 알아 둡시다. 하나님께서는 어쩔 수 없이 우리 마음속에서 역사하셔야 합니다. 하나님께서 그렇게 하지 않으시면 이 세상에 있는 모든 가르침은 우리에게 아무 도움이 되지 않을 것입니다. 그것은 공중에서 울리는 소리에 불과해서 아무 유익도 주지 못합니다. 그러니 우리는 하나님의 말씀을 들으러 가야 하지 않겠습니까? 진정 우리는 하나님께서 우리에게 당신의 말씀이 전해지도록 하신 은혜를 중요하게 여겨야 합니다.

만일 하나님께서 당신의 말씀을 우리 마음속에 새겨 두지 않으셨다면, 그것이 우리의 더 무서운 죄로 변했을 것이라는 사실을 확실히 알아 둡시다. 그러니 우리는 어떻게 해야 합니까? 우리는 모든 자신감을 버려야 하며, 또 하나님께서 당신의 성령으로 가르쳐 주지 않으시면 우리는 불량한 학생에 불과하게 된다는 것을 확실히 알아 두어야 합니다. 그럼에도 불구하고 하나님께서는 우리에게 당신의 진리를 알려 주시기 위해서 사람들을 당신의 도구로 들어 쓰실 것입니다. 하나님께서는 우리로 하여금 당신에게 귀를 기울이게 하기 위해서 우리의 귀를 직접 뚫으셔야 합니다. 그리고 우리로 하여금 우리에게 전해지는 가르침을 받아들이게 하기 위하여 우리 마음을 만지셔서 부드럽게 하셔야 합니다(시 40:7).

그러므로 우리 자신의 죄와 추함을 인정해서 우리 자신을 미워하도록 합시다. 그리고 우리가 듣고 배운 것들이 우리가 반역자며 구제불능자라고 증언하지 못하게 해 달라고 하나님께 기도드립시다. 설교를 듣거나 성경을 읽을 때마다 우리의 속을 만져 주시고 또 우리가 듣게 될 가르침이 효력을 발휘해서 돌에게 말하는 것같이 되지 않게 해 달라고, 그리고 당신의 성령으로 이미 가르침을 받은 자들처럼 되게 해 달라고 기도드립시다. 이렇게 해서 여러분은 우리가 거기에서 무엇을 알아야 하는지 알게 되었습니다.

그런데 율법이 두 번째로 쓰였다는 사실에서 우리가 무엇인가를 얻으려고 한다면, 우리는 모세에게로 가서는 안 되고 우리 주 예수 그리스도께로 가야 합니다. 왜냐하면 우리에게 성령님을 보내시고 우리를 거듭나게 하신 분이 그분이시기 때문입니다. 우리가 거듭남으로써 우리의 마음이 하나님께 순종하도록 바뀌었으며, 우리의 마음이 하나님을 섬기는 일에 봉헌할 수 있도록 깨끗이 되었습니다. 따라서 만일 모세를 우리 주 예수 그리스도와 비교한다면 모세는 문서 사역자에 불과합니다. 그는 하나님의 가르침을 전파하라는 임무 이상의 것을 수행할 수 없었기 때문입니다. 그런데 모세가 한 말을 밝혀 주고 거기에 힘을 실어 주는 일은 예수 그리스도의 몫이었습니다. 그분께서는 어떻게 그렇게 하셨습니까? 당신의 성령을 통해서 하셨습니다. 사도 바울이 자신을 영의 사자라고 부른 것은 사실입니다(고후 3:5). 그가 그렇게 말한 것은 주님을 손상시키려는 것이 아니었으며, 또 예수 그리스도에게 속한 것을 빼앗으려는 것이 아니었습니다. 그는 우리 주 예수 그리스도께서는 당신의 복음을 전파하신 것을 통해서 당신의 은혜를 베푸신다는 것을 보여 주려고 했습니다.

먼저 우리는 우리를 거듭나게 하고 우리 마음속에 하나님의 율법을 쓰시는 분은 예수 그리스도 한 분밖에 없다는 것을 알아야 합니다. 그렇게 함으로써 율법은 우리를 거기에 내포되어 있는 의로움에 맞추어 줍니다. 우리에게 아버지 하나님을 따르고 하나님께 순종하려는 의지를 주시는 분은 또한 예수 그리스도이십니다. 그분에게는 여호와를 경외하는 영이 있기 때문입니다. 이사야 11장에 기록된 대로 예수님은 모든 의로움의 영과 진리의 영을 가지고 계십니다(사 11:2). 그러니 우리에게 우리의 임무를 다하겠다는 마음이 생기면 우리는 우리 주 예수 그리스도에게로 달려가야 합니다. 그것을 알아 둡시다. 하나님께서 우리에게 요구하시는 것이 무엇인지 알게 되면 우리는 틀림없이 "주님! 진정 우리는 선하고 의로운 것에 대해서 알고 있는데 그것이 무슨 소용입니까?"라고 물으려고 할 것입니다.

우리는 우리 지체 속에 하나님의 율법에 정반대되는 또 하나의 율법을 가지고 있습니다(롬 7:23). 즉 우리가 가르침을 받을 때 우리는 하나님을 약올리고 애태우는 짓만 합니다. 그리고 하나님의 율법이 우리에게 요구될 때 우리는 그것에 내포되어 있는 것과는 정반대되는 짓을 합니다. 그렇기에 하나님께서는 어쩔 수 없이 우리를 변화시켜서 새 피조물로 만드셔야 합니다. 그 목적으로 우리에게 성령이 주어졌습니다. 하나님께서는 우리가 당신의 지체라는 기록을 가지고 오셔서 우리에게 그것을 알려 주셨습니다. 그리고 예수 그리스도께서는 우리에게 이런 의지를 주셨습니다. 즉 그리스도께서는 그런 욕망을 실현할 수 있는 능력도 주시며, 우리가 모든 유혹에 저항할 수 있도록 우리를 강하게 해 주십니다. 그래서 우리는 결코 그 유혹에 넘어가지 않을 것입니다. 때문에 그런 특권과 명예는 우리 주 예수 그리스도에게만 속한다는 것을 확실히 믿고 빨리 그분께로 달려가야 합니다.

그럼에도 불구하고 복음을 전하는 사람은 모두 영의 일꾼이라(고후 3:6)고 사도 바울이 말했는데, 그 말도 맞습니다. 그들은 죽은 글자나 무식한 가르침을 전하지 않고 하나님의 영을 가져다주기 때문입니다. 그들은 어떤 방법으로 그렇게 합니까? 그들의 호흡을 통해서 합니까? 아닙니다. 우리 주 예수 그리스도께서는 당신의 제자들을 향하여 숨을 내쉼으로써 그들에게 성령을 주셨는데, 그것을 통해서 성령은 당신 한 분에게서만 나온다는 것을 잘 보여 주셨습니다(요 20:22).

사도 바울이 한 말은 예수 그리스도께서는 우리가 당신을 믿을 때까지 계속해서 역사하신다는 것을 의미합니다. 우리가 지금 그분을 직접 보지 못하는 것이 사실입니다. 그런데 우리가 그분께서 우리 마음속에 하나님의 율법을 써 놓으신다고 믿을 수 있습니까? 예수 그리스도는 율법의 마침과 완성이 되시며(롬 10:4), 더욱이 바로 율법의 실체이시기(골 2:17) 때문에, 그분께서는 복음을 전하심으로써 우리 마음속에 하나님의 율법을 새겨 놓으실 수밖에 없으십니다. 그러니 하나님께서 우리 안에서 그와 같은 은혜를 베푸신다는 것을 의심하지 맙시다. 그리고 비록 우리에게 하나님의 말씀을 전하는 당사자가 한 인간에 불과하며, 그가 그의 입을 통해서 우리에게 한 말이 곧 공중에서 사라질지라도, 사도 바울이 말한 대로 예수 그리스도께서는 당신에게 주어진 임무를 완수하실 것이라는 것을 의심하지 맙시다(롬 10:13, 고후 3:3).

늘 용서하시는 하나님

사실 믿는 자들은 그것을 경험했습니다. 만일 우리가 이런 기초 위에 온전히 서지 않는다면 우리는 하나님께로 가겠다거나 어떤 선한 일을 행하겠다는 생각도 전혀 갖지 못할 것입니다. 다시 말하면, 우리는 그 모든 것이 우리 주 예수 그리스도께로부터 나왔다고 한결같이 믿어야 합니다. 그러므로 하나님께서 우리를 당신 곁으로 끌고 가시는 것을 느낄 때마다, 하나님께서 우리가 어떻게 당신의 독생자 예수 그리스도의 지체가 되었는지 알려 주신다는 사실을 알아둡시다. 우리가 그렇게 된 것은 우리에게 성령님이 계시기 때문입니다. 성령님은 우리를 변화시키시어 새 사람으로 만들어 주셨으며, 하나님의 율법을 우리의 마음속에 다시 쓰셨습니다(롬 8:9, 고전 6:15, 19). 이렇게 해서 여러분은 우리가 무엇을 명심해야 하는지 알게 되었습니다.

이제 모세가 거기에서 백성들에게 여호와께서 그때에도 내 말을 들으셨다고 한 말에 대해서 생각해 봅시다. 그것은 그들로 하여금 하나님의 선하심을 모독하지 못하게 하고, 그들이 지은 잘못이 엄청나서 만일 그들이 또 다시 잘못해서 다시 하나님을 시험한다면 그들은 전혀 용서받지 못한다는 것을 그들에게 알려 주기 위해서였습니다. 그때의 모세의 의도는 백성들로 하여금 두려움을 갖게 하는 것이었습니다. 사실 우리가 온전히 믿어야 할 것은, 만일 우리가 우리의 죄를 회개하면 하나님께서는 항상 우리가 지은 모든 죄를 용서해 주실 준비를 하고 계신다는 사실입니다. 그러니 하나님을 향해서 달려가기만 합시다. 하나님께서는 당신의 손을 뻗어서 우리를 환영해 주실 것입니다. 하나님은 불쌍한 죄인들에게 대단히 인자하시기 때문에, 죄인들이 하나님께로 돌아오면 하나님께서는 그들을 보호해 주시며, 그들을 받아들이시고 포옹해 주십니다. 그러나 그것을 구실 삼아 외람되게도 악한 짓을 해서는 안 됩니다. 이 사실이 우리를 행악으로 더 기울게 해서는 안 됩니다. 하나님께 용서를 받았다면, 우리는 더 이상 타락해서는 안 됩니다. 타락하게 된다는 것은 우리가 하나님을 시험하고 하나님의 인내심을 모독하는 것이 됩니다. 그것은 우리를 구원의 문 밖으로 내쫓아 버리고, 또 하나님께서 우리에게 베푸시려고 계획하셨던 모든 긍휼을 완전히 저버리는 것에 버금가는 짓입니다.

비록 우리가 2, 30번 잘못했다 할지라도 하나님께서는 우리를 불쌍히 여기시겠다고 우리에게 알려 주시는 것이 사실입니다. 그런데 내가 말하고자 하는 것은, 자기 마음대로 죄를 짓고 나서, 나는 하나님이 친절하시고 인정이 많으시다는 것을 알았으니, 나는 확실히 어느 때나 하나님의 영접을 받게 될 것이라고 말하는 자들도 있다는 사실입니다. 사람들이 하나님의 인자하심을 핑계 삼아 하나님의 긍휼을 받을 권리를 주장하게 되면, 확실히 그들은 태만해지거나, 아니면 자기 자신을 파멸로 인도하게 될 것입니다. 그것은 마치 그들이 그들의 구원을 위해서 약속된 모든 것을 포기하는 것과 같습니다.

모세가 한 말을 잘 알아 둡시다. 모세는 "여호와께서는 그 때에도 내 말을 들으셨다"고 말했습니다. 모세가 그렇게 말한 것은 백성들로 하여금 '아! 우리가 용서를 받았다는 것은 놀라운 일이다. 더욱이 하나님께서 우리를 어마어마한 위험에서 구출해 주신 것에 우리는 놀라지 않을 수 없다' 고 생각하게 하기 위해서였습니다. 하나님께서는 당신이 우리에게 매우 친절하시다는 것을 보여 주셨으니, 더 이상 하나님의 진노를 유발하지 않도록 조심합시다. 만일 우리가 또 다시 실족하게 된다면 우리에게 어떤 일이 일어날지 모릅니다. 불쌍한 죄인들이 범죄의 유혹을 받게 되면 그들은 하나님의 언약을 그들의 눈앞에 게시함으로써 자신을 제어하고 억제해야 합니다. 그렇게 하면 그들은 악한 짓을 저지를 만큼 대범해지지 않을 것입니다. 그리고 그들이 악한 짓을 하게 되면 하나님의 긍휼에 호소할 것이며, 그 후로 더 경건한 생활을 하게 될 것입니다. 이렇게 해서 여러분은 우리가 이 본문 말씀에서 무엇을 명심해야 하는지 알게 되었습니다.

67편_ 신 9:20~24

배반의 징표

"여호와께서 또 아론에게 진노하사 그를 멸하려 하셨으므로 내가 그 때에도 아론을 위하여 기도하고 너희의 죄 곧 너희의 만든 송아지를 취하여 불살라 찧고 티끌 같이 가늘게 갈아 그 가루를 산에서 흘러내리는 시내에 뿌렸었느니라 너희가 다베라와 맛사와 기브롯 핫다아와에서도 여호와를 격노케 하였느니라 여호와께서 너희를 가데스 바네아에서 떠나게 하실 때에 이르시기를 너희는 올라가서 내가 너희에게 준 땅을 얻으라 하시되 너희가 너희 하나님 여호와의 명령을 거역하여 믿지 아니하고 그 말씀을 듣지 아니하였나니 내가 너희를 알던 날부터 오므로 너희가 항상 여호와를 거역하였느니라"(신 9:20~24).

모세는 이스라엘 백성들이 금송아지를 만들어서 그것에 절함으로써 지은 죄에 대해서 말한 후에 아론이 그 죄에 대한 벌을 받아야 한다고 했습니다. 왜냐하면 그 당시 아론이 백성들의 최고 책임자임에도 불구하고 백성들의 행동을 그가 당연히 해야 할 만큼 단호하게 저지하려는 노력을 하지 않았기 때문입니다. 책임자들은 개인이 하는 것보다 더 어려운 결단을 내려야 합니다. 따라서 아론은 당연히 그 백성들에게 가르쳐 주고, 그들의 악한 행동을 죽음을 다해서 저지했어야 했습니다. 사실 아론은 그 백성들이 그들이 절할 우상을 가지려 하는 것을 보고 그렇게 하는 것은 악행이라는 것을 그들에게 알려 주었습니다. 그러나 어떤 방법으로도 그들을 제지할 수 없었기 때문에 다른 계략을 세웠습니다. 그는 백성들이 가지고 있는 보석과 장식품과 그들이 가장 귀하게 여기는 물건들을 모으라고 요구함으로써 그들로 하여금 금송아지를 만들려고 하는 욕망을 저버리게 하려고 노력했습니다. 아론은 이 방법이면 변덕스러운 생각이 그 백성들의 머리에서 떠날 것으로 생각했습니다.

아론은 그들의 악함을 승낙하지 않은 채 그것을 막았지만, 그가 당연히 했어야 할 만큼 완강하게 막지는 않았습니다. 그는 생명을 무릅쓰고 악행을 막아야 했습니다. 우상 숭배로 인해서 하나님의 명예가 실추되고, 진실한 예배가 부패되었습니다. 하나님의 명예를 죽은 것에 불과하고 감각이 없는 허수아비에게 돌린다는 것은 비열한 짓입니다. 아론은 그것을 막기 위해 자기 생명을 걸 정도로 열심이어야 했습니다. 특히 하나님께서 그에게 그렇게 귀한 책임을 맡기셨다는 사실을 생각한다면 말입니다. 아론은 제사장이었습니다. 비록 그때까지 정식으로 성직에 임명되진 않았지만, 그는 그가 어떤 자리에 임명되었는지 잘 알고 있었습니다. 그러므로 그에게는 변명의 여지가 전혀 없었습니다.

우리가 이 본문 말씀을 통해서 알아야 할 것은 하나님으로부터 당신의 백성을 다스리라는 책임을 맡은 자들은 악행을 승낙하지 않거나 악행의 장본인이 되지 않은 것으로 그들의 책임을 다하는 것이 아니라는 사실입니다. 그들은 최선을 다해서 그것을 막아야 하며, 아무리 성가시게 졸라 대도 흔들리지 말고 단호해야 합니다. 그들이 아무리 큰 소동과 혼란을 일으킬지라도 그로 인해서 그들의 용기가 꺾여서는 안 되며, 선한 것을 유지·보존하기 위해서 꿋꿋이 서 있어야 합니다. 비록 그들이 위험에 처해 있어서 그들을 하나님의 보호 속으로 데려가 달라고 하나님께 기도드리는 것 이외에 다른 방도가 없을지라도, 그들이 그 위험을 피하기 위해서 그들의 임무에서 이탈해서는 안 됩니다. 그러므로 이론으로서는 그의 동생인 모세가 그를 위해서 간청하지 않았더라면 벌을 받지 않고 하나님의 손에서 빠져나오지 못했을 것입니다. 오늘날 우리 또한 하나님께서 당신의 마음을 바꾸셨다고 생각하지는 맙시다.

온힘을 다해서 악한 것에 저항하지 않았던 자들 모두는 악한 짓을 저지른 자들과 똑같은 저주 안에 함께 갇힌다는 사실을 알아 둡시다. 하나님의 복수가 틀림없이 그들 모두를 함께 소멸시킬 것입니다. 왜냐하면 악한 짓이 슬그머니 일어나도록 허락하거나 그것을 예방할 수 있는데도 예방하지 않은 자는 악이 행해질 수 있는 자유를 주었기 때문입니다. 이교도들에게도 관리자와 재판관의 태만과 무관심을 책망하는 다음과 같은 격언이 있습니다. 즉 "악한 짓을 마땅히 막아야 할 자가 그것을 못 본 체한다면 그것은 마치 나팔을 불어서 악한 짓을 하도록 허락하고 허용하는 것과 똑같으며, 그는 하나님 앞에서 그에 대한 책임을 지게 될 것이다"라는 격언입니다. 사실 이 격언은 하나님께서는 자신의 책임을 수행하는 데 냉담했던 자들을 용서하지 않으신다는 사실을 우리에게 알려 줍시다. 우리는 이 사실을 알아야 합니다. 이 세상이 그들을 정죄할진대, 하늘에 계시는 재판관이신 하나님 앞에 설 때 그들이 어떻게 되겠습니까?

여기서 관리자들은 그들의 책임에 대해서 경고를 받습니다. 즉 그들에게서 악한 짓이 보이면 그들은 이유 여하를 막론하고 그것을 저지해야 합니다. 비록 그들이 세상적인 권력으로 무장되어 있지 않더라도, 그들은 그들의 비겁한 행위로 인해서 악한 짓이 지배하고 판을 치도록 그것에 굴복하기보다는 그들의 목숨을 버려야 합니다. 고관들로 하여금 그들 자신을 잘 살펴보도록 하십시오. 비록 사람들이 그들을 사면해 줄지라도 만일 그들이 얼간이 짓을 하고 범죄가 저질러지도록 해서 하나님을 노엽게 해 드렸다면, 그들은 하나님 앞에서는 용서받지 못할 것입니다. 만일 그들이 정의가 왜곡되는 것을 보고도 그것에 과감하게 대처하지 않았다면, 그들은 그것에 대한 사유서를 제출해야 합니다. 더욱이 하나님께서는 그들을 세상 사람들 앞에 세워서 부끄러움을 당하게 해서 그들로 하여금 그들이 하나님 앞에서 당하도록 준비된 정죄를 미리 느끼게 하실 것입니다. 그러니 모든 사람들로 하여금 자기 자신을 자세히 살펴보도록 합시다.

온 힘을 다해 죄를 막으라

악한 자들과 교제를 끊지 않는 자 모두는, 비록 그들이 악한 자들과 공모하지 않았을지라도 악한 자들이 어떤 악한 짓을 할 것 같은 기미를 보고서도 모르는 척했다면 그들 또한 하나님 앞에서 공범으로 간주됩니다. 사도 바울은 크고 작은 모든 믿는 자들에게 악한 자들이 하는 일에 참여하지 말고 그들을 책망하라고 말했습니다(엡 5:11). 이 말은 우리로 하여금 악한 짓에 동참하지 않도록 조심하게 하며, 또 우리로 하여금 우리는 악한 짓을 싫어한다는 것을 선포하게 합니다. 그러나 그것만으로는 충분하지 않습니다. 우리는 우리 자신이 악한 자들의 원수라는 것을 보여 주어야 하며, 그들에게 반대하는 편에 서야 합니다. 그렇게 하지 않는 자들은 매우 비겁하며, 그들이 알고도 모르는 체한 것들이 하나님 앞에서는 반역죄로 평가받을 것입니다.

그런데 사람들에게는 세상이 어떻게 돌아가는지 보입니다. 오늘날에는 이웃 사람의 악한 행실을 지지하지 않으면 그들과의 우정이 유지될 수 없습니다. 사람들은 하나님을 맞대놓고 공개적으로 우롱합니다. 만일 사람들이 하나님의 심기를 상하게 하는 짓에 동참하지 않으면 그들은 공개적인 도전을 받게 됩니다. 이런 관습은 변하지 않을 것이며, 우리는 이런 악한 관습을 통해서 강퍅해질 것입니다. 그러나 하나님께서는 틀림없이 우리를 심판하실 것입니다. 그러므로 터무니없이 악한 짓을 해 놓고는 하나님께서 당신의 마음을 바꾸실 것이라는 생각은 하지 맙시다. 우리가 다른 사람들처럼 흘렀다는 것을 핑계로 삼았을지라도 우리는 피해갈 수 없습니다. 우리는 우리의 온힘을 다해서 죄를 막아야 하며, 하나님께서 죄인들에게 내리시는 보복이 쌓이지 않도록 해야 합니다. 모든 사람들은 예외 없이 그렇게 해야 합니다. 그리고 권력을 쥐고 있는 사람들은 다른 사람들에게 모범을 보여 주도록 특별히 주의해야 합니다.

모세는 이와 같은 범죄에 대해서 언급한 후에 다른 예를 더 들었습니다. 그는 그것들을 통해서 백성들로 하여금 그들 자신의 의로움을 자랑하지 못하게 했으며, 하나님께서 그들을 택하신 것은 그들의 덕스러움이나 그들이 지니고 있는 가치나 공로 때문이라고 주장하지 못하게 했습니다. 그러므로 그는 너희가 다베라에서 한 일을, 즉 불과 그 불을 기억하라고 했습니다. 하나님께서 하늘에서 불을 내리시어 장막의 일부를 태우셨기 때문에 그곳의 이름이 그렇게 붙여졌습니다(민 11:3). 그 후에 맛사에서 한 일을 기억하라고 했는데, 맛사는 시험을 의미하는 것으로, 백성들이 거기에서 하나님을 시험했기 때문에 그렇게 불리었습니다(출 17:7). 그리고 **므리바**에서 한 일, 즉 **불화** 혹은 **다툼**을 기억하라고 했습니다. 그리고 **기브롯 핫다아와**에서 한 일, 즉 탐욕의 무덤에서 한 일을 기억하라고 했습니다(민 11:34).

하나님께서는 온 백성에게 괴질을 보내셨습니다. 그래서 그들 중 굉장히 많은 사람들이 만나로 만족하지 못하고 살코기를 먹고 싶어 하는 악한 욕심 때문에 죽었습니다. 그들은 "우리는 이 식품을 몹시 싫어하며, 이것을 참을 수 없습니다. 이것은 또한 우리 위장에 맞지 않습니다. 만나 외에는 아무것도 보이지 않으니, 우리는 이제 살코기를 먹고 싶습니다"라고 말했습니다. 이렇게 해서 여러분은 그 백성들의 사악한 욕심이 그들을 멸망시키고 패망시킨 원인이 되었다는 것을 알았습니다.

끝으로 모세는 여기서 그가 전에 했던 말을 반복했습니다. 그는 백성들이 그 땅에 들어가게 될 때에 저지를 반역에 대해서 말했습니다. 그들은 하나님의 언약을 신임하지 않았으며, 그곳 사정을 알아보기 위해서 기꺼이 정탐꾼을 보냈습니다. 그들은 하나님의 말씀보다 그들 자신의 지략과 시각을 더 신뢰했습니다. 그런 까닭으로 그들에게로 향한 하나님의 진노가 유발되어서, 하나님께서는 그들 중에서 여호수아와 여분네의 아들 갈렙 외에는 아무도 약속의 땅에 들어가지 못한다는 단호한 선언을 하셨습니다. 그들 두 사람은 성실하게 처신했습니다. 그러나 그 백성들로 말하자면 그들은 하나님께서 당신의 입으로 직접 하신 말씀에 따라서 그들의 시체가 광야에 묻힐 때까지 40년 동안 주위를 배회해야 했습니다. 그것이 이 본문 말씀의 내용입니다.

이스라엘 백성들은 모세가 한 말보다는 성령께서 하신 말씀의 뜻을 이해하기 위해서 그들이 전에 저지른 잘못을 그들의 눈앞에 전시해 놓으라는 경고를 받아야 했습니다. 그렇게 함으로써 그들은 어떤 것도 그들 자신의 가치나 그들의 능력 때문에 이루어졌다고 여길 정도로 어리석게 되지 않았으며, 그들의 몸을 낮추어서 하나님께서 그들을 선택할 이유가 될 만한 것이 그들 안에는 하나도 없다는 것을 깨달았으며, 하나님께서 그렇게 하신 것은 거저 주시는 하나님의 선하심 때문이라는 것을 인정하게 되었습니다. 이것을 제일 먼저 알아 둡시다.

모세가 어쩔 수 없이 이스라엘 백성들에게 그런 권고를 했다면, 오늘날 우리에게도 그렇게 할 필요가 있습니다. 그러므로 우리가 목표로 삼아야 할 것은 우리 자신을 낮추어서 무엄하게 우쭐대지 말고, 어리석은 자부심으로 자신을 치켜세우지 않으며, 우리에게는 아무 자격도, 그 어떤 품위나 의로움도 없다고 인정하는 것입니다. 그렇게 함으로써 우리는 하나님으로부터 사랑을 받게 될 것입니다. 하나님께서는 당신의 선하심으로 틀림없이 우리를 보호해 주실 것입니다. 이 점을 중요하게 여기십시오.

그런데 사람들이 자신을 그렇게 낮추려면 어떻게 해야 합니까? 우리는 결코 자발적으로 그렇게 하지 않을 것입니다. 인간은 어떤 존재입니까? 우리의 몸속에 있는 것을 영육 간에 철저히 조사해 보십시오. 가장 큰 자에서부터 가장 작은 자에 이르기까지 우리의 몸속에는 부끄러운 것과 난잡한 것밖에 없다는 것을 확실히 알게 될 것입니다. 그럼에도 불구하고 우리 각자는 이와 같은 어리석은 행동을 통해서 자신을 남용하며, 우리의 악행을 덕으로 여깁니다. 비록 우리가 더 말할 수 없이 야비한 삶을 살고 있으며 우리의 죄가 잔인무도하고 포학할지라도, 우리가 보기에 우리 몸속에는 온전한 의로움과 건전한 것밖에 없는 것처럼 보입니다. 따라서 여러분은 사람들이 그렇게 해서 자기 자신을 속인다는 것을 알게 됩니다.

그러므로 우리는 열등하다고 간주되어야 합니다. 그리고 우리에게는 우리의 잘못 하나둘뿐 아니라 일생 동안의 잘못 전부를 우리 앞에 늘어놓는 것이 필요합니다. 우리 하나님을 심히 노엽게 해 드렸으므로 우리는 부끄러움과 책망을 당해야 한다는 것을 알게 됩니다. 만일 우리가 거들먹거리려고 한다면 우리가 떠밀리는 것이 당연하며, 하나님께서 곤봉으로 우리의 머리를 세게 내리치셔서 당신에 대한 우리의 자만심이 극악무도하다는 것을 우리에게 알려 주실 것입니다. 따라서 모세가 한 말이 이스라엘 백성들에게만 해당되는 것이 아니라 오늘날 우리에게도 적용된다는 것을 알아 둡시다. 만일 우리가 하나님께 영광을 돌리려면 우리는 칭찬 받을 만한 모든 장점을 벗어 버리고 우리 자신의 덕을 전혀 중하게 여겨서는 안 되며, 우리 몸속에는 공허한 것 외에는 아무것도 없다고 확실히 믿어야 합니다. 더욱이 우리가 저절로 온유하게 되는 것이 아니므로, 우리의 죄에 주목하면서 하나님께서 최후의 심판 날에 하시는 것처럼 당신의 회계장부를 펴실 때까지 기다리지 맙시다. 왜냐하면 그 때는 너무 늦어서 우리가 죄인으로 인정받게 되기 때문입니다.

하나님께서 당신의 말씀을 통해서 우리를 소환하시고 우리에게 미리 경고하시는 동안 우리는 우리의 죄에 대해 생각해 보아야 합니다. 우리 모두 재판관이신 하나님 앞에 처참한 죄인의 신분으로 굴복하며, 우리가 하나님 앞에 지은 무한한 죄로 인해서 책망 받는 것이 당연하다고 인정합시다. 우리에게 한 죄가 떠올랐을 때 그것이 우리로 하여금 또 다른 한 죄를 생각하게 하는 계기가 되게 하십시오. 간단히 말하면, 우리 자신을 과장하지 말고, 우리가 어떤 존재인지 생각해 보라는 이 가르침을 전체적으로 또 개별적으로 실천하도록 합시다. 그렇게 되면 하나님이 우리가 하나님으로부터 받은 모든 유익의 창조자가 되시며, 우리가 하나님께 드리는 경외가 온전하고 줄어들지 않게 됩니다.

우리는 하나님에게서 빌린 것으로 부자가 되려는 욕심을 내지 말아야 하며, 하나님의 깃털로 우리 몸을 치장하고 꾸미려 하지 말아야 합니다. 하나님에게는 관대하실 의무가 없으심에도 불구하고 하나님이 매우 관대하신 것은 하나님의 선하심 때문입니다. 그것을 인정합시다. 우리로 말하자면, 우리는 하나님께 주장할 공적을 아무 것도 갖고 있지 않으며, 우리는 모든 경우와 또 모든 면에서 죄가 크지만, 하나님께서는 당신의 측량할 수 없는 긍휼로 인해서 어쩔 수 없이 우리를 참아 주십니다. 그렇지 않으면 우리는 여전히 하나님의 불구대천의 원수가 되어서 하나님께서는 우리에게 벼락을 치시게 됩니다. 이렇게 해서 여러분은 우리가 이 본문 말씀을 통해서 전체적으로 알아야 할 것이 무엇인지 알게 되었습니다.

욕망의 대가

이제 우리는 모세가 여기서 한 말에 대해서 생각해 보기로 합시다. 그는 먼저 다베라(Taberah)에 대해서 이야기했습니다. 그것은 내가 앞에서 말한 대로 불(Burning)을 의미합니다. 백성들이 광야 여행을 불평하였으므로 그들은 그곳에서 불로 징계를 받았습니다(민 11:3). 그들은 "우리의 여행은 영원히 끝나지 않을 것입니까? 우리는 이곳을 올라갔다 내려갔다 할 뿐이며, 우리는 우리의 천막을 이곳저곳으로 옮겨야 하며 우리의 짐을 어깨에 메고 다녀야 하니, 이제는 안식할 곳을 찾아 우리의 여행을 마치는 것이 좋지 않습니까?"라고 투덜거렸습니다.

그 불쌍한 자들은 하나님을 노엽게 해 드렸던 것에 대한 보복이 내려질 것이라는 사실을 고려하지 않았으니 안타까운 일입니다. 하나님께서는 그들 중에 누구도 약속의 땅에 들어가지 못할 것이라고 말씀하셨습니다. 그들은 '우리는 깊은 지옥에 빠져 죽어야 마땅하나, 하나님께서 기꺼이 우리에게 일시적인 징계를 내리실 것이다. 비록 하나님께서 우리를 이 세상의 안식처로 인도하실 생각을 하지 않으실지라도, 우리에게 유예를 주셔서 우리로 하여금 우리의 죄에 대해서 생각하게 하시고, 하나님께 용서를 간청하게 하실 것이다. 그렇기는 하지만 하나님께서는 우리로 하여금 당신이 어느 정도 엄하시다는 것을 느끼게 하신다. 우리가 하나님을 노엽게 해 드렸기 때문에 우리는 하나님께서 우리에게 약속하신 유업을 일생 동안 받지 못하게 되었다. 우리가 영원히 멸망하는 것이 지극히 당연하지만 하나님께서는 그렇게 하지 않으실 것이니, 우리는 하나님의 선하심을 인정해야 한다' 고 생각했어야 했습니다. 그들은 그렇게 생각했어야 함에도 불구하고 그런 생각을 전혀 하지 않았으며, 그들이 바라는 만큼 행복한 상태에 있었다는 생각도 하지 않았습니다. 그들에게는 하늘에서 내려오는 만나가 있었으며, 그들은 식량을 준비하기 위해서 수고를 하지도 않았습니다. 그들이 할 일은 만나를 모아서 각자의 분량대로 가지고 가는 것뿐이었습니다. 그들 모두에게는 양질의 음식이 공급되었습니다. 그러나 그들은 이것에 대해서 전혀 생각하지 않고 장기간의 여행을 하게 된 것에 대해서만 투덜댔습니다.

그런데 무엇이 그들로 하여금 그렇게 하게 만들었습니까? 첫째로, 그들에게는 온 인류에게 가해지는 저주에서 제외되는 특전이 있었기 때문입니다. 우리는 이 세상에 태어나서 괴로운 삶을 살도록 되어 있습니다. 인간은 죄를 짓기도 전에 수고를 하도록 정해졌습니다. 따라서 우리가 게으름을 피워서 아무 유익도 얻지 못한다는 것은 냉혹한 것입니다. 더욱이 하나님께서 우리에게 명하신 여정은 우리로 하여금 여념이 없게 할 뿐만 아니라, 우리에게 짐을 지워서 우리를 움츠리게 하고, 우리가 지은 죄로 인해서 신음하게 합니다. 따라서 하나님께서 그들을 광야에서 그렇게 인도하셨으니, 이 백성들에게는 하나님에게 조용히 승복하는 것이 당연했습니다. 그러므로 불이 하늘에서 내려와서 그들 장막의 일부를 태워 버리고, 또 하나님의 진노가 그렇게 임해서 그들을 부끄럽게 했다 하더라도 그것은 놀랄 일이 아닙니다.

그러나 그럼에도 불구하고 이것이 그들의 잘못을 거의 고쳐 주지 못했으며, 그들은 만나 외에 다른 음식물이 없는 것을 두고 다시 투덜대기 시작했습니다. 하나님께서는 그들이 더 이상 당신을 노하게 만들어서는 안 되며, 또 그들이 하나님의 치심을 느꼈기 때문에 그들은 최소한도 체험을 통해서 그것을 배워야 한다고 충분히 경고하셨습니다. 그러나 그들은 하나님을 향해서 다시 강퍅해졌습니다. 비록 하나님께서 그들로 하여금 당신의 손이 매우 거칠다는 것을 느끼게 만드셨음에도 그들은 "우리가 어떻게 되겠는가? 우리의 영혼이 말라죽고 우리는 초췌해져서 죽게 될 것이다. 지금 우리에게는 만나밖에 없으니 우리에게는 반드시 얼마간의 살코기가 있어야 한다"고 말했습니다(민 11:6). 그들은 그들 나름의 욕망을 가질 수 있으나, 그들은 그렇게 하는 것에 대한 대가를 치러야 합니다. 그 살코기가 아직 그들의 입안에 있을 때 하나님의 진노가 그들에게 임할 것입니다(민 11:33). 그렇게 해서 그들은 결국 하나님께서 그들에게 허락하신 훌륭하고 행복한 상태에 만족해야 한다는 것을 알게 되었습니다. 그것을 기억하게 하기 위해서 그곳의 이름이 **갈망의 무덤**(the Graves of Lust)이 되었습니다.

그들은 물에 대해서도 투덜거렸습니다. 그들은 하나님께 물을 달라고 간구하는 한편 모세에게도 불만을 토로하기 시작했으며, 그를 돌로

쳐 죽이려고까지 했습니다(출 17:4). 이러한 까닭으로 하나님께서는 불순종의 표시를 그들에게 새겨 두어서 그들로 하여금 그들이 이 땅에 살아 있는 동안 그들의 버릇없음을 기억하게 하셨습니다. 그래서 하나님께서는 이 두 곳을 하나는 마사(Masa), 또 다른 하나는 므리바(Meribah)라고 부르셨습니다. 하나님께서 그렇게 하신 것은 마치 하나님께서 "너희가 나에게 전쟁을 선포한 것처럼 나와 싸우고 나와 겨루고 있다. 또 너희는 스스로 너희에게 보여 준 나의 능력을 아직 모르기 때문에 나를 시험해 보았다"라고 말씀하시는 것과 같습니다. 모세가 여기서 되풀이해서 한 말은 길게 설명할 가치가 있는 것이 사실이지만 이 정도로 마치겠습니다. 비록 우리가 모세의 한 말을 대충 훑어보았지만, 우리는 그것들을 통해서 유익을 얻고, 또 그것들의 많은 부분이 우리의 교육에 공헌하도록 해야 합니다.

하나님께서는 이스라엘 백성들이 당신께서 그들에게 지정해 주신 여행을 참을성 있게 견디어 내지 못하고 불평한 것을 두고 심히 괴로워 하셨으니, 만일 우리가 하나님께서 주시는 짐을 겸손하게 지기 위해 우리의 어깨를 구부리지 않는다면 오늘날 우리도 결코 그 이상의 변명을 할 수 없을 것입니다. 그것을 알아야 합니다.

먼저 이 세상에는 세상적인 여행이 있습니다. 하나님께서는 우리로 이 세상에서 그것에 굴복하게 하셨습니다. 하나님께서는 많은 사람들이 가정이나 그들의 안식처에서 뛰쳐나오는 일이 없게 하기 위해서 그들에게 안식을 주셨습니다. 만일 우리가 이 세상을 나뭇가지에 앉아 있는 새처럼 지나가지 않거나 이 세상에서 이방인 같이 되지 않으면 우리는 그릇된 조언을 받은 것이 됩니다. 우리가 그렇게 하지 않으면 하나님께서는 우리를 포기하시거나 우리를 버리실 것이기 때문입니다. 그러므로 자기 자신은 결코 이 세상 밖으로 나갈 일이 전혀 없을 것처럼 이 세상에 정착하려고 하는 자들은 그들이 하나님의 나라에서 이탈해서 천국이 그들에게 속하지 않았다는 것을 보여 줄 것입니다. 그들로 하여금 그들의 의도가 그렇지 않다고 주장해서 자신을 속이는 일이 없도록 합시다. 하나님께서 공인하시고 사도 바울이 분명히 말한 것처럼, 아버지들은 낮은 이곳에서 불쌍한 나그네와 같기 때문에 하나님께서는 황송하게도 그들을 당신의 자녀라고 부르셨습니다. 이 세상에서 나그네라고 불리는 것을 부끄러워하는 자들로 말하자면 그들은 그들의 유업을 마귀와 함께 찾아다녀야 합니다. 그들에게는 하나님과 아무런 관계나 아무런 분깃이 없기 때문입니다. 그러니 우리는 하나님께서 우리에게 주시기를 기뻐하시는 것들을 활용해서 우리의 유익이 되도록 해야 합니다.

무서운 비운이 우리를 감싸고 있는 것이 흔한 일입니다. 심지어 가장 부드러운 사람들과 세상을 마음대로 주무르는 것처럼 보였던 사람들도 가장 연약하고 허약하며 많은 근심 걱정과 고통으로 괴로움을 당합니다. 따라서 모든 사람들로 하여금 자신을 되돌아보게 하십시오. 그리고 하나님께서 우리에게 보내시는 환난을 겸허하게 받아들입시다. 만일 우리 처지가 힘들고 번거롭다고 불평하면 우리의 불평이 공중에서 사라질 것이라고 생각하지 맙시다. 우리는 하나님 앞에 나와서 그것에 대한 벌을 받아야 합니다.

만일 하나님께서 이스라엘 백성들이 한 불평에 대해서 가시적으로 벌하셨던 것과 같은 방법으로 하늘에서 불을 내려 보내지 않으신다면 우리는 그보다 더 무서운 벌을 받게 될 것입니다. 만일 하나님께서 그것을 못 본 체하시고 우리를 즉각 처벌하지 않으신다면 틀림없이 하나님의 보복이 그만큼 가혹하고 더 무서울 것입니다. 그러므로 우리 하나님께 순종하는 생활을 하도록 합시다. 비록 덧없는 이 세상 생활에서 우리가 바라는 만큼의 대우를 받지 못하더라도 우리는 어쩔 수 없이 바쁘게 돌아다녀야 합니다. 또 우리가 편안한 생활을 하려고 할 때 하나님께서는 우리를 이곳저곳으로 끌고 다니십니다. 그리고 우리가 기꺼이 걱정을 벗어 버리려고 할 때 우리는 가장 많이 안달하게 됩니다. 그럼에도 불구하고 두려운 하나님께서 우리에게 보여 주시는 것을 다 받아들이십시오.

고통의 이유

하나님은 우리가 이스라엘 백성들이 광야를 통과했던 것과 같은 방법으로 이 세상을 지나가기 위한 계획을 세우십니다. 우리 주 예수 그리스도를 따라 우리의 십자가를 져야 한다고 말씀하신 주님의 말씀을 실천하는 방법을 배우도록 합시다(마 10:38, 16:24). 사람들이 시골에 갈 때 필요한 것을 가지고 가는 것처럼 우리도 하나님께서 우리에 지워 주려고 하시는 무거운 짐을 져야 합니다. 서로를 바라보지 맙시다. 하나님께서는 우리 모두를 똑같이 취급하려고 하시지 않으시기 때문입니다. 모든 사람들 가운데서 가장 많은 고통을 당하는 사람들로 하여금 하나님께서 그렇게 하시는 데는 이유가 있다는 것을 알게 하십시오. 그리고 고통을 덜 받고 있는 자들로 하여금 하나님께서 그들의 연약함을 참아 주신데 대해서 감사하게 하십시오. 비록 우리의 형편이 아무리 좋을지라도 하나님께서 우리 육신이 소망하고 바라는 안정을 우리에게뿐 아니라 여러 사람에게 허락하신 것을 못마땅하게 여겨서 하나님과 불화하는 일이 없도록 조심합시다. 우리는 무엇이 우리의 유익이 되는지 모르기 때문입니다. 그것을 중요한 요점으로 여기십시오.

반면에 사람들은 그들의 안일과 일용품뿐만 아니라 사치와 방종에 골몰해서 그들이 하나님의 의도와는 상관없이 기어이 즐거워하고 모든 근심 걱정을 몰아내려고 하는 것이 보입니다. 그러나 하나님께서는 우리에게 보내시는 역경을 통해서 우리로 하여금 우리의 죄를 기억하게 하시며, 우리를 이 세상으로부터 떼어 놓기 위해서 노력하십니다. 하나님께서는 그렇게 해서 우리가 당신께로 더 속히 오도록 박차를 가하십니다. 그러나 우리는 그것을 감당하지 못할 뿐만 아니라, 몹시 무질서한 향락에 뛰어드는 방법을 찾아다니며, 심지어는 하나님께 공개적으로 반항까지 합니다. 만일 하나님께서 우리를 용서해 주신다면 우리는 하나님의 선하심을 절실히 느끼고 훨씬 더 경외감 가득한 생활을 해야 함에도 불구하고 우리는 더 망나니가 됩니다. 그러므로 우리는 여기에 제시된 본을 통해서 유익을 얻도록 깊이 생각해 봅시다.

이제 시험(Temptation) 혹은 불화(Strife)에 대해서 생각해 보기로 하겠습니다. 만일 궁핍이 우리를 초췌하게 해서 우리를 궁지로 몰아넣어 우리가 어찌 할 바를 모르게 되면, 우리는 하나님께 가장 겸허하게 호소하고 우리가 필요한 것들을 공급해 달라고 간구해야 한다는 것을 알아 둡시다. 우리는 하나님의 선하신 뜻에 만족해야 합니다. 만일 하나님께서 우리를 수척하게 하시기를 기뻐하시더라도 우리는 고개를 숙여서 그것을 받아들여야 합니다. 모세가 정죄했던 옛날 이스라엘 백성들의 옹고집이 우리에게는 생기지 않게 합시다. 우리가 완전히 풀이 죽지 않도록 우리를 꿋꿋하게 세우심도 하나님의 역사라는 것을 알아 둡시다. 비록 우리가 겨우 발을 질질 끌며 막다른 골목에 이른 것처럼 보일지라도, 우리는 여전히 우리 하나님의 선하심을 느끼게 될 것입니다.

세상이 어떻게 돌아가든 하나님을 시험해서는 안 된다는 것을 알아 둡시다. 다시 말하면, 우리는 이것저것을 제멋대로 마구 요구해서는 안 되며, 우리의 모든 것을 하나님의 선하신 뜻에 온전히 일임해서 하나님의 다스리심을 받아야 합니다. 우리는 항상 하나님께 하나님께서 받아 마땅하신 순종을 바쳐야 하며, 마치 우리의 뿔로 하나님을 받기라도 하듯이 맹수처럼 우리 자신의 정욕에 따라 움직여서는 안 됩니다. 만일 우리가 우리에게 이로울 것처럼 보이는 것을 소원하려고 한다면, 거기에는 하나님께서 우리를 장악하고 계시며, 우리의 모든 감정과 욕망을 지배하신다는 조건이 항상 따라야 합니다. 만일 우리의 마음이 우리를 움직여서 우리로 하여금 기어이 이것저것을 갖고 싶게 한다면, 우리는 하나님으로 하여금 우리를 장악하시게 해 드리고 우리 자신을 하나님께 굴복시켜서 우리의 모든 생각과 감정과 취향을 하나님의 뜻에 맞추어야 합니다. 그렇게 하기란 전에 없이 힘듭니다. 그러나 그렇게 해야 합니다.

이렇게 해서 우리는 모세가 여기서 말한 시험과 이스라엘 백성들이 안달이 나서 하나님께 불만을 토로했을 때의 불화와 관련해서 우리가 주목해야 할 것이 무엇인지 알게 되었습니다. 우리는 자신의 문제를 판단할 수 있는 유능한 재판관이 아니라는 것을 알아 두고, 특히 우리가 알지 못하는 어리석은 구실을 찾아 헤매는 일이 없도록 합시다. 우리가 하나님을 비난하는 것이 사실이지만, 우리는 우리가 하는 그런 짓이 알려지는 것을 바라지 않습니다. 우리는 하나님께 도전할 뜻이 없다고 말할 것입니다. 그러나 사실은 그렇지 않습니다.

그 백성들은 그곳의 이름을 므리바와 마사라고 불러야 했습니다. 그들이 그렇게 한 것은 그들의 선한 뜻에서 나온 것이 아니었습니다. 이 이름들이 그들의 배반의 증표로 남아 있게 하는 것이 하나님의 뜻이었습니다. 만일 우리가 하나님의 선한 뜻에 맞지 않는 것과 하나님께서 허락하지 않으시는 것은 어떤 것도 하지 않을 정도로 하나님께 온전히 순종하지 않는다면, 그것은 마치 우리가 하나님께 일종의 도발을 하는 것 같아서 하나님의 진노를 유발하게 됩니다. 그 후에 그 백성들은 먹을 고기를 요구하는 잘못을 저질렀습니다. 그들은 만나에 만족하지 않고, 기어이 그들이 좋아했던 양념을 먹고 싶어 했습니다. 그들은 고기만으로 만족하지 않고 양념을, 더욱이 고기를 맛있게 하는 양념을 원했습니다. 그들은 마늘과 파와 그 밖에 그들이 애굽 땅에서 먹었던 것들을 동경했으며, 그들은 하나님께서 광야에서도 똑같은 음식으로 먹여 주시기를 바랐습니다. 그것은 무모한 갈망이었으며, 그것은 그들로 하여금 하나님께서 그들에게 주신 것을 거절하게 만들었습니다.

하늘에서는 그들을 먹여 살리는 만나가 그들이 원하는 만큼 매일매일 내려왔습니다. 그래서 그들은 하나님께서 당신의 능력으로 그들의 생명을 유지해 주신다는 사실을 잘 알고 있었습니다. 그런데 그들에게는 그것이 부당한 것처럼 보였습니다. 그 이유는 그것이 하나님에게서 나왔기 때문입니다. 이를테면 그들은 하나님의 반대를 무릅쓰고 그들 자신이 좋아하는 것은 무엇이나 가지려고 했습니다. 이스라엘 백성들은 하나님께서 그들을 구원하신 것을 조롱하는 자들처럼 하나님께서 그들을 애굽 땅에서 구출해 내오신 것을 경멸했습니다. 이 사실을 알고 있는 우리도 우리 자신을 살펴보아야 합니다. 우리가 그와 같은 죄를 저지르지 않도록 하기 위해서 이러한 잘못이 우리에게 제시된 것입니다. 그 사실을 알아 둡시다.

하나님께서는 우리를 옛 백성들의 재판관으로 삼으시는데, 그것은 우리 모두로 하여금 각자의 처지에서 우리 자신을 정죄시키기 위해서입니다. 하나님께서 우리를 잘못을 저지른 자의 재판관으로 삼으신 것은 하나님이 많은 것을 우리보다 분명하게 알지 못하시기 때문입니까? 하나님은 당신의 임무를 우리에게 양도하실 정도로 관대하시며, 우리 각자로 하여금 자신을 돌아보게 하시며, 죄 있음을 고백한 후에 고개를 숙이고 하나님 앞에서 겸손해지게 하십니다. 그러므로 이 이야기의 반복이 우리로 하여금 우리 자신의 사악한 감정을 정죄하게 해 주고, 또 끊임없이 우리 하나님을 진노하게 하는 우리의 욕정이 어떤 것인지 생각해 보게 해야 합니다.

먼저 우리 육신에는 얼마나 많은 욕정이 있는지 알아봅시다. 우리에게는 하나님을 향해 돌진해 나아가는 무한한 요소들이 많이 있습니다. 이와 똑같은 이유로 사도 바울은 우리의 속성에서 나오는 모든 상상과 자만과 감정은 우리를 우리 하나님의 의로움에 대항해서 싸우게 하는 자극제의 역할을 한다고 말했습니다(롬 8:7). 그러므로 우리가 무엇에든지 욕심을 품을 때마다 우리의 육신이 우리를 다스리는 것을 허락하지 마십시오. 왜냐하면 우리의 모든 감각이 부패했기 때문입니다. 우리가 보기에는 비록 우리가 소원하는 것의 목적이 선할지라도 어떤 과격한 것들이 우리의 소원과 섞이게 되면 하나님께서는 거기에서 잘못된 것을 발견하실 것입니다. 우리의 소망이 겉으로 보기에는 아무리 멋지고 아름다울지라도 거기에는 어떤 악한 것이 있기 마련입니다.

우리 자신이 타고난 판단력을 통해서도 정죄되어야 하는 사악한 욕정에 대해서 우리는 무엇이라고 말해야 합니까? 어떤 사람이 자기 가족에게 필요한 것을 구해 주겠다는 욕망을 갖고 그것을 구하러 다녔다면 그 욕망 자체는 선한 것이 사실입니다. 그러나 그것은 성급함 혹은 불안정 혹은 과보호 혹은 불신앙과 짝한 것이 됩니다. 간단히 말하면, 하나님께서는 항상 우리의 욕망 속에서 잘못된 무엇인가를 발견하게 될 것인데, 우리의 욕망 그 자체는 본질상 악하지 않습니다. 만약 어떤 사람이 그의 이웃을 기만하고 속이기 위해서 약탈과 강탈하는 짓에 뛰어든다면 그것은 그 자체가 선한 것처럼 보일지도 모르는 욕심을 갖는 것보다 훨씬 나쁘지 않습니까? 비록 어떤 사람이 그의 부인과 전에 없이 화목한 생활을 하려고 할지라도 거기에는 항상 세상적인 감정이 섞이게 됩니다. 그러므로 우리가 가장 착한 일을 할 때에도 우리의 부정한 것이 틀림없이 스스로 폭로될 것입니다. 만일 우리가 음탕한 짓을 자유롭게 하도록 우리를 내버려 둔다면 우리는 어떻게 되겠습니까? 그 밖에 다른 모든 일도 마찬가지입니다. 비록 우리의 욕망이 악하게 보이지 않을지라도 하나님이 보시기에는 그것들이 항상 어떤 악한 것과 의롭지 못한 것과 짝을 이루고 있습니다. 그 사실을 명심합시다.

늘 하나님만 의존하라

이 외에도 우리에게는 하나님이 주시는 멍에를 벗어 버리게 만드는 육신적인 욕망이 있습니다. 그래서 우리는 온갖 희귀한 짓에 빠지게 됩니다. 어떤 이는 신성 모독하는 짓을, 어떤 이는 폭식하는 짓을, 어떤 이는 망나니짓을, 어떤 이는 잔인한 짓을, 어떤 이는 강도짓을, 그 밖에 다른 사람들은 온갖 나쁜 짓을 하게 됩니다. 우리가 그런 지경에 이르게 되면 하나님께서 우리를 치기 위해서 일어서시는 것이 당연하지 않습니까? 그렇습니다. 만일 이스라엘 백성들이 욕망으로 인해서 죽음을 당했다면 우리는 어떻게 되어야 합니까? 우리는 이 이야기가 하나님께서 우리의 잘못을 엄밀하게 조사해 보라고 경고하시는 이야기라는 사실을 알아 두어야 합니다. 그리고 우리의 잘못을 깨닫는 즉시 용서해 달라고 간구하고 회개하여 하나님께 온전히 복종하고 하나님께로 달려가며, 더 이상 악한 짓에 빠지지 말아야 합니다.

그러나 그것은 우리가 우리의 감정을 포기하기 위하여 우리의 감정을 전심으로 싫어할 정도로 우리 자신을 다스릴 수 있을 때 가능합니다. 어떤 사람이 겉으로 보기에는 아무리 훌륭한 미덕을 가지고 있을지라도 그가 그런 방법으로 정복당하지 않으면 하나님께 순종하는 것이 불가능합니다. 그런데 우리는 어떻게 합니까? 우리는 이것들을 전혀 염두에 두지 않을 것입니다. 아마 우리는 우리의 죄를 보지 않기 위해서 우리의 눈을 가리는 일 외에는 아무것도 하지 않을 것입니다.

이스라엘 백성들이 물을 요구한 데 대해서 어떻게 정죄 당했는지 보십시오. 그들은 목이 말라 죽을 지경이었습니다. 그들이 용서받지 못한 이유는 그들이 투덜거리며 물을 요구했기 때문입니다. 그들은 "주님께서는 우리에게 무엇이 필요한지 우리보다 더 잘 아십니다. 우리의 모든 것을 주님께 맡기겠습니다. 그러니 우리를 구해 주십시오"라고 말했어야 했습니다. 그런데 그들은 그런 겸손함을 보여 주는 대신에 투덜거리고 고함을 지르기 시작했습니다. 우리는 그렇게 해서는 안 됩니다. 하나님께서 우리가 요구하는 것들을 당장 주지 않으실지라도 우리는 하나님께서 허락하실 때까지 조용히 기다려야 합니다. 하나님에게는 우리의 모든 필요를 충당해 주실 능력이 충분히 있으시기 때문입니다.

만일 하나님이 원하신다면 하나님께서는 우리를 넉넉히 만족시켜 주시며, 우리의 소원을 이루어 주실 수 있는 것이 사실입니다. 그러나 하나님의 뜻은 우리를 이 세상에서 풍족하게 만들어서 우리로 하여금 하나님께서 우리에게 베푸시는 선을 비웃는 계기로 삼고 그것을 발로 짓밟히게 하는 것이 아닙니다. 하나님의 뜻은 우리가 겸손하고 낮아져서 당신에게 의존하게 되는 것입니다. 어떤 사람이 가난한 처지에 있을 때 만일 하나님께서 그에게 그를 풍족하게 해 줄 것들을 주시면 그는 하나님께서 그를 불쌍히 여기신 데 대해서 대단히 감사할 것이라고 생각할 것입니다. 그러나 하나님께서 그로 부자가 되게 하시고 그를 풍족하게 해 주셨다면 그는 어떻게 하겠습니까? 그는 전과 같지 않은 사람인 것처럼 하나님을 향해서 뻣뻣이 서서 하나님을 모른 체할 것입니다. 이런 사악한 짓들이 흔하게 일어납니다. 그래서 우리 하나님께서 우리에게 많은 유익을 주실수록 우리는 하나님을 무시하려고 하며, 하나님께서 그렇게 하시는 것이 우리의 감사할 줄 모르는 마음과 악한 행실을 키워 줍니다.

이스라엘 백성들과 관련해서 말한 내용들이 우리에게도 해당된다는 사실을 알아 둡시다. 우리에게는 그들과 같거나 그들보다 더 흉악한 악이 있기 때문입니다. 그리고 우리는 그들을 통해서 우리를 가르치시려고 하는 것이 하나님의 의도라는 것을 알아 두어야 합니다. 특별히 가데스바네아(Cades Barne)에서의 그들의 괴팍스러운 옹고집에 대해서 언급되었는데, 그들은 그곳에서 그들에게 약속된 유업으로 들어가기 위해서 전진하기를 거절했습니다. 오늘날 우리도 하나님 앞에서 책망 받아야 할 것이 그들보다 덜하지 않다는 것을 알아 둡시다. 하나님께서는 우리로 하여금 이 여정을 통과하게 하기 위해서 우리를 제어하실 수 없으시기 때문입니다.

하나님께서 우리를 당신의 교회로 불러들이신 목적이 무엇입니까?

내가 앞에서 말한 바와 같이, 그것은 우리가 이 세상을 지나가는 동안에 우리가 이 세상과 짝하지 않게 하고, 전적으로 이 세상을 여행지나 타국 땅처럼 활용하게 하며, 이 세상을 통과하여 천국을 향해 여행하게 하기 위해서입니다. 우리 주님께서는 시간을 가리지 않으시고 당신을 향해서 계속 나오라고 외치십니다. 그러나 그와 반대로 우리는 하나님께로 가기 위해서 한 발자국도 움직이지 않으며, 앞으로 가는 대신에 뒤로 물러서거나 나태해서 편안하게 앉아 있습니다. 이런 상황입니다. 하나님께서는 우리가 게으르고 완고해서 용기를 내서 앞으로 나아가고 우리의 여정을 끝까지 계속하는 대신에 하나님께 반항하고 더 이상 멀리 나아가기를 꺼린다는 것을 아시기 때문에, 우리의 기를 완전히 꺾어 놓기 위해서 이 이야기가 우리에게 주어졌습니다. 그 사실을 알아 둡시다. 그렇게 되면 우리는 우리의 몸속에서 가치 있는 것을 아무것도 찾지 못하게 될 것입니다.

사실 우리 몸속에는 가치 있는 것이 아무것도 없습니다. 그러나 우리는 하나님의 은혜를 소리 높여 찬양해야 합니다. 하나님은 전혀 타협적이 아니시며, 모든 것을 값없이 주시며, 당신의 선하심과 무한하신 긍휼로 인해서 행하십니다. 그 사실을 알아 두십시오. 그러니 우리로서는 한탄해야 하며, 하나님께 우리의 잘못을 고쳐 주시고 우리를 하나님의 뜻에 맞게 다시 만들어 달라고 간구해야 합니다.

그런데 하나님께서 우리를 부르실 때 우리는 어떤 모양으로 앞으로 나아가는지 알고 싶습니다. 우리는 절뚝거리기도 하며 여러 번 발을 헛디디기도 합니다. 사람들로 하여금 하나님께서 그들에게 손을 내미신 때부터 지금까지 얼마나 전진했는지 알아보게 하십시오. 복음을 알기 전부터 우리가 하나님께 반항한 데 대해서 변명할 여지가 이미 없어졌던 것이 사실입니다(롬 1:20). 그런데 지금 하나님께서 당신의 말씀으로 우리를 깨우쳐 주시고, 우리에게 구원의 길을 일러 주시고, 당신의 뜻을 우리에게 제시하시며 오라고 부르십니다. 하나님께서 우리를 인도하시기 위해서 당신의 손을 내미시니, 만일 우리가 이에 불응해서 하나님께로 가려고 하지 않는다면 우리가 용서받을 수 있겠습니까?

우리는 모두 우리의 임무를 다했는지 생각해 봅시다. 우리는 복음으로 거듭났다고 자랑하면서도 우리가 말하는 내용을 듣게 되면 놀랄 것입니다. 우리의 부정은 보기가 역겨울 정도로 추악합니다. 하나님께서는 그것에 대한 언도를 내리시기 위해서 당신의 재판석으로 올라가실 필요가 없으십니다. 왜냐하면 바로 이단자나 무식한 사람도 우리의 재판관이 될 수 있기 때문입니다.

그들이 우리의 재판관이 된다는 것은 우리에게 매우 수치스러운 일입니다. 우리의 생활이 매우 야비하고 악하기 때문에 천주교인과 같은 어리석은 자들도 우리를 비웃습니다. 우리의 머리 위에는 파멸이 임하는데, 우리는 그것을 받아 마땅합니다. 우리의 행실로 인해서 하나님의 이름이 모욕을 당하시지만 우리는 그것에 개의치 않기 때문입니다. 그러나 우리가 그런 식으로 헛된 자화자찬에 취하게 될수록 결국 하나님께서는 우리로 하여금 당신의 징계가 헛되지 않았다는 것을 더 느끼게 하실 것입니다.

거역의 종류

이제 모세가 여기서 한 말을 상기해 봅시다. 그는 "내가 너희를 알던 날부터 너희가 항상 여호와를 거역하였느니라"고 말했습니다. 그가 여기서 언급한 거역(Rebelliousness)에는 그들은 하나님을 신임하지 않고 하나님의 뜻을 거스르면서 하나님의 말씀에 반항했다는 뜻이 담겨 있습니다. 만일 거역이 어떤 것인지 알기 원한다면 우리는 먼저 하나님께서 하신 말씀에 주목해야 합니다. 하나님께서는 우리를 시험하려 하시는데, 그것은 하나님께서 우리를 가르쳐 주실 때처럼 우리를 매우 관대하게 대해 주신 후에 우리가 모든 면에서 하나님의 말씀에 순수하게 승복하느냐 승복하지 않느냐 알아보시기 위해서입니다.

하나님의 뜻을 알려 주고 선포하는 역할을 하는 것이 성경입니다. 그러므로 성경에 담겨 있는 모든 내용은 하나님께서 우리에게 원하시는 것이 무엇인지를 알려 주시기 위해서 당신의 거룩하신 입을 열어 말씀하시는 것과 같습니다. 따라서 만일 우리의 생활이 우리가 선서했던 대로 하나님의 말씀과 완전히 일치하지 않게 되면, 하나님께서는 우리가 하나님의 말씀을 거역한 것을 고소하고 추궁하십니다.

거역에는 두 가지가 있습니다. 하나는 하나님 언약을 믿지 않는 것이고, 다른 하나는 하나님의 명령에 순종하지 않는 것입니다. 이 둘이 우리가 하나님의 말씀에서 배워야 되는 모든 것의 핵심입니다. 우리가 성경 전체를 전에 없이 아무리 뒤져 보아도 거기에 담겨 있는 것은 이 두 요점뿐입니다. 다시 말하면, 하나님께서는 우리의 아버지와 구세주가 되시기를 간절히 바라시기 때문에 우리에게 당신의 무한하신 긍휼을 베푸시며, 우리를 오라고 부르시며, 우리 앞에 거저 주시는 당신의 선하심과 사랑을 제시하시는 한 우리는 하나님의 약속을 믿고 거기에 온전히 의지해야 합니다. 그리고 우리는 "여호와여, 당신께서는 우리에게 당신의 모든 것을 주시겠다고 하실 정도로 통이 크시니, 우리의 모든 근심 걱정을 당신께 맡기며, 당신의 관대하심을 통해서 우리의 모든 행복이 이루어지기를 바랍니다" 라고 말해야 합니다.

우리가 제일 먼저 해야 할 일은 하나님께서 우리에게 언약을 주셨을 때 우리가 그 언약 위에 정착하는 일입니다. 두 번째로 우리는 하나님께서 요구하시는 순종을 해야 합니다. 그것은 마치 하나님께서 우리에게 "글쎄, 나는 너희가 자발적으로 나에게로 온 것처럼 나에게 순종하는 생활을 하고 나를 섬기기를 바란다"고 말씀하시는 것과 같습니다. 그 백성들이 하나님의 명령에 순종하지 않았으며 하나님의 언약도 믿지 않았기 때문에, 모세는 여기서 그들이 항상 여호와를 거역했다고 말했습니다.

이제 우리는 우리가 자랑하는 믿음이 어디에 있는지 살펴봅시다. 우리는 복음을 믿는다고 충분히 말할 수 있는 것이 사실입니다. 그러나 만일 하나님의 언약이 우리에게 효과적으로 작용했다면 우리 몸속에는 또 다른 종류의 확고함이 있어서 우리가 지금처럼 갈대와 같이 모든 바람에 흔들리지 않을 것입니다. 우리의 믿음 없음이 스스로 폭로되었으므로 우리는 그에 대해서 중한 선고를 받습니다. 우리는 세상적인 일에서도 하나님을 믿지 않습니다. 우리는 매일매일 하나님의 구조와 도우심을 경험하면서도 여전히 그것을 의심합니다. 만일 우리가 작은 일에 있어서도 하나님을 믿지 않는다면, 어떻게 영생을 주시겠다는 하나님을 믿을 수 있겠습니까? 하나님께서 우리에게 나타내 보이실 때까지 우리에게 감추어졌던 생명처럼 보이지 않는 것들을 우리가 어떻게 믿겠습니까? 그리고 하나님께 반항하는 이와 같은 거역이 우리의 전 생활에서 잘 나타나지 않습니까?

우리는 하나님을 섬기겠다는 의지를 나타내 보이려고 하는 것이 사실이지만, 모든 것이 가식에 불과합니다. 우리 가운데 한 사람이라도 우리가 마땅히 해야 할 만큼 성실하고 의롭게 사는 사람이 있습니까? 믿는 자들과 하나님의 자녀에게 있어야 할 애정과 자비심이 어디에 있습니까? 우리는 고양이나 개와 비슷합니다. 우리가 함께 합의해서 선행을 베풀어야 할 문제가 생기게 되면 세상 사람들은 우리가 어떻게 행동하는지 볼 것입니다. 우리가 하나님께서 의도하시고 계획하신 것과 정반대 방향으로 가려고 모의하는 것처럼 보일지도 모릅니다. 이것은 크게 이상하게 여길 일이 아닙니다. 만일 우리가 경미한 것에도 우리에게는 기독교적 정신이 그리 많지 않다는 것을 보여 주게 되면, 우리가 보다 크고 보다 귀중한 일에서도 그에 못지않은 비굴함을 보이게 될 것입니다. 나는 그것들이 하나님을 경외하는 마음과 하나님의 말씀을 사랑하는 마음과 비교해서 작다고 했는데, 사람들은 그것을 우리에게서 보지 못한다고 말할지도 모릅니다.

그와 같은 작은 일과 관련해서 하는 말인데, 만일 우리가 하나님을 뜨겁게 사랑하는 척하려고 한다면 우리는 사람들이 갈취와 사기와 잔인함과 편견과 그 밖에 다른 악을 정죄하는 것을 충분히 감수할 수 있습니다. 설교를 들을 때에도 우리는 충분히 우리들 사이에는 어떤 일체감이 있는 척합니다. 특히 성찬식에서 그렇습니다. 심지어 그때에도 하나님을 경멸하는 행위가 나타나는데, 우리가 성찬식을 집례하는 동안, 다시 말하면 우리가 함께 모여서 신앙고백을 하고 하나님께 기도를 드려야 했을 때 약 200명은 놀이에 여념이 없었습니다. 설교가 시작되기 전에 사람들이 지나가는 것을 보고 어떤 사람은 그들이 성찬식에 참여하려 한다고 생각했을 것입니다. 그러나 그들의 마음은 놀이에 있었기 때문에 그들은 모든 안식일을 사치스러운 일로 보냅니다. 그것이 분명하고 심지어 어린아이들도 그것에 대한 부끄러움을 알고 있기 때문에 그 말을 그들에게 공개적으로 하는 것이 타당합니다.

간단히 말하면, 모세가 한 말은 그 당시에만 해당되지 않고 오늘날의 우리에게도 해당됩니다. 우리는 이스라엘 백성들을 통해서 경고를 받아 우리 자신을 부끄럽게 여겨야 하며, 더욱이 우리는 우리 하나님으로 하여금 우리를 연민의 정과 긍휼로 받아들이실 방법을 찾아보시게 해드려야 합니다. 즉 우리는 하나님께 지은 죄가 크다는 것을 인정한 후에 우리 각자는 우리 자신을 정죄할 뿐만 아니라 우리가 전에 지은 죄를 하나님으로부터 사함 받기 위해서 고개를 숙이는 방법을 배워야 합니다. 그리고 하나님의 죄 사함을 받기 위하여 우리는 또한 성령님의 인도와 다스림을 받아야 합니다. 우리가 전에는 하나님께 매우 완강했기 때문에 하나님께서는 어떤 방법으로도 우리를 승복시키지 못하셨습니다. 그러나 지금 우리는 하나님께 우리 자신을 양순하게 복종시키게 되어서 우리가 산짐승이 되는 대신에 양이나 어린 양처럼 하나님께 온순하고 상냥하게 되었으며, 하나님의 말씀에 귀를 기울이고, 하나님의 말씀을 우리 자신보다 우월하게 여기게 되었으며, 우리로 하여금 하나님을 영화롭게 해 드리고, 하나님을 섬기는 데 방해가 될지도 모르는 모든 것을 완전히 버리게 되었습니다.

68편_ 신 9:25~29

"이 백성의 강퍅과 악과 죄를 보지 마옵소서"

"그 때에 여호와께서 너희를 멸하겠다 하셨으므로 내가 여전히 사십 주야를 여호와 앞에 엎드리고 여호와께 간구하여 가로되 주 여호와여 주께서 큰 위엄으로 속하시고 강한 손으로 애굽에서 인도하여 내신 주의 백성 곧 주의 기업을 멸하지 마옵소서 주의 종 아브라함과 이삭과 야곱을 생각하사 이 백성의 강퍅과 악과 죄를 보지 마옵소서 주께서 우리를 인도하여 내신 그 땅 백성이 말하기를 여호와께서 그들에게 허락하신 땅으로 그들을 인도하여 들일 능력도 없고 그들을 미워도 하사 광야에서 죽이려고 인도하여 내셨다 할까 두려워하나이다 그들은 주의 큰 능력과 펴신 팔로 인도하여 내신 주의 백성 곧 주의 기업이로소이다 하였었노라"(신 9:25~29).

모세는 여기서 그 백성들이 지은 죄가 대단히 크다는 것을 그들에게 이해시키려고 그가 시작했던 말을 계속했습니다. 그는 하나님께서 그의 말을 들어주시는 것을 자랑하지만, 백성들로 하여금 그에게 더 많은 신세를 지고 있다고 생각하게 하려는 의도는 없었습니다. 그가 중요하게 여기는 것은 그것이 아니고, 백성들로 하여금 앞으로는 경외하고 겸손한 생활을 하게 해서 그들이 지은 죄를 명심하게 하고, 만일 하나님께서 그들에게 긍휼을 베풀지 않으셨다면 그들이 완전히 멸절당하는 것이 지극히 당연하다고 생각하게 하는 것입니다. 그러고 나서 그는 **그가 사십 주야를 땅에 엎드린 후에야** 그의 요구가 받아들여졌다고 말했습니다. 그리고 그가 그렇게 말한 것은 백성들로 하여금 그런 사실을 통해서 만일 하나님께서 그의 열정적이고 진지한 태도에 귀를 기울이지 않으셨다면 그들은 완전히 파멸되었을 것이라는 것을 더 잘 깨닫게 하기 위해서입니다.

사람이 하나님 앞에서 사십 주야를 슬퍼하고 울기를 계속한다는 것은 보통일이 아닙니다. 이러한 능력이 모세에게 주어졌다는 것은 그가 전에 사십 주야를 금식한 것과 같이 기적이라는 데 의심의 여지가 없습니다. 그런데 하나님께서는 무슨 목적으로 그렇게 하셨습니까? 율법에 더 많은 권위를 주기 위해서였습니다. 하나님께서 백성들과 맺은 언약이 완전히 파괴되어서 효력을 잃은 것처럼 보이는 것도 무리가 아니었습니다. 그래서 모세가 다시 그들로부터 사십 주야를 떨어져 있는 것이 불가피했습니다. 그런 방법을 통해서 새로운 권위를 받을 수 있었을 것입니다.

그렇기는 하지만 모세가 사십 주야를 전혀 먹지도 마시지도 않았는데, 그것은 인간의 능력으로 된 것도 아니며, 솔직히 말해서 절제의 금식도 아니었습니다. 그것을 잘 알아야 합니다. 모세는 배고픔과 목마름을 느끼지 못했습니다. 그렇게 한 것은 율법이 사람에게서 나온 것이 아니기 때문에 그것이 더 경건하게 받아들여지게 하기 위해서였습니다. 그런데 모세는 천사가 하늘에서 내려오는 것처럼 산에서 내려왔습니다. 그는 백성들의 죄 때문에 하나님께 그들이 저지른 우상 숭배를 보지 마시고 당신의 섭리를 계속 유지해 나아가 달라고 기도했습니다. 비록 모세가 돌판을 깨뜨렸고, 또 그가 성령님의 충동에 의해서 그렇게 했지만 그는 멸절되어 마땅한 그 백성들을 끊임없이 동정했습니다. 그것이 우리가 여기서 살펴보아야 할 내용의 요점입니다.

이것을 통해서 명심할 것은 만일 하나님께서 우리의 불륜과 죄를 용서해 주신다면 우리는 그것을 쉽게 잊어서는 안 되고 더 경건한 생활을 해야겠다고 생각해야 한다는 것입니다. 하나님께서 우리에게 엄청난 선을 베푸셨으니 우리가 하나님께 얼마나 많은 신세를 지고 있는지 일생 동안 생각해 보아야 합니다. 자신들의 죄를 용서해 주기를 바라면서도 억지로 소리를 내는 자들이 많습니다. 그들은 더 이상 그들의 죄에 대해서 생각해 보겠다는 마음을 먹지 않으며, 하나님께 하나님이 받아 마땅한 찬양을 드리지 않습니다.

그와 반대로, 이스라엘 백성들의 예를 통해서 우리에게 보여 주는 것은 하나님께서 우리를 인자하게 대해 주시며 우리의 죄를 심문하시기를 좋아하지 않으실지라도 우리는 우리의 죄를 짓밟아 버려서는 안 되며, 오히려 매일매일 그것들을 상기해 보아야 한다는 사실입니다. 그렇게 하면 그것은 제일 먼저 우리를 회개하도록 자극할 것이며, 만일 하나님께서 우리를 지켜 주지 않으시면 우리는 곧 실족하게 될 것을 확실히 믿게 합니다. 두 번째로, 그것은 우리로 하여금 하나님의 값없이 주시는 긍휼을 통하지 않고서는 우리는 서 있을 수 없다는 생각을 하게 만들며, 마지막으로 그것은 우리에게 용기를 주어서 우리로 하여금 우리가 빠졌던 나락에서 우리를 구출해 주신 하나님의 이름을 찬양하게 합니다. 우리는 그만큼 하나님께 많은 신세를 지고 있으니, 우리는 더 자진해서 하나님을 섬기고 영화롭게 해 드려야 합니다. 이렇게 해서 여러분은 사실상 우리가 여기 있는 내용을 통해서 무엇을 기억해야 하는지 알게 되었습니다.

이 외에도 모세의 모범을 통해서 우리가 하나님께 두세 마디의 말로 기도하는 것으로는 충분치 않으며, 싫증을 내지 않고 기도를 계속해야 한다는 것을 잘 알아 둡시다. 그것이 우리가 꼭 알아 두어야 할 요점입니다. 우리에게는 많은 결점이 있는데, 그중에서 가장 큰 결점 중의 하나는 우리가 마음을 안정시켜서 기도드리지 못하는 것입니다. 우리는 성질이 급하기 때문에 우리가 말을 꺼내기가 무섭게 우리의 생각은 다른 곳을 헤매고 있습니다. 하나님에게 한 번 기도드렸다면 우리는 그것으로 충분하고도 남는다고 생각합니다. 그에 반해서 모세는 우리가 알고 있는 바와 같이 그 백성들의 죄 때문에 사십 일 동안 계속해서 기도했습니다. 그러므로 우리가 하나님께 기도를 드릴 때에는 우리 주님께서 우리에게 권고하신 대로 인내심을 갖고 귀찮게 졸라야 합니다(눅 18:1,2). 우리의 슬픔을 하나님께 단 한 번, 그것도 경솔하게 아뢰는 것으로는 충분치 않으며, 우리는 하나님께서 우리의 요구를 들어주실 때까지 계속해서 호소해야 합니다. 여기서 얻어야 할 두 번째 가르침은, 하나님께 기도할 때에는 끝까지 안정을 유지해 나가야 한다는 것입니다.

또한 모세의 이와 같은 기도는 다른 사람을 책임지고 있는 사람들의 임무가 무엇인지 우리에게 보여 줍니다. 즉 죄 지은 자들을 불쌍히 여겨 달라고 하나님께 기도하는 것입니다. 공직을 맡은 사람들에게는 세상적인 임무를 완수하는 것으로 충분하지 않으며, 하나님께로 향한 임무도 해야 합니다. 사도들은 자기들은 복음을 전할 뿐만 아니라 기도와 간구를 해야 한다고 말했습니다. 그런데 이 일은 믿는 자들 모두에게 해당됩니다. 하나님께 기도드리는 것이 우리 신앙의 가장 중요한 임무이기 때문입니다. 그런 까닭으로 사도 바울이 말하기를 자기는 고린도 사람들을 위해서 자신의 몸을 낮춘다고 했습니다(고후 2:4). 그 말은 고린도 사람들의 벌을 자신이 대신 받겠다는 것과 같습니다. 하나님께서 사도 바울에게 고린도 교회를 맡기셨으므로 그는 무거운 짐을 어깨에 메야 했습니다. 때문에 하나님의 말씀을 전하고 교회 안에서 가르치는 직분을 맡은 사람들은 가르치는 일뿐만 아니라 기도에도 전념해야 합니다.

그들에게 일이 잘못되어 가는 것이나 사람들 가운데 비리가 있는 것이 보이면 그들은 하나님께 그에 대한 대책을 세워 달라고 특별히 호소해야 합니다. 그것이 모세의 본보기를 통해서 우리에게 보였습니다. 즉 그는 백성들이 하나님께 긍휼을 베풀어 달라고 호소할 때까지 기다리지 않고 백성들의 짐을 지고 그들을 행복하게 해 주라는 사명을 받은 자로서 그 본을 보여 주었습니다.

기도의 원칙

이제 모세가 한 기도의 형식에 대해 생각해 보기로 하겠습니다. 그는 주 여호와여, 주께서 큰 위엄으로 속하시고 강한 손으로 애굽에서 인도하여 내신 백성, 곧 주의 기업을 멸하지 마옵소서 주의 종 아브라함과 이삭과 야곱을 생각하사 이 백성의 강퍅과 악과 죄를 보지 마옵소서라고 기도했습니다. 우리는 여기에서 모세가 주장한 것이 무엇인지 알게 됩니다. 즉 하나님으로 하여금 아브라함의 후손들을 선택하게 만든 하나님의 인자하신 은총을 내세웠습니다. 이렇게 해서 우리는 하나님께 기도할 때 지켜야 될 좋은 원칙을 알게 되었습니다. 즉 만일 우리가 하나님에게 요구하는 것을 받아 내려면 우리 안에 있는 어떤 것도 기화로 삼아 이용하기보다는, 하나님께서 우리로 하여금 느끼게 만드셨던 하나님의 선하심을 내세워야 합니다. 우리는 이렇게 기도해야 합니다. "여호와여 당신께서는 당신의 사업을 계속하십시오. 당신께서는 우리를 당신 곁으로 오라고 부르기 시작하셨으니 우리는 말할 수 없이 당신의 선하심에 많은 신세를 지고 있습니다. 그러므로 시편 138편 8절 말씀과 같이 당신께서는 계속 그 일을 하셔서 당신께서 시작하신 일을 끝마쳐 주시고 당신의 일이 불완전한 채로 남아 있는 것을 허락하지 마옵소서"(시 138:8). 그것이 우리가 성경에 담겨 있는 모든 기도에서 얻을 수 있는 가르침입니다.

모세는 여호와의 백성 그리고 여호와의 기업이라고 말했는데, 이 말은 그 백성들이 그들의 품위를 그들의 능력으로 획득했다는 뜻이 아닙니다. 모든 인류 가운데 한 민족이 하나님의 기업이라고 불린다는 것은 큰 영광입니다. 그들에게 그렇게 불릴 자격이 있습니까? 모세는 바로 거기에서 그들에게는 강퍅과 악과 죄밖에 없다는 말을 첨가했습니다. 그러니 모든 것을 하나님께서 당신의 마음이 내키는 대로 양자 삼으신 덕분으로 돌리는 것이 당연합니다. 하나님께서는 양자 삼으심을 통해서 그 백성들을 택하셨습니다. 하나님께서 그렇게 하신 것은 "나는 아브라함의 가문으로 하여금 다스리게 할 것이며 내가 거기에 거할 것이며 그곳이 나의 교회가 될 것이다. 그리고 내가 거기에 안주할 것이다"(시 132:14)라고 말씀하신 것과 같습니다. 하나님께서 말씀하시는 것을 보면 하나님께서는 그 백성들에게 그런 자격이 있는지 없는지 전혀 고려하지 않으셨습니다. 그러나 실제로 그들은 심술궂은 백성들처럼 보였습니다. 그러나 하나님께서는 그들이 어떤 백성이었는지 전혀 상관하지 않으시고 언약을 맺으셨으며 그 언약은 인간의 공로에 근거를 두지 않았습니다.

모세가 여기서 우리에게 보여 준 것은 여호와께서는 당신의 백성들과 당신의 기업을 긍휼이 여기신다는 사실입니다. 우리가 하나님께 우리의 죄를 용서해 달라고 호소할 때 우리가 하나님의 눈에 들어 응답받기 위해서는 하나님으로부터 받은 유익을 주장하는 것 외에는 아무 노력도 하지 않도록 해야 합니다. 분명히 말하지만 그것이 하나님께 기도할 때 우리가 통과해야 할 관문입니다. 우리는 하나님을 노엽게 해 드렸으며, 우리가 말할 수 없이 처참한 죄인임에도 불구하고 하나님께서는 우리를 당신의 양떼로 택하셨으며, 황송하게도 당신의 참 모습을 우리에게 나타내 보이셨습니다. 이처럼 하나님이 우리의 아버지이시며 구세주라는 확신을 주시는 한, 우리는 그분이 선하시다는 보증을 가지고 하나님을 마음 놓고 압박해도 됩니다.

우리는 건방지게도 우리 속에서 하나님을 우리에게 결박시킬 무엇인가를 찾아보려고 하지 않아야 합니다. 우리에게는 그럴 만한 것이 전혀 없기 때문입니다. 우리는 하나님에게서 받은 것을 하나님께 드리는 것으로 만족합시다. 하나님께서 주신 유익에 대해서 하나님께 경배를 드리면서 용기를 내어 하나님의 이름을 부르고, 하나님께서는 계속해서 유익을 주신다는 것을 확실히 믿읍시다. 전에 하나님께서 우리를 너 그렇게 대해 주신 것처럼 이후에도 우리를 실망시키지 않으실 것이라는 확신을 주실 것입니다. 실제로 이것이 이스라엘 백성들을 하나님의 백성과 기업이라고 한 모세의 말을 통해서 우리가 기억해야 할 내용입니다.

그러고 나서 모세는 "여호와께서 그들을 큰 위엄과 강한 손으로 애굽에서 인도하여 내셨습니다"라고 말했습니다. 그가 그렇게 말한 것은 그들이 여호와의 기업이라는 것을 가시적인 물증과 그에 대한 명백한 결과를 통해서 알리기 위해서였습니다. 이스라엘 백성들은 그 언약에 기초를 두었어야 하는 것이 사실입니다. 여기서 모세도 그들과 똑같았습니다. 그는 여호와께서 우리를 애굽에서 이끌어 내셨으며, 그 후로 우리가 광야를 통과할 때 우리를 당신의 능력으로 지켜 주셨다는 말을 먼저 하지 않고, 우리가 여호와의 백성이며 기업이라는 것을 강조했습니다.

그는 무엇을 신뢰했습니까? 그는 그 언약을 믿었습니다. 하나님께서 "나는 너희 후손의 구세주가 될 것이다"라고 말씀하셨기 때문입니다. 더욱이 그는 하나님께서 그 백성들을 당신의 기업으로 여기신다는 것을 증명하시기 위하여 그들을 애굽에서 구출해 내셨다는 것을 내세우지 않았습니다. 하나님께서는 이스라엘 백성들을 애굽에서 인도해 내실 때 당신의 손을 펴셨는데, 왜 그렇게 하셨습니까? 당신의 입으로 한 약속을 보증하시기 위해서였습니다. 분명히 말하지만, 하나님께서는 그때 아브라함에게 한 약속, 즉 당신께서는 그의 후손의 하나님이 되시겠다는 그 약속이 헛되지 않았다는 것을 분명히 보여 주셨습니다.

그와 똑같은 이유로 모세는 여기서 양쪽을 다 강조했습니다. 그는 처음에는 언약을, 그 다음에는 그 결과, 즉 구출을 언급했습니다. 그리고 하나님께서 그들을 구출해 내신 것이 당신의 종 아브라함을 속이지 않으신다는 확실한 보증이 되었습니다. 그러므로 만일 우리가 하나님의 선하심에 의지하여 하나님께 접근하려고 한다면, 우리는 먼저 하나님의 말씀에 의지해야 한다는 것을 명심해야 합니다. 그리고 그 후에는 우리가 하나님으로부터 받은 유익도 인정해야 합니다. 만일 우리가 하나님께서는 우리를 속이지 않으신다는 것을 당신의 언약을 통해서 알게 되면, 그것은 하나님께서 우리로 하여금 더 확고하고 확실하게 믿게 만드는 사전 보증과 같습니다. 우리는 하나님의 말씀을 확실하게 신임할 정도로 그것을 존중해야 합니다.

먼저 죄를 인정하는 태도가 중요

한편 우리가 하나님께서 실제로 우리에게 베푸시는 선하심에 대해서 감사하지 않는 것은 아니지만, 그 선하심으로 하여금 우리의 믿음을 승인하는 주역의 역할을 하게 합시다. 그것이 하나님의 말씀이 우리 안에서 크게 역사한다는 것을 보여 주며, 우리를 자극해서 우리로 하나님을 더 많이 부르게 하며, 우리는 하나님이 끝까지 변하지 않으신다는 것을 의심하지 않게 됩니다. 이렇게 해서 여러분은 왜 우리가 모세가 지켰던 순서를 지켜야 하는지 알게 되었습니다. 즉 먼저 이스라엘 백성들을 양자로 삼게 한 하나님의 언약을 제시하고, 그 다음에는 하나님께서 그들을 애굽 땅에서 인도해 내신 사실을 첨가해야 합니다. 하나님께서는 그렇게 하셔서 당신의 종 아브라함에게 말씀하셨던 것을 실제로 입증하셨습니다.

그리고 나서 모세는 하나님께서는 그 백성의 강퍅함과 악과 죄를 보셔서는 안 된다고 말했습니다. 이 말을 첨가한 데에는 이유가 있습니다. 왜냐하면 우리가 하나님께 언약을 이행해 주시고 양자 삼는 은혜로운 일을 끝마쳐 달라고 기도드리는 동안에 우리 양심은 우리를 꾸짖습니다. 그래서 우리가 하나님이 보시기에는 죄인이라는 것을 잘 알게 됩니다. 그리고 우리가 하나님께 잘못을 저지르게 되면 우리는 하나님의 언약을 최대한도로 어기게 되고, 하나님께서 당신의 언약을 이행하시는 것을 중단하시게 됩니다. 간단히 말하면, 우리가 믿음을 지키지 않고 또 하나님을 향해서 빠른 걸음으로 가지 않는다면 우리는 여호와로부터 버림받아 마땅합니다. 이러한 이유로 모세는 여기서 여호와여 이 백성의 강퍅함을 보지 마옵소서라고 말했습니다.

그러므로 우리로서는 하나님께 당신께서 우리 안에 시작하셨던 일을 계속하시고 당신의 은혜를 완성시켜 달라고 기도하는 것으로는 충분하지 않습니다. 비록 우리에게서 수많은 잘못과 죄를 발견하시더라도 하나님께서는 우리를 여전히 당신의 백성으로 인정하시기를 보류하지 말아 달라고, 또 우리가 하나님의 언약을 어기는 한 우리는 우리의 죄로 인해서 하나님으로부터 버림받아 마땅하지만 하나님께서 우리와 맺은 약속을 계속 지켜 주시고, 우리로 하여금 그 효과를 느끼게 해 주시고, 우리의 죄를 용서해 주셔서 우리가 하나님의 양자 삼으심을 중단하는 일이 없도록 해 달라고, 또 비록 우리의 탈선이 우리의 구원을 박탈당하게 하기에 충분하지만 하나님께서는 우리를 여전히 당신의 자녀로 인정하시기를 중단하지 말아 달라고 간절히 기도해야 합니다.

간단히 말하면, 우리는 하나님께 호소할 때마다 우리의 죄를 가장 겸손하게 인정해야 합니다. 우리가 "여호와여 당신께서 우리에게 약속하셨으며, 당신께서는 당신의 선하심으로 인해서 우리에게 긍휼을 베푸시겠다고 말씀하셨으며, 당신께서는 우리의 아버지가 되시겠다고 선언하셨으며, 우리는 당신의 언약을 가지고 있습니다"라고 말하는 것은 우리에게 전혀 유익이 되지 못할 것입니다. 우리는 잘못을 저질렀으며, 하나님께서 우리에게 명령하신 과정을 지키지 않고 완전히 뒤로 물러섰기 때문에 모든 것이 말 한마디로 뒤엎어질 것입니다. 때문에 우리는 하나님께 기도를 드릴 때마다, 특히 우리가 이 백성들이 우상 숭배하는 극악무도한 죄를 지은 것처럼 무서운 죄를 지었을 때 우리는 우리의 잘못을 인정하고 거리낌 없이 고백해야 한다는 경고를 받습니다. 그러면 하나님께서는 우리를 불쌍히 여기시기를 끊지 않으십니다.

그러니 우리의 죄가 충만할수록 우리는 더욱 고개를 숙이고 겸손해져서 하나님께 우리가 지은 죄를 고백하며 하나님의 용서를 간구해야 합니다. 만일 우리 한 사람 한 사람이 자신의 생활에 대해서 과장하지 않고 생각해 본다면 우리 모두는 자신이 하나님에 대해서 심히 위태로운 지경에 처해 있다는 것을 알게 될 것이며, 우리에게는 부끄러워할 만한 충분한 이유가 항상 있을 것입니다. 그러므로 기도할 때에는 다음 두 가지 일을 명심합시다. 즉 우리가 전에 없이 처참하게 되었을지라도 하나님께서 우리를 당신의 백성으로 택하신 한 우리는 의심하지 말고 하나님께로 스스럼없이 나아가야 합니다. 하나님께서 우리를 그곳으로 인도해 주시고 당신의 언약으로 인해서 우리에게 문을 열어 주실 것이기 때문입니다. 그것이 우리가 딛고 설 기초가 되어야 합니다. 우리가 우리의 죄에 대해서 생각해 보면 우리는 그 잘못을 느끼게 되어서 치명적인 상처를 받게 될 것입니다. 그 결과로 우리는 하나님 앞에서 그 잘못을 회개하고 하나님께 우리를 구원하시기 위해서 당신의 언약을 활용해 달라고 간구하게 됩니다. 그러면 하나님께서는 우리의 죄를 묻어 두시고 우리를 긍휼로 받아들이시기를 기뻐하실 것입니다.

여기에 기록된 이 백성의 강퍅과 악과 죄라는 말을 주목합시다. 모세는 여기에서 염치없는 자들처럼 형식적인 고백을 하지 않았기 때문입니다. 염치없는 자들 대부분은 잘못을 저지른 후 "그것이 잘못이라는 것을 인정합니다. 그러나 당신은 내가 사람이며 나무 막대기가 아니라는 것을 생각해 주서야 합니다"라는 말 한마디만 하면 충분하다고 여깁니다. 분명히 말하지만 그들은 변명을 하지 않아도 충분하다고 여깁니다. 그러나 우리는 여기에 있는 예처럼 다른 방법으로 접근해야 합니다. 모세는 제일 먼저 완악함을 말했는데, 그는 이것을 통해서 그 백성들 가운데 무서운 반역이 있었다는 것을 보여 줍니다. 다음에 그는 악함을 말했습니다. 이 말에는 그 백성들은 아무 가치가 없다는 의미가 담겨 있습니다. 그가 사용한 단어에는 야비하다는 뜻이 담겨 있어서 그런 자들의 전 생활이 문란하다는 것을 의미합니다. 마지막으로 그는 죄라는 말을 덧붙였습니다. 그것은 그들이 저지른 특별한 죄, 즉 우상을 만든 죄를 의미합니다. 그래서 우리는 모세가 그 백성의 죄를 진정으로 인정하고 그들을 정죄한다는 것을 알았습니다.

모세가 여기서 이스라엘 백성들에 관해서 언급하는 것처럼 다니엘은 자기 자신에 대해서 언급합니다. 그는 다니엘서에서 자신의 죄와 백성들의 죄를 "여호와여 우리는 죄를 지었으며 우리는 당신의 심기를 상하게 해 드렸습니다"(단 9:5)라고 고백합니다. 우리는 악한 짓을 했으며 우리는 죄인입니다. 우리의 죄가 악하기 짝이 없으며 우리의 죄악이 크고도 남습니다. 다니엘은 자기 자신과 나머지 백성들도 잘못해서 하나님의 응징을 받아 마땅하다고 고백할 때 잘못의 반만 고백하지 않았습니다. 그는 "우리가 사악하며 야비하게 행했으며 우리가 하나님에게 순종하지 않았으며 진실되지 못했으며 하나님을 많이 노엽게 해 드렸습니다. 그래서 만일 하나님께서 우리에게 무한하신 긍휼을 베풀지 않으셨다면 우리는 저주를 받아 망했을 것이다"라고 단호하게 말했습니다.

우리 마음의 완강함을 인정하라

이렇게 해서 여러분은 하나님께서 요구하시는 우리의 참된 고백은 하나님께로 나아가서 "내가 잘못했습니다"라고 한마디 말로 하는 것이 아니라, 우리 자신을 모든 면에서 책망 받아 마땅하다고 인정할 정도로 계면쩍어진다는 것과, 우리의 죄를 회상할 때 우리가 당황하게 된다는 것을 알게 되었습니다. 우리가 우리의 잘못을 전체적으로뿐 아니라 세

부적으로 철저히 규명할 때 하나님께서는 우리의 항복을 받아 주십니다. 모세는 **강퍅함**과 악을 언급한 후에 그 백성들이 저지른 죄에 대해서 언급했습니다. 그는 그것을 통해서 우리가 죄 안에서 잉태되었다고 말하는 것으로는 충분하지 않다는 것을 보여 줍니다. 우리의 일생 동안 모든 것이 매우 무질서합니다. 우리는 어떤 방법으로든 하나님께 죄를 지었을 때 그것을 고백해야 합니다. 다윗은 그의 몸속에는 부정한 것밖에 없으며, 그가 어머니의 뱃속에서 가지고 나온 것은 죽음의 유산밖에 없다는 일반적인 고백을 했습니다(시 51:6~7). 그러나 그는 그가 저지른 특별한 죄를 고백했습니다.

그러므로 어떤 잘못을 저질렀다면, 그 모든 잘못을 하나님께 거리낌 없이 고백하십시오. 그것이 우리를 더욱 앞으로 인도하게 하십시오. 즉 우리가 일생 동안 지은 죄를 주목하게 하고 하나님께서 우리를 긍휼로 받아 주지 않으신다면, 우리는 완전히 위험에 처한다는 것을 인정하십시오. 무엇보다도 우리는 하나님께 강퍅하며, 우리 육신의 모든 감정은 하나님과 원수가 되어 있어서 하나님께 굴복할 수 없으니 우리 마음의 완강함을 인정합시다(롬 8:7).

분명히 말하지만, 만일 우리에게 우리의 죄를 용서 받은 마음이 있다면 우리는 그런 방법으로 우리 죄를 고백해야 합니다. 형식적으로 하나님을 찾아와서 잘못했다고 고백하고, 그들의 비열한 짓을 뼈에 사무치게 느끼지 않으며, 그것을 마음속에서 인정하려고도 하지 않는 자들로 말하자면, 그들은 하나님을 조롱하는 자에 불과하며, 그들이 누구와 관계가 있으며, 또 하나님은 사람들이 거짓으로 용서를 구할 때 속아 넘어가는 세상적인 재판관이 아니라는 것을 알게 될 것입니다.

그러므로 기도할 때 우리는 습관적으로 했을 때보다 더욱 서둘러서 우리의 잘못을 더 절실하게 인정해야 합니다. 그리고 우리로 하여금 확거꾸러져서 "아! 주님, 만일 당신의 한량없는 긍휼이 없다면 우리는 어떻게 되었겠습니까? 우리는 완전히 망했을 것입니다. 우리는 우리가 지은 죄의 100분의 1밖에 모르지만, 만일 당신께서 우리의 죄를 용서해 주지 않으셨다면 확실히 그것은 우리를 깊은 나락으로 빠뜨리기에 충분했을 것입니다. 당신께서 우리를 가혹하게 대하셨다면 우리가 어떻게 당신 앞에 설 수 있겠습니까?"라는 말 이외에는 아무 말도 못하게 하십시오. 하나님께서 명령하시는 바로 그 낮춤을 보십시오. 우리가 무슨 말을 해야 할지 모를 정도로 우리의 죄를 부끄럽게 여길 때, 우리는 우리의 죄가 어떻든 상관없이 하나님께서는 당신의 선하심으로 인해서 우리를 긍휼로 받아 주시기를 거절하지 않으실 것을 소망하면서 피난처인 하나님의 긍휼을 향해서 달려가게 됩니다.

여기서 모세는 그의 요구가 받아들여지게 하기 위해서 하나님께 당신의 종 아브라함과 이삭과 야곱을 생각해 보시라고 간절히 요구했습니다. 모세가 그렇게 한 것은 하나님께서 그들과 맺은 언약 때문이었습니다. 그 언약에는 "나는 너의 하나님이 될 것이며 네 다음에 올 너의 후손의 하나님이 될 것이라"는 조항이 있었기 때문입니다(창 17:7). 여러분은 여기서 하나님께서는 아브라함의 자녀를 그들이 태어나기도 전에 택하시고, 그들을 당신의 교회로 삼으시고, 또 가나안 땅뿐만 아니라 천국의 후사로 삼으신 이유를 알게 되었습니다. 그런데 아브라함의 자녀들이 어떻게 처신했습니까? 야비하게 처신했습니다. 그들은 하나님에 대한 그들의 믿음을 위조했으며 배신자가 되었으니, 그들은 하나님의 가문에서 제적당하는 것이 마땅했습니다.

모세는 여호와께서는 그들의 잘못이나 죄를 보지 않으시고 당신의 종 아브라함과 이삭과 야곱과 맺으신 언약을 염두에 두셨다고 말했습니다. 우리는 모세가 여기서 족장들을 내세운 목적이 무엇인지 알게 되었습니다. 그것은 천주교 신도들이 하는 것처럼 그들을 하나님 앞에 대변자나 보호자로 세우려는 것이 아닙니다. 천주교도들은 이 말씀을 내세우지만, 그들이 성도를 그들의 중재자로 세우는 것은 잘못이라는 것을 입증합니다. 그들은 "아브라함과 이삭과 야곱은 오래전에 죽었지만, 성경에 보면 하나님께서는 그들을 염두에 두셔야 한다고 기록되어 있지 않습니까? 그렇다면 이미 사망한 사도들이 지금 생존해 있는 사람들을 중재해 주기 위해서 보호자나 대변자가 되어야 하지 않습니까?" 라고 묻습니다. 이런 질문은 심히 추악한 데서 나온 것이 확실합니다. 천주교인들은 모세가 어떤 방법으로 아브라함과 야곱과 이삭을 내세우는지를 생각하지 않았기 때문입니다.

앞에서 말한 바와 같이, 하나님께서는 당신이 그들의 후손의 구세주가 될 것이라고 약속하셨으며, 그들에게 당신의 약속을 보증하셨는데, 그것은 그들 자신뿐만 아니라 그들의 모든 후손을 위해서였습니다. 야곱은 그의 죽음을 앞두고 자기 이름이 에브라임과 므낫세로 불리게 해달라고 했습니다. 이것은 이들로 두 지파를 만들려고 한다는 뜻입니다. 이들 둘의 족장으로는 한 사람, 즉 요셉밖에 없었음에도 불구하고 야곱은 요셉에게 두 분깃을 주려고 했습니다. 왜 그랬습니까? 만일 야곱이 애굽에 오지 않았더라면 그는 굶어죽을 것 같은 불쌍한 이방인뿐만 아니라 조소와 경멸로 따돌림을 당한 사람처럼 지냈을 것이기 때문입니다. 애굽 사람들은 유대인을 기피하고 그들을 불결한 백성으로 여기는 것이 분명합니다. 비록 야곱은 자기 집을 전혀 갖고 있지 않았으며 거기에서 노예처럼, 그리고 그 나라의 외딴 구석으로 유배된 것처럼 있었지만, 그는 에브라임과 므낫세에게 두 분깃을 할당했습니다. 그는 그렇게 해서 하나님께서 그에게 하신 언약을 중요하게 여겼습니다. 그런 까닭으로 그는 그의 이름이 그들의 이름으로 불리게 하고, 그들이 자기의 친자식으로 여겨지고 존중되게 하라고 했습니다. 성경에도 하나님께서 아브라함과 이삭과 야곱을 기억하실 것이라고 기록되어 있습니다.

하나님께서는 당신의 백성들과 친하게 지내시려는 의도로 출애굽기에서 그 언약을 서문으로 내세우셨습니다(출 3:15~16). 그것은 마치 하나님께서 "나는 내 자신을 아브라함의 손에 동여맸다"고 말씀하시는 것과 같습니다. 하나님께서는 창세기에 기록된 약속대로 그들을 돌려보내셨습니다. 하나님께서는 그들이 400년 동안 극악한 횡포로 억압을 당한 후에 그들을 구원해 내시겠다고 말씀하셨습니다(창 15:13, 16). 그러니 모세가 아브라함과 이삭과 야곱을 내세운 것은 하나님으로 하여금 당신의 언약을 실제로 이행하시게 하는 데 목적이 있는 것이지, 비록 사람이 악할지라도 하나님의 섭리나 하나님의 언약에 명시된 책임 완수를 중단시키려는 것이 아니라는 것에는 의문의 여지가 없습니다. 우리가 알고 있는 바와 같이 천주교인들은 성경 말씀을 그릇되게 왜곡하고, 자신들이 염치가 없고 어리석다는 것을 스스로 보여 주기 때문에 어린아이들까지도 그들의 짐승 같은 짓을 인식할 수 있습니다. 그러니 우리는 이 말씀으로 인해서 동요되는 일이 없도록 해야 합니다. 이렇게 해서 여러분은 모세가 아브라함과 이삭과 야곱을 내세운 이유를 아셨습니다. 그는 그의 기초를 하나님의 말씀에 두고 있습니다.

우리가 그와 같이 기도하기 위해서는 우리의 입을 벌리기 전에 먼저 하나님의 가르침을 받아야 하며, 하나님께서는 당신의 말씀을 통해서 우리에게 지시하셔야 합니다. 하나님께서 먼저 우리를 보호해 주시고 우리를 당신에게로 오라고 부르실 때 우리가 하나님께서 우리의 기도를 들어 주실 것임을 확실히 믿지 않으면 우리는 하나님의 이름을 올바르게 부를 수 없기 때문입니다(롬 10:14). 사도 야고보가 말하기를 의심하고 바다의 파도처럼 요동하는 자에게는 무엇인가를 얻을 수 있다는 기대를 갖지 못하게 하라(약 1:6~7)고 했습니다. 그러니 확실한 믿음이 없이는 우리의 기도가 우리에게 전혀 이익이 되지 않습니다.

피로 인준된 언약

이제 우리가 어디에서 그와 같은 믿음의 확신을 얻을 수 있는지 알아봅시다. 하나님의 말씀을 통해서인 것이 확실합니다. 그것이 모세가 따랐던 방법입니다. 그는 하나님의 입에서 나온 언약을 알고 있었으며, 그것을 믿었으며, 그것에 근거해서 아브라함과 이삭과 야곱을 언급했습니다. 그 언약을 받은 사람은 그들 자신뿐만 아니라 그들의 후손이었기 때문입니다. 지금 우리에게는 하나님께서 우리와 맺은 새 언약을 인준해 주실 중재자이신 그리스도가 계십니다. 그리스도께서 이 세상에 오시기 전에는 아브라함과 이삭과 야곱이 일종의 중재자 역할을 했습니다. 그들이 전 교회를 대신해서 그 언약을 받았기 때문입니다.

하나님께서는 우리에게 당신의 독생자를 보내셨으며, 하나님의 뜻은 그분께서 하나님께서 그때까지 약속하셨던 모든 것을 직접 인준하시는 것이었습니다. 우리가 우리 주 예수 그리스도를 의지하지 않고, 또 그분의 아버지이신 하나님께 우리를 돌보지 마시고 그분을 기억해 달라고 기도드리지 않은 채 어떻게 확신을 얻을 수 있겠습니까? 비록 옛 조상들은 우리가 복음을 통해서 갖고 있는 것처럼 진리를 온전히 갖고 있지 못했지만, 그들은 그림자의 시대에도 이미 우리에게 좋은 방법을 보여 주었습니다.

다윗의 혈통에서 왕국이 세워지고 그는 내 아들이 되리라(시 2:7)는 약속이 이루어진 후에 선조들은 "여호와여, 당신의 그리스도, 즉 당신의 기름부음 받은 자의 얼굴을 물리치지 마옵소서"(시 132:10)라고 기도했습니다. 그런데 그들은 다윗의 후손에 대해서 언급했습니다. 그 당시의 왕국은 우리 주 예수 그리스도께서 우리를 위하여 직접 준비하신 왕국의 형상임에도 불구하고 옛 선조들은 그것을 마치 예수 그리스도를 거울에서 보는 것처럼 바라본 것이 사실입니다. 이제 하나님의 아드님이 오셔서 우리가 의지할 분은 그분이라는 것을 우리에게 알려 주셨으니, 만일 우리가 의지할 중재자를 찾아 이리저리로 헤맨다면 우리는 어떤 변명을 할 수 있겠습니까? 그렇게 하는 것은 우리가 하나님의 독생자로부터 그분의 직분을 박탈하는 것이 아닙니까?(히 9:11~12, 14)

그렇습니다. 그분은 아브라함과 같지 않으시며, 다윗과 그의 모든 후손들과도 같지 않으시며, 그분은 우리를 향하신 하나님의 진노를 진정시키신 참 제사장이십니다. 그리스도께서는 당신에게 복종하는 자들 모두를 하나님께서 받아들이시겠다고 하신 하나님의 언약을 받았을 뿐만 아니라, 그 언약을 당신의 피로 인준하셨습니다. 그분의 피가 그 언약을 봉인했습니다. 그러니 만일 사람들이 하나님의 독생자께서 직접 하신 하나님의 언약에 대한 확증에 만족하지 않는다면 그것은 그분의 피를 있는 힘을 다해서 짓밟고 그것의 효력을 말살시키려는 노력이 아닙니까? 그렇습니다.

우리는 이 말씀이 천주교인들을 무장시키는 것이 거의 불가능하다는 것과, 오히려 하나님 앞에서 감사할 줄 모르는 그들을 정죄한다는 것을 알았습니다. 왜냐하면 그들은 그들의 힘을 다해서 하나님의 독생자께서 그들에게 베풀어 주신 은총을 손상시켰으며, 하나님께서 우리를 양자 삼으신 것이 그분의 손 안에 있었으며 그분의 방법에 의해서 이루었다는 생각을 하지 않기 때문입니다. 하나님의 독생자께서는 하나님의 언약을 당신의 보혈을 통해서 이룩하셨기 때문에 우리는 그 언약을 전혀 의심하지 않고 확실히 믿을 수 있습니다. 그러므로 우리가 다른 보호자와 대변자를 찾는다는 것은 우리 주 예수 그리스도의 죽음과 속죄를 무효로 하는 것이며, 더욱이 율법에 명령된 대로 그리스도의 피 뿌림을 받아야 되는 하나님의 모든 언약을 완전히 취소하는 것입니다. 그것을 잘 알아 두어야 합니다.

율법서는 드려질 거룩한 제물의 피로 뿌림을 받아야 했습니다(출 24:7~8, 히 9:19~20). 제물을 드리려면 그것의 피를 받아 두었다가 그것을 성막과 제단과 율법 책에 뿌려야 했습니다. 우리가 알아 두어야 할 것은, 우리에게 하나님의 언약을 확신시켜 주는 방법은 하나님의 언약에 우리 주 예수 그리스도의 피를 뿌리는 것밖에 없다는 것입니다. 자기들에게는 이런 보호자와 저런 대변자가 있어야 한다고 떠들면서 자신의 상상에 따라 허풍 떨고 다니는 자들로 말하면, 그들은 하나님의 독생자의 피를 완전히 뽑아 버려서 하나님의 언약이 우리의 구원을 확신시켜 주는 능력을 더 이상 갖지 못하게 됩니다.

또 우리가 알아 두어야 할 것은, 천주교도들은 모든 면에서 우리 주 예수 그리스도의 역할을 손상시켰다는 사실입니다. 그들은 성도들을 그들의 보호자와 대변자로 세움으로써 성도들을 중재자로 만들어서 하나님의 은혜를 받으려고 합니다. 그들은 여호와께서 그런 보호자나 그런 대변자의 기도를 들어주실 뿐 아니라, 그의 기도 때문에 또는 그의 공로 때문에 그들의 요구를 들어주신다고 합니다. 그러나 이 두 역할은 우리 주 예수 그리스도 한 분에게만 속합니다(요일 2:1~2). 왜냐하면 인간의 공로나 업적을 찾아 헤맨다는 것은 산산이 부서졌거나 꺾인 갈대에 의지하는 것이 되며, 그 다음에는 우리를 넘어지게 하는 방법이 되기 때문입니다. 더욱이 그것은 우리를 추락시킬 뿐만 아니라, 우리를 상하게 할 쪼개진 갈대 조각과 같습니다. 그렇게 하는 것은 우리가 하나님의 독생자를 저버리는 것이 되며, 그분에게서 그분의 직분을 박탈하는 것이 됩니다. 우리는 그 사실을 알아야 합니다.

우리의 보호자는 오직 한 분

기도와 간구에 대해서 다시 말하자면, 우리가 이 땅에 살아 있는 동안 서로 서로를 위해서 기도해야 하는 것이 사실입니다(약 5:16). 우리는 그 보기를 모세를 통해서 보았습니다. 그런 기도는 우리의 기도가 헛되지 않고 유익하다는 것과, 우리가 서로를 위해서 기도하면 하나님께서는 그런 기도가 효력을 발하게 하시며, 그런 기도를 들어주신다는 것을 잘 알게 되었습니다. 우리가 이 땅에 사는 것은 잠시 동안에 불과합니다. 더욱이 만일 우리가 성경 말씀의 보증을 전혀 받지 않고 우리 멋대로 보호자와 대변자를 찾기 시작한다면 그것은 하나님을 크게 무시하는 짓입니다. 왜냐하면 우리가 하나님께서 제정하신 기도 방법을 따르지 않았기 때문이며, 또 사람이 감히 천국에 들어가서 마치 하나님께서 하시는 것처럼 관리자를 임명한다는 것은 심히 뻔뻔스러운 짓이기 때문입니다. 그러니 우리는 우리 주 예수 그리스도 한 분에게만 보호자의 직분을 맡겨서 그분으로 하여금 우리를 대변하시게 해서 우리가 하나님에게 받아들여지게 하도록 합시다. 더욱이 우리는 죽을 운명을 타고 난 피조물에게, 심지어 천국의 천사들에게도 어떤 공로나 가치가 있다고 생각해서는 안 됩니다.

우리는 예수 그리스도의 공을 입고 있는데, 그것은 족장들이나 다윗이나 그의 후손들에게도 없었습니다. 예수 그리스도를 통해서 우리의 죄가 씻기고, 우리의 부채가 갚아지며, 또 그분의 순종으로 인해서 우리가 의롭게 되는 것이 하나님의 뜻이었습니다(롬 5:19). 그러니 우리는 그렇게 되도록 호소해야 합니다. 옛 조상들이 하나님의 도움을 받으려면 그들은 아브라함과 이삭과 야곱과 다윗을 내세웠습니다. 우리 또한 그 사실을 알아 둡시다. 다윗을 내세운 이유는 그가 우리 주 예수 그리스도의 형상이 되도록 운명 지어졌기 때문이었습니다. 만일 이런 방법이 모든 것이 아직 암울했을 때 사용되었다면 하나님께서 스스로를 우리에게 드러내 보이신 이때에 우리는 좌우로 흔들리지 않도록 조심하는 것이 당연합니다.

예수 그리스도로 인하여 그분의 아버지이신 하나님께서 우리를 양자로 삼으셨으며, 또 그분 덕분에 우리를 몹시 좋아하시고 우리의 요구를 들어주신다는 사실을 확실히 믿고 우리 믿음을 그분에게로 향하게 합시다. 성경에는 그분이 보내심을 받아 우리의 대언자가 되셨으며(요일 2:1), 우리를 위하여 중재를 하시며, 우리는 그분 때문에 하나님의 긍휼에 의지할 수 있다고 기록되어 있으니, 하나님께서 우리에게 호의를 베풀어 주실 것을 의심하지 맙시다. 성경은 이것들을 예수 그리스도께서 시작하셨다고 했으니, 그분에게서 그것들을 강탈하지 말고 천주교인들이 하는 짓을 하지 않도록 조심합시다. 그런데 천주교인들은 남자 성도나 여자 성도에게 기도를 함으로써 예수 그리스도께서 그들의 필요를 충족시켜 주지 않으신다고 믿고 있다는 것을 잘 나타냅니다. 그리고 그들은 하나님의 이름을 사칭하기 때문에 하나님을 노하시게 해 드립니다. 그들은 하나님으로 하여금 그들에게 점점 더 많은 보복을 하시게 합니다. 하나님께서는 그들의 눈을 멀게 하셨기 때문에 그들은 남자 성도와 여자 성도가 그들의 대변자와 보호자라고 말하는 것에 그치지 않고, 하나님과 그들이 그들의 생각으로 주조한 성도를 구별하지 못합니다. 그들은 한 허수아비 앞에 무릎을 꿇고서도 마치 하나님에게 말하는 것처럼 하늘에 계신 우리 아버지라고 뇌까립니다.

그런데 그들은 어떻게 기도합니까? 나는 여기서 사도나 선지자에 대해서 언급할 필요가 없을 것입니다. 천주교인들은 이 세상에 있었던 일이 전혀 없는 자를 성도로 여기기 때문입니다. 비록 그들이 선지자와 사도를 받아들였을지라도, 그들은 선지자와 사도에게 하나님께 기도하는 것과 똑같은 말투와 똑같은 형식으로 기도했을 것입니다. 우리는 그들이 완전히 짐승처럼 되었으며, 하나님께서 그들을 포기하셔서 버림받은 자가 되게 하셨다는 것을 알게 되었습니다. 그들은 그리스도에게서 아버지 하나님께서 그분에게 주신 권위를 박탈하고 그분을 그들의 유일한 대변자와 보호자로 여기지 않기 때문에 이리저리로 어슬렁거립니다. 때문에 하나님께서는 그들에게서 손을 빼시고 그들을 저버리셔서 그들이 곤경에 빠지게 하시는 것이 합당합니다. 그러니 성경이 우리에게 보여 주는 순진함을 꽉 붙잡도록 합시다. 하나님을 찾아갈 때마다 우리 주 예수 그리스도를 주목하도록 합시다. 또 하나님께서는 그분의 이름으로 영원히 언약을 세우셨으니, 우리가 그분을 통해서 하나님께로 나아갈 때마다 하나님께서는 우리의 소원을 들어주시며, 그분은 우리에게 자비로우시다는 것을 의심하지 않도록 합시다.

69편_ 신 10:1~8

두 개의 돌판

"그 때에 여호와께서 내게 이르시기를 너는 처음과 같은 두 돌판을 다듬어 가지고 산에 올라 내게로 나아오고 또 나무궤 하나를 만들라 네가 깨뜨린 처음 판에 쓴 말을 내가 그 판에 쓰리니 너는 그것을 그 궤에 넣으라 하시기로 내가 싯딤나무로 궤를 만들고 처음 것과 같은 돌판 둘을 다듬어 손에 들고 산에 오르매 여호와께서 그 총회날에 산 위 불 가운데서 너희에게 이르신 십계명을 처음과 같이 그 판에 쓰시고 그것을 내게 주시기로 내가 돌이켜 산에서 내려와서 여호와께서 내게 명하신 대로 그 판을 내가 만든 궤에 넣었더니 지금까지 있느니라 이스라엘 자손이 브에롯 브네야아간에서 발행하여 모세라에 이르러서는 아론이 거기서 죽고 거기 장사되었고 그 아들 엘르아살이 그를 이어 제사장의 직임을 행하였으며 또 거기서 발행하여 굿고다에 이르고 굿고다에서 발행하여 욧바다에 이른즉 그 땅에는 시내가 많았었으며 그 때에 여호와께서 레위 지파를 구별하여 여호와의 언약 궤를 메이며 여호와 앞에 서서 그를 섬기며 또 여호와의 이름으로 축복하게 하셨고 그 일은 오늘날까지 이르느니라"(신 10:1~8).

모세는 여기서 하나님께서는 두 돌판에 당신의 십계명을 다시 쓰셨다는 것을 반복해서 말했는데, 그것은 이스라엘 백성들로 하여금 그들과 맺은 하나님의 언약은 오로지 하나님의 긍휼하심에서 비롯되었다는 것을 더 잘 알게 하기 위해서였습니다. 하나님께서는 이스라엘 백성을 포기하셨었는데, 그것은 마치 그들이 심한 저주를 받아 하나님으로부터 평범한 반열로 내던져진 것과 같습니다.

확실히 하나님께서 전에 그 백성을 택하신 것은 하나님의 선하심에서 비롯된 것이었습니다. 우리가 본 바와 같이 하나님께서 당신의 종 아브라함과 언약을 맺으실 때 그들 중에는 어느 누구도 태어나지 않았습니다. 그러므로 그들은 하나님께서 그들을 택하신 것이 그들 자신의 공로를 고려해서 된 것이 아니라는 것을 인정해야 합니다. 사람들은 거저 주시는 하나님의 호의를 가리기 위해서 최대한의 노력을 기울이고 있으며, 구원을 얻기 위해서 어리석은 방법을 찾아다니고 있습니다. 하나님께서 그 백성들의 가치를 고려하지 않으시고 그들을 다시 긍휼로 받아들이신 것은 오로지 하나님의 순수한 선하심 때문입니다. 그 사실이 충분히 알려지는 것이 필요했습니다.

사람들은 하나님께서 그들을 선택하실 때 그들이 어떤 사람이 될 것인가를 예견하시고 그렇게 하셨다고 생각합니다. 우리가 알고 있는 바와 같이 이런 흉악한 과오가 항상 널리 퍼져 있었습니다. 또한 하나님의 선택을 기어이 하나님의 선견지명에 근거를 두게 하려는 환상에 사로잡혀 있는 사람들이 아직도 있습니다.

다시 말하지만, 하나님께서는 창세 전에 당신이 좋아하시는 자들을 선택하셨습니다. 그런 관점에서 보면 하나님께서는 그들을 악하게 될 것 같은 자들보다 더 좋아하셨습니다. 성경은 우리에게 하나님께서 우리를 택하신 근거는 하나님 자신에게서, 즉 하나님의 거저 주시는 선에서 나온다고 가르쳐 줍니다. 하나님께서는 우리 안에서 쓸 만한 것을 발견하지 못하시는데 어떻게 우리를 사랑할 마음이 생기시겠습니까? 우리는 그 답을 하나님께서 이스라엘 백성들을 통해서 우리에게 보여 주신 것들을 통해서 더 잘 인식하게 됩니다.

하나님의 무한한 호의

하나님께서는 아브라함의 후손을 선택하셨습니다. 왜 그렇게 하셨습니까? 아브라함은 어리석은 사람이었으며, 그에게는 고결함도, 위엄도 없었습니다. 세상에서 크게 존경 받지 못했음에도 불구하고 하나님께서는 그를 선발하셨으며, 아브라함 한 사람과 그의 집안을 선택하셨습니다. 그의 집안은 어떤 집안이었습니까? 그의 집안에는 어떤 가능성이 있었습니까? 없었습니다. 아브라함은 아직 어른답지 못했으며, 그에게는 자식이 없었으며, 그에게는 후손을 가질 가망이 전혀 없었습니다. 하나님께서 아브라함을 선택하실 때 아브라함은 이미 죽은 나무토막과 같았습니다. 사도 바울은 아브라함이라는 사람에 대해서 하나님께서는 존재하지 않는 것에 생명을 주실 목적으로 존재하지 않는 것을 택하셨다는 것을 보여 주셨다고 말했습니다(롬 4:17).

이러한 까닭으로 고린도전서 1장에는 우리는 하나님께 속한다는 말씀이 있습니다(고전 1:28, 30). 그 말은 하나님께서 황송하게도 우리를 택하셨기 때문에, 하나님께서는 우리가 구원을 받을 때까지 우리에게 생명을 주신다는 뜻입니다. 우리 자신이 가지고 있는 것은 아무것도 없기 때문입니다. 그럼에도 불구하고 이 백성들은 자기 자신을 굉장히 높이 평가했으며, 그들은 자신들을 다른 모든 사람들보다 훌륭하다고 여겼습니다. 그런 까닭으로 하나님께서 그 혈통과 맺으셨던 언약과 선택이 깨어졌습니다. 그래서 여러분이 알고 있는 바와 같이 그 백성들은 하나님으로부터 거절을 당했습니다. 그들은 증오를 받아 마땅하며, 그들을 정죄하는 그런 선고가 이미 내려졌기 때문에 그들은 이 세상에서 뿌리 뽑혀야 하며, 그들에 대한 기억이 완전히 지워져야 합니다. 그러니 유대인에게는 자랑하거나 그들이 이방인들보다 나은 체할 이유가 없습니다. 그들은 이방인들 밑으로 밀려났으며, 하나님의 인정을 전혀 받지 못했으며, 가지고 있는 것이 저주밖에 없는 자로 정죄를 받았습니다.

그들은 하나님께서 그들에게 율법을 주셨으며, 또 그들을 가르쳐 주셨고 그들에 대한 약속을 이행하셨으니, 이 모든 것이 그들이 놀라 마땅할 정도로 고상하고 무한한 호의에서 나왔다는 것을 알아야 합니다. 하나님께서는 당신의 언약을 기록한 돌판이 깨뜨려진 후에도 황송하게도 이처럼 처량한 백성들을 여전히 불쌍히 여기셨으니 이는 놀라운 일이 아닙니까? 사람의 손이 아닌 하나님의 손에 의해서, 말하자면 하나님께서 직접 만드신 작품이 손상을 당한 데 대해서 사람들은 무슨 말을 해야 합니까? 그것의 원인이 되었던 자들은 완전히 멸절당하는 것이 마땅하지 않습니까? 만일 하나님의 말씀과 인간의 구원을 비교한다면 하나님의 말씀이 훨씬 귀한 것이 사실입니다. 기록된 하나님의 말씀, 즉 두 개의 돌판에 기록된 글씨는 하늘에서 나온 것이지 인간의 작품이 아닙니다. 하나님께서 직접 당신의 능력으로 쓰신 것입니다. 그러니 하나님께서 손수 새기신 것이 기어이 망가져서 무용지물이 되게 한 그런 엄청나고 극악무도한 잘못을 저지른 자들은 어떤 벌을 받아야 마땅합니까?

하나님께서는 두 돌판을 새로 만들어 당신의 율법을 거기에 다시 쓰시고는 그것을 당신이 아브라함의 혈통의 보호자이시며, 그들을 당신의 양떼로 곁에 두려고 하신다는 영원한 기록으로 삼으셔서 이 백성들에게로 향한 당신의 측량할 수 없는 선하심을 강하게 나타내셨습니다.

그러므로 모세가 여기서 그가 두 돌판을 새로 만든 것과 그 돌판을 하나님께 드린 것, 그리고 거기에 십계명을 쓴 것에 대해서 언급한 데는 이유가 있었습니다. 그것이야말로 확실히 기억할 만한 가치 있는 일입니다. 하나님께서 한 가족과 자발적으로 동맹을 맺으신 후에도 그것에 만족하지 않으시고, 비록 그들의 후손들이 고집이 세고 심술궂으며 심히 반항적이며 말할 수 없이 상스럽고 막돼먹었을지라도, 하나님께서는 당신의 언약을 지키시고, 더욱이 그 언약을 그들과 새로이 만들며, 그것을 이전 상태로 복원시키시기를 중단하지 않으십니다. 때문에 사람들은 이 사실을 알기 위해서 밤낮으로 노력해야 합니다.

우리가 여기에서 안 것은, 하나님께서는 인간을 목표로 삼지 않으시며, 그들의 가치를 목표로 삼지도 않으시고, 그들로 하여금 그들이 모든 것에 하나님의 신세를 지고 있다고 생각하게 하신다는 사실입니다. 하나님께서는 자신들에게는 하나님의 은혜를 받을 자격이 없다는 것을 스스로 보여 주는 자들까지도 당신의 가족과 당신의 기업으로 삼으시는 선하심을 통하여 인간의 모든 음탕함과 비열함을 이겨 내십니다. 그것이 우리가 명심해야 할 내용입니다.

우리가 알아야 할 것은, 모세는 자기가 살고 있던 시대만을 위해서 말하지 않았으며, 그 가르침은 그들을 감동시켰던 것 이상으로 우리를 감동시킨다는 사실입니다. 특히 우리가 우리와 옛날 사람들의 유사점을 인식할 수 있을 때에 그렇습니다. 사실 오늘날 우리는 돌판에 쓰인 율법을 갖고 있지 않은 것이 사실입니다. 그러나 우리를 향한 하나님의 은혜가 훨씬 더 크며, 그것은 훨씬 더 높은 평가를 받아야 합니다. 하나님께서는 우리를 당신의 교회로 여기시며, 또 우리가 당신의 다스림을 받기를 바라신다는 것을 우리가 확실히 믿기 때문입니다.

이제는 이것이 어디에서 비롯되었으며 그 원인이 무엇인지를 알아 봅시다. 만일 우리가 우리의 조상 아담을 통해서 우리에게 주어진 것들을 유의해서 보면 우리는 하나님의 형상대로 창조된 피조물이라는 것을 확실히 알 수 있습니다. 그러나 우리는 온힘을 다해서 우리 몸속에 있는 하나님의 형상을 더럽혔고, 우리의 원죄로 인해서 망쳐지고 부패되어서 하나님의 창조물이라고 인정받을 가치가 없습니다(엡 2:3). 그럼에도 불구하고 하나님께서는 우리를 당신 곁으로 모으십니다. 세례를 받을 때 우리는 하나님의 언약을 우리의 몸에 새겨 놓습니다(롬 6:3, 갈 3:27). 하나님께서는 그것을 통해서 우리를 알아보시고 우리를 당신의 백성과 기업으로 삼으십니다.

그러면 우리는 그러한 세례를 통해서 그렇게 큰 유익을 얻을 자격을 갖게 됩니까? 그렇지 않습니다. 우리에게는 하나님의 형상을 손상시켰던 죄가 있기 때문입니다. 그 죄는 인간 시조의 뿌리에서 나온 것이 사실이며, 우리 자신의 잘못이 아닙니다. 그러나 우리가 세례를 받은 후에도 우리는 하나님에게서 물러섰습니다. 왜 그렇게 되었습니까? 그것은 우리가 믿는 자들에게 일어나는 것과 같은 작은 잘못을 했을 뿐만 아니라 우상을 숭배하고 미신을 믿어서 세례를 받을 때에 우리에게 약속된 모든 은혜를 수포로 돌아가게 했기 때문입니다. 또한 우리 주 예수 그리스도께서 우리에게 사 주신 구원을 포기했으며, 우리 하나님을 저버렸으며, 하나님께서 우리와 체결하신 영적인 결혼을 파기했기 때문입니다. 우리는 우리 자신의 미신적인 습관을 따르게 되었으며, 그로 인해서 우리의 몸속에는 부정한 것만 남게 되었습니다. 그럼에도 불구하고 하나님께서는 우리에게로 돌아오셨으며, 우리를 구원의 길로 다시 이끌어 주셨습니다. 우리가 이것을 알고 있으니, 그것은 우리를 향하신 하나님의 무한한 선하심에 대한 충분한 증거가 되어서 우리로 하여금 모든 어리석은 생각을 단념하게 하고, 우리 자신은 모든 것에 있어 하나님께 신세를 지고 있다고 인정하게 해야 하지 않습니까? 그렇습니다. 그것은 내가 사도 바울이 한 말을 인용해서 강조했던 내용과 똑같습니다.

마음에 새겨진 율법

하나님께서는 사도 바울이 한 말을 통해서 우리는 하나님께로부터 났다는 것을 보여 주십니다(고전 1:30). 그 이유는 우리가 인간이기 때문이 아니라 우리는 하나님의 작품이기 때문입니다. 에베소서 2장 말씀대로 하나님께서 우리를 만드셨습니다(엡 2:10). 그렇지 않다면 우리의 천성은 항상 매우 고집이 세고 가증스럽기 때문에 우리의 몸속에는 악한 것밖에 없을 것입니다. 이렇게 해서 여러분은 우리 자신과 옛날 이스라엘 백성들과의 비교는 우리 자신을 낮추게 하고, 또 하나님께서 우리를 당신의 교회의 권속으로 삼아 주실 때 우리에게 값없이 베풀어 주신 긍휼로 인해서 우리가 하나님께 그만큼 더 많이 매여 있다는 것을 인식해야 한다는 것을 알게 되었습니다. 그 점을 고려할 때, 분명히 말하지만, 우리는 이스라엘 백성들보다 하나님께 더 많은 신세를 졌습니다.

하나님께서 당신의 율법을 두 개의 돌판에 쓰신 의도는 당신의 가르침을 확실하게 지속시키기 위함이었음이 사실입니다. 하나님께서는 인간이 조약이나 동맹을 맺을 때에는 그 내용을 돌이나 동판에 새기는 버릇이 있다는 인간의 일상적인 거래를 유의하셨습니다. 당신의 율법이 더 잘 지속되게 하기 위해서 그와 똑같은 방법으로 그것을 두 개의 돌판에 새기는 것이 하나님의 뜻이었습니다. 이렇게 해서 여러분은 하나님께서 그것을 신성한 언약 이상으로 여기시는 이유를 알게 되었습니다. 우리의 주목을 끌어야 할 것은, 율법을 그런 식으로 두 돌판에 쓴다는 것은 율법이 사람들의 마음속에 새겨지지 않고 그들이 그 율법을 이해하는 것으로는 충분하지 않다는 것을 보여 주는 역할을 한다는 사실입니다.

우리는 선지자들이 한 비유에 대해서 생각해 보아야 합니다. 비록 하나님께서 황송하게도 당신의 율법을 이 돌판에 새김으로써 그것이 충분한 권한을 받게 되었다는 것을 보여 주셨지만, 그것을 돌판에 새겨 놓는 것은 아무 이익을 주지 못한다는 것을 시사하셨습니다. 우리가 하나님의 가르침을 써야 할 진짜 서판은 우리의 마음이기 때문입니다. 그런데 그 마음은 우리가 타고난 것과 같은 것이 되어서는 안 됩니다. 우리가 타고난 마음은 어떤 마음입니까? 에스겔서에 기록된 대로 돌로 된 마음입니다(겔 11:19). 그러니 하나님께서 당신의 성령을 통해 우리 안에서 역사하지 않으시면 율법은 아무 쓸모가 없다는 것을 알아 둡시다.

그런 까닭으로 하나님께서는 선조들과 맺으셨던 것과는 다른 방법으로 새 언약을 맺겠다고 약속하셨습니다. 하나님께서는 선조들과 맺은 언약을 지속시키지 않으시겠다고 말씀하셨습니다. 하나님께서는 그에 대한 책망과 잘못은 사람에게 있다는 것을 보여 주셨습니다. 하나님께서 그들을 부르시자마자 그들은 되돌아서서 노상강도처럼 도망치고 하나님을 전혀 따르지 않았습니다. 비록 그들이 하나님의 은혜를 크게 고마워하는 척하지만, 그들에게는 끈기가 없으며, 또한 매우 경솔합니다. 그들은 자신의 사악한 감정에 따라 즉시 뛰쳐나갑니다. 따라서 비록 하나님의 언약이 돌에 쓰였지만 그것이 그들을 잡아 두지 못했습니다. 그것은 하나님께서 언약을 충실히 지키는 자들을 참아 주지 않으셨거나 하나님께서 아브라함의 혈통을 선택하신 것이 헛되지 않다는 것을 보여 주시기를 고집하지 않으셨기 때문이 아니라, 그들이 그와 같은 큰 유익을 헛되게 하였으며, 자신의 불충으로 인해서 값없이 주신 하나님의 은혜를 빼앗겼기 때문입니다. 이에 하나님께서는 다른 방법으로 우리에게 말씀하실 필요가 있습니다. 즉 하나님께서는 당신의 율법을 손수 돌에 쓰셔야 하실 뿐만 아니라, 원래부터 단단한 우리 마음을 고치시고, 그 마음을 부드럽고 유연하게 하셔서, 하나님께서 새겨 놓으실 글자를 받아들일 수 있도록 우리 마음을 살과 같이 부드럽게 바꾸심으로써 당신의 율법을 우리 마음에 써 놓으셔야 합니다.

따라서 우리가 더욱 잘되려고 할 때 지금 이 이야기를 통해서 더욱 명심해야 할 것은, 모세가 하나님께서 당신의 백성들에게 호의를 베푸신 데 대해서 하나님께 많은 신세를 지고 있다고 인정한 것처럼, 우리 또한 하나님께서 우리에게 당신의 귀중한 선하심을 얼마나 풍성하게 베푸셨는지 생각해 보아야 합니다. 우리는 원래 저주받은 존재일 뿐 아니라 하나님께서 우리를 양자로 삼으신 후에도 하나님을 저버렸으며, 하나님을 우리의 아버지로 인정하지 않았기 때문입니다. 그럼에도 불구하고 하나님께서는 우리에게 당신의 손을 내미셨으며, 우리를 이전 상태로 다시 회복시켜 주셨습니다. 그리고 우리를 다시 당신의 은총으로 데리고 들어가셨으며, 우리를 가르쳐 줄 당신의 말씀도 우리에게 주셨고, 두 돌판에 쓰인 당신의 율법도 우리에게 전해 주셨습니다. 그뿐 아니라, 하나님께서는 우리의 마음을 다시 부드럽게 만드셨습니다(고후 3:23). 그래서 전에는 우리의 마음속에 강퍅한 것밖에 없었지만, 지금은 하나님께서 우리의 마음을 유순하게 만드셨습니다.

그러므로 최소한 우리가 하나님의 자녀라면 우리의 마음이 하나님의 이름으로 우리에게 말한 것들을 조용히 받아들이게 합시다. 복음을 전해들은 자 모두가 하나님의 자녀라고 말할 수는 없습니다. 자기 자신을 조사해 보십시오. 그러면 우리는 우리 자신이 방해자가 되지 않는 한 우리에게 당신의 복음을 전하려고 하시는 하나님께서 우리에게 당신의 은혜를 베푸실 준비를 하시고 진행시키신다는 것을 알게 될 것입니다. 하나님께서 선택하신 것에는 영향력이 있기 마련인 것이 사실입니다. 그러나 인간은 하나님께서 그들을 도와주시지 않는 한 틀림없이 잘못을 저지릅니다.

사도 바울은 하나님의 형상이 선명하게 보임에도 불구하고 우리가 거기에서 비치는 빛을 보지 못한다면 틀림없이 마귀가 우리의 눈을 가렸을 것이라고 했습니다(고후 4:3~4). 만일 모세가 이스라엘 백성들이 범한 배은망덕 때문에 그들을 꾸짖었다면, 지금 우리는 기를 죽인 채 하나님 앞에 두려운 마음으로 서서 몹시 부끄러워해야 하는 것이 지극히 당연합니다. 그와 똑같은 관점에서 우리에게는 우리 하나님의 은혜를 찬양할 이유가 율법이 두 돌판에만 쓰인 시대에 살았던 옛 선조들보다 훨씬 더 많습니다.

더욱이 우리는 두 돌판을 다듬어 내게로 가지고 오라는 하나님의 말씀에 담겨 있는 뜻을 알아 두어야 합니다. 하나님께서는 그것을 통해서 하나님의 가르침을 잘 받아야 할 순서를 올바르게 보여 주셨기 때문입니다. 즉 우리는 하나님께서 당신의 율법을 쓰실 돌판을 다듬거나 매끄럽게 만들어야 했습니다. 그러면 하나님께서 당신의 율법을 거기에 쓰실 것입니다. 우리는 이런 일을 스스로 할 수 없습니다. 이것은 하나님께서 당신의 성령을 통해서 우리에게 그렇게 하도록 인도하셔야 합니다. 그럼에도 불구하고 하나님께서는 독특한 두 은혜를 주십니다. 그중의 하나는 우리가 자진해서 하나님께 순종하도록 우리에게 선수를 치시는 것이고, 다른 하나는 우리를 깨우쳐 주셔서 우리가 하나님의 뜻을 알자마자 우리의 가슴속에 하나님을 섬기겠다는 열정이 나게 하는 것입니다. 만일 그 사실이 자세하게 설명되지 않으면 그것은 막연할 것입니다. 그러나 나는 이 말이 곧 쉽게 이해될 수 있게 되기를 바랍니다.

사람들이 참된 신앙을 갖게 되기 전이나 복음의 가르침을 깨달아 무지에서 완전히 벗어나기 전에 그들은 사전에 어떤 좋은 각오를 하고 있었을 것입니다. 즉 그들은 "나는 기어이 나의 하나님께서 하시는 말씀에 귀를 기울이겠으며, 나는 하나님으로 하여금 나에게 당신의 즐거움만을 보여 주시게 할 것입니다. 나는 그것을 기쁨으로 받아들일 준비를 하고 있겠습니다. 그러면 하나님께서는 나를 당신이 원하는 곳으로 인도하실 것입니다. 하나님으로 하여금 나의 목에 멍에를 메우게 해 드리거나 나를 이런저런 방법으로 다스리게 해 드리십시오. 그러면 나는 그분에게 복종할 것입니다"라고 말할 것입니다.

먼저 마음을 다듬어라

그러나 하나님께서 어리석고 무식한 자들을 완전히 깨우쳐 주시기 전에 그들에게서 그런 성향이 보여야 합니다. 그들에게는 믿음이 없으며, 믿음을 향해서 나아가고 있을 뿐입니다. 그들은 하나님께서 그들에게 명령하시는 것은 무엇이나 복종할 준비를 하고 있습니다. 그런데 이런 감동이 사람이나 천성에서 나옵니까? 아닙니다. 그것은 하나님의 성령을 통해서 준비한 사람들의 마음속에서 일어나는 하나님의 역사에서 나옵니다. 본래 우리는 세련되지 않아서 하나님의 뜻에 정반대 방향으로 나아갈 수밖에 없습니다. 사람들은 얼마간의 믿음이 있는 척하지만, 모든 것은 가식에 불과하며, 거기에는 진실함이나 건전함이 전혀 없습니다. 우리는 종종 우리에게서 하나님을 섬기겠다는 선한 마음이 나는 것을 느낄 때가 있는데, 그것은 우리 안에서 하시는 하나님의 역사에서 나옵니다. 여기에 나에게 두 개의 **돌판**을 가지고 오되 그것들을 네 손으로 다듬으라는 말씀이 있습니다. 이것은 모세에게 주어진 명령입니다. 그 이유는 무엇입니까? 그가 그 일을 직접 할 수 있습니까? 할 수 없습니다. 그러나 하나님께서 모세에게 미리 가르쳐 주셔서 그것을 예비하게 하셨습니다.

이렇게 해서 여러분은 그것이 하나님께서 주시는 한 가지 은혜라는 것을 알았습니다. 그럼에도 불구하고 비록 우리가 그것을 우리 자신의 능력으로는 할 수 없을지라도, 다시 말하면, 비록 우리가 그것을 자발적으로 또는 우리의 힘으로 하는 데 익숙해 있지 않을지라도, 하나님께서는 그렇게 하는 것이 우리의 책임이라는 것을 알려 주십니다. 어떻게 하는 것이 우리의 의무인지 알아보십시오. 하나님께서 그렇게 하라고 요구하시는 것이 당연합니다. 그러므로 하나님의 가르침을 통하여 많은 유익을 얻기 위해서는 미끄럽거나 편편한 판을 가지고 와야 한다는 것을 알아 둡시다. 대부분의 사람들은 그 위에 아무것도 쓸 수 없는 거칠거칠하고 울퉁불퉁한 마음을 가지고 있기 때문입니다.

사실 그들은 설교를 들으러 자주 가려고 할 것입니다. 그 이유는 무엇입니까? 그들은 자신의 야비한 욕정에 이미 잡혔으며, 보기에 안타까울 정도로 거기에 파묻혀 있기 때문입니다. 게다가 그들은 가시로 가득 찼으며, 그들의 몸속에는 악한 것과 더러운 것밖에 없습니다. 모든 것이 부적절해서 아무도 그들의 몸속에는 글자 하나도 쓰지 못합니다. 일생 동안 귀가 닳도록 복음을 듣고서도 조금도 나아지지 않은 사람들도 더러 있습니다. 그런데 그것은 그들이 미끄러운 판을 가지고 오지 않았기 때문입니다. 다시 말하면, 그들에게는 하나님의 말씀을 받아들이겠다는 마음이 생기지 않았기 때문입니다. 이렇게 해서 여러분은 모세에게 두 돌판을 미끄럽게 하라고 하신 하나님의 명령을 통해서 무엇을 배워야 하는지 알게 되었습니다.

만일 우리가 하나님의 가르침을 통해서 많은 유익을 얻으려고 마음먹는다면 우리는 거칠게 다듬어진 돌과 같은 마음을 가져서는 안 됩니다. 그와 같은 것에 쓴 글자는 식별할 수 없고, 글씨를 쓰는 사람이 최선을 다해도 모든 글자가 희미하게 될 것입니다. 그러므로 우리는 우리의 마음을 미끄럽게 해야 합니다. 다시 말하면, 우리는 하나님께 순종하는 것을 방해할지도 모를 모든 장애물을 아주 깨끗이 제거해야 합니다. 본래 우리에게는 그런 마음이 없기 때문에 우리는 하나님께서 자비를 베푸셔서 우리로 하여금 우리의 마음을 잘 다듬을 수 있게 해 달라고 기도드려야 합니다. 그러면 우리가 하나님의 뜻과 반대 방향으로 끌려갈 때, 우리는 우리 마음에서 모든 악과 부정한 것을 제거할 수 있게 되고, 우리의 억센 기질을 온순하게 만들 수 있게 됩니다.

우리의 마음을 다듬기 위해서 우리가 사용해야 하는 망치와 끌이 다음과 같은 역할을 합니다. 즉 그것들은 우리의 죄를 미워하고 후회하는 것과, 우리의 죄 때문에 우리 자신을 정죄하는 것과, 그렇게 하도록 노력하는 역할을 합니다. 우리 한 사람 한 사람은 폭력을 사용해서라도 자신으로 하여금 하나님께 허리를 굽히게 만들어야 하며, 우리는 그렇게 하기를 계속해야 합니다. 또한 우리가 어떤 어려움이나 어떤 반항에 부딪치더라도 우리 마음의 모든 거만함을 제거해서, 그 후로는 하나님께서 우리의 마음에 당신의 율법을 새기는 것을 아무것도 방해하지 못하게 해야 합니다. 우리 여호와께서 일단 그 일을 시작하셨으니, 그 일을 끝마치실 것입니다. 그리고 우리는 그것을 통해서 매일매일 더 많은 유익을 얻게 될 것입니다.

우리 믿음의 시작은 앞에서 말한 순종이라는 것을 알았습니다. 그러므로 사람들은 그 순종을 통해서 자신을 산 제물로 바쳐야 합니다. 그것은 마치 그들이 "여호와여, 나는 이치도 모르고 나에게 지혜도 없으니 나는 어리석고 무지한 존재이며 바로 짐승과 같은 것이 사실입니다. 내가 당신께로 달려가오니 당신의 성령으로 나를 인도하여 주시고 다스리소서"라고 말하는 것과 같습니다. 그렇게 한다는 것은 우리가 선한 마음을 품고 있다는 신호이며, 이와 같이 선한 마음을 품고 있다는 것은 아무것도 쓰이지 않은 백지와 같습니다. 만일 어떤 사람이 시커멓게 더럽혀 있거나 흙이 더덕더덕 붙은 종이를 가지고 와서 나는 당신의 지도를 받고자 하오니 이 종이에 필본을 써 달라고 한다면, 그것은 그를 완전히 조롱하는 짓이 됩니다. 왜냐하면 그 위에는 식별할 수 있는 글씨를 쓸 수 없기 때문입니다. 그러나 어떤 사람이 깨끗한 종이를 가지고 와서 나는 당신에게 복종하겠으니 내가 해야 할 일을 가르쳐 달라고 간구한다면, 그의 용기가 가상합니다.

우리가 지금 다루고 있는 예, 즉 하나님께서 우리와 맺은 언약에 대해서 생각해 봅시다. 어떤 사람이 다른 한 사람과 거래를 하려는 의도로 "나는 모든 조건에 기꺼이 승복한다는 것을 당신에게 알려드리기 위해서 백지를 가지고 왔으니, 당신께서 원하시는 대로 쓰십시오. 그러면 나는 거기에 동의하겠습니다"라고 말했다고 합시다. 만일 그 사람이 그렇게 말했으며 그가 한 말이 사실이라면, 그것은 자기와 관련이 있는 당사자와 성실한 거래를 하겠다는 의지를 보여 주는 것입니다.

그러나 만일 다른 사람이 진흙으로 더럽혀진 종이를 가지고 와서 "당신이 원하는 대로 쓰십시오. 그러면 나는 그것을 영원히 인정하겠습니다"라고 말했다면, 그것은 그가 모든 계약을 파기하려고 한다는 것과, 그는 그의 입을 한 번 벌릴 자격도 없다는 것을 알려 주는 것이 아닙니까? 그러니 우리는 흰 종이를 하나님께 가져다드리도록 합시다. 즉 하나님께 굴복하기 위해서 순종합시다. 비록 우리가 하나님의 뜻을 이해하지 못하더라도, 그렇게 하는 것이 우리를 믿음으로 이끌어 주는 통로입니다. 하나님께서는 당신의 말씀을 우리의 마음속에 써 놓기 위해서 미리 우리를 훈련시키시며, 후에 우리가 온전한 교육을 받게 해 주십니다.

하나님이 베푸시는 두 가지 은혜

여러분은 하나님께서 우리에게 두 가지 은혜를 베푸신다는 것을 알았습니다. 첫 번째 은혜는 우리가 하나님의 가르침을 받아들이기 위해서 하나님께로 나아올 수 있도록 우리의 마음을 준비시켜 주시는 것이고, 두 번째 은혜는 성령을 통해서 우리를 가르쳐 주시고 깨우쳐 주시며, 우리의 마음과 감정을 바르게 잡아 주시는 것입니다. 그렇게 되면 우리는 하나님을 닮아 하나님의 영광에 이르게 됩니다(고후 3:18). 그리고 그렇게 되기 위해서는 하나님께서 하시는 말씀이 우리의 귀에만 역사해서는 안 되고 우리 마음에 훨씬 더 많이 역사해야 합니다. 그러니 내가 앞에서 말한 대로, 우리에게 순종이 없다면 우리는 결코 믿음을 얻지 못할 것이라는 결론을 내려야 합니다. 이것이 오늘날 믿는 사람이 거의 없는 이유입니다. 사람들은 교만으로 가득 차서 하나님을 그들에게서 멀리 밀어냅니다. 그래서 하나님이 그들에게 접근하실 수가 없습니다. 그들은 하나님의 말씀을 가시로 찌르며, 하나님의 진리에 반항하며, 자신의 유익과 행복을 계속 경멸합니다. 그러므로 우리가 알아야 할 것은, 하나님의 참된 제자가 되려면 가르침을 잘 받아야 한다는 사실입니다. 그러니 우리가 일단 그런 마음을 먹었다면, 하나님께서 우리를 가르쳐 주시도록 해야 합니다. 그러면 하나님께서 우리 마음속에 당신의 가르침을 새겨 놓으실 것입니다.

그리고 우리가 주의해야 할 또 한 가지 사실은 하나님을 섬기기 위한 율법을 만들거나 초안을 작성하는 것은 우리가 할 일이 아니라는 것입니다. 우리는 우리의 서판을 가지고 와서 하나님께서 거기에 당신께서 좋다고 생각하시는 것을 쓰시게 해 드리기만 하면 됩니다. 모세는 위대하고 훌륭한 선지자였습니다. 그런데도 하나님께서는 그에게 그가 가지고 온 돌판에 아무것도 쓰지 못하게 하셨으며, 또 거기에 아무것도 덧붙이지 못하게 하셨고, 거기에 쓰인 내용을 철저히 지키게 하셨습니다 (신 12:32). 그것이 다음 사실에서 잘 나타납니다. 즉 두 돌판은 한쪽만이 아닌 양쪽에 가득하게 쓰여 있었습니다. 그 의도는 살아 있는 사람이 거기에 아무것도 더하지 못하게 하기 위해서입니다. 하나님께서는 당신의 계명을 그 두 돌판에 손수 쓰셨으며 그 일을 모세에게 맡기지 않으셨으니, 죽을 운명을 타고 난 어떤 피조물도 자기 자신의 생각을 하나님의 율법에 더하는 것이 합당하겠습니까? 훌륭한 사람이며 하나님의 천사와도 같은 모세가 하나님의 율법을 쓰지 못했고, 또 거기에 아무것도 첨가하지 못했습니다. 그러니 우리는 일러 무엇 하겠습니까? 우리는 그것을 명심해야 합니다.

그러므로 하나님을 옳게 섬기기 위해서 우리는 어떤 것도 우리가 발명한 것처럼 가장해서는 안 되고, 우리 자신의 헌신을 내세워서도 안 됩니다. 그런 행위는 모두 미움을 받게 될 것입니다. 그러나 우리는 우리의 돌판, 즉 제물로 드려지는 우리 자신을 가지고 와야 합니다. 그러면 하나님이 말씀하실 때까지 우리의 몸속에는 쓰인 것이 아무것도 없게 되고, 우리는 하나님의 입에서 나오는 모든 말씀을 전혀 반대하지 않고 순수하게 받아들이게 됩니다.

이제 모세가 만든 궤, 즉 흔히 말하는 언약궤(the Ark of the Covenant)가 레위 지파에 의해서 운반되게 하는 것이 하나님의 뜻이었다는 사실에 대해서 생각해 봅시다. 하나님께서는 이 말씀을 통해서 이스라엘 백성들은 이곳저곳으로 떠돌아야 한다는 것을 그들에게 알려 주셨습니다. 그들은 아론이 죽은 모세라(Moserah)라는 곳까지 왔습니다. 그리고 하나님께서는 레위 지파를 구별하셨습니다. 얼핏 보면 이야기는 순서가 잘못된 것처럼 보이는 것이 확실합니다. 왜냐하면 모세가 이스라엘 백성들이 모세라에 살고 있는 야간의 자손들에 속하는 우물(Beroth)에서 출발했다고 말했기 때문입니다.

모세라는 아론이 죽은 호르 산에 있었습니다. 모세가 한 말에는 아론이 죽은 것은 하나님께서 두 돌판을 만들라고 시키시고 나서 얼마 안 되어서였다는 뜻이 담겨 있습니다. 그러나 그 사이에는 40년의 시차가 있습니다. 아론은 하나님께서 이스라엘 백성들에게 약속의 땅을 금하셨던 기간인 40년을 마치는 시점에 죽었습니다. 그 기간이 끝날 무렵에 아론은 제사장이라는 위엄 있는 직을 빼앗겼으며, 그의 아들 엘르아살이 그를 대신해서 제사장이 되었습니다. 모세가 여기서 한 말에는 율법이 공포된 때부터 그가 백성들에게 그들이 상속 받을 땅으로 들어갈 준비를 처음 시작할 때보다 더 잘하라고 당부할 때까지의 40년 동안에 일어났던 모든 것이 포함되어 있습니다.

모세가 그들에게 알려 주는 내용은, 비록 그동안 많은 변화가 있었지만 하나님께서는 당신의 율법이 항상 존중되고 존경을 받아야 하며, 또 세상 사람들이 하나님의 위대하심이 하나님의 율법 안에 있다고 인식하게 되고, 또 모든 사람들은 그것에 굴복해야 한다고 규정하셨다는 사실입니다. 모세는 그런 까닭으로 아론이 죄를 지었음에도 불구하고 하나님께서는 레위 지파를 택하셨다고 말했습니다.

모세가 여기서 자기 형의 죽음에 대해서 언급한 목적이 무엇입니까? 하나님께서는 레위 지파를 나머지 지파처럼 사랑하신다는 사실을 알려주기 위해서였습니다. 레위 지파는 하나님께 제사를 드리는 일에 선발되었는데, 그것은 하나님께서 그들에게 주셨던 특권이었습니다. 그런데 그들에게는 그 일을 맡을 자격이 있었습니까? 그들은 다른 지파보다 훌륭하다고 자랑할 만 했습니까? 그들이 우상 숭배자들을 처단했던 것이 사실입니다. 그러나 모세는 어쩔 수 없이 그들을 불렀으며, 그들의 손을 거룩하게 하라고 명령했습니다. 모세가 말하기를 "너희는 너희 손을 여호와께 깨끗하게 해야 한다"고 했습니다. 그런데 그들은 흉악한 죄를 지어서 모든 것을 뒤엎어 버리는 자들을 살해해서 하나님께 깨끗하게 되었습니다. 온힘을 다하여 하나님의 영광을 가리는 자들은 완전히 뿌리 뽑아야 했으니, 오늘날 여러분은 하나님의 영광을 유지하기 위해서 모든 열정을 다 기울여야 하며, 또 하나님의 이름을 거룩하게 해드리기 위해서는 당신의 친형제나 당신의 가장 가까운 이웃의 목숨도 살려 두어서는 안 됩니다.

제사장인 아론이 금송아지를 만든 것(출 32:2, 4) 외에 레위 지파는 모세가 명령했던 일을 잘했습니다. 아론이 금송아지를 만드는 것에 반대했던 것은 사실입니다. 최소한 그는 그것을 허락하지 말았어야 했습니다. 그러나 갈팡질팡하다가 마침내 백성들의 무모한 요구를 들어주었습니다. 그러므로 그는 어쩔 수 없이 "너는 내가 나의 백성들에게 주려고 하는 땅에 들어가지 못할 것"이라고 말씀하신 하나님의 벌을 받았습니다. 그러나 그는 우리 주 예수 그리스도의 성품을 나타냈으며, 그분의 형상이었습니다. 비록 아론이 하나님과 인간 사이의 중재자가 되어 백성들의 죄를 조정하고 위대하신 하나님께 그들의 죄를 화해시키는 제사를 드렸지만, 그는 부끄럽게도 그 땅에서 추방되었으며 죽었습니다. 그가 죽기 전에 그의 예복이 벗겨져 그는 천한 사람과 같이 되었으며, 하나님께서는 그를 망신당한 자처럼 그리고 영구적인 책망으로 손상된 사람처럼 내버려 두셨습니다. 하나님께서 아론에게 그런 벌을 내리셨다면, 그보다 못한 자들은 어떤 벌을 받아야 했습니까? 이러한 이유로 모세는 하나님께서 레위 지파를 택하시어 궤를 운반하게 하고 하나님께 제사 드리는 일에 종사하게 하신 것은, 그들에게 그런 자격이 있었기 때문이 아니라 하나님의 값없이 주시는 선하심 때문이라고 말했습니다(신 7:7~8). 그런 까닭으로 아론의 죽음이 여기서 다시 언급되었습니다.

악에 따른 처벌

그런데 우리는 여기서 모세는 자기 친형의 목숨도 아끼지 않았다는 사실을 알게 되었습니다. 모세는 하나님께서 내리신 선고를 반복했으며, 또한 그를 처형했습니다. 그것이 그의 집안에는 영광스러운 일이 아니었습니다. 그가 그렇게 한 것은 하나님을 영광스럽게 해 드리고, 인간은 저주를 받게 하기 위해서였습니다. 그의 의도는 자신의 잘못을 숨기려는 것이 아니라, 아론에게는 변명할 수 있는 구실이 많고 또 모든 책망은 그 백성들이 받아야 함에도 불구하고 하나님께서는 그를 처벌하셨다는 것을 보여 주는 것이었습니다. 아론이 도를 지나쳐서 행한 것은 한 번뿐이었으며, 그것도 악 때문이 아니고 단지 마음의 고통 때문이었습니다. 그럼에도 불구하고 그는 그 잘못을 자기 자신에 들렸으며, 그것을 공개적으로 시인했고, 그에 대한 기록이 세상 끝날까지 계속되게 했습니다. 이 사실을 알았으니, 우리는 우리의 죄 고백하기를 부끄러워하지 말고, 하나님께서 우리를 벌하시는 것이 옳다는 것을 보여 주도록 합시다.

이 세상에는 하나님께서 전에 없이 가벼운 벌을 내리시더라도 자기 이름이 언급되지 않기를 바라는 자들이 많이 있습니다. 자기 이름이 언급되는 것은 자신의 명예와 위엄과 정절에 도움이 되지 않기 때문입니다. 그러나 우리는 그들처럼 하나님께서 우리에게 내리시는 징벌을 묻어 버리려고 하지 맙시다. 그런 자들은 하나님이나 하나님의 의로움은 아랑곳하지 않고 기어이 자신을 영광스럽게 하려고 하는 자들과 똑같습니다. 우리가 죄를 지어서 하나님께서 당신의 손을 내밀어 우리를 벌하셨다면, 그 사실은 우리에게 반복해서 들려져야 하며, 우리는 그것에 대해서 생각해 보아야 합니다. 그리고 우리는 하나님은 의로우시며, 또 우리가 알고 있는 바와 같이 모세는 자기 친형제도 참아 주지 않았으니 하나님께서 우리를 향하여 징계를 내리시는 것이 당연하다고 항상 고백해야 합니다. 이것이 우리가 명심해야 할 내용입니다.

한편 아론은 악한 짓을 허락했기 때문에 하나님의 손에 맡겨졌으며,

비록 그가 악한 짓에 집착하진 않았지만 벌을 받았습니다. 엄밀히 말해서 그가 한 승낙은 전혀 승낙이 아니었습니다. 그는 이스라엘 백성들에게 "불쌍한 자들아 너희는 무슨 일을 꾀하려고 하느냐?"고 물었기 때문입니다. 그리고 그는 그들의 우상 숭배를 조롱하여 "여기에 너희를 애굽 땅에서 인도하여 오신 너희 이스라엘의 하나님이 계시다"고 말했습니다. 그것은 마치 그가 "송아지가 너희의 구세주가 될 수 있느냐?"고 묻는 것과 같았습니다. 그때 아론은 일종의 반대를 했습니다. 그렇기는 하지만 그는 갈팡질팡하고 있었으며 백성들의 끈질긴 요구에 넘어갔기 때문에 나는 그것을 승낙이라고 부릅니다.

분명히 말하지만, 만일 하나님께서 아론을 그렇게 귀하고 높은 자리인 당신의 제사장 자리에 앉히신 후에 그를 벌하셨다면, 우리에게는 어떻게 하시겠습니까? 그러니 악한 자들과 함께 저주에 휘말려들지 않기 위해 악한 짓을 하지 않도록 하고, 어떤 일이 있어도 그러한 일들을 허락하지 않도록 합시다. 우리가 보는 바와 같이 아론은 그런 저주를 얼마 동안 받았습니다. 나는 얼마 동안이라 말했는데, 그것은 하나님께서 그에게 긍휼을 베푸셨기 때문이며, 또 그 벌은 일시적인 것에 불과했기 때문이며, 또 그것은 그의 육체에만 내리는 벌이었고 이 세상에서의 생활에만 관련이 있기 때문입니다.

하나님께서 우리의 육신을 벌하실 때 하나님은 우리에게 지나치게 인자하시며 호의적이십니다. 우리가 그런 죄를 짓게 되면 우리는 멸절되어 마땅합니다. 하나님께서는 덧없는 이 세상과 관련해서 가볍게 징계하실 때가 있는데, 당신께서는 그것을 통해서 우리에게 큰 은혜를 베풀려고 하신다는 것을 보여 주십니다. 그렇지만 우리가 악한 자들에 저항하지 않거나 그들과의 교제와 연합을 포기하지 않는다면, 우리가 그들과 함께 멸망당해 마땅할지라도 하나님께서는 우리의 목숨을 살려 주시고, 당신이 우리에게 인자하시다는 것을 보여 주십니다. 그렇지만 그와 관련해서는 얼마간의 육체적인 고통을 겪습니다.

율법의 권위

다음에는 언약궤를 운반하기 위해서 선발된 레위 지파에 대해서 크게 언급되었는데, 그 이유를 알아보겠습니다. 모세는 하나님께서 그런 방법으로 당신의 율법의 권위를 세우신다는 것을 우리에게 이해시키려고 그 점을 다시 되풀이해서 말했습니다. 하나님께서는 당신의 율법이 그런 방법으로 운반되고, 그것이 백성들이 지켜야 할 규범처럼 되기를 바라셨습니다. 하나님께서는 신명기 4장에서 "너희는 자기를 위하여 어떤 닮은 것이나 비슷한 것을 만들지 말라 너희는 호렙산에서 너희 하나님의 목소리는 들었지만 사람이나 짐승이나 그 밖에 다른 피조물의 모양은 전혀 보지 못했기 때문" 이라고 말씀하셨습니다(신 4:14, 16).

하나님의 유일한 형상은 하나님께서 직접 쓰신 것, 즉 십계명뿐입니다. 분명히 말하지만 그것이 하나님을 나타내 보이는 생생한 형상입니다. 그러므로 백성들은 언약궤를 주목해야 합니다. 특히 사람들이 하나님께 순종하는 일에 적극적이 아니기 때문에 언약궤가 경건하게 다루어지는 것이 당연하며, 하나님께서도 그와 똑같은 목적으로 제사장과 레위 지파를 임명하셨습니다. 비록 언약궤를 운반하는 자들의 지위는 제사장보다 낮았지만, 하나님께서 레위 지파를 임명하여 언약궤를 운반하게 하신 것은 언약궤를 운반하는 것이 엄청난 특전이며 장난이 아니라는 것을 잘 알려 주시기 위해서였습니다. 우리가 알고 있는 것과 같이, 하나님께서는 레위 지파 이외에 다른 사람이 언약궤 만지는 것을 허락하지 않으실 정도였습니다. 그래서 다윗이 언약궤를 옮길 때에도 좋은 뜻이었지만 그것을 만졌던 자는 즉시 죽임을 당했습니다. 그는 언약궤가 흔들려서 떨어질 지경에 이른 것을 보고 선한 뜻으로 그의 손을 내밀어 그것이 떨어지는 것을 막기만 했는데도 가혹한 벌을 받았습니다 (삼하 6:6-7). 지나치게 엄격한 것처럼 보일지도 모릅니다. 그러나 이것은 하나님께서 제정하신 규례를 어기는 것은 결코 합당치 않다는 것을 알려 주는 역할을 합니다.

결론은, 하나님께서는 그것을 유의해서 보신다는 사실입니다. 만일 우리가 어떤 일을 그 자체 이상으로 중요하게 여기지 않는다면 언약궤도 모든 이스라엘 백성들에 의해서 다루어지고 운반되어야 하지 않겠습니까? 그들은 모두 하나님으로부터 깨끗하게 된 자들이며, 할례를 받았으며, 언약의 표시를 지니고 다녔습니다. 그런데 왜 그 한 사람은 언약궤를 선한 뜻으로 만졌다는 이유만으로 즉시 죽임을 당해야 했습니까? 하나님께서는 사람들은 당신의 말씀에 전적으로 순종해야 한다는 율법의 목적을 중요하게 여기시기 때문입니다. 만일 하나님의 말씀이 무시를 당하게 된다면 거기에는 하나님에 대한 반역밖에 없기 때문입니다.

사실 사람들은 하나님을 영화롭게 해 드리고 섬기는 척하지만 그것은 위선에 불과합니다. 하나님께서 우리의 섬김을 받아들이실 정도로 우리는 하나님을 진정으로 섬기려고 합니까? 우리 모두는 작은 자나 큰 자를 막론하고 하나님의 말씀에 굴복해야 하며, 그 신실하심을 따라야 하며, 더욱이 하나님의 말씀은 사람들이 그것을 그들 자신의 어떤 것과도 혼합해서는 안 될 정도로 귀하다는 것을 명심해야 합니다. 사람들은 하나님의 말씀을 부패시키는 일만 하기 때문입니다. 사람들이 이런 가르침을 받는 것이 쉽지 않기 때문에 하나님께서는 당신의 말씀을 얼마만큼 귀중하게 여기시는지를 가시적인 현상을 통해서 보여 주십니다. 그런 까닭으로 하나님께서는 레위 지파를 나머지 지파와 구별해서 언약궤를 운반하게 하셨습니다. 하나님께 제사를 드리고, 또 하나님과 사람 사이를 화해시키고, 또 우리 주 예수 그리스도의 성품을 나타내라고 임명된 제사장들이 하나님의 말씀을 들고 나가는 것과 그들이 하나님과 사람들 사이의 중재자로서 하나님을 기쁘시게 해 드리는 것이 하나님의 뜻이었습니다.

이렇게 해서 여러분은 하나님의 말씀이 가장 경건하게 받아들여지고 계속해서 존경받게 하기 위해서 하나님께서는 당신의 백성들에게 가시적인 징표와 외형적인 의식을 통해서 겸손을 가르치시는 것이 하나님의 뜻이라는 것을 알게 되었습니다. 오늘날 우리는 더 이상 의식을 갖지 않습니다. 그러나 우리에게는 이 세상 끝날까지 지속되어야 할 진리가 있습니다. 그러므로 하나님의 말씀이 우리에게 전해질 때마다 말씀에 고개를 숙이고 그것이 천국의 가르침이라는 것을 알아 두도록 합시다. 우리는 거기에 귀를 기울이는 것이 합당합니다. 그리고 그런 경우에 우리 자신의 어리석은 생각을 주장해서는 안 됩니다. 우리가 그렇게 하면 우리에게 화가 있을 것이기 때문입니다. 하나님께서는 우리로 하여금 하나님의 말씀을 듣고 가게 하시고, 그것이 우리 안에 거하게 하셔서 우리에게 큰 은혜를 베푸십니다. 하나님은 그것을 통해서 당신의 선지자들과 약속하신 것을 이룩하셨다는 것, 즉 하나님께서 우리를 당신의 제사장의 보좌관으로 선발하셨다는 것을 보여 주십니다(사 66:21). 그것은 다음에 더 자세하게 다루기로 하겠습니다.

70편_ 신 10:8~11

레위 지파에 내려진 축복

"그 때에 여호와께서 레위 지파를 구별하여 여호와의 언약 궤를 메이며 여호와 앞에 서서 그를 섬기며 또 여호와의 이름으로 축복하게 하셨고 그 일은 오늘날까지 이르느니라 그러므로 레위는 그 형제 중에 분깃이 없으며 기업이 없고 네 하나님 여호와께서 그에게 말씀하심 같이 여호와가 그의 기업이시니라 내가 처음과 같이 사십 주야를 산에 유하였고 그 때에도 여호와께서 내 말을 들으사 너를 참아 멸하지 아니하시고 여호와께서 내게 이르시되 일어나서 백성 앞서 진행하라 내가 그들에게 주리라고 그 열조에게 맹세한 땅에 그들이 들어가서 그것을 얻으리라 하셨느니라"(신 10:8~11).

우리는 모세가 온 백성을 향해서뿐만 아니라 레위 지파를 향해서 베푸시는 하나님의 긍휼을 찬양하는 것을 보았습니다. 아론이 자신의 잘못으로 인해서 처벌받는 장면을 통해서 그의 혈통 모두가 강등당한 것이 당연하다는 것이 분명하게 드러났습니다. 그럼에도 불구하고 하나님께서는 당신의 선하심으로 인하여 당신의 제사를 위해서 일정한 수의 인원을 임명하도록 허락하셨습니다. 하나님께서는 그들을 선별하셨는데, 그것은 그들에게 어떤 자격이 있어서가 아니라 오로지 하나님의 긍휼 때문입니다. 만일 하나님께서 우리를 당신의 집안으로 몰아넣을 정도의 가치가 없다면, 어떻게 하나님께서 우리를 그보다 훨씬 높은 자리로 승진시켜 주시겠습니까? 이것이 모세가 한 말의 뜻입니다.

우리는 모세가 여기서 명시한 세 가지 임무를 주목해야 합니다. 그는 그 임무를 레위 지파에게 맡겼습니다. 첫째는 하나님의 언약궤와 성소에 있는 용기를 나르는 것이고, 둘째는 하나님께 제사하는 일을 도와주는 것이고, 셋째는 하나님의 이름으로 축복해 주는 것입니다. 이것들은 옛날의 제사장에게 흔히 있었던 일입니다. 지성소와 거기에 따르는 모든 부속물에 대해서 말하자면 그것들은 영적인 성전, 즉 하나님의 교회를 의미합니다. 그것들은 믿는 자들이 하나님께서 자기들을 통해서 영광 받으시게 해 드리기 위해서 하나님께 자기 몸을 영, 육 양면으로 봉헌할 때 하나님께 드리는 산 제사의 형상에 불과합니다(히 8:5, 롬 12:1). 그것이 첫 번째 요점입니다. 두 번째 요점은 그가 말하는 제사입니다. 그런데 그것도 또한 형상 안에 있습니다. 그러나 그 실체가 우리에게 이행되는 것은 오늘날 하나님의 교회를 다스리라는 부름을 받은 사람들이 복음을 전함으로써 사람의 영혼을 하나님께 바치며, 또 하나님께서 영광을 받으시게 해 드리고, 교회가 모든 장애물에서 벗어나서 교회의 질서와 상태를 유지하는 그들의 직분을 할 때입니다(롬 15:6). 세 번째 요점은 하나님의 이름으로 축복하는 것입니다. 즉 하나님의 선하심과 인자하심을 하나님의 백성들에게 간증하는 것입니다.

이제 우리는 이것들의 실체에 적응하도록 합시다. 그러면 우리의 믿음이 그들을 통해서 세워지게 될 것입니다. 우리는 우리 주 예수 그리스도께서 우리에게 가지고 오신 이 세 가지 일을 그들의 실체에 적용하도록 유의합시다(골 2:17). 여기에서 레위 지파는 하나님의 성스러운 물건들을 날라야 한다는 말이 나옵니다. 이 말은 하나님의 말씀을 전하는 자나 교회에서 직분을 맡은 자뿐만 아니라 믿는 자 전체에게 해당됩니다. 그런 까닭으로 말라기 선지자는 레위 자손이 제사장이 되었다고 했습니다(말 3:3). 그리고 그것은 우리 주 예수 그리스도께서 이 땅에 오셨을 때 완성되었으며, 그때 교회가 발전하여 율법 아래 있을 때보다 많이 온전해졌습니다.

이사야도 우리에게 모든 사람이 여호와에 대해서는 레위 자손처럼 될 것이라고 말했습니다. 그가 말하기를 이스라엘 자손들 모두는 하나님에 대하여 제사장의 직분을 수행할 것이라고 했습니다(사 66:21). 그와 똑같은 관점에서 사도 베드로도 우리는 왕 같은 제사장이라고 말했습니다(벧후 2:9). 사도 베드로는 교황이 했던 것처럼 어떤 특정한 백성을 지칭하지는 않았습니다. 그런데 교황은 제사장의 직분이 자신이 맡고 있는 사제직에 있다고 생각하여 사도 베드로가 한 말을 크게 손상시켰습니다. 사도 베드로는 그 귀한 직분은 모든 믿는 자와 하나님의 교회에 속하는 모든 사람에게 있다고 했습니다. 모세는 그의 생존 시에도 너희의 제사장 나라는 다른 모든 나라보다 거룩한 나라가 될 것이라고 말하기까지 했습니다(출 19:6). 그러나 사도 베드로는 자기 자신을 세상에 드러내 보이신 우리 주 예수 그리스도께서 멜기세덱의 반차에 따라 온 교회에 똑같은 은혜를 전달하는 제사장에 임명되셨기 때문에 우리는 왕 같은 제사장이 된다고 말합니다(히 5:6).

그러므로 제사장이나 레위 자손이 되는 이와 같은 은혜는 세 사람이나 네 사람에게만 허용되는 특전이나 특권이 아닙니다. 그것을 알아 둡시다. 우리 주 예수 그리스도께서 그분의 아버지이신 하나님으로부터 받은 것은 우리 모두의 공유물이며, 우리는 그분을 통해서 그것들의 분담자가 되었으니, 우리는 레위 지파의 일원, 즉 하나님께 헌신된 자에 속합니다. 우리는 멀리 떨어져서 하나님께 절을 했던 이스라엘 백성들과 같지 않습니다. 우리에게는 하나님께 접근할 방도가 있으며, 잘 알고 있는 진입로가 있습니다. 우리에게는 우리를 사람의 손으로 만들지 않은 지성소에 데리고 가시기 위해서 우리보다 먼저 들어가신 하나님의 아들이 있습니다. 모든 믿는 자들은 그분의 이름을 통해서 거기에 마음대로 들어갈 수 있는 자유를 가지고 있습니다. 이렇게 해서 여러분은 하나님께서는 당신의 자녀들 중에서 한 지파를 선별하여 지성소 안에서 당신을 섬기게 하셨다는 사실을 알게 됐습니다.

자신을 깨끗이 해야 할 의무

그러나 오늘날에는 하나님께서 그와 같은 은혜를 모든 신도들에게 나누어 주십니다. 거기에는 예외가 없으며, 우리 모두는 하나님께 제물을 드리고 성전의 그릇을 나를 뿐만 아니라, 바로 그릇 그 자체가 될 수도 있을 만큼 신성하게 되었습니다. 비록 우리 몸은 처량한 시체에 불과하지만, 우리의 몸은 틀림없이 성령님의 전이 되며(고전 6:19), 하나님께서는 우리의 몸 안에서 예배 받으시기를 바라십니다. 썩어지기 쉬운 우리의 몸이 그런 말을 들으니, 우리는 하나님께서 우리를 향해서 얼마나 많은 은혜를 베푸시는지 알게 되었습니다. 그러므로 이 가르침이 우리에게 해당되며, 전에 율법 아래 있던 이 형상이 오늘날 우리와 관련이 있고, 우리는 그것을 통해서 유익을 얻어야 한다는 것을 알아 둡시다. 그런데 어떤 방법으로 해야 합니까?

하나님께서는 우리를 당신의 종으로 택하시어 당신의 전의 그릇을 나르게 하셨을 뿐만 아니라, 바로 성전 그 자체와 영육 간의 제사를 드리는 제단을 삼으실 정도로 우리에게 관대하시니, 우리는 제일 먼저 우리 하나님의 선하심을 찬양해야 합니다. 하나님께서는 우리가 그림자와 형상 안에 있는 육적인 예배뿐만 아니라 우리의 몸을 하나님께 온전히 바치는 참된 영적인 예배를 드리기를 바라십니다. 이렇게 해서 여러분은 우리가 지향할 목표가 우리에게 엄청난 선을 베푸시는 하나님께 얼마나 많은 신세를 지고 있는지를 아는 것이라는 것을 알게 되었습니다. 더욱이 사도 바울이 고린도후서에서 경고한 바와 같이, 우리는 우리 자신을 모든 부정한 것에서 분리해야 합니다(고후 6:17). 이사야 선지자도 여호와의 기구를 메는 너희는 모든 부정한 것에서 떠나라고 우리에게 외칩니다(사 52:11). 사도 바울도 이사야 선지자가 한 말을 주장하면서, 우리는 영적으로나 육적으로나 우리 자신을 깨끗이 해야 하는 것이 지극히 당연하다고 말했습니다. 이사야 선지자는 여호와의 기구를 메는 너희는 깨끗하라고 말했는데, 솔직히 말해서 그는 그의 가르침을 형상의 시대에 제한하지 않고 우리 주 예수 그리스도의 나라에까지 확장시켰습니다. 그러니 이 말씀은 지금도 우리 안에서 꼭 이룩되어야 합니다.

오늘날에는 율법 시대만큼 물질적인 기구가 많지 않기 때문에 그 가르침은 보다 높은 차원에서 이행되어야 하는 것이 순리입니다. 다시 말하면, 하나님께서 우리를 부르시어 당신의 아들로 삼으셨으며, 우리는 그것으로 인해서 하나님이 우리 안에서 거하시게 해 드리고, 또 우리는 그분의 전이 될 수 있도록 하나님께로 가까이 갈 수 있게 되었으니, 그 사실이 우리를 자극해서 우리로 하여금 우리 자신을 가장 깨끗하게 할 것입니다. 우리 자신을 이 세상의 더러운 것과 떼어 놓지 않고서는 그 일을 할 수 없습니다. 만일 우리가 이 세상에서 떨어져 나오려고 노력하지 않는다면, 우리는 더럽혀지는 것을 피하는 것이 불가능하기 때문에 우리는 더러운 이 땅에 살게 됩니다. 또한 우리 안에는 악한 것이 많기 때문에 다른 곳에서 악을 불러서 우리를 덮치게 할 필요가 없습니다. 그러니 모든 악한 욕망을 버리고 우리 안에 있는 부정한 것들 모두와 세상에 속한 모든 것들을 잘라 내도록 힘씁니다. 그러면 우리는 하나님에게로 다가갈 수 있게 되고, 이 세상을 포기한 후에는 하나님과 연합하여 하나가 되며, 하나님께서는 우리가 당신의 제사장이 되었다고 인정하실 것입니다.

만일 우리가 그렇게 하지 않으면 우리는 갑절의 저주를 받게 될 것이며, 하나님께서 우리를 너무 높이 승진시키셨다는 것 이외에는 다른 변명을 할 수 없을 것입니다. 우리 여호와께서 우리를 당신 곁으로 데리고 가서서 우리를 제사장으로 삼으셔서 우리로 우리의 몸을 하나님께 드리게 하셨으며, 우리를 당신의 전으로 만드셔서 우리 몸속에 하나님께 드리는 영적인 제단을 쌓게 하셨으니, 이제 우리가 무슨 변명을 할 수 있겠습니까? 이 세상이 우리를 악으로 향하게 할 때마다 우리는 하나님의 전을 돼지우리로 만들고, 또 하나님께서 거룩하게 하셨던 것을 더럽히고, 또 사탄과 이 세상의 모든 부정한 것들을 하나님의 전 안으로 끌어들임으로써 하나님께 크나큰 죄악을 저지르게 된다는 사실을 알아 둡시다. 그러면 우리는 틀림없이 두려워하는 마음을 갖게 되고, 또 매우 건전한 생활을 하게 될 것입니다. 그리고 하나님께서 우리의 몸과 영혼을 당신에 대해서 성스럽게 하셨기 때문에 우리는 우리의 몸과 영혼을 어떤 부정직한 일에도 내어 주지 않게 됩니다. 이것이 우리가 이 본문 말씀의 첫 번째 부분에서 알아 두어야 할 내용입니다.

하나님께서는 우리를 레위 사람이나 제사장으로 삼는 은혜를 당신의 교회의 모든 성도들에게 확장하셨지만 당신의 교회의 질서를 폐하지 않으셨습니다. 그러나 어떤 특정한 사람들을 임명해서 그들로 하여금 당신의 말씀을 전하게 하시는 것이 하나님의 뜻이었습니다. 모세가 한 두 번째 말에서 그것이 타나납니다. 그는 "그들은 여호와 앞에 서서 그를 섬기며 또 여호와의 이름으로 축복할 것이다"라고 말했습니다. 이와 똑같은 내용이 오늘날 하나님의 말씀을 전하는 사람들에 의해서 활용되어야 합니다. 하나님께서는 우리에게서 섬김과 영광을 받으시기 위해서 우리 모두를 똑같이 부르셨지만, 하나님에게는 당신의 교회를 다스릴 목자로 세운 자들, 즉 길을 인도해 주고 하나님을 섬길 준비가 항상 되어 있는 자들로부터 특별한 섬김을 받는 것이 필요합니다.

이와 같은 섬김에는 이스라엘 백성들의 믿음을 정결하고 부패하지 않게 유지해야 한다는 것과, 또 이스라엘 백성들이 이방인의 미신과 관계를 맺게 해서는 안 된다는 것과, 그들을 인도하여 내신 하나님이 어떤 분이셨는지 알려 주어야 한다는 것이 내포되어 있습니다. 간단히 말하면, 그들은 항상 백성들로 하여금 참된 믿음에 순종하게 해야 합니다. 그와 같은 이유로 하나님께서는 그들이 기거할 땅을 어떤 특정한 나라나 지역으로 한정하지 않으시고 그들을 온 땅에 두루 흩어 놓으셨습니다. 우리는 레위 지파와 함께 살고 있지 않은 지파가 하나도 없었다는 것을 알고 있습니다. 하나님께서는 레위 지파로 하여금 성전이 있었던 예루살렘이나 그 근처에 모여 살게 하고 나머지 지파들처럼 그들에게 얼마간의 분깃을 할당해 주실 수 있으셨습니다. 그러나 하나님께서는 그렇게 하지 않으셨습니다. 모든 나라와 성읍과 지방과 지역이 가르침을 받게 하고, 또 믿음의 씨가 모든 곳에 퍼지게 하는 것이 하나님의 뜻이었습니다. 만일 어떤 지역이 레위 지파에게 지정되었다면 그것은 하나님에 대한 기억을 말소시키고 또 모든 가르침을 발로 밟아 버리게 하기에 충분했을 것입니다.

하나님께서는 레위 지파를 임명하셔서 당신의 말씀을 전하게 하시고, 또 구원의 기쁜 소식을 다른 나라로 들고 가게 하심으로써 그들이 거주할 일정한 분깃을 주지 않으시고 그들을 모든 곳에 퍼지게 하셨습니다. 그것이 하나님의 뜻이었습니다. 그것에 대한 증거로 말라기 선지자는 "하나님께서는 레위와 언약을 맺으셨다"(말 2:4)고 말했습니다. 그것은 어떤 언약이었습니까? 평강의 언약이었습니다(말 2:5). 그가 말하기를, 제사장은 하나님의 천사와 사자이며, 사람들은 제사장의 입에서 나오는 율법에 대한 지식을 구하게 될 것이며, 제사장들은 그들에게 지식을 가르쳐 줄 것이라고 말했습니다.

하나님의 이름으로 백성들을 축복하라

우리는 여기에서 언급된 섬김은 교육을 의미하므로, 하나님으로부터 그런 선택을 받은 자들은 율법을 전하고 그것을 백성들에게 자세하게 설명하는 책임을 맡았다는 것을 알았습니다. 오늘날에도 그와 똑같은 책임이 우리 가운데서 완수되어야 합니다. 비록 우리 모두가 가장 큰 자에서 가장 작은 자에 이르기까지 제사장이라 하더라도, 하나님께로 향하는 길을 가르쳐 주고 보여 주는 것과 멸망을 향해 가고 있는 불쌍한 영혼을 돌이키는 것은 말씀을 전하는 사람들의 임무입니다. 그런 까닭으로 사도 바울은 자기 자신에 대하여, 자기는 제사장이로되 율법 아래 있던 옛날 법을 따르는 제사장이 아니고 살육되어야 할 제물처럼 사람들을 복음의 검으로 살육하는 제사장이라고 했습니다. 또한 그는 사람의 영혼을 하나님에게 바치는 도구가 되는 영적인 검을 가지고 있다고 말했습니다(롬 15:16). 이렇게 해서 여러분은 우리가 명심해야 할 것이 무엇인지 알게 되었습니다.

그러므로 부름을 받아 하나님의 말씀을 전하는 직분을 맡은 자들은 하나님께서 섬기심과 영광을 받게 해 드리기 위해서 최대한의 노력을 기울여야 합니다. 그들에게 그것을 알려 주십시오. 그 방법은 내가 인용했던 로마서 15장에 제시되었습니다. 즉 우리는 이 세상에 있는 모든 부정한 것들을 깨끗하게 하기 위해서 노력해야 하며, 또 사람들은 하나님께서 그들을 새롭게 하시고 그들을 당신의 자녀로 받아들이시도록 상냥하고 온순해져야 합니다. 만일 우리가 그렇게 한다면 하나님을 섬기는 일이 옛날에 레위 지파에게 명령되었던 것과 똑같은 방법으로 우리 안에서 이루어질 것입니다.

다음으로 레위 지파는 하나님의 이름으로 백성들을 축복해야 한다고 한 세 번째 요점에 대해서 생각해 보겠습니다. Bless라는 히브리어 낱말에는 하나님을 찬미하고 찬양한다는 뜻이 있는 것이 사실입니다. 이런 어조가 모세의 오경에는 자주 쓰이지만, 우리는 하나님께서 당신의 이름으로 축복하라고 특별히 지명하신 자들과 관련되어 사용된 그 말의 뜻을 민수기 6장에서 찾아야 합니다. 거기에 그것이 잘 표현되었습니다. 거기에는 레위 지파의 제사장들이 하나님의 이름으로 축복할 것이며, 여호와는 네게 복을 주시고 너를 지키시며(민 6:24), 여호와는 그 얼굴로 네게 비취사 은혜 베푸시기를 원하신다(민 6:25)고 기록되어 있습니다. 여호와는 그 얼굴을 우리에게로 향하여 드사 평강 주시기를 원하십니다(민 6:26).

이제 우리는 이 말씀을 통해서 레위 지파는 하나님을 찬양해야 할 뿐만 아니라 하나님의 이름으로 백성들 축복하기를 그들의 임무처럼 해야 한다는 것을 알았습니다. 이 두 일은 서로 다르기 때문입니다. 그러므로 하나님의 이름을 송축한다는 것(To bless the name of God)은, 모든 것이 하나님의 순수한 선하심에서 나왔으며, 하나님이 모든 것의 창조주이시기 때문에 하나님이 안 계시면 우리는 비참하게 되고, 우리 안에는 선한 것이 한 방울도 없다고 주장하게 됩니다.

우리는 하나님께서 우리에게 베푸시는 모든 은혜로 인해서 하나님께 경배를 드려야 합니다. 하나님을 송축하고 하나님의 이름을 찬양하는 것은, 하나님은 모든 선의 원천이시며, 우리가 가지고 있는 모든 것은 하나님과 하나님의 값없이 주시는 선하심에서 나왔다고 인정하는 것입니다. 노래를 부르는 것이 레위 지파의 임무였습니다(대상 25:2). 거기에 출석했던 모든 사람들의 입에서는 하나님을 찬양하는 노래가 나와야 했지만, 레위 지파가 합창을 시작하고 가락을 인도해야 했습니다.

그 외에도 그들은 **하나님의 이름으로 축복도** 했습니다. 어떻게 말입니까? 그들은 백성들에게 하나님의 은혜를 증거했습니다. 오늘날에도 그와 같은 일을 하나님의 말씀을 전하는 사명을 받은 자들이 합니다. 우리가 매일매일 복음을 전하는 목적은, 전에는 저주 받았던 이들을 하나님의 이름으로 축복하는 것 이외에 다른 것이 없지 않습니까? 우리 모두는 본래 저주받고 버림받은 자들입니다(엡 2:3). 그러므로 우리는 우리가 처해 있는 저주에서 구출되어야 합니다. 그렇게 하는 데에는 하나님께서 우리에게 사랑과 호의를 베푸시는 것 이외에 다른 방법이 없으며, 그것이 바로 여기서 말하는 축복입니다. 성경에는 하나님께서 인간을 사랑하신다는 말씀이 있는데, 그것은 하나님께서 인간을 사랑하신다는 것을 실제로 보여 주시며, 또 하나님께서 그들로 하여금 하나님의 은혜와 아버지의 사랑으로 양자 삼으신 데서 생긴 열매와 그 역사를 느끼게 하신다는 뜻과 같습니다.

그러므로 우리에게 복음이 들리게 되면 우리는 그 목적이 어디에 있는지 생각해 보아야 합니다. 즉 그것은 하나님께서 처량한 피조물인 우리를 불쌍히 여기시며, 우리의 몸속에 있는 저주에서 우리를 해방시켜 주시기 위해서입니다. 그것을 확실히 알아 둡시다. 우리는 하나님으로부터 버림을 받아 마땅하지만 하나님은 우리를 관대하게 대해 주시며, 하나님이 우리의 원수가 되셔야 당연하지만 하나님께서는 우리의 아버지처럼 행하십니다. 분명히 말하지만, 이 가르침이 우리에게 전해질 때 거기에서 유익을 얻도록 유념합시다. 우리는 그 성경 말씀을 통하여 하나님께서는 우리의 죄로 인해서 하나님과 우리 사이에 놓여 있던 모든 적개심을 제거해 버리시고 우리에게 호의를 베푸신다는 것을 확실히 알게 되었기 때문입니다(골 1:20). 만일 그것이 우리의 마음속에 잘 새겨진다면 우리는 우리가 지금 하고 있는 것과는 다른 방법으로 하나님을 찬양하려고 할 것입니다.

섬기는 자들에게 양식을 공급

우리 여호와께서는 마치 우리가 당신을 직접 본 것처럼 우리에게 당신의 모습을 나타내 보이십니다. 또한 우리 여호와께서는 당신에게 도전하는 우리를 사랑하신다는 것을 우리에게 확인시켜 주시려고 천국문을 열어 주십니다. 그것은 참으로 귀한 일입니다. 하나님께서는 우리를 몹시 싫어하셔야 함에도 불구하고 우리를 은혜로 대해 주시며, 우리로 하여금 그것을 실제로 느끼게 해 주십니다. 그런데 우리는 어떻게 합니까? 우리는 그것에 전혀 신경을 쓰지 않으며, 고약한 냄새에 젖도록 우리의 배설물 속에서 뒹굽니다. 그런 까닭으로 거의 모든 곳에서 복음이 그렇게 멸시를 당하고 또 그런 배은망덕한 짓이 자행됩니다. 그러나 믿는 자들은 하나님께서 그들을 긍휼로 맞아 주시고 그들에게 아버지처럼 대해 주신다는 것이 얼마나 귀한 일인지 생각해 보아야 합니다.

하나님의 말씀을 전하라고 지명된 자들은 하나님께서 우리를 향하여 그와 같은 아버지의 사랑을 품고 계시다는 것을 우리에게 확인시켜 주는 증인이 됩니다. 이 일은 우리 주 예수 그리스도에 의해서 성취된 것이 사실입니다. 그분이 유일하신 제사장이시기 때문입니다. 우리가 할 것은 그분의 역할을 우리가 맡는 것이 아니라, 그분께서 하신 것을 시인하고 인정하는 일입니다. 아버지 하나님의 사랑을 우리에게 확인시켜 주는 일은 오로지 우리 주 예수 그리스도에게 속하지만, 그분께서는 당신의 이름으로 복음을 전하는 자들의 입을 통해서 그것을 우리에게 입증하십니다. 그것을 잘 알아 둡시다.

율법 아래서는 형상으로 나타났던 것들이 그분에 의해서 실제로 이루어졌습니다(골 2:17). 제사장들이 백성들을 축복할 때에는 마치 그들이 모든 백성들을 하나님께 바치는 것처럼 그들의 손을 드는 엄숙한 의식을 행합니다. 예수 그리스도께서 하늘로 올라가실 때 그분께서도 그와 똑같은 방법을 사용하셨습니다. 즉 당신의 손을 들어 제자들을 축복하셨으며, 교회의 온 지체 위에 전체적인 축복을 직접 선포하셨습니다(눅 24:50~51). 율법의 형상은 오늘날에도 우리와 연관이 있습니다. 그러나 그것은 외형과 관련이 있지 않고 실체 및 실질과 관련이 있습니다. 우리는 이것을 통하여 우리를 위해 모든 것을 온전히 이루시는 우리 주 예수 그리스도께 가까이 하라는 경고를 받습니다. 비록 예수 그리스도께서 지금 이 세상에서는 우리를 축복해 주실 만큼 우리와 친교를 맺고 있지 않으실지라도, 복음이 우리에게 전해질 때 예수 그리스도께서는 복음을 통하여 우리를 똑같은 은혜의 동참자로 만들려고 하실 것입니다. 이것이 우리가 이곳에서 알아 두어야 할 내용입니다.

이어서 모세는 하나님께서는 레위에게 분깃을 주지 않으셨으며, 하나님 자신이 그들의 분깃과 기업이 되기를 원하신다고 말했습니다. 그렇지만 민수기에서 보여 준 대로, 하나님께서는 십일조와 첫 열매를 레위 지파의 것으로 지정하셨습니다(민 18:21). 하나님께서 그들에게 한 분깃을 할당하셨다는 것은 그들이 살고 있는 성읍과 그들의 가축을 위한 교외의 일부 지역 외에는 아무런 땅이나 기업을 소유하지 않았다는 것과 같습니다. 그러나 그들은 모든 이스라엘 백성들의 십일조와 첫 소산을 받았습니다. 이것을 통해서 하나님께서는 다음과 같은 생각을 가지고 계셨다는 것을 알 수 있습니다. 즉 하나님께서는 당신을 섬기는 일에 헌신할 사람은 이 세상의 모든 일과는 떨어져 있어서 그들로 하여금 하나님은 섬기는 데 전념하게 해야 한다고 생각하셨습니다.

하나님의 의도는 레위 지파와 그들의 자녀들이 농업이나 그와 비슷한 일에 골몰하지 않게 하는 것이었습니다. 즉 그들은 백성을 찾아가서 그들로 하여금 하나님의 명령을 따르게 하고, 하나님의 언약을 지키게 하고, 그들의 신앙이 변하지 않고 유지되게 해서 그들의 믿음이 온전히 힘을 발하도록 하는, 결과적으로는 하나님이 영광을 받으시도록 해 드려야 했습니다. 그들은 또한 성찬식도 집례했습니다. 백성들을 여러 가지 규제로 묶어 놓지 않으면 그들은 쉽게 망가지기 때문입니다. 그렇게 하는 것은 레위인들을 바쁘게 하기에 충분했습니다. 그런 까닭으로 하나님께서는 레위인들에게 십일조 외에 한 분깃을 더 주어서 그들이 그들의 직무를 수행하는 동안에 그것으로 그들의 생계를 유지하게 하셨습니다.

그런데 십일조가 천주교 신자들에 의해서 더럽혀졌고 왜곡되었습니다. 그들은 하나님의 율법에 따르면 자기들이 십일조를 받아야 한다고 주장해 왔기 때문입니다. 그들이 주장하는 이유는 그들이 레위 지파라는 것입니다. 그런데 그들은 레위 지파가 유다 지파나 베냐민 지파나 에브라임 지파나 므낫세 지파나 그 밖에 나머지 지파들처럼 가나안 땅의 상속인이었다고 생각했습니다. 그 점을 고려할 때 그들은 다른 지파와 함께 분깃을 갖는 것이 합당하여 그들이 거기에서 배제되거나 제외되어서는 안 되며, 그 이유는 그들 모두가 공통으로 그 땅을 유업으로 받았기 때문이라고 했습니다. 그러므로 그들은 레위 지파가 그 땅의 일부분을 그들의 몫으로 소유하는 것이 합당하고 했습니다. 그러나 하나님께서는 다른 방법으로 그들을 보상하셨습니다. 따라서 교황과 그의 오합지졸들은 온 땅이 어떻게 그들의 유업이 되는지 입증해야 하며, 그것을 근거로 해서 그들의 십일조를 청구해야 할 것입니다. 이렇게 해서 여러분은 이 본문 말씀이 어떻게 왜곡되었는지 알게 되었습니다.

하지만 사도 바울이 한 말을 기억해 둡시다. 사도 바울은 오늘날에도 복음을 전하는 자들이 양식을 공급받아 생계를 유지해 나가게 하는 것이 하나님의 뜻이라고 말했는데(고전 9:13), 그 말은 옛날에도 제사장에게는 성직록이 정해져 있었다는 것과 같습니다. 사도 바울은 비유법을 사용해서 오늘날 하나님께 드려지는 영적인 예배가 적어도 율법이라는 형상 아래서 드려졌던 예배만큼 중히 여김을 받아서는 안 되느냐고 물어보았습니다. 그러나 하나님의 뜻은 제단을 섬기는 일에 종사하는 자는 제단을 통해서 생계를 유지해 나가게 하는 것이었습니다. 그러므로 오늘날 하나님의 말씀을 전하는 일로 하나님의 교회를 섬기는 자들은 양식을 공급받아 생계를 유지해 나가는 것이 지극히 당연합니다. 이렇게 해서 여러분은 이 본문 말씀을 바르게 이해하는 방법은 사도 바울을 그에 대한 우리의 해설자로 모시는 것임을 알았습니다.

그러나 십일조는 복음을 전하는 사람들의 몫이라고 단호하게 결론을 내리는 것은 엄청난 남용이며 어리석은 짓입니다. 우상 숭배자나 나태한 자, 더구나 모든 질서를 왜곡하고 우리가 하나님을 섬기고 순종하는 것을 방해하는 자들이 하나님의 교회에서 양식을 공급받는 것은 우리 여호와의 뜻이 아닙니다. 우리는 그것을 알아야 합니다. 만일 목자들이 기어이 교회 전체의 직분을 건전하게 수행하고 있다는 것을 보여 주려고 한다면, 그들은 그들이 섬기는 하나님의 일에 전념해야 합니다. 교회의 목자라고 불리는 것은 태만을 지칭하는 말도 아니며, 환상적인 위엄을 나타내는 말도 아니라, 일종의 구속입니다. 그러나 그것은 영예로운 직분입니다. 그러므로 목자나 말씀을 전하는 목사로 임명된 사람들은 하나님께 순종하고 하나님의 백성을 섬기도록 유념해야 합니다. 우리는 우리에게 직분을 주신 하나님을 직접 섬길 수 없으나, 하나님의 교회를 섬김으로써 하나님을 섬길 수 있습니다.

이렇게 해서 여러분은 교황과 그의 부하들이 의당 자기들에 속한다고 주장하는 것들을 얻지 못하게 되었기 때문에 실망하게 된 것을 알게 되었습니다. 만일 그들이 하나님의 교회를 섬기는 사람들에게 배당된 물품들을 먹어 치운다면, 그들은 어쩔 수 없이 마지막 심판 날에 그에 대한 사유서를 제출해야 할 것입니다. 왜냐하면 온 세상 사람들은 그들이 나태한 자들이며 허수아비일 뿐만 아니라, 전심을 다해서 하나님의 명예를 훼손하려고 노력하는 하나님의 불구대천의 원수라는 것을 알고 있기 때문입니다. 그러니 이런 짓은 모두 중단되어야 합니다. 그들을 먹여 살린다는 것은 하나님의 교회 안에 있는 모든 좋은 씨앗을 망쳐 버리려고 마음먹는 것과 같습니다. 그들이 이런 횡포를 자행할 때 사람들은 하나님께서 그에 대한 벌을 내려 주시기를 바라는 것이 무리가 아니며, 구속을 받고 있는 사람들이 한숨짓고 신음하는 것이 당연합니다.

비록 사람들은 자기들에게 그런 가혹한 요구를 부과한다는 것이 참을 수 없는 배반이며 강탈이라는 것을 알고 있지만, 어쩔 수 없이 그것을 참아 내야 했습니다. 그러나 교회가 잘 정비되고 질서가 잘 잡혔을 때에는 그런 욕심꾸러기들이 더 이상 그런 식으로 하나님의 백성들의 물건을 착취하지 못하는 것이 분명합니다. 그리고 잘못 사용되었던 것들이 다시 제자리를 찾아서 본래의 선하고 거룩한 목적에 사용되어 하나님의 말씀을 전하는 책임을 맡은 사람들을 먹여 살리며, 또 가난한 사람들을 구제하고 먹여 살립니다. 옛날 율법 시대에 제사장들도 그런 일을 했습니다. 그들이 내가 전에 말한 분깃을 갖게 된 것은 가난한 사람들과 궁핍한 사람들을 구제하기 위해서입니다. 이렇게 해서 여러분은 우리가 이 본문 말씀을 통해서 어떻게 유익을 얻게 되었는지 알게 되었습니다.

교회가 유지되는 방법

그런데 내가 전에 강조했던 이사야 선지자와 스가랴 선지자가 한 말에 대해서 다시 생각해 보기로 합시다. 즉 오늘날 우리는 레위인의 역할을 계승했습니다. 그러므로 비록 우리가 이 세상에서 유업으로 받은 땅과 목장과 포도원을 소유하고 있을지라도 우리는 그것들에 연연하지 않고 그것들을 가볍게 여겨야 합니다. 그리고 우리는 사도 바울이 고린도전서 7장에서 부유한 자가 아무것도 소유하지 않은 자처럼 행한다고 (고전 7:30) 한 말을 활용해야 합니다. 만일 우리가 여호와를 우리의 기업이나 분깃으로 모시지 않으면 우리에게 화가 있을 것이기 때문입니다. 그러나 그것은 이 세상에 대한 모든 애정과 관심을 떨쳐 버리지 않고서는 이루어지지 않습니다. 비록 하나님께서 한 사람을 부자가 되게 하셨더라도 그는 양처럼 겸손하며 자기 몸을 하나님께 바칠 정도로 낮추어야 합니다. 그러면 어떤 것도 그가 하나님의 명령을 수행하는 것이나, 그가 부름 받을 천국 생활을 향하여 가는 것을 막거나 저지하지 못할 것입니다.

하나님께서는 당신의 말씀을 전하는 사람이나 당신 교회의 목자들이 부양을 받게 되기를 바라신다는 사실을 안 후에 우리가 깊이 생각해야 할 것은 우리 모두가 왕 같은 제사장이라는 사실입니다. 그런 관점에서 하나님께서는 우리가 이 세상 재물에 휘말리게 되어서 우리가 당신을 바라보지 않게 되는 것을 원치 않으십니다. 하나님께서는 우리가 낮은 이 땅에서 나그네가 되지 않고서는 천국 백성이 될 수 없다는 것을 확실히 믿고 이 세상을 빨리 통과하기를 바라십니다(고후 5:6).

모세는 그 말을 한 후에 거기에 오늘날까지(Even unto this day)라는 말을 첨가했습니다. 모세는 그 말을 통해서 하나님께서는 그것들이 지켜지기를 바라신다는 뜻을 나타냈습니다. 그때 이런 것들이 40년 이상 지속되지 않은 것이 사실입니다. 모세는 백성들에게 그 명령이 위반되어서는 안 되며, 구세주께서 오실 때까지 계속해서 지켜져야 한다고 말해서 그들에게 그것을 명심시켰습니다. 그러나 사실은 제사장들 자신이 심히 탈선하여 모든 것을 망쳐 버렸습니다. 그래서 하나님께서는 그들과 맺은 언약을 파괴하시고, 말라기 선지자가 말한 것처럼 그들의 조상 레위에게 주셨던 특권을 박탈하시는 것이 당연했습니다. 말라기 선지자는 하나님께서 레위와 언약을 맺으셨다(말 2:4~5)고 말했습니다. 그런데 레위 지파는 꽁무니를 빼고 그들이 하나님과 한 약속을 중요하게 여기지 않았기 때문에, 그들은 마땅히 차단되어야 하며, 하나님께서는 그들이 받은 모든 축복을 저주하실 것입니다. 그 말은 여러분이 어떤 큰일을 해냈다고 뽐낼 때 하나님께서 여러분을 향해서 입김을 내뿜으려는 마음만 먹으셔도 모든 것이 즉시로 부끄러운 일로 변할 것이라는 것과 같습니다. 그럼에도 불구하고 제사장직은 우리 주 예수 그리스도께서 오실 때까지 지속되어야 했으며, 그렇게 되었습니다.

교회의 조직이 문란하게 되고 모든 것이 뒤죽박죽이 되었을 때에는 잘못된 것이 실제로 고쳐져야 합니다. 그리고 모든 것을 소란스럽게 만들었던 악한 짓이나 잘못을 싫어하는 즉시로 그것을 처단하지 않고 내버려 두어서 하나님의 명령이 효력을 잃게 해서는 안 되며, 우리는 항상 하나님의 순수하신 법규로 되돌아가야 합니다. 자신이 고위 성직자이며 주교이며 목자라고 자랑하는 자들만큼 사람의 탈을 쓴 고약한 마귀가 없습니다. 우리는 그 사실을 알고 있습니다. 그리고 만일 그런 부정한 것이 마음에 들지 않는다고 해서 교회의 모든 질서를 폐기하고 교회 안에 목사나 백성들을 가르쳐 주라고 임명된 사람이 전혀 없게 된다면, 그것은 무서운 혼란이나 지옥문을 활짝 열어 놓아서 이 세상의 모든 것을 뒤죽박죽으로 만드는 것에 불과합니다. 그러나 우리는 사람의 악한 행실은 고쳐져야 하고, 무엇보다도 하나님의 명령이 준행되어야 한다는 이 원칙을 계속 지키도록 합시다. 이렇게 해서 여러분은 하나님께서 레위 지파를 택하신 것이 하루나 이틀 동안이 아니고 계속 지속되어야 한다고 한 모세의 말이 무엇을 의미하는지 알게 되었습니다. 그 방법에 의해서 교회가 유지될 것입니다.

한편 복음을 전하지 않고서는 오늘날 주 예수 그리스도의 죽음을 실감하지 못할 것입니다. 그러므로 만일 우리가 우리를 속죄하기 위해서 지불한 대가를 실감하려고 한다면 그 규례가 계속 유지되어야 합니다. 즉 하나님의 교회 안에서 아무리 많은 비행이 자행된다 하더라도 교회는 그것들에서 깨끗해야 하며, 모든 걸림돌이 거기에서 제거되어야 합니다. 그리고 이유 여하를 막론하고 하나님의 말씀을 전하는 사람과 성례를 집행하는 사람들을 계속 모셔야 합니다. 그렇지 않다면 교회가 문을 닫게 되고, 모든 것이 멸망할 수밖에 없게 될 것입니다. 사도 바울은 "예수 그리스도는 우리의 화평이 되시기 위해서 보내심을 받으셨으며, 그분이 이 땅으로 오시자 그분께서는 가까이 있던 사람들과 멀리 떨어져 있던 사람들에게 화평을 전하셨다"(엡 2:14, 17)고 말했습니다. 사도 바울은 저기에서 우리 주 예수 그리스도께서 자신의 죽음과 속죄의 효능이 어떻게 발휘되게 하셨는지를 보여 주었습니다. 즉 예수님께서는 우리에게 복음을 전하시면서, 우리로 하여금 당신을 대신하여 독생자를 내어 주신 하나님께서는 계속해서 우리를 당신의 자녀로 받아들이실 것이며, 우리를 양자 삼으신 것을 확실하게 해 주셨습니다. 그리고 그것은 우리가 하나님께서 우리에게 약속하신 기업을 누리게 될 때까지 지속될 것입니다.

모세는 그렇게 말한 후에 결론으로 다음 말을 첨가했습니다. "여호와께서 내 말을 들으사 내게 이르시되 일어나서 백성 앞에 진행하라. 내가 그들에게 주리라고 그들의 열조에게 맹세한 땅에 그들이 들어가게 되면 그들이 그렇게 된 것은 그들 자신의 자격 때문이 아니고 하나님의 긍휼 즉 틀림없이 그들을 황홀하게 할 놀라운 긍휼 때문이라는 것을 그들이 알아야 한다." 왜냐하면 그들은 그들과 전에 맺었던 모든 언약을 거절했기 때문입니다. 그러므로 이 백성들은 놀라운 은혜로 새로 길러져서 다시 이전의 상태로 세워지는 것이 절실히 필요했습니다. 그것이 모세의 의도였습니다. 그것에 대해서는 이미 앞에서 충분히 다루었기 때문에 지금은 간단히 넘어가도 되겠습니다. 그러나 우리는 그것을 활용하여 우리의 유익이 되도록 하는 것을 잊지 맙시다.

우리가 알아야 할 것은, 비록 하나님께서 우리를 부르시어 당신의 복음을 믿게 하셨지만, 우리는 이생에 미련이 남아 있어서 하나님으로부터 꽁무니를 뺍니다. 따라서 만일 하나님께서 우리를 긍휼로, 그것도 한 번만이 아니라 우리가 하나님께 지은 너무나 많은 죄로 인해서 두 배, 세 배의 긍휼로 받아들여 주시지 않으시면 우리는 거절을 당하고 완전히 버림 받은 자로 취급되는 것이 당연합니다. 그러니 우리가 천국을 기업으로 얻게 된 것은 우리의 가치 때문도 아니고, 우리의 노고 때문도 아닙니다. 하나님께서는 우리를 당신의 후사로 삼으신 것은 당신의 순수하시고 거저 베푸시는 재량 때문이라는 것을 우리에게 여러 번, 그리고 자주 알려 주셔야 했습니다. 하나님께서는 황송하게도 우리를 택해 주시고, 우리를 참아 주시고, 무수한 죄를 용서해 주셨습니다. 만일 하나님께서 우리를 엄격하게 대해 주시기로 작정하셨다면, 우리는 우리가 지은 무한한 죄로 인해서 끊임없이 하나님을 노엽게 해 드리므로, 하나님께서는 틀림없이 우리를 멸절시키셨을 것입니다. 따라서 여러분은 모세가 주는 이 교훈을 어떻게 활용해야 우리의 이익이 되는지 알게 되었습니다.

기뻐할 이유

더욱이 우리에게 위안을 주는 것은, 우리가 하나님을 알고 하나님의 말씀에 따라 생활하기 시작한 후에 하나님을 노엽게 해 드려도 우리는 용기를 잃지 않게 된다는 사실입니다. 비록 우리가 한때 탈선해도 그것이 우리를 낙담시켜서는 안 되기 때문입니다. 만일 하나님께서 율법이라는 형상의 시대에도 모세의 말을 들어주셨다면, 우리는 지금 우리를 대언해 주시는 그분, 즉 당신의 독생자의 말을 틀림없이 들어주실 것이라는 것을 확실히 믿고 우리의 갈 길로 되돌아가야 합니다. 왜냐하면 우리 주 예수 그리스도께서는 우리를 구원해 주시기 위해서 죽으셨을 뿐만 아니라, 그 직분을 영원토록 누리시는 제사장이셨기 때문입니다. 그리고 그분께서는 우리가 매일매일 짓는 죄를 용서받게 하기 위해서 그분의 아버지이신 하나님 앞에 나타나십니다(히 9:24). 만일 이런 은총이 율법 시대의 선조들에게 허용되었었다면, 확실히 지금의 우리는 실망하지 않을 것입니다. 그렇지만 그것이 우리로 하여금 기꺼이 대담하게 죄를 짓게 해야 한다는 것을 의미하는 것은 아닙니다.

하나님 앞에 나아올 때는 우리가 지은 죄를 인정해야 하며, 또 우리의 그릇된 행동을 유감으로 여겨야 하며, 우리를 다시 하나님의 집으로 데려가 달라고 하나님께 간구해야 합니다. 그런데 자신의 죄를 미워하지 않는 자들로 말하면, 그들은 거의 하나님의 호감을 사지 못하며, 하나님의 진노를 그만큼 더 많이 살 뿐입니다. 그런데 우리가 우리 자신의 죄를 증오하면 하나님께서는 더 이상 우리의 죄를 주목하지 않으시고, 그것들이 보이지 않도록 묻어 버리십니다. 하나님께서는 계속해서 우리에게 긍휼을 베푸시고, 매일매일 그것을 새롭게 하십니다. 우리가 죄를 지은 후에도 하나님께서 우리를 다시 기쁘게 받아 주실 때, 하나님께서 그렇게 하시는 것은 우리로 더 대담하게 죄를 지으라는 것이 아니라는 경고를 받습니다. 그런데 그럴 때 하나님과 이문이 남는 거래를 했다고 말하는 자들도 있는데, 우리는 그들처럼 하나님을 모독하는 자가 되지 않도록 조심합시다.

그러므로 성경에 하나님의 긍휼이나 우리의 죄 사함에 대한 언급이 있을 때 우리가 알아야 할 것은, 하나님께서는 우리로 하여금 전에 지었던 죄를 생각나게 하시며, 무엇보다도 우리가 전에 처했던 위험을 기억나게 하시며, 우리를 성령으로 인도해 달라고 하나님께 기도하라고 경고하신다는 사실입니다. 그러면 하나님께서는 우리가 탈선하는 것과 언약을 의도적으로 어기는 것을 용납하지 않으실 것입니다. 그 언약은 우리 편에서는 충성스러운 순종을 통해서, 또 하나님 편에서는 비록 우리가 매일매일 하나님을 노엽게 해 드릴지라도 시종일관 당신의 섭리를 통해서 어김없이 지켜져야 합니다.

이 가르침에 대한 더 많은 확신을 갖기 위해 우리는 가나안 땅은 율법 시대에 살아 있던 조상들에게는 영원한 기업의 중대한 보증과 같다는 말을 항상 명심하고 있어야 합니다. 그러므로 성경에 기록된 내용들은 우리에게 있어 거울이나 사진처럼 되어야 합니다(고전 10:11). 우리는 그것을 통해서 하나님께서 우리가 영생에 이를 때까지 우리를 인도하시는 방법을 보게 됩니다. 이스라엘 백성들은 그들이 태어나기도 전에 택함을 받았으며, 하나님께서는 율법을 통해서 그들에게 약속된 기업의 소유권이 그들의 손에서 벗어나는 것을 좋아하지 않으시기 때문에 그들을 징계하십니다.

사실 그들은 그것을 받을 자격이 없지만, 마침내 그들은 그 땅에 들어갔습니다. 그래서 우리는 여호와께서는 우리가 당신께로 갈 때까지 우리를 받아 주시기를 지체하지 않으셨다는 것을 알았습니다. 하나님께서는 당신의 무한한 선하심으로 우리를 보호해 주셨습니다. 하나님께서는 창세 전에 우리를 선택하셨으며(엡 1:4), 우리에게 은혜를 베푸셨습니다. 그리고 하나님께서는 모세를 통해서 율법을 선포하신 것처럼, 복음을 전파시키는 것을 통해서 그것을 확고하게 하셨습니다. 황송하게도 우리 주 예수 그리스도께서 당신의 아버지 하나님과 하나님이 우리에게 베푸시는 사랑에 대한 진실한 증인이 되셨습니다. 그러나 예수님은 더 이상 낮은 이곳에 우리와 함께 계시지 않기 때문에 당신의 목사들을 임명하시고 그들에게 당신의 이름으로 하나님의 말씀을 전할 권한을 주셨습니다. 그리고 모든 사람들에게 그들을 받아들이라고 명령하셨으며, 그들이 하는 말을 당신의 말로 들으라고 말씀하셨습니다(눅 10:16). 하나님께서는 그들에게 죄 사함을 외치라는 특별한 사명을 주셨습니다. 그것은 마치 그들이 포로 된 불쌍한 자들을 지옥과 같은 속박생활에서 구출해 내는 것과 같습니다.

이렇게 해서 여러분은 우리 주 예수 그리스도께서는 우리가 전에 알지 못했던 은총을 베푸셨지만, 우리는 그것을 통해서 이익을 조금밖에 얻지 못한다는 것을 알았습니다. 비록 우리가 어려서 세례를 받았지만, 철이 들기 시작하는 나이가 되었어도 악한 짓을 택하고 있으니, 그것은 마치 우리가 의도적으로 하나님께 침을 뱉으려고 하는 것과 같지 않습니까? 그 외에도 우리 여호와께서 우리를 가르쳐 주시고, 당신의 말씀을 통해서 우리를 바꾸어 주시며, 끊임없이 우리의 잘못을 지적해 주시고, 우리를 달래고 위압하시며 우리를 회개시키려고 하시지만, 우리는 그런 자극에 얼마나 둔합니까? 우리는 어떻게 반응합니까? 우리는 어느 누구도 우리의 마음을 사로잡지 못할 정도로 심술궂고 완악하지 않습니까? 그렇습니다. 그렇기 때문에 하나님께서는 어쩔 수 없이 우리를 여러 번 징계하시며, 우리로 이 땅에서 이리저리로 헤매는 광야와 같은 생활을 하게 하셨으며, 하나님의 진노를 느끼게 하십니다. 왜냐하면 우리를 둘러싸고 있는 모든 불행이 비망록이 되어서 우리로 하여금 고개를 숙이게 하고, 우리가 흉악한 죄인이라는 것과, 우리는 일시적인 벌을 받아야 할 뿐만 아니라 지옥에 떨어져 마땅하다는 것을 인식하게 해 주기 때문입니다.

그럼에도 불구하고 이것이 우리를 절망으로 몰고 가지는 않습니다. 하나님께서 우리를 긍휼로 받아 주시니 우리는 우리의 피난처가 되시는 예수 그리스도께로 달려갈 수 있기 때문입니다. 흉악한 죄인이었던 모세의 기도가 응답되었다면, 모든 의로움을 온전히 품고 계시며(롬 5:17) 하나님과 인간을 화해시키는 전권을 위임 받으신(골 1:20) 그분, 즉 우리 주 예수 그리스도의 기도는 일러 무엇 하겠습니까? 우리 주 예수 그리스도께서 우리의 중재자로 임명되셨으니, 비록 우리가 이 세상을 사는 동안 하나님께서 우리를 불쌍하고 버림받은 자처럼 간주하시고, 우리에게서 물러서시고, 겉으로 보기에는 우리를 피하시는 것처럼 보일지라도, 우리는 하나님께서 우리에게 약속하시고, 또 우리 주 예수 그리스도께서 우리에게 사 주신 그 기업을 박탈당하지 않습니다.

그러나 우리의 형편이 아무리 좋을지라도, 우리는 하나님을 시험하지도 말며, 하나님의 인내심을 악용하지도 말고, 그 때에도 여호와께서 내 말을 들으셨다고 한 모세의 말에 대해서 깊이 생각해 보아야 합니다. 이 말은 우리로 하여금 경외하는 마음을 갖게 해 주어서, 하나님께서 우리를 참아 주실 때 우리로 하여금 자만하지 않게 해 줍니다. 우리 주위를 돌아보아 우리의 잘못을 고치고, 우리의 사악한 욕심을 억제해서 악한 일에 물들지 않게 하고, 그것을 증오하고 싫어해서 하나님으로 하여금 우리 안에서 시작하신 일을 계속하시도록 해 드려서, 하나님이 우리에게서 세상적인 모든 장애물을 제거해 주시게 하고, 우리에게 영생의 소유권을 주시도록 해 드립시다. 만일 우리가 그렇게 하면 우리는 하나님을 찬양했으며, 하나님께서 받아 마땅하신 영광을 드렸다고 대담하게 주장해도 좋을 것입니다. 우리는 우리에게 일어날 수 있는 모든 유혹과 불신을 극복했으니, 우리에게는 기뻐할 이유가 생겼습니다. 비록 우리가 하나님의 긍휼을 받을 자격이 없지만, 좋으신 우리 하나님께서는 우리에게 긍휼을 베푸시며, 앞으로도 긍휼을 베푸실 것이라는 것을 의심할 필요가 없습니다.

71편_ 신 10:12~14

하나님이 우리에게 요구하시는 것

"이스라엘아 네 하나님 여호와께서 네게 요구하시는 것이 무엇이냐 곧 네 하나님 여
호와를 경외하여 그 모든 도를 행하고 그를 사랑하며 마음을 다하고 성품을 다하여
네 하나님 여호와를 섬기고 내가 오늘날 네 행복을 위하여 네게 명하는 여호와의 명
령과 규례를 지킬 것이 아니냐 하늘과 모든 하늘의 하늘과 땅과 그 위의 만물은 본래
네 하나님 여호와께 속한 것이로되"(신 10:12~14).

　모세는 여기서 우리가 요즘에 들었던 이야기를 계속했습니다. 즉 그
는 하나님께서 흉악한 죄를 많이 지은 당신의 백성들을 용서해 주시는
놀라운 은혜를 그들에게 베푸셨다는 말을 계속 했습니다. 그들이 긍휼
로 받아들여져서 하나님께서 그들에게 약속하셨던 기업이 빼앗기지 않
았다는 것은 대단한 일이었습니다. 모세는 여기서 하나님의 크고도 무
한한 선하심을 더욱 잘 알리고, 그것을 크게 미화시키는 데 도움이 되는
또 다른 면을 부각시켰습니다. 즉 하나님께서는 백성들이 저지른 잘못
을 용서해 주셨을 뿐만 아니라 그들을 호의적이고 너그러운 조건으로
다시 받아들이셨기 때문에 모든 사람들은 그것을 이상하게 여길 정도

였습니다.

만일 어떤 성읍이나 국가의 군주가 모든 것을 불로 태워 버리거나 살육하는 극단적인 행동을 취하지 않고 그들의 목숨을 살려 줄지라도, 그는 그들의 죄를 묻고, 그들에게 가혹한 행위를 가하고, 아마도 그들에게서 그들이 전에 누렸던 자유를 박탈했을 것입니다. 그렇게 해서 못된 짓을 한 자들로 하여금 무거운 짐을 진 채 신음하게 하고, 그들이 지은 죄가 일백 년 후에도 기억나게 할 것입니다. 그런데 모세는 여기서 하나님께서는 이스라엘 백성들을 그렇게 처리하지 않으셨다는 것을 보여 줍니다. 일단 그들의 죄를 용서해 주신 후, 하나님께서는 마치 그들이 아무 잘못도 하지 않은 것처럼 그들을 대해 주셨으며, 그들의 분위기도 마치 그들이 모든 면에서 하나님께 적절하게 순종했던 것처럼 유쾌하고 온화했습니다. 이렇게 해서 여러분은 모세의 의도를 알게 되었습니다.

모세는 앞에서 하나님께서 그의 말을 들어주셨다고 말했는데, 여기서는 "여호와께서 너희에게 요구하시는 것이 무엇이냐?"고 물었습니다. "하나님께서는 너희에게 벌금을 부과하지 않으셨으며, 너희에게 벌을 주지도 않으셨으며, 너희에게 너희를 짓누를 짐도 지우지 않으셨다. 하나님께서 바라시는 것은 너희가 하나님을 사랑하고, 하나님을 영화롭게 해드리고, 하나님의 명령을 지키는 것뿐이다. 그런데 너희가 그렇게 하는 것은 하나님에게 아무런 유익이 되지 않는다. 이 모든 것은 너희 자신의 이익을 늘려 줄 뿐이다."

그들이 여호와를 저버리고 여호와께서 그들과 맺은 언약을 파괴하고 여호와 대신에 우상을 선택했음에도 불구하고, 여호와께서는 그렇게 흉악한 죄를 용서해 주시고, 그들을 여전히 당신의 자녀로 여기시며, 그들에게 약속하신 기업을 맡기셨을 뿐만 아니라 마치 그들이 이 세상의 모든 유익을 받을 자격이 있는 것처럼 그들을 다스리시니, 이것은 이 세상에서 가장 사악한 이 백성들의 마음을 녹이기에 충분하지 않습니까? 만일 우리가 하나님을 영화롭게 해 드리고 하나님께 우리의 몸을 온전히 바친다 하더라도 하나님께서 우리를 그보다 더 친절하게 대해 주실 수 있겠습니까? 그러니 그런 생각은 그 백성들의 마음을 순하게 만드는 것이 당연합니다. 비록 그들이 완악하고 강퍅할지라도, 하나님께서는 그들의 유익과 안영만을 구하신다는 사실을 안 이상 그들은 머리를 숙여야 하기 때문입니다.

이렇게 해서 우리는 모세의 의도와 그가 하는 말이 어떤 상황을 의미하는지 알게 되었습니다. 즉 하나님께서는 그들이 과거에 지었던 죄를 용서해 주셨을 뿐만 아니라 그 후에도 그것을 완전히 잊어버리려는 마음을 먹으셨습니다. 백성들은 하나님께서 그렇게 하시는 것이 당연하다고 생각하는 반면에, 우리 하나님께서는 마치 우리가 하나님께 죄를 지은 적이 없는 것처럼 우리를 대해 주시며, 우리를 친절하게 대해 주십니다. 그 점을 중요하게 여기십시오.

하나님을 섬겨야 할 이유

그런데 우리는 모세가 이스라엘 백성들에게 한 말을 통해서 전체적인 경고를 받습니다. 율법에 담겨 있는 가르침은 그들에게 해당되는 것처럼 우리에게도 해당되기 때문입니다. 모세는 "이스라엘 백성들이여 여러분의 하나님께서는 여러분에게 무엇을 요구하셨습니까?" 하고 말했습니다. 오늘날 하나님께서도 우리에게 이런 식으로 말씀하십니다. 하나님께서는 우리의 삶을 인도해 줄 지침이 되는 당신의 뜻을 우리에게 보여 주십니다. 하나님께서는 그렇게 하셔서 무엇을 나타내려고 하십니까? 이제 하나님께서 명령하시는 것이 무엇이며, 그것이 하나님에게 어떤 유익을 가져다주는지 알아봅시다.

하나님께서는 우리에게 더 이상 요구하지 않으신다는 것과 우리는 하나님을 사랑해야 한다는 것이 확실합니다. 그것이 우리가 이 세상의 모든 나라보다 하나님을 택할 조건이 되어야 하지 않겠습니까? 그렇습니다. 만일 하나님께서 우리를 왕으로 삼으신다면 하나님께서 그것을 통해서 우리에게 베푸실 수 있는 가장 큰 영광은 우리를 당신의 종으로 만드시는 것밖에 없기 때문입니다. 우리 하나님께서는 우리를 환대해 주시고, 우리를 종의 신분이 아니라 당신의 자녀로 당신 집에서 살게 해 주십니다. 하나님께서 우리를 그렇게 친절하게 대해 주시니, 만일 우리가 온전히 순종하는 마음으로 우리 자신을 하나님께 굴복시키지 않는다면 그것은 얼마나 배은망덕한 짓이 되겠습니까? 분명히 말하지만, 우리가 전에 없이 하나님을 잘 섬기게 되면 하나님께서는 그것을 통해서 어떤 유익을 얻게 되십니까? 하나님께서는 그만큼 마음이 편해지시겠습니까? 하나님께 도움이 될 만한 것이 우리에게 있습니까? 없습니다.

모든 것은 우리의 행복에 이익을 주며, 하나님께서는 우리의 유익만을 위해서 힘쓰십니다. 만일 그런 선하심이 우리를 굴복시키지 못하고, 또 우리가 우리 하나님의 다스리심을 받기 위해서 우리 마음이 우리 하나님께 온전히 헌신하겠다는 올바른 열정으로 불타 있지 않다면, 우리는 화를 받아 마땅하며, 갑절의 화를 받아 마땅합니다. 그것이 우리가 이 본문 말씀에서 주목해야 할 요점입니다. 그러니 율법이 우리에게 엄격하고 가혹한 것처럼 보이고, 또 우리의 악한 욕망이 우리로 하여금 하나님께 발길질하기를 기쁘게 해 주어서 우리가 하나님께서 명령하신 대로 행하기가 어렵다면, 하나님의 율법이 부담스럽고 우리에게 괴로움을 주는지 생각해 봅시다.

하나님께서 요구하시는 것이 무엇입니까? 하나님께서 지향하시는 목표가 무엇입니까? 하나님이 요구하시는 것은 우리가 하나님을 사랑하고 영화롭게 해 드리고 섬기는 것입니다. 이래도 우리는 이상한 괴물이 되려고 합니까? 우리 하나님께서 우리에게 주신 생명이 우리로 하여금 하나님에게 발길질을 하게 합니까? 우리는 우리를 창조하시고, 우리를 지으시고, 또 우리의 생명을 지켜 주시는 우리의 창조주를 슬프게 해 드려야 하겠습니까? 하늘과 땅이 뒤죽박죽이 되고 모든 것이 혼란스럽게 되는 것이 당신이 당신의 하나님을 인정하지 않는다고 말하는 것보다 더 좋지 않습니까? 아닙니다. 그렇게 말하는 것은 의도적으로 하나님에게 침을 뱉는 짓입니다. 그렇게 하는 것은 당신으로 하여금 당신의 하나님께 영광을 돌리게 할 정도로 당신의 하나님께 복종하게 할 율법이나 성경 말씀이 없기 때문입니까? 하나님께서 우리에게 사랑을 베풀어 주시고, 특히 하나님께서 우리 안에 당신의 복음에 대한 신앙심을 심어 주심으로써 당신이 우리의 하나님이 되어 주시겠다고 우리에게 알려 주시니, 그것이 우리가 하나님을 섬겨야 할 이유가 되지 않습니까?

그리고 흙에 대해서 말하자면, 그것의 정기가 왕성하고 상태가 좋으면 그것은 항상 이런저런 식물을 생산해서 그 안에 기력이 있다는 것을 보여 줍니다. 하나님께서 우리에게 짐승들보다 우월한 명철과 이성을 주셨으니, 하나님께서 그렇게 하시는 목적은 우리로 하여금 우리를 지으신 하나님을 알게 하고, 또 우리로 하여금 하나님을 섬기고, 영화롭게 해 드리고, 하나님께 아주 겸손하게 고개를 숙이게 하기 위해서라는 생각을 하는 것이 합당합니다. 그리고 우리는 하나님께서 당연히 모든 피조물을 절대적으로 지배하셔야 한다고 확실히 믿어야 합니다. 그러므로 우리가 하나님에 대항해서 싸우도록 유혹을 받고, 또 하나님의 율법이 우리에게 과중한 것처럼 보이고, 또 우리의 감정이 율법에 맞서서 싸우거나 그것의 정반대 방향으로 가고 있을 때, 우리는 언제나 우리가 타고난 그런 옹고집을 꺾기 위해서 하나님께서 우리에게 요구하시는 것이 무엇인지를 생각해야 합니다. 그렇게 하면 우리는 몹시 부끄러워질 것이 확실합니다.

그런 질문이 우리에 주어졌을 때 우리는 하늘의 천사들 앞에서 어떻게 대답하겠습니까? 하나님께 순종하는 것을 전혀 중요하게 여기지 않는 자 모두와 하나님과 하나님의 말씀을 멸시하는 자 모두를 고발하는 것이 당연합니다. 그렇습니다. 비록 천사가 그에 대한 판단을 내리지 않더라도 소와 말과 개, 심지어는 돌이나 나무가 우리의 재판관이 될 수 있습니다. 이런 피조물들 모두는 하나님께 순종하려는 천연적인 성향을 간직하고 있기 때문입니다. "내가 너에게 원하는 것은 네가 나를 사랑하고 나를 영화롭게 해 주는 것뿐이다. 그것이 나의 율법이 담고 있는 내용의 핵심이며 실체다. 나의 뜻과 정반대 방향으로 가고 있는 너는 나의 영접과 사랑을 받을 자격이 있느냐?"고 하신 하나님의 말씀을 통해서 꾸지람을 들을 때 우리는 어떻게 해야 합니까? 확실히 하나님께서는 사랑을 통해서 우리를 당신께로 끌어들이심으로써 우리에게 큰 절을 하시는 모양이 되었는데, 하나님께서 그렇게 하시는 것은 우리로 하여금 당신을 다시 사랑하게 하기 위해서입니다.

하나님께서 그렇게 하시는 뜻은 우리로 하여금 하나님께서 전에 우리를 인도하셨던 방법대로 하나님을 따르게 하는 것이었습니다. 그러나 비록 하나님께서 우리에게 요구하시는 것이 하나님께서 받아 마땅한 공경밖에 없지만, 하나님께서 우리를 개심시켜 주지 않으시면 우리는 하나님을 섬길 수도, 영화롭게 해 드릴 수도 없습니다. 그것을 통해서 모든 사람에게는 원죄로 인한 무서운 옹고집이 있다는 것이 나타납니다. 하나님께서 우리에게 명령하시는 것은 당신을 사랑하고 영화롭게 해 드리는 것뿐이며, 하나님의 율법에는 그런 내용만을 포함하고 있습니다. 그러나 우리는 우리가 명령받은 것을 온전히 행하기에는 크게 미흡하기 때문에 선한 생각도 하지 못할 정도이지만, 우리는 가능한 모든 수단을 동원해서 하나님께서 하시는 모든 명령에 반항하려고 노력합니다. 하나님께서 요구하시는 것이 당연하고도 남음이 있음에도 불구하고 우리는 하나님과 하나님의 의로우심에 대항하여 싸울 정도로 고집불통이니, 우리의 심술궂은 본성을 무안해하고 부끄럽게 여기도록 합시다. 이렇게 해서 여러분은 우리가 우리 지체 속에는 하나님께서 우리에게 주신 법과 반대되는 법이 있다는 것을 느낄 때(롬 7:23) 무엇에 유의해야 하는지 알게 되었습니다.

자신이 본질상 연약하고 죄를 짓기 쉽기 때문에 하나님께 자기 자신을 바칠 수 없다고 변명하려는 사람이 많이 있는데, 우리는 여기서 사람들이 그들처럼 항의하는 것은 헛된 일이라는 경고를 받습니다. 그것은 자기들 안에 있는 악이 자기들을 보호해 주는 역할을 한다고 말하는 것과 똑같습니다. 그것은 하나님을 우롱하는 짓이 아닙니까? 어느 누가 자신에게 죄가 있다고 고백함으로써 그의 재판관으로부터 무죄라는 선고를 받게 되겠습니까? 여기서 우리에게 보여 주는 것은, 율법의 가장 작은 명령을 수행하기 위해서 앞으로 나아가는 것도 불가능하지만, 우리가 하나님께 순종하기 위해서 겪은 모든 어려움 또한 우리를 의롭게 해 주는 데 도움이 되지 못한다는 사실입니다. 사람들로 하여금 그 사실을 잘 살펴보게 하십시오. 그러면 그들은 그 잘못이 율법에 있지 않다는 것을 알게 될 것입니다. 우리에게 요구되는 것은 하나님을 섬기고, 하나님이 받아 마땅한 경배를 드림으로써 하나님을 사랑하는 것뿐이기 때문입니다. 그렇게 하려면 어떻게 해야 합니까? 하나님께 순종하지 않는 모든 잘못은 우리 자신에게 있다는 것을 알아 둡시다. 하나님께서는 옳고 합당한 것만을 요구하시니, 비록 우리에게는 우리의 임무를 수행할 능력이 없을지라도, 그것이 우리의 책임을 면하게 하지는 않습니다.

사랑과 공경과 섬김

그런데 우리는 앞에서 선포되었던 말씀을 상기해 보아야 합니다. 즉 모세는 이 본문 말씀과 관련해서 율법을 올바르게 지키는 방법을 알려 주었는데, 그것은 우리가 우리의 눈과 손과 발을 잘 다스려야 할 뿐만 아니라 우리의 마음도 개심시키기 시작해야 한다는 것을 의미합니다. 그는 "너희는 너희 하나님을 사랑하고 섬겨야 한다"고 말했습니다(신 6:5). 그런데 어떻게 말입니까? 마음을 다하고 성품을 다해서 그렇게 해야 합니다. 그런데 우리에게 명령한 것을 마지못해서 한다면 그것은 아무 가치가 없다는 것을 알아 둡시다. 우리가 그것에 대한 결산을 받을 때 우리는 그것을 통과할 것이라고 생각하지 말아야 합니다.

실은 자기들이 저지른 절도, 살인, 음행이 책망 받지 못할 정도로 사람들 앞에서 천연스러운 표정을 짓는 자들이 많이 있습니다. 한편 그들은 악한 열정으로 가득 차 있어서 그 열정으로 인하여 언제 폭발할지도 모르는 상태입니다. 그들은 하나님께 순종하는 것을 가장 싫어하며, 하나님의 율법에서 아무것도 맛보지 못합니다. 그러므로 모든 것은 위선에 불과하며, 모든 것이 그럴듯하게 보이고 세상적입니다. 간단히 말해서, 하나님께서 우리 마음을 장악하시고, 또 하나님께서 우리에게 명령하시는 대로 행할 마음이 온전히 생기고 하나님께 굴복하게 될 때까지 모든 것은 헛되고 쓰레기에 불과합니다.

분명히 말하지만, 그것이 우리가 율법을 철저히 지키려고 할 때에 우리가 지향하여야 할 목표입니다. 그러니 위선자들이 하는 것처럼 사람들만이 만족을 얻어야 한다는 욕망으로 더 이상 우리 자신을 속이지 맙시다. 우리가 알아야 할 것은, 이것은 표리부동한 태도를 용납하지 않으시고 진심을 살피시는 하늘에 계신 재판관과 관련이 있다는 사실입니다. 그러므로 하나님께 우리의 몸을 마음에서 나오는 애정과 함께 바치고, 외형적인 일로 우리 자신을 만족시키려고 하지 맙시다.

모세는 이 외에도 하나님은 **섬김과 영광을 받으실 뿐만 아니라 사랑도 받으셔야 한다**고 우리에게 알려 줍니다. 여기에는 세 개의 낱말이 있는데, 하나는 **사랑**이고, 다른 하나는 **공경**이고, 또 다른 하나는 **섬김**입니다. 공경 또는 두려움에 대해서 말하자면(모세는 공경을 두려움과 같은 뜻으로 사용했음), 그것은 노예가 갖는 두려움이 아니라 우리가 하나님께 승복함으로써 하나님께 바치는 섬김과 영광을 의미합니다. 하나님께서 우리를 지배하실 절대적인 권한을 가지고 계시는 한 우리가 하나님께 승복하는 것이 지극히 타당하다고 우리가 온전히 믿고 있기 때문입니다.

그러므로 가장 중요하게 생각할 것은, 비록 하나님께서 이런 존경심을 보이라고 우리를 설득시키기 위해서 말씀하지는 않으셨지만, 확실히 자연도 그것을 우리에게 충분히 보여 주었으며, 그것은 우리 자신을 통해서 우리에게 충분히 입증되었다는 사실입니다. 비록 사람들이 하나님으로부터 돌이키려고 하고, 또 그들이 생각해 낼 수 있는 모든 수단을 통해서 기꺼이 짐승같이 되기만을 의도적으로 간구할 정도로 그들이 야비하다는 것이 우리에게 알려지지 않았을지라도, 우리의 머리와 마음은 그 가르침으로 꽉 차 있기 때문에 우리는 그것을 모른다고 할 수 없습니다. 때문에 그 가르침은 우리로 하여금 존경심 또는 경외하는 마음이라는 이 낱말이 담고 있는 뜻을 명심하게 해 줍니다. 즉 하나님은 당신의 모든 피조물로부터 영광을 받으셔야 합니다. 그리고 우리는 하나님의 자녀이니, 우리는 그분에게 종속되기 위해서 우리 몸을 바쳐야 합니다. 우리가 하나님에 대해서 생각할 때, 우리는 그분의 이름을 거룩하게 해 드려야 하고, 그분의 영광을 훼손시키는 어떤 것도 상상해서는 안 되며, 그분의 의로움과 지혜와 능력에 경의를 표해야 합니다. 이것이 순종과 율법을 옳게 지키는 것과 관련해서 모세가 기록한 가장 중요한 요점입니다.

이 존경심에는 사랑도 필요합니다. 왜냐하면 하나님은 진심에서 우러나오는 애정으로 영화롭게 되실 것이기 때문입니다. 만일 우리가 하나님의 위대하심을 존경하면서도 그것을 두려워해서 그것이 우리에게 공포의 대상이 된다면, 우리는 하나님이 계시지 않기를 바랄 것이며, 가능하면 하나님을 그분의 권좌에서 쫓아내려는 마음도 먹을 것입니다. 많은 사람들이 하나님을 숭배하는 이유는 그들이 하나님의 손을 피할 수 없다는 것을 알고 있기 때문입니다. 그들은 하나님이 그들의 창조주라는 것을 알고 있습니다. 분명히 말하지만, 마음속에서 우러나오는 사랑으로 감동되지 않은 자들은 하나님을 피하려고 할 것입니다. 그리고 그들은 하나님에 대한 이야기를 들으면 괴로워할 것입니다. 그리고 그들에게 선택권과 능력이 주어진다면 그들은 내가 앞에서 말한 대로 가능하면 하나님을 권좌에서 몰아내려고 할 것입니다.

하나님을 사랑하지 않고서는 하나님을 경외하는 것이 불가능합니다. 그러므로 만일 우리에게 이와 같은 사랑이 없다면 거기에는 존경심도 전혀 없을 것입니다. 하나님께서는 자발적인 헌신을 요구하신다는 사실을 알아 둡시다. 즉 우리의 헌신이 강제적이거나 마지못한 것이 되어서는 안 되며, 거기에는 우리가 하나님을 섬기기를 열망하는 그런 뜨거운 사랑이 수반되어야 합니다. 그러면 우리는 다윗과 함께 하나님의 율법을 금이나 은보다 더 사모할 뿐만 아니라, 율법은 꿀보다 더 달고 우리에게 더 많은 기쁨을 준다(시 19:10)고 주장하게 될 것입니다. 이렇게 해서 여러분은 사랑(Love)이라는 두 번째 말이 무엇을 담고 있는지 알게 되었습니다.

세 번째 낱말은 섬김(service)입니다. 만일 우리가 의식이나 사람들이 말하는 대로 겉만 번지르르하게 꾸민 것으로 하나님을 숭배하는 척하며 하나님께 참된 섬김을 드리지 않는다면, 그것은 하나님을 우롱하는 짓이 아닙니까? 만일 어떤 사람이 다른 사람에게 그가 의도하는 것은 하나님을 영화롭게 해 드리고 하나님을 섬기며 하나님께 복종하는 것이라고 말하면서도 하나님께서 그에게 하나님의 계명을 선포하실 때 만일 그가 그것은 터무니없는 소리라고 한다면 그것은 얼마나 뻔뻔스러운 짓이 되겠습니까? 하나님을 사랑하고 경외한다는 것을 우리 행동으로 보여 주어야 한다는 것을 알아 둡시다. 그에 대한 증거를 보여 주기 위해서 어떻게 해야 합니까? 우리가 하나님을 섬기고 있다는 것을 보여 주어야 합니다. 즉 모든 사람들이 자신의 욕망과 기호에 따라 하는 것처럼 고삐 풀린 망아지 노릇을 하지 말고 하나님께서 우리를 다스리시도록 해 드리면, 하나님께서 우리의 모든 욕망을 통제하시게 되고, 우리는 하나님의 선하신 뜻에 따라서 모든 면에서 하나님의 지배를 받게 됩니다. 이렇게 해서 우리는 하나님을 사랑한다는 것을 보여 주는 방법이 우리가 하나님을 섬기는 것이라는 것을 알게 되었습니다.

그런데 사람들은 그들 자신의 머리로 생각한 섬김을 좋아하는 경향이 있고, 또 그들은 그들 자신의 어리석은 생각을 따르고서도 하나님을 영광스럽게 해 드렸다고 자랑하기 때문에, 모세는 사람들의 지나친 대담성과 그들의 이와 같은 호기심을 꾸짖어서 하나님을 섬기는 것은 그들이 하나님의 이름으로 그들에게 전해 준 계명과 규례를 지키는 데 있다고 그들에게 알려 줍니다. 우리가 여기서 보는 바와 같이 하나님께서는 우리의 모든 어리석은 생각을 차단하셔서 우리로 하여금 우리 자신의 생각에 따라서 하나님을 섬기겠다는 생각을 더 이상 하지 못하게 하십니다. 하나님께서는 순종을 받으실 것입니다. 왜냐하면 하나님께서는 그것을 이 세상의 모든 제사보다 더 귀하게 여기시기 때문입니다(삼상 15:22). 만일 이 점이 잘 지켜진다면 그리스도인이라는 이름을 지닌 사람들 가운데서는 오늘날 보이는 것 같은 그런 논쟁이 일어나지 않을 것입니다.

하나님이 요구하시는 온당함

그런데 천주교인들은 인간은 하나님의 율법을 이행할 수 있다고 쉽게 말합니다. 그 이유는 그들이 하나님께서 지향하시는 목표나 목적을 모르기 때문입니다. 그들은 인간이 세상적인 책임을 다하면 그것으로 충분하다고 생각합니다. 그래서 그들은 하나님을 어린아이로 만들어 버렸으며, 우리가 율법을 이행할 수 없다고 말하는 것을 신성 모독이라고 말합니다. 그들이 그렇게 말하는 것은 그들이 율법을 시험해 본 적이 없기 때문입니다. 하나님을 멸시하는 자들은 율법을 행하기 위해서 그들의 새끼손가락도 움직이지 않으면서도 율법은 쉽다고 말합니다. 우리가 율법을 우리 자신의 고집 셈과 비교할 때 우리에게 율법을 지켜 보겠다는 마음이 우리가 당연히 해야 할 만큼 생긴다면, 우리는 율법 그 자체는 충분히 쉽다는 것을 알게 될 것입니다. 그러나 우리는 천사가 되기에는 크게 미치지 못하며, 우리가 하나님의 율법에 순종하는 데에는 천사 같은 품성이 필요합니다.

율법은 우리를 이 세상과 격리시켜 주고 우리를 천국으로 인도해 줍니다. 그런데 우리는 그와 정반대 방향으로 가고 있습니다. 그리고 하나님을 섬기는 것이 의심스럽게 되면 우리는 위선자 노릇을 하는 것이 충분치 않아서 이것저것이 이루어져야 한다고 말합니다. 그러나 하나님을 전심으로 사랑해야 한다는 말을 듣게 되면 우리는 그 원천과 바로 그 근원을 생각하게 됩니다. 그것이 하나님께서 요구하시는 온당함입니다. 하나님께서 요구하시는 온당함은 하나님께서 우리에게 명령하시는 것은 무엇이나 행해야 할 뿐만 아니라 거기에서 즐거움을 얻어서 우리의 주된 기쁨이 거기에 있게 하는 것입니다. 그리고 하나님과 우리의 감정 간에 일치되는 점이 우리에게 보이면 우리는 그것을 우리의 모든 육신적인 욕망과 마음에 드는 것을 얻는 것보다 더 기뻐해야 합니다. 우리에게는 세상 사람들이 하나님의 말씀에 담겨 있는 규칙에서 벗어나는 것이 보이며, 사람들은 하나님을 섬기는 방법을 의심해서는 안 됩니다.

오늘날 천주교에서 말하는 하나님의 섬김은 사람들이 아무 분별력 없이 만들어 낸 공상에 불과하지 않습니까? 그리고 그것은 놀랄 일이 아닙니다. 왜냐하면 그들에게는 하나님의 율법이 전혀 중요하지 않은 것처럼 보이고, 그것에 크게 신경을 쓰지도 않기 때문입니다. 따라서 그들은 어쩔 수 없이 많은 자질구레한 일을 날조해야 합니다. 그러나 하나님의 율법에 몰두하는 사람들은 "내가 전에 없이 많은 노력을 하지만 나는 율법을 달성할 수가 없으며, 항상 나의 목표에 이르지 못합니다. 그뿐 아니라 나 자신이 많이 노력했지만 그것이 모두 헛수고가 되었습니다. 따라서 만일 하나님께서 나에게 자비로우셔서 나에게 능력과 힘을 주지 않으신다면 나는 하나님의 뜻과 어긋나서 완전히 퇴보할 것입니다"라고 말하는 것이 당연합니다.

천주교인들로 말하자면 그들은 이것을 중요하게 여기지 않고, 하나님을 섬기기 위해서 겉만 번드르르한 것들만 만들어 냈습니다. 예를 들자면 허수아비 앞에 촛불을 켜 놓은 것, 성지순례를 다니는 것, 미사를 듣는 것, 성수를 마시는 것, 그밖에 하찮은 쓰레기와 같은 짓들입니다. 그러나 율법을 지키는 것이 어떤 것인가를 알고 있는 사람들은 그와 같이 유치한 울부짖음에 마음을 두지 않습니다. 그러나 사람들이 하나님을 섬기는 방법을 알지 못하게 되면 그들은 멍청하게 이리저리로 방황하게 됩니다. 그러므로 우리 여호와께서는 당신께서 좋아하시고 인정하시는 참된 섬김이 어떤 것인지 여기서 선포하셨다는 사실을 명심합시다. 즉 그것은 사람들이 여호와의 명령에 따름으로써 자신의 공상이나 기호에 따라 행하지 않고 하나님의 말씀에 자기 자신을 집착시키는 것입니다. 이를테면 그들이 자기 자신을 제어하고, 포로로 잡아 가두며, 그들의 하나님의 기쁨이 될 것이라고 생각되는 일만을 하려고 시도하는 것입니다. 이렇게 해서 여러분은 우리가 이 본문 말씀에서 얻어야 하는 것이 무엇인지 알게 되었습니다.

여기서 모세는 그 백성들의 행복을 위해서 계명을 설명합니다. 그가 계명을 설명한 이유는 그들에게서 그들이 알지 못했다는 모든 구실을 제거하고 그들의 어리석은 호기심을 위축시키기 위해서입니다. 하나님께서는 우리에게 당신의 말씀을 보내 주시고 그 말씀을 우리에게 전하라고 명령하시는데, 그것은 우리로 하여금 변명을 하지 못하게 하기 위해서입니다. 하나님께서는 우리에게 인간을 당신의 사자로 보내셔서 당신의 이름으로 우리에게 말하게 하시고 그들을 통해서 당신의 뜻을 우리에게 알려 주시니, 하나님께서 우리를 그 이상 더 다정하게 대해 주실 수 있겠습니까? 그러니 만일 우리가 우리 하나님의 뜻을 모른다고 한다면 그것이 우리의 잘못을 입증하는 이유가 될 것입니다. 하나님께서는 당신의 말씀을 우리에게 써서 주셨기 때문에 우리는 그것을 찾아다닐 필요가 없으며, 그것이 의당 우리에게 충분히 알려졌어야 합니다. 그러니 하나님의 말씀을 경건하고 겸허하게 받아들이도록 합시다. 그리고 하나님 말씀의 위대하심을 하나님의 말씀을 전하는 인간의 성품을 통해서 측정해서는 안 됩니다. 우리는 그 말씀이 누구에게서 왔으며, 그것의 저자가 누구인지 주목하고 그 말씀에 온전히 승복해야 합니다. 몇몇 몽상가들은 하나님께서 그들에게 천국에서 말씀하시려고 하시니 그들은 어쩔 수 없이 어떤 계시를 갖게 될 것이라고 말하는데, 우리는 그들처럼 그런 망측한 공상을 하지 않도록 합시다. 하나님께서 우리에게로 내려오셔서 우리로 하여금 당신의 뜻에 연루되게 하시니 그것이 우리를 만족하게 하십시오. 모세는 그런 뜻으로 하나님의 계명을 설명해 주었습니다. 그가 한 말은 사람들은 하나님을 찾기 위해서 멀리 갈 필요가 없다는 것과 같습니다.

마침내 그는 이 모든 것이 그 백성들의 행복을 위해서라는 것을 보여 줍니다. 그리고 그는 "하나님께서는 자신의 유익을 위해서는 아무것도 구하지 않으십니다. 하나님은 우리에게서 아무것도 빌릴 필요가 없으시며, 우리는 하나님께 아무 기쁨도 드릴 수 없기 때문입니다"(욥 35:7, 시 16:2)라고 말합니다. 우리는 하나님을 이롭게 해 드릴 수도, 해롭게 해 드릴 수도 없으며, 모든 것이 하나님의 것입니다. 시편 8편과 시편 50편 말씀에 의하면 모든 들짐승이 하나님의 소유입니다(시 8:7, 50:10). 만일 하나님이 시장하시거나 하나님에게 부족한 것이 있으시더라도 하나님은 그것을 우리에게 달라고 하지 않으십니다.

그런데 왜 하나님께서는 우리에게서 섬김을 받고 싶어 하십니까? 그렇게 하는 것이 우리에게 유익이 되기 때문입니다. 사람에게는 자신의 창조주의 종이 되는 것이 가장 큰 은혜입니다. 하나님께서는 우리의 목을 매고 있는 고삐를 늦추지 않으시며, 우리를 직접 다스리시며, 우리로 하여금 당신에게 순종하게 하십니다. 그리고 그런 방법을 통해서 우리로 하여금 더 즐거운 마음으로 당신을 섬기게 하십니다. 하나님께서는 우리의 유익을 위해서 그렇게 하시며, 우리의 행복만을 중요하게 여기십니다. 그럼에도 불구하고 율법에 의하면 우리 모두가 죄인인 것이 사실입니다. 하나님께서는 우리에게 선하고 옳은 것을 다 가르쳐 주시지만, 그 가르침은 우리에게 유익을 거의 주지 않으며, 오히려 우리를 죽음으로 이끌어 주며 우리를 저주합니다. 그것은 우리가 하나님의 원수라는 것을 알려 주는 거울이며, 지옥문을 열어 주는 열쇠입니다. 우리가 그것을 통해서 얻는 것이 해로운 것밖에 없는데도 불구하고 하나님께서 어떻게 우리를 행복하게 해 주실 수 있으십니까? 그렇게 되는 것은 가르침 그 자체 때문이 아니고 다른 연유, 즉 우리 자신의 잘못 때문입니다.

하나님의 율법 그 자체만을 놓고 보면 그것은 우리를 행복하게 해 주는 가르침입니다. 그것을 통해서 하나님이 우리에게 가까이 오셔서 우리의 아버지가 되시며, 우리로 하여금 하나님 안에서 생명을 발견하게 해 주시며, 또 우리의 삶을 주관하심으로써 우리를 하나님에게 밀착시켜 주시며, 우리를 하나님의 유익의 동참자로 만들어 주시며, 마침내는 우리로 천국생활을 유업으로 얻게 해 주십니다. 무엇보다도 우리는 고집이 세고 부정으로 가득 차 있기 때문에 율법은 우리를 저주하고, 또 우리로 하여금 우리가 하나님에게 얼마나 비열한가를 인식하게 해 주는 효과밖에 주지 못합니다.

우리는 하나님의 불구대천의 원수이기 때문에 우리에게는 우리 자신을 창피하게 여기고 싫어하고 부끄럽게 여길 갑절의 이유가 있습니다. 이로운 것이 변하여 우리의 해가 될 때가 있는데, 그것은 우리의 더러움으로 인해서 태양의 성질이 변하는 것보다 더 나쁩니다. 만일 우리 몸속에 햇빛을 어둡게 하고 차단하는 탁하고 더러운 연기가 있다면 그것은 우리로 하여금 우리 자신을 몹시 싫어하게 하지 않겠습니까? 물론 그렇습니다. 지금 우리는 하나님의 율법이 우리 생명의 빛이라는 것을 알고 있습니다. 그럼에도 우리는 그것을 어둠침침하게 할 뿐만 아니라 그것을 죽음으로 바꾸어 놓기도 합니다. 그리고 우리 주 예수 그리스도께서 우리 안에서 역사하시고 당신이 성령으로 우리를 중생시키시고 우리의 마음속에 하나님의 율법을 다시 쓰시기 전에는 그 율법이 우리에게 아무런 도움을 줄 수 없습니다(고후 3:3).

오로지 하나님의 호의 덕분

우리가 보는 바와 같이 사람들은 생명을 사망으로, 광명을 흑암으로, 유익을 해악으로 바꾸어 놓으니 우리는 당연히 몹시 부끄러워해야 하지 않습니까? 그렇습니다. 그러나 그것이 우리로 하여금 율법의 가르침을 싫증나게 해서 우리가 그것을 사랑하지 않게 해서는 안 됩니다. 하나님께서 우리의 마음을 바꾸셔서 우리로 하여금 하나님께 승복하게 하시고 우리를 우리 주 예수 그리스도를 통해서 새 피조물로 만드시기 전에는 그것을 완성할 수 없습니다.

율법을 우리에게 선포한 것이 무익하지 않은 것이 사실입니다. 그러나 우리가 체험을 통해서 인식할 필요가 있는 것은, 하나님께서 우리를 다시 하나님께로 데려오시기 전에는 하나님의 율법이 주는 가르침은 우리에게 아무런 도움이 되지 못할 것이며, 우리를 저주할 뿐이라는 사실입니다. 그러나 하나님께서 당신의 성령을 통해서 일단 우리 안에서 역사하시게 되면 우리는 모세가 여기서 말한 것처럼 하나님께서 당신의 율법을 우리에게 선포하실 때 우리의 유익과 행복을 불러일으키신다는 것을 인식하게 될 것입니다.

모세는 우리가 보았던 그 사실, 즉 하나님께서는 당신의 백성들을 노예처럼 억누르지 않으셨으며, 그들을 보복하거나 그들이 자신이 지른 죄를 느끼게 하기 위해서 그들을 거칠게 다루지도 않으셨으며, 그들을 얌전하고 다정하게 다루셨다는 그 사실을 더 확실하게 했습니다. 그때 그는 "영존하시는 너희 하나님에게 너희의 도움이 필요한 것이 있느냐"고 물었습니다. 그가 말하기를 "하늘과 모든 하늘의 하늘은 하나님의 것이다"라고 했습니다. 그것은 마치 "너희는 하나님께서 백성이 없이는 견디실 수가 없으셔서 어쩔 수 없이 너희를 데리고 계신다고 생각한다"고 말하는 것과 같습니다.

하나님은 하늘의 지휘권을 갖고 계시지 않습니까? 하나님은 하늘의 주인이 아니십니까? 하나님에게는 무수한 천사가 있지 않습니까? 하나님께서는 천국을 평화롭게 통치하지 않으십니까? 그렇습니다. 그러므로 당신들은 하나님께서 당신들을 택하신 것은 당신들을 통해서 하나님의 지위를 높이기 위한 것이었다고 더 이상 상상해서는 안 됩니다. 하나님께서 당신들을 멸망시켜서 완전히 제거해 버리신다고 해서 하나님의 통치가 끝나겠습니까? 그렇지 않을 것입니다. 하나님에게는 인간이 필요하지 않다는 것이 그 증거입니다. 그리고 그 밖에도 지구와 그 안에 있는 모든 것들이 하나님의 장중에 있지 않습니까? 그렇습니다. 하나님께서 다른 민족을 이스라엘 백성들처럼 선택하지 않으신 이유가 무엇입니까? 이스라엘 백성들이 어떤 면에서 나머지 민족들보다 고상하고 힘이 강하고 귀중하게 때문입니까?(신 7:7) 그렇지 않습니다. 이스라엘 민족은 이방인보다 나은 점이 없었습니다. 만일 이스라엘 민족을 이방인과 비교해 보면 그들은 자신들이 이방인들보다 혈통이 더 고상하지도 않으며, 재물이 더 많지도 않으며, 행실이 더 덕스럽지도 않으며, 어떤 것에서나 그들보다 앞서는 것이 없다는 것을 확실히 발견할 것입니다. 모세는 이스라엘 백성들에게 "하나님께서 황송하게도 너희를 당신의 백성으로 택하시고 나머지 모든 민족을 그냥 내버려 두시면서 너희를 다스리시기 위해서 당신의 손을 내미신 이유가 무엇이냐"고 물었습니다. 하나님께서는 자신의 유익과 이익을 구하셨습니까? 그렇지 않습니다. 따라서 모세는 "너희는 하나님에게 엄청난 신세를 졌으니, 너희는 더 선한 뜻을 가지고 하나님을 섬겨야 한다"고 말했습니다.

여기서 우리는 실제로 두 가지 사실을 보게 됩니다. 그중의 하나는 모세는 이스라엘 백성들에게 우리가 전에 들었던 가르침, 즉 그들 모두는 자신의 행복을 위해서 하나님을 영화롭게 해 드리고 모든 좋은 일이 하나님 덕분이라는 것을 인정해야 한다는 것을 아직도 강조하고 있다는 사실입니다. 따라서 그들에게는 자기 자신을 자랑할 자격이 전혀 없으며, 그들은 그들의 하나님을 높여 드려야 하며, 그들 자신을 완전히 낮추어야 합니다. 그 점을 중요하게 여기십시오. 그 가르침에서 또 다른 가르침이 나옵니다. 즉 자신들을 향한 하나님의 선하심을 체험했으며, 또 전에 하나님을 영화롭게 해 드리라는 가르침을 받은 자들은 용기를 내서 하나님을 더 솔직하게 섬기고, 하나님께 더 열성적으로 헌신하고, 하나님의 통치와 다스리심을 조용히 받아들여야 합니다.

이렇게 해서 여러분은 여러분이 알아 두어야 할 두 개의 요점을 이 본문 말씀을 통해서 알게 되었습니다. 그렇습니다. 모세가 그 가르침에 많은 심혈을 기울이고 있는 데에는 이유가 있다는 것을 알아 둡시다. 인간에게는 배은망덕한 성질이 많이 있으며, 그들은 하나님의 선하심을 훼손하기 위해서 계속 노력하고 있습니다. 그들에게는 완전하고 깨끗하게 제거할 수 없는 자만과 오만의 저주스러운 뿌리가 있기 때문입니다. 사람들은 자신에게 얼마간의 가치가 있다고 여김으로써 자신의 오만에 사로잡혀 마침내는 하나님을 무시하기까지 합니다. 비록 하나님께서 우리 머리 위에 가벼운 물건을 올려놓으셔도 우리는 끊임없이 격분하고 투덜거립니다.

이런 까닭으로 모세는 "너희는 너희의 모든 복이 오로지 하나님의 호의 덕분이라고 여겨야 한다"는 말을 한두 번 말하는 것으로는 충분치 않다고 생각하여 즉시 그 가르침을 다시 확인시켜 줍니다. 그의 의도는 사람들의 큰 소리를 더 잘 잠재우고, 자신의 헛된 공상으로 인해서 자기 자신을 속이는 자들로 하여금 "우리는 우리 몸속에서 용기와 가치를 구해서는 안 되고, 오로지 하나님 한 분에게만 속한 것들을 하나님께 드려야 한다"는 결론을 내리게 하는 것이었습니다. 다시 말하면, 하나님께서 우리를 불러 주시고, 우리를 택해 주시고, 우리의 생명을 지켜 주시고, 우리로 하여금 하나님의 말씀을 갖게 해 주시고, 우리로 하여금 교회 안에서 직분을 맡게 해 주신 것이 모두 하나님 덕분입니다. 따라서 우리는 그것들을 우리의 기술과 기량과 능력으로 얻었다고 말할 수 없습니다. 첫 번째 요점과 관련해서는 이쯤해서 끝내겠습니다.

거저 주는 사랑

이제 그것에 대한 우리의 확신을 더 공고히 하기 위해 우리 자신을 천사와 그 밖에 온 세상과 비교해 봅시다. 그리고 우리가 어떤 존재인지 생각해 봅시다. 사실 우리가 우리 자신을 벗어나지 않고 우리 자신만을 바라보면 우리의 눈이 부시게 될 것입니다. 우리가 알고 있는 바와 같이 사람들은 자연히 자기 자신을 멍청하게 만들며, 또 자기 자신은 귀한 존재라는 어리석은 생각에 매혹된 것과 다름이 없습니다. 그러므로 만일 우리 자신을 벗어나지 않고 우리 자신만을 바라보게 되면 우리가 매우 귀한 존재인 것처럼 보입니다. 그러나 만일 우리의 안목을 넓혀서 우리 자신을 주시하기 시작하면 우리는 다른 사람들은 어떤 자들인지 알고 싶어질 것입니다. 우리는 "그들은 우리가 하는 것만큼 혹은 우리보다 더 많이 자기 자신을 귀하게 여기지 않습니까?"라고 묻게 됩니다. 만일 제삼자가 재판관이라면 그는 우리보다 그들을 더 중하게 여기지 않겠습니까? 그렇습니다. 외형으로 보아서는 그들에게는 우리보다 더 많은 위대함과 재물과 자격과 명예와 분별력과 지혜가 있습니다.

하나님께서는 우리를 택하시고 다른 사람들은 내버려 두셨는데 그 이유가 무엇입니까? 우리에게 자랑할 것이 있어서입니까? 아닙니다. 우리가 우리 자신의 어리석은 상상에 심히 취해 있지 않다면 우리는 그렇게 대답할 것입니다. 만일 우리가 우리 자신을 다른 사람들과 비교하는 것으로는 이 이치를 깨닫지 못한다면, 한 차원 높여서 천국의 천사들과 비교해 봅시다. 하나님께서 우리에게 오셨을 때 우리는 하나님을 당신의 천사들만큼 만족시켜드렸습니까? 불쌍한 벌레에 불과한 우리 몸속에는 썩은 것밖에 없음에도 불구하고 하나님께서는 우리를 찾고 계십니다. 하나님께서는 우리를 당신의 자녀로 삼으셔서 우리로 하여금 낮은 이 땅에서 당신께서 주시는 은사와 유익을 누리게 할 뿐만 아니라, 우리가 당신의 천국으로 올라가게 되기를 바라십니다. 우리에게 그럴 만한 자격이 있습니까? 전혀 없습니다.

우리를 한 방에 때려눕혀서 하나님께 승복시킬 수 없으니 모세가 한 이 말, 즉 하늘의 하늘은 여호와의 것이라는 말을 깊이 생각해 봅시다. 모세는 단순히 하늘이라고 말하는 것으로 충분치 않다고 생각해서 그의 말을 확장해서 하늘의 하늘이라고 말했습니다. 하늘이라고 말해도 충분했습니다. 지구가 아무리 넓고 거대할지라도 측량할 수 없는 하늘과 비교하면 그것은 아무것도 아니기 때문입니다. 그러니 하늘이라는 말로도 충분했을 것입니다. 그러나 모세는 그것을 하늘의 하늘이라는 말로 표현하려고 했습니다. 그런 관점에서 그는 그 말을 세 번 반복했습니다. 인간은 벌레에 불과하며, 진흙탕 속에 있는 개구리와 같습니다. 그러니 하나님께서 낮은 이곳에 내려오셔서 당신의 영광이 그곳에서 비추게 하시겠습니까? 하나님께서는 온 피조물을 지배하는 절대적인 권한이 당신에게 있다는 것을 당신의 능력을 통해서 하늘에서 보여 주시지 않으셨습니까? 하나님께서는 어쩔 수 없이 어떤 일로 인해서 우리의 법정에 서셔야 합니까?

따라서 만일 모세가 한 이 말이 사람들로 하여금 허리를 구부리게 하지 않거나, 또 하나님이 모든 곳에서 영광을 받으셔야 하는 것과 그들 자신이 구원을 받고 행복하게 된 것을 그들 자신의 덕분으로 돌려서는 안 된다는 것을 인정하지 않게 된다면 그들은 틀림없이 술 취한 짐승과 같이 될 뿐만 아니라, 교만으로 인해서 흉악한 마귀와 같이 될 것입니다. 더욱이 모세는 그 백성들을 향한 하나님의 사랑과 그들의 후손을 택하실 정도의 그들에 대한 하나님의 사랑은 하나님의 선하신 뜻에서만 나온다고 말했습니다.

그는 "너희 하나님께서는 하늘과 땅을 지배하신다. 그럼에도 불구하시고 하나님께서는 황송하게도 너희 여호와가 되셨다"고 말했습니다. 이유가 무엇입니까? 모세는 그 이유를 이미 보여 주었습니다. 그런데도 그는 그것을 더 확고하게 하기 위해서 하나님께서는 이 백성들을 향한 진지하고 자발적인 선한 뜻을 보이셨다는 말을 첨가했습니다. 그가 한 첫 말은 때로는 집착한다는 것을, 때로는 즐거워한다는 것을 의미합니다. 그러나 여기서의 적절하고 자연스러운 뜻은 하나님께서는 그 백성들을 즐거워하시기 때문에 거저 주시는 사랑을 통해서 그들과 친근하게 되셨다는 것입니다. 그런 까닭으로 모세는 거기에 사랑이라는 말을 첨가했습니다. 기꺼이 주는 즐거움이 앞서며 그 뒤에 사랑이 따릅니다.

사람들은 하나님이 어떤 사람을 다른 사람들보다 더 사랑하시는 데에는 어떤 이유가 있다고 생각하는데, 그것은 어리석은 생각입니다. 하나님께서는 그렇게 하시기를 기뻐하실 때에만 그렇게 하십니다. 모세는 하나님께서 그렇게 하시기를 기뻐하신다는 말을 통해서 이 사실을 가장 분명하게 표현했습니다. 하나님께서 기뻐하시는 것이 바로 그 원천이며, 그 원천에서 사랑이 흘러나옵니다. 우리가 알아 두어야 할 것은 하나님께서 먼저 우리를 사랑하셔야 하며, 우리는 우리 몸속에서 그 사랑을 실제로 느껴야 하며, 우리는 그 사랑을 받고서도 가만히 있어서는 안 된다는 사실입니다. 우리로 하여금 그것이 거저 주는 사랑이라는 것을 느끼게 하기 위해서 우리는 하나님의 즐거움이나 뜻을 향하여 나아가야 합니다. 즉 하나님께서는 아무것이나 귀중하게 여기지 않으시기 때문에 우리는 하나님께 아무것이나 사랑하시라고 설득시킬 수 없습니다. 그것을 알아야 합니다.

그러나 하나님께서는 그런 사랑하는 마음이 나게 하는 원인을 자신 안에서 찾아내셨습니다. 그것이 하나님의 마음에 들었기 때문에 하나님께서 그것을 좋아하셨습니다. 그것이 모세가 이 본문 말씀에서 선포한 내용입니다. 지금으로서는 더 이상 아무것도 할 수 없을지라도 이 가르침만큼은 기억해 둡시다. 즉 우리의 구원이 언급될 때마다 우리는 구원의 원인을 하나님 이외에 다른 곳에서 찾아서는 안 됩니다. 우리는 모든 선한 것에서 완전히 벗어났기 때문에 우리는 우리 자신이 저주받을 존재라고 고백해야 합니다. 그러나 하나님께서는 우리를 불쌍히 여기시고 우리에게 긍휼을 베푸시려는 마음을 먹으셨기 때문에 우리가 전에 처해 있던 저주에서 우리를 구출해 내셨습니다. 하나님께서는 값비싼 대가를 지불하고 사신 우리를 구원으로 부르시고 유도하시니, 하나님께서 우리를 그리로 데리고 가실 것을 의심해서는 안 됩니다. 최소한 우리가 하나님의 언약 안에서 꿋꿋하게 살아 있으려고 한다면 비록 우리가 그런 꿋꿋함을 가질 수 없을지라도 하나님께서는 성령을 통해서 우리를 일으켜 세우시며, 당신의 성령을 통해서 우리를 강건하게 해 주실 것입니다. 그러면 마침내 하나님의 능력이 우리 안에서 역사하시는 것을 느끼게 되어서 우리는 더 많은 용기를 내서 하나님을 섬기게 되고,

하나님께서 우리에게 베풀어 주신 큰 은혜에 대해서 감사할 줄 모르는
자가 되지 않을 것입니다.

72편_ 신 10:15~17

마음의 할례를 행하라

"여호와께서 오직 네 열조를 기뻐하시고 그들을 사랑하사 그 후손 너희를 만민 중에
서 택하셨음이 오늘날과 같으니라 그러므로 너희는 마음에 할례를 행하고 다시는 목
을 곧게 하지 말라 너희의 하나님 여호와는 신의 신이시며 주의 주시요 크고 능하시
며 두려우신 하나님이시라 사람을 외모로 보지 아니하시며 뇌물을 받지 아니하시
고"(신 10:15~17).

모세는 이스라엘 백성들이 누렸던 모든 은혜는 하나님의 사랑, 심지
어 하나님의 거저 주시는 사랑에서 나왔다고 말했는데 그것을 더 구체
적으로 알아보겠습니다. 하나님께서 그들을 다른 모든 백성들보다 더
사랑하신 것은 그들이 다른 백성들보다 더 귀중했기 때문이 아니고 하
나님께서 그렇게 하시기를 기뻐하셨기 때문입니다. 더욱이 모세는 하
나님께서는 아브라함뿐만 아니라 그의 모든 후손도 당신의 은혜 안으
로 끌어들이셨으니, 하나님께서 그 백성들을 택하신 것도 그런 차원에
서 비롯되었다는 말을 첨가했습니다.

이스라엘 백성들이 나머지 세상 사람들보다 좋게 여김을 받은 이유

가 무엇입니까? 하나님께서는 우리로 하여금 그것은 오로지 하나님의 은혜와 선하심 때문이라고 인정하기를 바라시는데, 만일 우리가 그것은 그들이 나머지 백성들보다 더 훌륭하기 때문이라고 말한다면 그것은 명백히 하나님을 반박하는 짓입니다. 그러니 하나님께서는 그 원인을 당신 자신 이외에 다른 곳에서 찾지 않으셨다고 결론을 내리도록 합시다. 하나님의 뜻은 당신의 무한한 긍휼을 베풀어 주시고, 또 당신은 어떤 피조물에게도 빚진 것이 없으시지만 그들을 향해서 선한 뜻을 품은 것은 자기 자신이 선하시기 때문이라는 것을 보여 주시는 것이었습니다. 그러므로 성경 말씀과 같이 하나님을 찬양해야 합니다(엡 1:6). 성경은 하나님께서 전 시대를 통해서 당신의 교회를 세우시는데, 그것은 그 목적을 달성하기 위해서라고 말씀합니다. 이제 우리는 이 가르침이 무엇을 의미하는지 잘 알게 되었습니다.

어제 우리는 그 가르침이 주는 효과에 대해서 알아보았습니다. 즉 사람들은 하나님의 선하심을 높여드리기 위해서 자신들은 겸손해야 하며 더 많은 용기를 내서 하나님을 섬겨야 한다고 했습니다. 하나님께서는 황송하게도 우리를 당신의 기업으로 삼으셨으며, 또 우리를 당신의 자녀로 삼으셨으니, 우리는 하나님께 얼마나 많은 신세를 졌습니까? 반면에 하나님께서는 다른 자들을 거절하셨습니다. 만일 어떤 사람이 우리가 다른 사람들과 다른 것이 무엇이냐고 묻는다면 우리 자신 안에서는 그들과 다른 점을 찾지 못할 것입니다. 따라서 하나님께서 우리를 높게 평가하셨으니 우리에게는 하나님을 섬기고 우리 자신을 하나님께 온전히 헌신할 의무가 있습니다.

일반적인 선택이 있는데, 이것은 모든 사람들에게 해당되며, 높이 평가 받을 가치가 충분합니다. 그러나 특히 모든 사람들이 직접 거기에 동참하지 않으면 전혀 도움이 되지 않을 것입니다. 이 말을 더 자세히 설명하지 않으면 뜻이 모호할 것입니다. 만약 우리가 먼저 모세가 여기서 가르치는 내용을 상기해 본다면 그 내용을 쉽게 이해할 수 있을 것입니다. 우리는 이미 그 내용을 앞에서 다루었습니다. 즉 하나님께서는 온 세상 사람들 가운데서 아브라함의 후손을 선택하셨습니다. 그런데 왜 그렇게 하셨습니까? 그렇게 하는 것이 하나님을 기쁘게 해 드렸기 때문입니다. 온 세상 사람들은 하나님의 것이었으며 하나님에게는 모든 민족이 거의 비슷했습니다. 그럼에도 불구하고 하나님께서는 생명력도 없고 소망도 없는 백성을 택하셨습니다. 아브라함은 마른 나무토막과 같아서 그에게는 후손을 가질 수 있는 소망이 전혀 없었습니다(롬 4:19). 그의 아내 사라도 아이를 낳지 못했으며, 그들은 둘 다 나이가 들어서 허리가 구부러졌고, 시들었습니다. 하나님께서는 생명이 없는 자들을 택하신 것처럼 보였으며, 하나님의 언약은 안주할 기초가 없이 공중에 매달려 있는 것처럼 보였습니다. 그럼에도 불구하고 아브라함의 후손을 축복해 주시겠다고 하신 하나님의 약속으로 인해서 그의 후손으로부터 한 민족이 틀림없이 나올 것입니다(창 17:6~7).

분명히 말하지만, 하나님께서는 당신의 선택을 통해서 아브라함의 후손들과 그 밖에 모든 세상 사람들을 구별하셨으며, 아브라함의 후손들을 당신의 교회로 세우셔서 당신의 은혜와 언약의 표시가 거기에 남아 있게 하셨고, 당신의 이름이 거기에서 불리게 하셨습니다. 하나님께서는 아브라함의 후손들에게 구원을 약속하셨으며, 이 세상에 보내질 구세주를 그들에게 제시해서 그들로 하여금 그분 밑에 함께 모이게 하셨습니다. 일반 선택은 아브라함의 후손 모두에게 해당되지만 그런 은혜는 믿음을 통해서 받게 되는데, 그것을 받은 자의 수는 그들의 일부분

또는 그들 중의 몇몇에 불과합니다. 그들 중 많은 사람들이 제외되는데, 그것은 육신적이나 세상적인 관점에서 볼 때 그들이 아브라함의 자녀가 아니기 때문이 아니라, 그들이 하나님 앞에서나 영적으로는 아브라함의 자녀가 아니기 때문입니다. 그것이 사도 바울이 말한 바와 같이 중요한 요점입니다. 믿지 않는 자들과 낭비하는 자들과 아브라함에게 한 약속을 참된 믿음과 함께 받아들이지 않는 자들로 말하면 그들은 기업에서 제외되었습니다(롬 2:28, 9:7~8).

하나님의 선택과 은혜

하나님의 선택이 모든 민족에게 확장되었는데, 그것만으로는 충분하지 않았습니다. 모든 사람들은 특별히 자기 자신을 위해서 그것의 동참자가 되어야 합니다. 그렇게 되려면 어떻게 해야 합니까? 믿어야 합니다. 그런데 그 믿음은 하나님의 뜻에서만 나온다는 것을 알아 둡시다. 하나님께서는 선하다고 생각하는 자들을 향해서 당신의 은혜를 베푸십니다. 그러므로 하나님께서는 이 백성들 가운데서 당신께서 좋아하시는 자들을 택하시어 성령을 통해서 그들의 마음속에 당신의 언약을 인쳐 놓으십니다. 그러면 그들은 하나님의 진리의 동참자가 되어서 그 진리가 그들의 몸속에서 그 효과를 충분하고도 온전히 발휘하게 됩니다(엡 13:14).

하나님의 선택에는 두 가지가 있습니다. 그중의 하나는 모든 사람들에게 확장됩니다. 왜냐하면 할례가 작은 자와 큰 자를 막론하고 모든 사람에게 무차별적으로 주어지는데, 언약도 그와 같기 때문입니다. 그럼에도 불구하고 하나님께서는 어쩔 수 없이 당신께서 택하신 자들의 마음을 감동시키심으로써 두 번째 은혜를 주십니다. 다시 말하면, 하나님께서는 당신 곁에 두고 싶어 하시는 자들과 당신 곁으로 오는 자들로 하여금 하나님이 주시는 유익을 받아들이게 하십니다. 실은 이스라엘 민족의 대부분이 버림을 받아서, 이를테면 하나님의 은혜에서 배제되었으며, 이사야 선지자의 예언대로 바벨론의 포로생활 후에도 남아 있던 자의 수가 매우 적었습니다. 이사야 선지자는 "비록 너희 수가 바다의 모래알 같이 전에 없이 많을지라도 하나님께서 남겨 두실 자의 수는 매우 적을 것이다"(사 10:22)라고 예언했습니다.

위선자들은 하나님의 언약을 그릇되게 남용했습니다. 즉 그들은 백성의 수가 바다의 모래알 같이 많을 것이라는 말씀을 듣고서 그것을 자랑한 반면에 하나님을 멸시했습니다. 그러나 하나님께서는 그들의 수를 늘릴 수 있는가 하면 줄일 수도 있으시다는 것을 그들에게 알려 주십니다. 그래서 그들 중의 극히 일부만이 남게 됩니다. 이사야 선지자가 말한 대로, 만일 하나님께서 씨를 남겨 두시지 않으셨다면 유다 땅은 소돔과 고모라와 같이 되었을 것이며, 하나님께서 그들을 완전히 멸절시키셔도 그들에게는 할 말이 없었을 것입니다(사 1:9).

오늘날 복음의 순수한 가르침이 우리에게 전해지며 우리는 구원받은 증거로 세례를 받는데, 그것이 하나님께서 우리에게 행하시는 한 가지 선택입니다. 그러나 우리는 우상 숭배나 혐오스러운 짓에 빠져 있는 자들보다 나을 것이 없습니다. 하나님께서는 그런 자들을 불쌍히 여기지도 않으시며, 복음의 진리가 그들에게 비치게 하시지 않으실 것이며, 그들로 하여금 모든 것에서 궁핍하게 하실 것이며, 그들 가운데는 혼란만이 있게 하실 것입니다. 그런가 하면 하나님께서는 우리를 가슴에 품어 주시며, 당신의 말씀이 우리에게 전해지게 하시며, 우리로 하여금 우리를 의로움의 해처럼 밝혀 주시는 예수 그리스도를 보게 하시며, 우리로 하여금 성만찬을 갖게 하시고 활용하게 하십니다.

하나님께서 우리를 택하신 것은 귀중하게 여길 가치가 충분합니다. 우리는 하나님의 무한하신 선하심에 깊이 감사해야 합니다. 왜냐하면 하나님께서는 우리 안에서 아무것도 발견하지 못하시지만 우리보다 더 고상하고 우리보다 더 많은 것을 가진 자들보다 우리를 더 좋아하시기 때문입니다. 우리가 하나님의 택함을 받아 하나님께서 우리를 당신의 가족으로 삼아 주시고, 우리로 당신의 양떼가 되게 하시고 우리와 함께 거하시는 것만으로는 충분하지 않으며, 우리 모두는 자기 자신을 보살펴서 복음이 우리에게 전해진 것이 헛되지 않게 하고, 그 효과를 우리의 행동으로 보여 주지 못하는 이름뿐인 그리스도인이 되지 않도록 해야 합니다. 우리가 택함 받은 것이 성령의 인정을 받지 못하면 하나님의 말씀을 들은 것이 아무 효과를 발하지 못하며, 그것이 우리에게 갑절의 정죄로 변하게 될 것입니다. 왜냐하면 하나님께서 우리를 택하셨지만 우리는 하나님을 노엽게 해 드렸으며, 또 하나님께서 우리와 언약을 세우셨지만 우리는 하나님께 맹세한 우리의 언약을 파괴했기 때문입니다.

따라서 우리는 더 가혹한 처벌을 받아야 합니다. 하나님의 언약이 우리에게 해당된다는 증거가 우리의 마음속에 있고, 우리는 그 언약을 순순히 순종하는 마음으로 받아들이고 우리 주 예수 그리스도께서 우리를 다스리시는 것을 감수하니, 그것이 하나님께서 우리를 택하셨다는 확실한 보증이 됩니다. 우리는 그것을 사람들 앞에서 겉으로 드러낼 뿐만 아니라 우리 하나님 앞에서 그것의 실체를 갖게 됩니다. 아브라함이 모든 믿는 자의 조상이 된 것처럼, 우리도 세상적으로뿐만 아니라 성령과 진리로 하나님의 자녀가 되었습니다. 이렇게 해서 우리는 이 본문 말씀과 모세가 여기서 이스라엘 백성들을 향해서 한 말을 통해서 무엇을 얻어야 하는지 알게 되었습니다.

그와 똑같은 이유로 모세는 우리가 읽은 한 간구를 첨가했으며, 이스라엘 백성들이 마음에 할례를 행하고 다시는 목을 곧게 하지 않도록 조심하기를 바랐습니다. 하나님께서 우리의 마음을 끌려고 하시는 것은 당신에게 어떤 이익이 되게 하시려는 것이 아니고 우리의 행복을 갈망하시기 때문입니다. 하나님께서는 우리의 이익과 유익이 되지 않는 것은 아무것도 시키지 않으시니, 우리로서는 하나님께 복종하는 것이 지극히 당연합니다. 하나님께서 우리만을 고려해서 우리를 당신께로 유인하시니, 그런 경우에 우리는 뒤로 물러서야 합니까? 우리는 거만하고 당당한 마음으로 하나님께 대항해야 합니까? 이제 이 가르침을 더 잘 이해하기 위해서 모세는 그 당시 이스라엘 백성들에게 주어진 외적인 표시를 중요하게 여겼다는 사실을 주목하도록 합시다.

오늘날 우리도 그와 같은 방법으로 세례를 받습니다. 할례는 두 가지 목적으로 이루어졌습니다. 하나님께서는 그것을 통해서 온 인류와 인간의 속성에 속하는 모든 것을 정죄하시며, 그렇게 하심으로써 인간의 속성에 속한 모든 것이 악하다는 것을 그들에게 보여 주십니다. 그리고 두 번째로, 하나님께서는 당신께서 약속하신 대로 아브라함의 후손들에게는 구원의 소망을 주셨습니다. 분명히 말하지만 할례 의식이 이 목적을 달성하는 역할을 합니다. 다시 말하면, 그것이 이스라엘 백성들로 하여금 그들이 어머니의 배 속에서 가지고 나오는 것은 정죄밖에 없으며, 또 인간에게 속한 것은 모두 하나님 앞에서 저주를 받았다는 사실을 명심하게 하였습니다.

인간에 속한 것은 죄와 부정밖에 없습니다. 하나님께서는 이스라엘 백성들에게 인간의 씨를 통해서 그들의 구원을 약속하셨으며, 그들을 은혜로 받아들이셨으며, 그들을 의롭게 하여 다른 세상 사람들과 구별하셨으므로 그들은 위안을 받았습니다(창 18:18). 이스라엘 백성들에게는 이와 같은 특권이 있었기 때문에 만일 그들이 그들의 능력을 다해서 하나님의 권능을 훼손하려고 하지 않았다면 그들이 받은 할례가 효과를 발휘했을 것입니다.

할례는 자신의 속성에 속하는 모든 것을 잘라 버리고, 또 자신에 속한 모든 것을 포기하지 않고서는 하나님을 기쁘시게 해 드릴 수 없다(롬 8:8)는 것을 확신하게 해 주는 의식입니다. 모세는 그것에 주안점을 두고서 "너희는 마음에 할례를 행하라"고 말했습니다. 그들이 의식을 지키는 것은 그들로 하여금 하나님께서 그 의식을 통해서 그들을 어디로 인도하려고 하시는지 생각해 보게 하는 것에 불과합니다. 이스라엘 백성들은 그때 그들이 할례 받은 것을 지나치게 높이 평가함으로써 할례를 남용했습니다. 그들은 하나님께서 그것을 통해서 그들에게 보여 주시려고 하시는 것에 관심을 두지 않고 눈에 보이는 표시에 완전히 집착했기 때문입니다. 이에 모세는 "너희 몸에 할례를 행한 것이 너희가 해야 할 일의 전부가 아니라"고 말해서 그들을 꾸짖었습니다. 모세는 "하나님께서 너희에게 표시를 내게 하신 것은 너희의 연약함을 도우시기 위해서이며, 그것을 통해서 너희를 보다 높은 차원으로 인도하기 위해서다. 즉 너희로 하여금 온전한 회개를 하게 하기 위해서다. 너희가 너희의 속성에 속한 모든 것이 가져다주는 것은 저주밖에 없다는 것을 인식하게 되면, 너희는 이 모든 의식이 즉시로 이루어져야 한다는 것을 알게 될 것이다. 그러므로 너희는 너희 자신을 억제할 생각을 해야 한다"고 말했습니다. 그것은 마치 모세가 "참된 할례는 겉으로 껍질을 잘라내는 것에 있지 않고 내부에 있다"는 것과 "할례를 받아야 할 것은 너희의 마음"이라고 말하는 것과 같습니다.

　　모세가 여기에서 한 말의 뜻은 겉으로 나타나는 표시를 정죄하자는 것이 아니고, 이스라엘 백성들이 우상 숭배와 위선을 통해서 부패시킨 할례의 참된 의미를 보여 주려는 것입니다. 요엘 선지자도 "너희는 옷을 찢지 말고 마음을 찢으라"(욜 2:13)고 말했습니다. 그가 한 말은 하나님 앞에서 자기 자신을 낮추었다는 것을 더 이상 회개했다는 증거로 삼아서는 안 된다는 것이 아니라, 겉으로 드러나는 모든 행위, 이를테면 머리카락이나 수염을 뽑는다든지, 통곡을 한다든지, 가슴을 친다든지, 그 밖에 자신의 품격을 떨어뜨리는 짓은 그 이전에 마음이 깨어지지 않는 한 아무것도 아니라는 것을 알려 줍니다. 그러므로 육신과 마찬가지로 마음이 할례를 받지 않으면 그 할례는 아무 유익을 주지 못합니다.

형식적인 할례와 영적인 할례

　　이제 우리는 모세가 한 말의 뜻을 알게 되었습니다. 세례에 대해서 생각해 보면 우리는 모세가 한 말을 더 분명하고 쉽게 이해할 수 있을 것입니다. 두 의식 사이에는 유사점이 있습니다. 만일 하나님께서 당신을 하나님의 백성과 기업으로 여기시기를 바란다면 당신은 영적인 세례를 받아야 합니다. 무엇이라고요? 우리의 영혼이 세례를 받아야 한다고요? 네, 확실히 그래야 합니다. 만일 우리에게 세례에 대한 실체가 없다면 우리 몸에 퍼 붓는 물은 아무 유익을 주지 못합니다. 우리가 물속에 잠기게 되면 마치 우리가 무덤 속에 있는 것처럼 되어서 우리로 하여금 우리 자신을 죽게 합니다(롬 6:4, 골 2:12). 그래서 우리 자신의 감정, 생각, 기지, 이성 그리고 지혜가 우리 안에서 더 이상 지배하지 않게 됩니다. 그로 인해 우리 자신이 하나님의 지배를 받는 것을 용인함으로써 우리의 육신적인 욕망이 모두 억제되고, 하나님의 포로가 되며, 하나님의 멍에를 메게 됩니다. 그러므로 만일 누군가가 세례의 참된 의미를 우리에게 알려 주려고 한다면, 그는 내적인 세례를 받도록 하라고 말할 것입니다. 그런 까닭으로 사도 바울은 형식적인 할례와 영적인 할례의 차이점을 로마서 2장에 기록해 놓았습니다. 그가 말하기를, 하나는 내적인 것이고 다른 하나는 외적인 것이라고 했습니다(롬 2:28). 그는 외적인 할례를 문자의 할례로 비유했습니다.

만일 하나님의 율법이나 하나님의 복음을 읽는 것이 내적으로 감동을 주지 못한다면 무슨 소용이 있겠습니까? 분명히 말하지만, 만일 우리 모두가 인쇄된 성경을 갖고 있으면서도 그것을 팽개쳐 놓는다면, 우리가 하는 짓은 그렇게 귀중한 보물을 유용하게 활용하지 않고 또 하나님의 뜻에 따라 그것을 유익하게 사용하지 않음으로써 성경을 신성하지 않게 만드는 것밖에 되지 않습니다. 사도 바울이 말하기를 성찬식도 그와 같다고 했습니다. 왜냐하면 그것들은 죽은 글자에 불과하기 때문입니다. 눈에 보이는 가시적인 표시밖에 없는 한 그것은 사람들에게 보여 주기 위한 화려한 구경거리에 불과합니다. 그러나 하나님 앞에서는 모든 것이 진실해야 합니다. 우리는 참된 할례를 행하려고 합니까? 그렇다면 그것은 마음속에서 이루어져야 합니다. 즉 영적으로 이루어져야 합니다. 다시 말하면 하나님께서 그곳에 역사하셔야 합니다. 이렇게 해서 우리는 모세가 한 말의 뜻을 알았습니다. 그것은 백성들이 하나님과 실체가 없고 이름뿐인 하나님의 기장을 달고 있는 것을 허황되게 자랑해서는 안 되고, 그 능력을 보여 줄 수 있어야 한다는 것입니다.

이 가르침은 오늘날 우리를 자극해 주며, 우리와 관련을 갖게 해 줍니다. 왜냐하면 우리에게는 할례와 똑같은 유익을 주는 세례가 있기 때문입니다. 즉 세례는 우리로 하여금 회개를 하게 해 줍니다. 그러므로 우리는 그것을 활용해서 유익이 되게 해야 합니다. 하나님께서는 우리를 향해서 품고 계시는 아버지 같은 사랑의 징표를 우리에게 주시고, 또 우리를 당신의 교회 안에 모으시고 우리를 천국의 기업으로 삼으셨다는 것을 보여 주시기를 기뻐하시니, 우리 자신의 비열함과 배은망덕으로 인해서 그런 유익을 저버리는 일이 없도록 하고, 그것을 통해서 더 잘 지내게 되도록 노력합시다. 우리의 영혼이 깨끗이 씻김을 받도록 합시다. 즉 우리 자신의 상상과 이성과 욕망을 억제하고 하나님께 우리의 몸을 제물로 드립시다. 그러면 하나님께서 우리를 거듭나게 하시며, 하나님의 성령만이 우리를 다스리게 되시며, 하나님께서 모든 것을 통치하시게 됩니다.

이 간구가 이스라엘 백성들에게 주어졌는데, 그들의 세례를 그런 목적에 활용하는 것이 그들의 의무였습니다. 그러나 여기에서 요구되는 것들을 수행하는 것이 우리의 능력으로는 불가능하다는 것을 알아 둡시다. 이스라엘 백성들이 마음에 할례를 행해야 했지만, 하나님께서 그것에 대해서 역사하시는 것이 지극히 필요했습니다. 오늘날 우리는 우리 자신을 억제하라는 명령을 받아야 합니다. 그러나 우리는 우리의 영혼을 새롭게 해 주시는 임무를 독점하고 계시는 하나님께 호소해야 합니다. 그런 까닭으로 우리 주 예수 그리스도만이 불과 성령으로 세례를 주시는 분이라고 기록되어 있습니다(요 1:33).

만일 세례를 주는 사람이 거듭나게 하는 능력을 가지고 있다면, 그는 하나님의 독생자에게 주어진 능력과 위엄과 영광을 가지고 있습니다.

그러나 우리가 받는 세례는 물로만 이루어집니다. 즉 우리에게는 세례를 받았다는 표시밖에 없습니다. 그렇기는 하지만 우리가 그렇게 한 것이 헛된 것은 아닙니다. 우리는 틀림없이 하나님의 충성스러운 증인이 되기 때문입니다. 우리가 예수 그리스도의 이름으로 세례를 주기 때문에 우리는 그것이 알맹이가 없고 무익하다고 생각해서는 안 됩니다. 그럼에도 불구하고 우리는 우리 주 예수 그리스도께 의지해야 하며, 그분의 허가를 받아 교회 안에서 세례를 집례한다고 생각해야 합니다.

따라서 그것이 효력을 발하게 하는 것은 예수 그리스도에게 달려 있으며, 우리를 거듭나게 하는 것은 오로지 그분의 영뿐입니다. 만일 모든 사람이 자신의 영혼을 깨끗이 할 수 있다면, 목사는 물로 세례를 주며, 모든 사람은 진리로 자기 자신에게 세례를 준다고 말해도 좋을 것이기 때문입니다. 그러나 그렇게 말할 수는 없습니다. 그렇게 한다는 것은 하나님의 독생자에게서 그분 한 분에게만 속한 것을 약탈하는 것과 같기 때문입니다. 그분께서는 그 영광을 당신 혼자서 보존하시며, 그것을 결코 다른 피조물에 주지 않으십니다. 하늘의 천사에게도 주시지 않습니다. 오늘날 우리에게 우리의 영혼이 세례를 받아서 겉으로 나타나는 징표가 우리에게 효력을 내도록 하라는 지시가 내려지니, 우리는 즉시 하나님께 굴복하고, 하나님께 당신의 성령님의 능력을 통해서 그 일을 이행하시고, 우리를 억제하시고 거듭나게 하셔서 우리로 하여금 세례의 실체를 확증하게 하시고, 그것이 우리의 영혼 속에 새겨지게 해 달라고 기도드려야 합니다. 옛날 백성들의 경우도 그와 같았습니다.

모세가 여기서 이스라엘 백성들에게 그들의 마음에 할례를 행하라고 권고한 것이 사실이지만, 그는 그 후에 "여호와 우리 하나님께서 너희 마음에 할례를 베푸실 것"이라고 말했는데, 얼핏 보아서는 이 두 말이 잘 어울리지 않고 모순이 있는 것처럼 보입니다. 그러나 이 두 말은 조화가 잘 됩니다. 내가 전에 말한 바와 같이 할례를 받는 것이 우리의 의무입니다. 하나님께서 우리를 주관하시도록 우리는 우리의 속성에 속한 모든 것을 잘라서 완전히 제거해 버려야 합니다.

그런데 우리는 그 의무를 다하고 있습니까? 그렇지 못합니다. 그래서 하나님께서는 어쩔 수 없이 우리의 부족한 것을 채워 주셔야 합니다. 따라서 하나님께서는 우리에게 할례를 베푸십니다. 우리에게는 그렇게 할 힘과 능력도 없는데 왜 모세는 그렇게 하라고 명령합니까? 그렇게 하는 목적은 우리로 하여금 우리의 처참한 처지를 안타깝게 여기게 하고, 또 우리가 실패해서 책망을 받아 마땅하니 우리로 하여금 한편으로는 우리 자신을 저주하게 하고, 또 하나님께 의지하게 하고, 다른 한편으로는 용기를 내어서 하나님께 우리 자신이 할 수 없는 것을 해 달라고 요구하게 하는 것입니다.

마음의 할례

그런데 거기에는 다른 이유가 하나 더 있습니다. 이 모든 것을 우리 안에서 행하시는 분은 하나님이신데, 하나님께서는 당신께서 하신 것을 우리가 한 것이라고 하십니다. 그리고 하나님께서 그것을 행하시는 분이심에도 불구하고 우리 모두로 하여금 그것에 대한 노력을 기울이기를 바라십니다. 모든 것을 하시는 분은 하나님이시지만 우리가 나무 토막 같지는 않습니다. 하나님께서는 우리가 태어날 때부터 우리에게 의지를 주셨기 때문입니다. 그 의지는 악하지만, 하나님께서는 그것을 고쳐서 선하게 만드십니다. 그리고 하나님께서 하시는 일은 우리로 하여금 강한 전사처럼 왕성하게 노력하게 하시는 것입니다. 비록 우리는 아무것도 안 하고, 또 우리가 하는 것은 하나님이 하시는 것일지라도, 하나님께서는 우리로 하여금 당신의 능력을 느끼게 해서 모든 유혹을 극복하게 하시며 우리 마음이 할례를 받게 하십니다. 그리고 하나님께서는 우리의 마음을 새롭게 해 주시고, 우리로 우리의 모든 감정을 버리게 하셔서 사탄에게 승리할 때까지 싸우게 하십니다.

그런데 우리가 알아야 할 것은 이것이 천주교인들이 생각하는 것처럼 우리의 자유로운 의지를 과장하는 역할을 하지 않는다는 사실입니다. 우리가 앞에서 다루었던 대로, 우리는 본래 하나님께 가까이 갈 수 없기 때문에 하나님에게서 물러섭니다. 그럼에도 불구하고 하나님께서는 무엇이 우리의 의무인가를 분명하게 보여 주시기 위해서 우리를 당신께 가까이 오게 하십니다. 비록 우리가 그 일에 손을 댈 수도 없고 그 일에 손가락 하나도 움직일 수 없을지라도 하나님께서는 우리의 의무를 다하라고 명령하십니다. 우리는 어떤 방법으로도 그것을 전혀 할 수 없습니다. 하나님께서 우리에게 그렇게 하라고 하시는 목적은 우리로 하여금 우리의 태만함을 보고서 그것을 더 부끄럽게 여기게 하고, 하나님 앞에서 겸손해지게 하고, 또 우리 안에서 역사하시는 분은 하나님이시니 그것이 우리를 자극해서 우리로 하여금 하나님께 우리 안에서 역사해 달라고 기도하게 하는 것입니다. 우리가 성령의 능력을 받은 도구가 되는 것이 하나님의 뜻입니다. 하나님은 우리에게 매우 인자하셔서 당신께서 하신 일을 우리가 한 것이라고 하시며 우리를 그 일의 동참자로 만드십니다. 또한 하나님께서는 우리로 당신께서 하신 일을 우리가 한 것으로 인정하기를 바라십니다.

내가 전에 다루었던 내용에 대해서 더 말을 하자면, 만일 우리 마음이 할례를 받지 않는다면 이스라엘 백성들처럼 우리가 하나님과 맺은 약속을 어긴 잘못에 대해서 정죄를 받게 됩니다. 우리는 그 사실을 잘 명심해야 합니다. 그런데 이스라엘 백성들은 그들의 마음에 할례를 받지 않았기 때문에 종종 꾸중을 들었습니다. 선지자들은 이스라엘 백성들을 향해서 종종 이렇게 외쳤습니다. "너희는 할례를 받고 너의 갈 길을 계속 가라. 너희는 하나님이 주시는 표시를 지니고 있다고 해서 하나님이 너희에게 많은 신세를 지고 계시는 것처럼 여기고 있다. 너희는 하나님을 너무나 야비하게 대하며, 하나님의 이름을 몹시 사악하고 부정하게 남용한다. 너희를 거룩하게 만들기 위해서 너희에게 그 증표가 주어졌음에도 불구하고 너희는 너희가 배설한 배설물 속에서 뒹굴고 있기 때문에 너희는 더럽혀져 있다. 더 고약한 것은, 너희는 너희가 받은 할례를 너희의 악한 짓을 감추어 주는 위선의 가면으로 삼았다. 만일 너희가 발가벗겨진다면 너희는 너희 자신의 추한 것을 보고 부끄러워할 것이다. 그런데 너희는 할례를 받았으므로 너희의 할례가 너희의 불결한 것 모두를 감추어 줄 것이라고 생각한다. 더구나 너희는 하나님께서 너희의 행복과 유익을 위해서 제정하신 것을 더럽히고 왜곡함으로써 하나님을 괴롭히기 시작했다. 그러므로 할례를 받지 않은 너희는 물러가라. 너희는 이교도들보다 더 나쁘다. 가나안 백성은 물러가라. 너의 아버지는 아모리 사람이요, 너의 어머니는 헷 사람이라(겔 16:3~4). 너는 이 세상에서 가장 막된 자들보다 더 나쁘다. 음탕한 자들아, 여기서 나가라. 너희는 아브라함이 너희의 아버지였다고 자랑하기 위해서 여기에 왔느냐? 다른 곳으로 가서 너희 조상을 찾아보아라. 너희는 사생아며, 너희에게는 아브라함의 자녀나 후손이라고 여겨질 자격이 없다."

우리는 수다를 떠는 이스라엘 백성들이 더 이상 그들의 할례를 자랑하지 못하게 하기 위해서 선지자들이 그들의 기를 어떻게 꺾었는지 알았습니다. 사도 스데반도 사도행전 7장에서 똑같은 방법으로 말했습니다. 그가 말하기를, "마음에 할례를 받지 않고 목이 곧은 너희는 항상 하나님에게 반항했던 너희 조상과 같으며, 그들의 발자취를 따라가서 너희는 점점 더 나빠진다"(행 7:51)고 했습니다. 오늘날 그런 책망이 우리에게 해당되지 않는다고 생각하십니까? 우리에게도 해당됩니다. 만일 우리가 세례를 받았음에도 불구하고 하나님께서 신성하게 하시고 신성한 목적에 사용하게 하신 물을 더럽힌다면 우리는 비싼 대가를 치르게 될 것입니다.

사실 물 그 자체는 아무것도 아니지만, 그것이 일단 하나님의 말씀과 결합되면 거기에는 하나님께서 새겨 놓으신 확실한 봉인이 있게 됩니다. 임금님의 옥새를 위조한 자는 처벌을 받아야 하지 않습니까? 그런데 세례는 땅이나 목장이나 포도밭이나 통치권과 같은 세상적인 소유의 양도를 인정하는 것이 아니라 우리가 천국생활로 부름 받았음을 확실하게 해 주는 하나님의 도장입니다. 그것은 우리가 우리 주 예수 그리스도의 피로 우리의 죄를 깨끗이 씻음 받은 것과 성령을 통해서 새사람이 되었다는 보증을 동반하는 인침입니다. 우리가 이 모든 것을 어기고서도 처벌을 피할 수 있겠습니까? 그러니 주위를 잘 살펴보고, 만일 우리가 세례를 받고서도 그 효과를 내지 못한다면 우리는 매우 비싼 대가를 치러야 한다는 생각을 하도록 합시다. 우리의 영혼이 지정된 세례를 받게 해서 그것이 우리 안에서 효과를 내게 합시다.

그리고 나서 모세는 즉각 "너희는 목을 곧게 하지 말라"고 했습니다. 우리는 앞에서 이와 비슷한 이유를 설명한 적이 있습니다. 간단히 말하면, 모세는 내가 설명하려고 하는 이 비유를 통해서 이스라엘 백성들이 그들의 마음에 할례를 행한 것은 하나님이 주시는 멍에를 받아들여서 하나님께 복종하려 했다는 것을 표현하려고 했습니다. 그렇게 되면 그들은 고삐 풀린 망아지처럼 하나님께 더 이상 발길질을 하지 않게 될 것입니다.

하나님께서 우리를 새사람이 되게 하신 후에 우리에게 요구하시는 것은 우리가 하나님께 순종하는 것입니다. 여기서 우리가 경고 받는 것은, 사람들이 그들 자신의 천성대로 행하는 한 그들은 하나님께 반역하며 하나님의 의로움에 역행함으로써 하나님을 괴롭히는 짓만 한다는 사실입니다. 간단히 말해서, 그들은 모든 선한 것의 원수가 됩니다. 그에 대한 증거는, 하나님께서는 우리가 하나님께 고개를 숙이고, 당신께서 주시는 멍에를 겸손히 메기를 요구하실 뿐이라는 사실입니다. 그렇게 하는 것이 우리의 삶을 완전하게 하는 것입니다. 하나님께서 명령하시는 최고의 거룩은 사람들이 그들의 악한 감정을 모두 억제하는 것입니다. 그들은 내가 앞에서 말한 대로 하나님을 기쁘시게 해 드리기 위해서 할례를 받아야 합니다. 즉 그들은 선하게 살기 위해서 죽어야 합니다. 만일 하나님께서 그들로부터 어떤 선한 것을 얻으려 하신다면 그들에게서 그들 자신의 것을 모두 제거하셔야 합니다.

하나님이 요구하시는 복종

따라서 우리가 우리의 천성대로 행하는 한 우리 안에는 하나님을 향해서 고개를 쳐들고 들짐승 노릇을 하는 완강함밖에 없다는 사실을 명심합시다. 간단히 말하면, 사람이 자신의 취향을 따르는 한 그는 틀림없이 하나님과 모든 선한 것의 원수가 됩니다. 왜냐하면 그의 몸속에는 악으로 향하는 기질밖에 없기 때문입니다. 천주교인들은 그들의 선한 업적과 공로를 통해서 하나님을 그들에게 속박시켜도 된다고 생각합니다. 천주교인들이 하나님께서 우리에게 어떤 일을 하라고 시키셨다는 말을 듣게 되면 그들은 즉시 우리는 그것을 우리의 능력으로 할 수 있다는 결론을 내립니다.

그러나 내가 전에 말한 대로, 하나님께서 중히 여기시는 것은 우리의 능력이나 힘이 아니고 우리의 의무입니다. 하나님께서는 "나를 기쁘게 하는 것은 내가 너에게 포악하거나 잔인하지 않고 호의와 선한 뜻으로 메어 주는 나의 멍에를 받아들이는 것이다. 따라서 만일 너희가 그 멍에를 겸손하게 메게 되면 그것은 너희에게 달콤하고 상냥하게 될 것이다(마 11:30). 너희는 내가 너희의 아름다운 용모를 보고 기뻐할 것이라는 생각을 하지 마라. 사실 겉으로는 충분히 목자의 소리를 잘 듣는 양처럼 겸손하고 온순한 척할 수 있다. 그러나 속으로는 외양간에 넣어서 살찌게 한 황소 같아서, 아무 때고 하나님을 뿔로 받을 준비를 하고 있다. 너희는 이리나 여우가 되어서, 너희의 몸속에는 오만과 잔인함밖에 없게 된다. 너희에게는 위선과 속임과 심술궂음밖에 없게 된다. 너희는 성격이 완강하게 되어서 너희를 길들일 수 없게 된다. 그러므로 완전히 변하지 않으면 안 된다. 그렇게 되지 않으면 너희는 내가 주는 멍에를 참지 못하고 맹수처럼 될 것이다. 그렇게 되면 나는 결코 너희를 포용할 수 없게 될 것이다"라고 말씀하십니다. 우리는 본래 그와 같은 자들이며, 하나님께서 우리를 당신의 긍휼로 새사람으로 만드실 때까지 우리는 계속해서 그런 짓을 합니다. 우리는 그에 대한 증거를 우리의 눈으로 직접 봅니다.

우리가 유의해야 할 것은, 전에도 자주 언급했던 것처럼 하나님께서는 순종을 사람들 자신이 가지고 있다고 생각하는 모든 값진 것보다 더 귀하게 여기신다는 사실입니다(삼상 15:22). 예나 지금이나 사람들은 어리석은 기도서를 만들었으며, 그들은 그들의 머리를 써서 만든 멍청한 장난감으로 하나님을 충분히 기쁘시게 해 드리는 것처럼 처신했습니다. 그러나 하나님께서 우리에게 요구하시는 것은 그와 반대로 우리가 하나님께 굴복해서 "여호와여, 당신께서 우리를 다스려 주시고 우리의 유일한 주인이 되어 주십시오"라고 말하는 것입니다. 그러면 우리의 모든 의로움과 거룩함이 하나님의 말씀에 따라 우리 자신을 형성하게 되고, 이것저것을 꾸며내기 위해서 오랫동안 엉뚱한 짓을 하지 않게 되고, 하나님의 유일한 뜻이 우리를 계속 만족하게 해 주며, 하나님의 명령에 복종하게 되고, 하나님의 멍에를 조용히 메게 되며, 비록 그 멍에가 우리에게 괴로울 것처럼 보이지만 우리는 고개를 숙여 그것을 메게 될 것입니다. 그것이 하나님께서 우리에게 요구하시는 복종입니다.

그래서 모세는 "너희는 목을 곧게 하지 말라"고 말했습니다. 그는 이스라엘 백성들의 과거 생활을 꾸짖었습니다. 그 말에는 '너희는 전에 너희 하나님을 완강하게 대했는데, 그것으로 충분하니 더 이상 그렇게 해서는 안 된다'는 뜻이 담겨 있습니다. 그는 전에 "내가 너희를 알고 난 그날부터 지금까지 너희에게서 본 것은 너희의 버릇없음과 옹고집뿐"이라고 말한 적이 있습니다(신 9:7). 그는 그들을 부끄럽게 해 줄 목적으로 여기서 그 말을 반복했습니다. 우리는 우리가 저지른 과거의 잘못을 들추어내는 것을 좋아하지 않기 때문입니다. 우리의 귀는 민감하기 때문에 어떤 사람이 우리가 잘못한 것을 가볍게 언급하기만 해도 그것을 몹시 싫어합니다. 그와 같은 것 모두가 망각 속에 묻혀서 더 이상 기억되지 않기를 바랍니다. 사실 우리 자신이 그것들을 잘 기억하고 있었다면 그것들을 우리에게 더 이상 알려 줄 필요가 없었을 것입니다. 그러나 우리 모두는 그것들을 잊고 있어서, 우리가 하나님께 저지른 죄를 회상한다는 것은 우리를 괴롭게 합니다. 우리는 그것들을 우리 뒤로 멀리 던져 버리는데, 그렇게 하는 것은 우리에게 힘든 일입니다.

우리는 과거의 잘못에 대해서 아침저녁으로 깊이 생각해 보아야 합니다. 비록 사람들이 다른 사람으로부터 그들의 잘못에 대한 경고를 받지 않을지라도 그들은 그들의 잘못을 잘 기억하고 있어야 합니다. 그런데 우리는 어떻습니까? 우리는 우리가 잘못한 것을 잊고 있으며, 어떤 사람이 우리에게 그것들을 알려 주는 것을 참지 못합니다. 그것은 우리의 잘못을 갑절로 만듭니다. 그러므로 우리가 확실히 알아 두어야 할 것은, 우리의 죄를 종종 우리에게 알려 주고, 우리로 하여금 그것들을 회상하게 하는 것이 필요하다는 사실입니다. 그런 까닭으로 모세는 "너희는 다시는 너희 마음을 강퍅하게 하지 말라"고 했습니다. 그는 이스라엘 백성들을 경고했을 뿐만 아니라, 그들이 그때까지 사악하게 처신했다고 말해서 그들을 책망했습니다. 그들이 알아 둘 필요가 있는 것은, 그들이 하나님의 백성이라고 자랑하는 것은 어리석은 짓에 불과하다는 사실입니다.

두렵고 경외하는 마음으로

이 가르침을 제대로 실천하기 위해 우리는 기어이 자기 자신을 강퍅하게 해서 사악하게 되려고 하는 자들은 하나님에 의해서 멸절당하게 된다는 사실을 알아 둬야 합니다. 하나님께서는 "만일 너희가 나를 강퍅하게 대하면 나도 너희를 강퍅하게 대할 것이라"(레 26:23~24)는 말씀에 따라 그들로 하여금 하나님의 강한 능력을 느끼게 하실 것입니다. 그것은 "나는 고집을 부리는 자에게 고집을 부릴 것이며, 나에게 완강한 자는 거칠게 다룰 것이라"(시 18:27)는 시편 말씀과 똑같습니다. 하나님께서는 우리를 당신의 의로우심에 굴복시키실 목적으로 당신의 말씀을 통해서 우리의 목에 멍에를 메우려고 하십니다. 그런데 이 모든 것은 우리의 유익을 위해서입니다. 비록 우리가 율법을 실천하는 것이 불가능하고, 그것을 진척시키기 위해서 우리의 새끼손가락을 움직이는 것도 할수 없고 한 번도 좋은 생각을 하지 못할지라도, 그 멍에 자체는 부드럽고 상냥합니다. 만일 그것이 어떤 해를 준다면 그것은 우리 자신 때문입니다. 만일 우리가 고개를 숙이지 않고 우리의 목을 강철이나 놋쇠처럼 단단하게 한다면, 우리는 일을 하는 소나 목자의 목소리를 잘 듣는 양처럼 되는 대신에 거센 황소가 되어 멍에를 벗어 버리려고 격렬하게 나대기 시작해서, 하나님의 말씀을 따르지 않을 뿐만 아니라 모든 복종심을 떨쳐 버리고 하나님을 향하여 완강하게 됩니다. 우리가 하나님의 가르침을 순순히 받아들이려고 하지 않으니 우리가 어떤 변명을 할 수 있겠습니까? 하나님께서는 어쩔 수 없이 우리를 장악하시고 여러 방법으로 우리를 길들이십니다.

사실 우리의 시련이 아무리 가벼울지라도 우리는 그것을 하나님께서 내리시는 치심으로 여겨야 하며, 하나님 앞에 고개를 숙여야 하며, 상냥하게 순종해야 합니다. 그러나 우리가 그와 정반대 방향으로 걸어가게 되면 하나님께서는 모세를 통해서 "나는 너희가 하는 것처럼 완강하게 대할 것이다"라고 협박하실 것입니다. 하나님께서는 사람들이 당신을 희롱해서는 안 된다는 것을 알려 주시기 위해서 그 말씀을 사용하십니다.

얼핏 볼 때 내가 시편 18장에서 인용한 "하나님께서는 고집 센 자들을 고집 세게 대할 것이라"(시 18:27)는 이 말씀이 이상하게 보일지도 모릅니다. 하나님께서 고집을 부리실 수 있으십니까? 없습니다. 그러나 그것은 하나님께서 "너희는 나의 완강함이 너희의 완강함보다 더하다는 것을 알게 될 것이다. 우리 함께 만나서 우리 중에 누가 더 완강하고 누가 더 그것을 오래 지속할 수 있는지 겨루어 보자. 분명히 말하지만, 당황해서 파멸될 자는 너다"라고 말씀하시는 것과 같습니다. 그러니 하나님께서 우리를 오라고 부르실 때 우리의 버릇없음을 던져 버리고 하나님께로 달려갑시다. 그리고 하나님께로 가서는 우리 자신이 하나님의 성령, 즉 겸손의 영으로 다스려지도록 해서 하나님께 고분고분하게 복종합시다. 그것을 실천하기 위해서는 모세가 즉각 첨가한 가르침을 잘 알아 두어야 합니다.

모세는 "영존하시는 너희 하나님 여호와는 신의 신이시며 크고 능하시며 사람을 외모로 보지 않으시며 진실에 따라 판단하신다"고 말했습니다. 모세는 "그러니 너희는 너희의 할례나 그와 비슷한 것을 더 이상 신뢰하지 않도록 주의하고, 하나님께서는 너희의 마음이 하나님께 온전히 바쳐지는 것과 같은 섬김을 받으시기를 원하신다는 것과, 너희가 하나님께 순종해서 하나님께서 너희를 장악하시고, 너희는 하나님께서 너희 선조에게 약속하였으며 또 너희에 속한 기업을 누리기를 바라신다는 것을 명심하라"고 말했습니다. 모세가 여기서 말하는 하나님의 위대하심은 우리가 쌓아 올려야 할 첫 번째 기초며, 우리는 그것을 통해서 하나님을 섬기겠다는 용기를 내게 됩니다. 만일 사람들에게 있어 그들이 섬기는 하나님이 누구인지 확실하지 않다면 그들은 미아가 되어서 멋대로 돌아다닐 것이며, 그들에게 하나님을 섬기겠다는 열정도 없을 것입니다.

천주교인들은 그들의 우상에 깊이 빠져 있습니다. 그들이 보기에는 그들이 상상했던 것을 확실하게 잡고 있는 것 같지만, 그것은 그들을 속이는 의심스러운 추측에 불과합니다. 그들은 많은 의식을 행하는 것이 사실입니다. 그러나 만일 어떤 사람이 그들의 마음을 자세히 조사해 보면, 그는 그들이 항상 의심을 하고 있다는 것과, 그들의 미신에 심히 사로잡혀 있어서 그들은 그들이 어디에 있는지 알지 못한다는 것을 알게 될 것입니다. 사실 그들이 역경에 처하게 되면 악한 짓이 터져 나옵니다. 그래서 그들은 하나님이 계시는지 계시지 않는지도 모른다는 것을 보여 주며, 또 그들은 하나님을 모독하며, 하나님에게 이를 갈며, 하나님의 흠을 찾으며, 또 그들에게 잘못이 없음에도 하나님이 그들에게 벌을 내리실 정도로 잔인하다고 비난합니다. 그들 모두가 무슨 이야기를 하고 있는지 알아보십시오. 신앙에 관한 것일 경우 그들은 그들 자신의 생각에 따라 이야기하고 있을 것입니다.

우상 숭배자들은 미신에 빠져 짐승같이 되어서, 예레미야 선지자가 말한 것처럼 미신을 불타는 열정으로 따르고 있습니다. 그는 이스라엘 백성들에 대해 암말을 따라 부르짖는 술 취한 숫말 같다고 비난했습니다(렘 5:8). 다시 말하면, 그들은 악마 같은 마음을 품고 있기 때문에 그들의 행동은 정상적인 간음 행위가 아닌 천륜을 어기는 악한 행실로 간주되었습니다. 천주교가 그와 같아서, 천주교를 열성으로 믿는다고 간주되는 자들은 하나님을 향한 참된 열의로 감동되기보다는 분노로 넋을 잃은 것이 보이지 않습니까? 확실히 그렇습니다. 그리고 그들은 그것을 통해서 그들 자신의 야비하고 부끄러운 짓을 더 많이 폭로합니다. 사실 그들은 마치 우리가 올바른 믿음에서 벗어난 것처럼 우리를 비웃을 정도로 대담합니다. 그러나 우리는 어떤 신을 숭배하고 있는지도 모르는 그들을 항상 비난하는 것에서 만족을 얻읍시다. 우리에게는 우리가 따르는 가르침에 대한 확실한 증거가 있습니다. 우리는 하나님께서 우리가 그 가르침에 따라 드리는 섬김을 받아 주신다고 확실히 믿고 있으며, 그렇게 함으로써 우리는 하나님께 우리 자신을 대담하게 드릴 수 있습니다.

이렇게 해서 여러분은 만일 우리에게 우리의 믿음에 대한 확신이 없다면 우리는 결코 바르게 정돈된 어떤 열정도 갖지 못하며, 하나님을 섬기고 싶은 마음도 갖지 못한다는 것을 알게 되었습니다. 그런 까닭으로 모세는 여기서 모든 모험을 다하는 이방인처럼 되지 말라고 말했습니다. 이방인들은 그들의 우상을 잘 섬기고 있다고 생각하고 있지만, 그것은 생각에 불과합니다. 그들은 그들이 섬기는 신이 어떤 신인지도 모르며, 그들의 생각은 그들이 만들어 낸 공상에 불과합니다. 그러나 여러분의 하나님은 하늘과 땅을 창조하신 여호와시며, 자신의 모습을 여러분에게 드러내 보이신 분이십니다. 그러니 만일 당신이 그와 같은 확신이 없는 자들을 따르고 하나님의 예배를 위장하기 시작한다면 당신은 어떤 변명을 하겠습니까? 여러분은 하나님께 여러분의 몸과 영을 바쳐서 하나님이 여러분으로부터 영원토록 영광을 받으시게 해 드리는 것이 합당하지 않습니까?(롬 12:1, 고전 6:20)

우리는 여기서 모세가 이 본문 말씀과 관련해서 무슨 말을 하려고 했는지 알았습니다. 그리고 이것을 통해서 우리가 먼저 하나님을 알지 않고서는 우리는 결코 우리의 생활을 하나님의 마음에 들게 영위할 수 없다는 것을 알았습니다. 만일 우리가 올바른 생활을 하고 있다고 생각하면서도 우리가 섬겨야 할 하나님을 모른다면 우리는 어떻게 되겠습니까? 우리의 생활이 선하고 거룩하다고 여겨질 때는 언제입니까? 하나님을 영화롭게 해 드릴 때입니다. 그렇게 하는 것이 우리 생활의 궁극적인 목적입니다. 만일 우리가 우리 하나님이 어떤 분이시며 그분의 뜻이 무엇인지를 모른다면, 우리가 일생 동안 아무리 노력할지라도 그 모든 것은 혼란에 불과할 것입니다. 그것은 마치 어떤 사람이 정강이가 부러지고 온몸이 지칠 정도로 뛰어가지만 앞으로 나아가지 못하고 오히려 더 빨리 뛰어갈수록 그의 목표에서 더 멀어지는 것과 같습니다.

우리는 천주교의 모든 것이 문란하다는 것을 알았습니다. 천주교인들은 분별력이 없으며 무식하여, 그들의 격언이 말하는 대로 그들은 그들이 어떤 신을 섬기고 있으며 어떤 성도에게 절을 하고 있는지도 모르기 때문입니다. 그들은 바쁘게 이리저리 돌아다녀서 지쳤지만 그들이 어디에 있는지 모릅니다. 그러나 우리로 말하면, 만일 우리가 하나님을 진정으로 섬기는 방법과 하나님께 온전히 순종하는 법을 알려고 한다면 우리가 제일 먼저 해야 할 것은 하나님을 아는 것입니다. 사실 지금 이 가르침을 충분히 설명할 수는 없지만, 한마디로 결론을 내린다면 하나님께서는 자신의 참 모습을 우리에게 보여 주시기를 기뻐하신다는 사실입니다. 그러므로 우리는 우리가 믿는 종교가 선하다는 것과, 하나님께서 그것을 용납하신다는 것과, 우리는 앞에서 말한 처참한 자들처럼 우리의 의견이나 생각에 따라 행하지 않는다는 것을 실천하게 해야 합니다. 그런데 그런 자들에게는 그들을 인도해 주고 다스릴 일정한 규율이 없기 때문에 그들은 그들이 완전히 지배당하는 것을 용납합니다. 그 점을 중요하게 여기십시오.

우리가 알아 두어야 할 두 번째 요점은, 우리 하나님은 위대하시며 무서운 분이시기 때문에 우리는 그분의 능력 아래 겸손해져야 하며, 그분을 경외하는 생활을 하도록 해야 한다는 것입니다. 따라서 우리는 하나님의 위대하심을 보고 부끄러워해야 할 뿐만 아니라, 두렵고 경외하는 마음으로 하나님을 영광스럽게 해 드려야 하며, 하나님이 우리의 아버지라는 것을 조금도 의심하지 말고 그분께로 나아가서 호소해야 합니다.

73편_ 신 10:17~21

사람을 외모로 보지 아니하시는 하나님

"너희의 하나님 여호와는 신의 신이시며 주의 주시요 크고 능하시며 두려우신 하나
님이시라 사람을 외모로 보지 아니하시며 뇌물을 받지 아니하시고 고아와 과부를 위
하여 신원하시며 나그네를 사랑하사 그에게 식물과 의복을 주시나니 너희는 나그네
를 사랑하라 전에 너희도 애굽 땅에서 나그네 되었었음이니라 네 하나님 여호와를
경외하여 그를 섬기며 그에게 친근히 하고 그 이름으로 맹세하라 그는 네 찬송이시
요 네 하나님이시라 네가 목도한바 이같이 크고 두려운 일을 너를 위하여 행하셨느
니라"(신 10:17~21).

우리는 어제 하나님을 올바르고 열정적으로 섬기기 위해서는 우리
가 신봉하는 신앙이 선하고 하나님의 허락을 받았다는 확신을 가지고
있어야 한다는 것을 알았습니다. 왜냐하면 우리가 의심을 하고 있는 한
우리가 마음 놓고 용기를 내서 앞으로 나아가는 것이 불가능하며, 우리
는 항상 발을 절게 되고 제약을 받게 되기 때문입니다. 만일 우리 안에
열심을 내려는 마음이 있다면, 그것은 무의식에서 비롯된 것이지 우리
가 잘 알지 못하는 하나님을 열심히 섬기겠다는 열정에 빠졌기 때문이
아닙니다. 그러므로 우리는 합당한 교육을 잘 받아야 합니다. 그러면 우

리는 잘하겠다는 마음을 먹을 수 있게 됩니다. 그런 까닭으로 모세는 여기서 율법을 통해 자신을 보여 주시고, 전에 선조들에게 자신의 모습을 드러내 보이신 여호와 하나님이 신의 신이시며 우리가 찾아야 할 다른 신이 없다고 강조했습니다. 따라서 비록 우리의 마음이 많이 내키고 우리가 전에 없이 신앙심으로 충만할지라도, 믿음이 없이 우리가 하는 모든 것은 아무 가치가 없습니다(롬 14:23). 그러므로 우리는 어떤 것도 헛되게 해서는 안 되며, 모험을 해서도 안 된다는 것을 확실히 알고 하나님의 뜻을 따라야 합니다. 그러면 하나님께서는 우리가 행하는 것을 보이시고 매우 기뻐하실 것입니다.

모세는 이스라엘 백성들에게 이 율법은 살아 계시는 하나님의 법이라는 것을 알려 준 후에 하나님은 크고 능하시며 두려우신 분이시라는 말을 첨가했습니다. 우리가 알고 있는 바와 같이 사람들은 외람되게도 하나님을 멸시하고 자만과 무례함에 깊이 빠져 있었기 때문에 그들을 굴복시키는 것이 불가능합니다. 그는 사람들이 그런 여호와를 희롱하지 못하게 하기 위해서, 그때에 그들에게 당신의 율법을 선포하려고 하셨던 여호와는 크고 능하시며 두려우신 분이라고 강조했습니다. 그가 "하나님은 크시다"고 말한 것은 그분이 어떤 영광을 받아야 하는지를 보여 주기 위해서입니다. 그가 "하나님은 강하시고 능하시다"고 말한 것은 사람들이 그분에게 맞서는 것을 제지하기 위해서입니다. 그가 "하나님은 무섭고 두려운 분"이시라고 말한 것은, 만일 하나님께서 우리를 손으로 만지기만 하셔도 우리는 틀림없이 사라져 버린다는 것을 알려 주기 위해서입니다. 그러니 그분을 무시하지 않도록 주의합시다. 하나님께서 우리를 당신의 보좌 앞으로 나오라고 부르실 때 우리는 두려움으로 벌벌 떨며 겸손하게 나아가야 합니다. 이렇게 해서 우리는 모세가 말하려고 하는 뜻을 알게 되었습니다.

따라서 우리가 우리의 생활을 바르게 영위하려면 우리에게는 순수한 가르침이 있어야 하며, 또 우리의 믿음이 하나님의 진리에 기초를 두어야 합니다. 그러면 우리는 우리가 믿는 가르침은 오류가 있을 수 없다고 확신하게 됩니다. 우리는 하나님을 알고 있을 때 그분을 멸시하지 않도록 하고, 또 하나님을 아는 것이 우리를 겸손하게 만들도록 합시다. 우리는 매우 고상하시며, 헤아릴 수 없으시며, 그분 앞에서는 하늘의 천사들도 벌벌 떠는 그분을 영화롭게 해 드리는 데 온전히 전념하도록 합시다. 우리가 알아 두어야 할 것은, 사람들은 하나님 안에 있는 무한한 영광을 느끼고서야 하나님을 알게 된다는 사실입니다. 그러면 그들은 몸을 낮추게 되고, 자기 자신을 전혀 중요하게 여기지 않게 되고, 하나님을 영화롭게 해 드리며 섬기는 일에 전념하게 됩니다.

하나님의 위엄

오늘날 성경이 우화에 불과하다고 하여 이상하고 무익한 질문을 해서 자기들이 영민하다는 것을 보여 주려고 하는 자들이 있는데, 성경은 그들에 의해서 심히 훼손당하고 있습니다. 오늘날 하나님의 말씀이 인간의 마음대로 아무런 두려움이나 경외하는 마음이 없이 남용되는데, 그것은 모세가 여기서 말한 내용에 대한 생각이 부족하기 때문입니다. 다시 말하면, 우리가 하나님께로 나아갈 때 우리는 하나님 안에 있는 무서운 위엄에 대해서 생각해야 합니다. 그것이 우리를 제지하고, 우리로 하여금 하나님께 복종하게 하며, 하나님께 영광을 돌리게 하고, 하나님께서 우리에게 하시는 말씀에 쩔쩔매게 될 것입니다. 하나님께서 우리에게 하시는 말씀을 우리가 인식하고 알게 되면 우리는 아무런 대꾸도 하지 않고 그것에 순종할 준비를 하고 있어야 합니다. 이렇게 해서 우리는 율법을 통해서 자신을 보여 주신 여호와는 크고 무서운 분이시라고 모세가 한 본문 말씀을 통해서 우리가 무엇을 배워야 하는지 알게 되었습니다.

하나님께서는 우리를 당신 곁에서 쫓아내려고 하시는 것이 아닌, 상냥함을 통해서 우리의 마음을 끌려고 하시는 것이 확실합니다. 그러나 우리는 우리 안에 있는 자만심 때문에 어쩔 수 없이 길들임을 받아야 합니다. 우리가 대담하게 되어 하나님을 거스르고 하나님의 멍에에 익숙해지려는 마음을 갖지 못하게 될지도 모른다는 염려를 하게 되는데, 우리에게는 그렇게 하는 것이 무엇보다도 어렵습니다. 분명히 말하지만, 우리가 하나님의 선하심을 인식하기 전에 우리는 먼저 모세가 여기서 말하는 두려움이나 무서움을 통해서 굴복당해야 합니다. 그러나 하나님에 대한 두려움은 우리가 하나님의 선하신 가르침을 기피하지 않고 우리가 당황해서 하나님의 말씀을 즉시 거절할 정도로 완화되어야 합니다. 그것은 우리를 훌륭한 학자로 만드는 예비 행위가 되어서 우리를 상냥하게 만들 것이며, 우리가 본래부터 가지고 있던 모든 것을 버리게 할 것입니다. 그러면 우리가 하나님의 가르침을 아무 불평 없이 받아들이는 것을 그 어떤 것도 방해하지 못할 것입니다. 하나님의 말씀은 우리에게서 존경을 받을 것이며, 우리는 어떤 경우에나 항상 하나님 말씀에 순종하면서 그것을 따르게 될 것입니다.

모세는 그 말을 한 후에 하나님은 사람을 외모로 보지 아니하시며 뇌물을 받지 아니하신다는 말을 했습니다. 하나님은 사람을 외모로 보지 아니하신다고 모세가 말했는데, 그 말은 하나님께서는 사람들을 감동시키셨던 일에 대해서 호감을 갖고 계시지 않는다는 뜻입니다. 사람(Person)이라는 말은 외모를 의미합니다. 여기에 있고 성경에 나오는 사람이라는 이 말은 우리가 "보십시오. 여기 한 사람이 있습니다. 보십시오. 여기 두 사람이 있습니다"라고 말할 때의 사람이라는 말과 같은 뜻으로 사용된 것이 아닙니다. 그것은 부유, 가난, 출생, 고상함 또는 명예와 같은 뜻으로 사용되었습니다.

그러므로 사람들 앞에 겉모양을 나타내는 것, 또 우리로 하여금 좋아하게 하고 싫어하게도 하는 것, 또 공경하게도 하며 멸시하게도 하는 이 모든 것들이 사람(Person)이라는 그 말 속에 포함되어 있습니다. 왜냐하면 그것들은 가면에 불과하기 때문입니다. 그러므로 하나님은 사람을 외모로 보지 않으신다고 했습니다. 모세가 그 말을 한 목적이 무엇입니까? 이는 자신이 세상에 의해서 태어났다고 인식하고 있는 큰 자들은 하나님 앞에서 많은 것을 할 수 있다고 생각하여 거만하게 되었기 때문입니다.

만일 어떤 사람이 그의 비행에 대해서 아무도 입을 열지 못할 만큼 신임을 받고 있을 때 자신이 자신의 비행을 털어놓아서 그에게 반감을 품고 있던 사람들 모두를 무안하게 했다면, 그는 하나님과 함께 큰 권력을 행사하는 것처럼 여겨져서 그들 가운데서 왕 노릇을 할 것입니다. 그런 까닭으로 많은 사람들이 도를 넘어서 하나님에 대한 모든 두려움을 벗어 버립니다. 사람들이 그런 자들을 두려워하고 경외하는 것이 보이거나, 혹은 사람들이 그런 자들을 칭찬하고 그들에게 호의를 베풀면, 그런 자들은 목적을 달성했다고 생각하며 의기양양해지기 시작하여 더 이상 심판을 받을 필요가 없다고 여깁니다.

모세는 진실에 따라 행해지는 하나님의 심판을 받으라고 그들을 소환합니다. 사도 바울도 "하나님은 사람을 외모로 보지 아니하신다"(골 3:25)는 말씀으로 모세가 한 말의 뜻을 설명했습니다. 그는 "하나님은 행함과 외로움에 따라 심판하신다"고 말했습니다. 그러므로 사람들은 그들이 이것저것을 주장했다고 해서 그들이 잘될 것이라고 생각해서는 안 됩니다. 더욱이 그는 하나님께서는 눈가림에 만족하지 않으시고 마음의 진실을 중히 여기시며, 사무엘상에 있는 말씀처럼 겉으로 보이는 것을 중하게 여기지 않으신다(삼상 16:7)고 말했습니다. 그러므로 우리가 알아야 할 것은, 비록 어떤 사람이 세상적으로 위대할지라도 그는 하나님을 향해서 머리나 고개를 들어서는 안 됩니다. 그들이 그렇게 해서는 아무것도 얻지 못합니다. 왜냐하면 이 세상의 그 어떤 위대한 것도 하나님 앞에서는 연기에 불과하기 때문입니다.

한편 지체가 낮은 사람들은 하나님께서 그들을 그만큼 더 참아 주실 것이라고 생각해서는 안 됩니다. 그들은 종종 그들의 지체로 인해서 인간에게 동정심을 불러일으킵니다. 그러므로 우리는 우리의 눈을 끌거나 우리를 자극해서 사랑하게도 하고 싫어하게도 하는 모든 것들을 멀리해야 합니다. 왜냐하면 이 모든 것이 하나님 앞에서는 통하지 않기 때문입니다. 우리가 하나님 앞으로 나아갈 때 하나님께서 제일 먼저 바라보시는 것은 우리의 마음입니다. 비록 지금 우리가 우리의 몸을 잘 둘러싸서 우리가 보기에 우리에게는 우리를 숨길 잠복처가 있는 것처럼 보일지라도, 모든 것이 드러날 것입니다. 그러므로 그것으로 인해서 우리 자신을 속이는 일이 없도록 합시다. 그리고 하나님께서는 진실된 행함을 보시고 심판하신다는 생각을 합시다. 우리는 우리의 사정을 얼마 동안은 용감하게 견디어 낼 수 있을 것입니다. 우리는 본래부터 위선에 익숙해 있기 때문입니다. 그러나 일단 하나님 앞에 나오게 되면 우리가 위장했던 모든 페인트와 아름다운 색채는 완전히 벗겨질 것입니다.

그러므로 순수한 마음으로 의롭게 행하며, 특히 우리의 모든 행함을 하나님의 율법으로 다스리도록 하고, 하나님은 외모를 보지 않으신다는 것을 알고 그것이 우리 모두를 억제하게 하십시오. 권력과 힘이 있어서 열악하고 힘없는 사람들을 괴롭히는 자들로 하여금 그렇게 하게 하십시오. 한편 악한 자들로 하여금 하나님께서 틀림없이 그 모든 것에서 그들을 심판하실 것이라는 것을 명심하게 하십시오. 하나님은 사람을 외모로 보시는 분이 아니시기 때문에 우리는 하나님 앞에 의로움과 건전한 양심 외에는 아무것도 가지고 가지 말아야 합니다. 왜냐하면 그것 외에는 아무것도 상금을 받지 못하기 때문입니다.

모세가 하나님은 뇌물을 받지 않으신다는 말을 첨가한 것은 당연합니다. 만일 어떤 사람이 우리에게 하나님이 뇌물과 돈을 받는 부패한 재판관과 같으냐고 묻는다면, 우리 가운데서 그렇지 않다고 말하지 않을 사람이 아무도 없습니다. 그것과 다르게 말한다는 것은 하나님을 심히 모독하는 짓이기 때문에 가장 악한 자도 그렇게 하기를 싫어합니다. 그들은 하나님이 금이나 은과 어떤 관계가 있느냐고 물을 것입니다. 하나님은 뇌물을 좋아하십니까? 그렇지 않음에도 불구하고 우리는 하나님에게서 나온 것이 거짓이라고 생각하기를 그치지 않습니다. 왜 그렇게 생각합니까? 우리가 보는 바와 같이, 세상적인 재판관들은 부패해서 만일 어떤 사람이 그들에게 뇌물을 주면 그들은 넋을 잃게 되어서, 그들이 전에는 그 사람에게 불리했지만 이번에는 유리하게 될 것이며, 그들은 어쩔 수 없이 모든 방법을 변경하게 될 것이기 때문입니다. 우리는 하나님께서도 그렇게 하실 것이라고 여깁니다. 우리는 그것을 큰 소리를 내서 말하려고 하지 않습니다. 그러나 사람들이 하나님을 변모시킬 수 있으며, 하나님은 남이 하자는 대로 하시는 분이시며 뇌물로 살 수 있는 분이라고 여기지 않는다면, 그들은 결코 용기를 내어서 악한 짓을 하지 않을 것입니다.

그런데 전 시대의 통상적인 관습에 대해서 생각해 봅시다. 천주교 신도들은 하나님의 노여움을 가라앉힐 수 있는 방법이 양초를 켜 놓고 향을 피우며, 그 밖에 그와 비슷한 사소한 짓을 하는 것밖에 없다고 생각합니다. 그들에게는 마치 어떤 사람이 세상적인 재판관에게 뇌물을 가지고 와서 그를 타락하게 만들어서 그의 마음을 끄는 것처럼 하나님께서도 그런 보상에 만족하시는 것처럼 보였습니다. 그런데 이것이 천주교에서 처음 시작된 것은 아니었습니다. 게다가 이스라엘 백성들도 속임을 당했습니다. 이방인들도 그와 똑같은 관습을 가지고 있었지만 그들 가운데는 그것을 싫어하는 자들도 있었습니다. 우리는 그런 자들의 명부를 갖고 있습니다. 그들은 그것에 반대하여 "불쌍한 자야, 네가 의도하는 것이 무엇이냐?"고 외칠 정도였습니다. 그들은 "만일 네가 사기, 절도, 학대, 갈취, 그 밖에 온갖 악행에 빠지게 되면, 너는 하나님과 화해하기 위해서 노획물의 일부분을 가지고 즉시 하나님에게로 온다"고 말했습니다.

하나님이 기뻐 받으시는 제물

천주교인들이 하는 겉치레가 우리에게 가장 잘 알려졌으니, 천주교에서는 어떤 일이 벌어지는지 알아봅시다. 만일 어떤 사람이 많은 양의 물품을 약탈했을 때 그가 그 일부를 성당에 바치거나, 성당을 세우거나, 성찬 의식의 비용을 대거나, 꼭두각시를 만들도록 주선하거나, 그 밖에 겉만 번드르르한 짓을 한다면, 그는 하나님께서 충분한 보상을 받으셨으며, 그가 지은 모든 죄를 하나님 앞에서 용서받았다는 것을 의심하지 않습니다. 그 사람은 만약 자기가 하나님에게 약탈품의 일부만 바쳐도 하나님은 크게 만족해하시며, 하나님께서는 입을 다무시고 더 이상의 요구를 할 수 없게 되신다고 여깁니다. 사실 사람들은 그렇다고 말하려고 하지 않을 것입니다. 그럼에도 불구하고 그것이 사실입니다. 악한 자들이 그들이 저지른 모든 악한 짓이 모두 덮어졌다고 생각하는 유일한 이유는, 그들이 일단 하나님께 뇌물을 드리면 그들이 하나님과 화해를 해서 하나님은 더 이상 아무 말씀도 하지 못하시게 된다고 생각하기 때문입니다. 그런데 세상 사람들이 하나님을 그런 식으로 희롱하고 사례금을 통해서 하나님과 화해할 수 있는 것처럼 여기기 때문에 모세는 그에 반대하여 하나님은 인간과 같지 않으시며 어떤 사례금에도 전혀 굴하지 않으시니 사람들이 자기 자신을 속이지 않기를 바란다고 말했습니다.

우리가 하나님께 죄를 지어서 하나님과 화해하기를 소망한다면, 우리가 할 수 있는 방법은 우리의 몸을 낮추고 우리가 지은 죄에 대해서 후회하는 마음을 가지고 하나님께로 나오는 것밖에 없습니다. 시편에 기록된 대로 그렇게 하는 것이 하나님께서 기쁘게 받으시는 제물이 됩니다(시 51:19). 하나님께서 우리를 기쁘게 받아들이시는 것은 우리 주 예수 그리스도께서 직접 지불하신 속죄 때문이라는 것을 확실히 알아 둡시다. 그러므로 건방지게 하나님께 우리 자신의 것은 어떤 것도 가지고 가지 않도록 하고, 우리 안에 있지 않은 것을 다른 데서 빌리도록 합시다. 그럼에도 불구하고 만일 우리가 하나님께서 우리를 사랑으로 받아주시기를 바란다면, 우리는 죄를 증오해야 합니다. 그리고 만일 우리가 우리의 몸속에 있다고 여기는 악에서 깨끗해지려면 우리는 그것을 정죄해야 합니다. 그러므로 그런 파괴 행위로 하나님의 노여움을 가라앉혀 드리기를 소망하여 우리 자신의 헛된 망상을 더 이상 품지도 말고, 또 뇌물로 자신의 눈을 가리게 하는 부패한 재판관을 하나님과 비교하지도 맙시다. 하나님에게 그런 것이 있다는 생각을 하지 말고 건전하게 행합시다.

모세는 여기서 우리에게 하나님의 속성을 보여줌으로써 우리의 행동을 제지하려고 했다는 것을 알았습니다. 그는 하나님은 무서운 분이시니 그분을 두려워하라고 권고했습니다. 하나님은 사람을 외모로 보지 아니하시니, 우리의 모든 오만과 건방진 것을 벗어 버립시다. 지체가 높은 자들에게 그들의 고집으로 얻는 것은 아무것도 없다는 것과, 모든 피조물은 하나님께 허리를 굽혀야 한다는 것을 알려 주십시오. 다시 말하지만, 하나님께 죄를 지었을 때 우리는 그에 대한 배상을 하나님께 드리는 어리석은 방법으로 하나님을 기쁘시게 해 드릴 수 있다는 생각을 하지 맙시다. 하나님께서는 결코 그런 죄를 참아 주실 수 없으시고, 또 이 세상에는 죄를 변상할 수 있는 방법이 없기 때문에 죄를 몹시 혐오하시고 싫어하십니다.

그러니 우리가 할 수 있는 것은 우리 하나님께 순수하고 솔직하게 호소하며, 하나님께 굴복하고, 하나님으로부터 아무것도 받으려고 하지 말고 하나님께서 우리를 개선해 주시기만을 바라는 것뿐입니다. 그러면 하나님께서 싫어하시는 모든 것이 우리 안에서 시정되고 넘어뜨려질 것입니다. 더욱이 우리는 하나님은 보상을 받지 않으시는 분이시라는 말을 들었으니, 우리가 하나님과 화해한다는 미명 아래 대담하게도 죄를 짓는다면 우리는 우리의 죄를 유일하게 배상해 주는 우리 주 예수 그리스도의 피를 최대한으로 모독하는 것이 된다는 사실을 알게 됩니다.

분명히 말하지만, 자기들의 마음이 내키는 대로 악한 짓을 하는 자들은 우리 주 예수 그리스도의 피를 마치 발로 짓밟는 것처럼 더럽힙니다. 우리가 잘못을 하고 난 후에 얼마간의 배상금이나 보상금을 가지고 와서 우리가 우리의 잘못에서 해방되려 한다고 말하는 것은 우리가 금이나 돈을 전혀 사랑하지 않는다는 분명한 선언입니다. 만일 어떤 사람이 돈으로 환심을 살 수 있는 부정한 재판관과 관계를 맺고 있어서 모든 법을 어기고 난 후에 부정한 재판관을 매수하기 위해서 그의 돈을 허비하고 낭비했다면 사람들은 그를 어리석다고 말할 것입니다.

우리에게는 하나님과 화해할 수 있는 방법이 우리 주 예수 그리스도의 피를 통하는 방법밖에 없습니다. 그런데 만일 우리가 우리 주 예수 그리스도의 피를 아무 분별없이 낭비하기 시작한다면 그것은 그 피를 심히 경멸한다는 증거가 아닙니까? 그렇습니다. 그러므로 우리를 속량하기 위해서 지불한 측량할 수 없는 대가를 잊지 맙시다. 분명히 말하지만, 하나님을 두려워하는 마음을 유지해서 우리가 악한 짓에 빠지지 않도록 합시다. 더욱이 권력 있는 사람들이 연약한 자들을 슬프게 하지 말아야 하는 것처럼 우리는 우리 이웃을 슬프게 하지 말아야 합니다. 비록 우리가 이 세상에서는 피해 갈 수 있을지 모르지만, 우리가 하늘에 계시는 재판장 앞에 나가면 우리는 우리의 권력과 세력을 그런 식으로 남용한 데 대해서 갑절의 벌을 받게 될 것이기 때문입니다.

그에 따라서 사도 바울은 상전들에게 그들의 하인을 학대해서는 안 된다고 경고했습니다. 그가 말하기를 "하나님은 사람을 외모로 보지 않으신다"(엡 6:9)고 했습니다. 그는 그 말을 통해서 높은 지위에 있거나 권력을 가진 사람들은 모든 잔인한 짓과 자만심을 완전히 절제해야 한다는 것을 가르쳐 줍니다. 왜냐하면 그들 자신이 그와 똑같은 방법으로 보복을 받게 될 것이기 때문입니다. 그리고 그들이 지금 유리한 위치에 있고 좋은 자리에 앉아 있다고 해서 그들이 우월하다고 생각해서는 안 됩니다. 하나님 앞에 나오면 모든 장신구가 부서지기 때문입니다. 이렇게 해서 여러분은 우리가 무엇을 명심해야 하는지 알게 되었습니다.

모세는 이어서 하나님은 고아와 과부를 위하여 신원하시며 나그네를 사랑하사 그에게 식물과 의복을 주셨다고 선포하였습니다. 모세는 이스라엘 백성들에게 그들이 애굽 땅에서 나그네였기 때문에 그들은 그때 그들의 형편을 염두에 두어야 하며, 나그네에게 온갖 사랑을 베풀어야 한다고 말했습니다. 이것은 내가 방금 다루었던 가르침, 즉 하나님은 사람을 외모로 보지 않으신다는 가르침을 입증하는 역할을 합니다. 이런 관점에서 모세는 과부와 고아와 나그네가 이 세상에서 괴로움을 당하지만 그들을 끝까지 돌봐 줄 사람은 아무도 없으며, 사람들은 과부가 괴로움을 당하는 것을 묵인할 것이며, 아무도 그것을 막아 주려고 하지 않을 것이라고 했습니다. 그들이 이 세상에서 지지자를 갖지 못하고 그들을 부양해 줄 친척이나 친구를 갖지 못하는 한 그들은 모든 것을 감수하도록 내버려진 것처럼 보입니다. 그것이 이 세상의 풍속입니다.

그에 반해서 여기에는 하나님이 고아의 수호자며, 과부의 부양자며, 나그네의 보호자라는 말씀이 있습니다. 이것은 인간의 통상적인 풍속에 완전히 반대되는 말입니다. 왜냐하면 내가 앞에서 말한 바와 같이 사람들은 자기들에게 어느 정도의 도움이 되는 사람들을 기쁘게 해 주는 성향을 갖고 있기 때문입니다. 친척과 친구들은 서로를 도와주지만 가난한 사람들은 버림을 받습니다. 하나님께서는 그와는 정반대로 처신하신다는 사실을 알아 두십시오. 사람들이 그들 자신의 후원자나 그들 자신의 힘을 신뢰하는 것을 하나님께서 보시면 하나님께서는 그들을 그대로 내버려 두시는데, 그것은 마치 하나님께서 "좋다. 너희는 너희의 힘으로 무엇을 할 수 있는지 알아보라"고 말씀하시는 것과 같습니다. 우리를 도와줄 방법이 이 세상에서 우리에게 제시되면 우리는 하나님을 무시하고 하나님 없이도 충분히 잘 지낼 수 있는 것처럼 처신하는 것이 보통입니다. 그 이유는 우리가 그렇게 말하기 때문이 아니라, 사람들이 세상 사람에게서 호의를 받게 되면 하나님을 찾는 사람이 거의 없게 되기 때문입니다. 그러므로 하나님께서는 그들을 중요하게 여기지 않으십니다.

하나님께 호소하는 이는 과부와 나그네와 고아뿐입니다. 주위를 살펴보지만 그들은 사람들 가운데서는 호의와 도움을 찾지 못합니다. 그들은 오히려 희롱을 당하며, 비록 그럴 듯한 약속을 하지만 사람들이 말하는 대로 모든 것은 법정의 성수(holy water)에 불과합니다. 그 불쌍한 자들은 갈 곳을 모릅니다. 이와 같은 절박함이 그들을 하나님께로 인도하며, 하나님께서는 그들의 탄식과 불평을 들어주십니다. 우리는 이런 보기를 통해서 모세는 자기가 기록한 가르침, 즉 하나님께서는 사람을 외모로 보지 않으신다는 가르침을 확실하게 했다는 것을 알게 되었습니다. 왜냐하면 이 세상에서 멸시당하는 것들이 하나님 보시기에는 귀중하며, 사람들이 비웃는 자들의 소리를 하나님께서 잘 들어주시기 때문입니다.

과부와 고아를 억압하지 말라

그러니 우리가 중요하게 여길 것은, 만일 우리가 이 세상에서 의지할 곳이 없는 자를 괴롭힌다면, 하나님께서는 당신을 우리의 적으로 삼으신다는 사실입니다. 만일 우리가 그 사실을 잘 믿고 있으면, 우리는 친구가 많고 세상적으로 복수할 수 있는 자들을 괴롭히는 것보다 불쌍한 고아나 과부나 나그네를 괴롭히는 것을 더 두려워해야 할 것입니다. 그런데 어떻습니까? 우리의 불신앙이 우리의 믿음 없음을 스스로 폭로합니다. 만일 돈 많고 권세가 있으며 훌륭한 후원자를 갖고 있는 사람이 있다면 우리는 감히 그에게 맞서려고 하지 않습니다. 비록 그가 우리에게 어떤 잘못을 했을지라도 우리는 그것을 겸허하게 참으며, 감히 그것에 대해서 불평하지 않으며, 더욱이 그를 공격하는 일은 절대로 하지 않습니다. 그러나 불쌍한 자에 대해서는 그가 우리에게 어떤 잘못을 하거나 우리를 모욕할 때까지 기다리지 않고 이미 그의 주인 노릇을 하려고 할 것입니다. 왜냐하면 우리는 그가 우리와 동등하게 될 것이라고 생각지 않으며, 우리에게 한 번이라도 불평할 정도로 대담하게 되지 않을 것이기 때문입니다. 만일 그가 불평을 한다면 우리는 "당신이 뭔데?"라고 물어서 그가 하는 일에 장애물을 설치할 수 있습니다. 그는 율법상 아무 권리도 취득하지 못할 것입니다. 만일 그렇게 되면 그는 더 불리한 입장에 서게 될 것입니다.

우리는 권력을 쥐고 있는 사람들을 계속해서 두려워하는 반면에 자신에 대하여 도움을 받지 못하는 모든 불쌍한 자들의 옹호자라고 선포하시는 하나님을 두려워하지 않습니다. 만일 우리가 성경 말씀을 믿는다면, 확실히 모세가 한 단 한마디 말이 우리에게 일어날 세상적인 모든 생각보다 우리를 더 무안하게 할 것입니다. 그와 반대로 우리가 불쌍한 사람들을 괴롭힐 정도로 대담해진다면, 그것은 성경에 있는 모든 말씀을 하나도 믿지 않으며, 우리가 이교도보다 더 나쁘다는 증거입니다. 그럼에도 불구하고 그것이 이 세상의 일반적인 경향입니다. 오늘날 불신앙이 온 세상을 홍수처럼 범람하고 있다는 사실이 그것을 통해서 나타납니다. 그것은 정말 무서운 일입니다. 그러나 그것이 사실이며, 그것을 부인할 수 없습니다.

그렇다면 우리는 어떤 조치를 취해야 합니까? 우리 자신을 잘 살펴봅시다. 만일 국가나 왕의 표시가 집이나 땅에 꽂혀 있으면 감히 그 안으로 들어가려는 사람은 없습니다. 그것은 신하의 의무를 파괴하는 짓이며, 사사로운 죄가 아니기 때문입니다. 하나님께서는 당신의 표시나 기장을 과부와 고아와 나그네에게 달아 주셔서 당신께서 그들을 당신의 장중으로 데리고 들어가셨다는 것을 우리에게 알려 주십니다. 그러니 만일 어떤 사람이 그들을 괴롭히기 시작하고 그들을 난폭하게 대한다면, 그것은 하나님을 공개적으로 멸시하는 짓이며, 하나님을 모독하는 짓이고, 하나님에게 선전포고를 하는 짓이 아닙니까? 사실 우리는 그렇게 생각하지 않을 것입니다. 그러나 하나님께서는 우리의 헛된 의견과 생각에 따르지 않으십니다.

어찌 되었거나 우리가 잘 알아야 할 것은, 비록 과부들이 세상적으로 기피를 당하고, 고아들이 약탈을 당하고, 불쌍한 나그네들이 조롱과 짓밟힘을 당할지라도, 하나님께서는 그들을 중요하게 여기시며, 그들을 계속 감찰하시며, 그들을 확실하게 보호해 주실 것입니다. 그러므로 하나님을 우리 원수로 삼지 않고 하나님께서 당신이 우리의 불구대천의 원수라는 것을 보여 주시는 것을 원하지 않는 한, 우리는 세상적으로 도움을 받을 수 없고 속수무책인 자들을 향해서 모든 비행과 강탈과 폭행과 사기 행위와 악한 짓을 삼가야 합니다. 그들을 억압하지 않도록 조심합시다. 만일 우리가 그들을 억압하면 하나님께서 우리를 대적하실 것이며, 그들의 영원한 방패가 되실 것입니다. 우리는 옛날 이스라엘 백성에게 주어진 이 가르침을 통해서 맺은 첫 열매에 대해서 잘 알아 둡시다. 인간이 주는 벌은 두려워하지 않을지라도 하나님께서 선포하신 이 명확한 선고는 두려워합시다. 하나님께서는 "불쌍한 자들이 부당하게 괴롭힘 당하는 것을 그냥 넘기지 않으시며, 당신이 그들의 편임을 보여 주시며, 하나님은 그들을 위하여 신원하신다"는 이 말씀에 따라 하나님은 그들의 싸움에 편드신다는 사실을 알아 둡시다.

모세는 하나님께서는 그들을 사랑하시고 그들을 불쌍히 여기실 뿐만 아니라, 그들을 위하여 신원하신다고 말했습니다. 그러니 만일 이 땅의 재판관들이 구조를 요구하는 불쌍한 자들을 조롱만 하고 그들을 도와주는 대신에 모욕만 한다면, 그 재판관들은 하늘에 계시는 재판관 앞에 나와야 할 것입니다. 그러면 그분께서는 불쌍한 자들을 보호해 주라는 임무를 받은 자들과 자신들은 벌을 받지 않고 피해 갈 수 있다고 생각하여 더 많은 악한 짓을 해서 그들이 이 세상에서 갖고 있던 재량권을 남용한 자들을 틀림없이 벌하실 것입니다. 그러므로 하나님께서는 그들을 주목하시지만 얼마 동안은 못 보신 체하십니다. 사람들이 과부나 고아나 나그네를 부당하게 대우하더라도 하나님께서는 처음 그들이 한 짓을 문제 삼지 않으십니다. 하나님께서는 얼마 동안 그들을 내버려두신 후에 연약하고 작은 자들에게 포악한 짓을 지나치게 많이 한 자들에게 손을 대십니다. 특히 공의를 행할 권력을 가지고 있으면서 그들의 임무를 다하지 않거나 불쌍한 자들이 억압을 당할 때 그들을 구해 주지 않은 자들에게 그렇게 하십니다. 하나님께서는 어쩔 수 없이 그런 극악무도한 짓을 바로잡으셔야 하며, 법을 집행할 자들이 법을 어겼을 때처럼 그런 자들을 대적하심으로써 그들의 태만을 알려 주셔야 합니다. 이렇게 해서 여러분은 모세가 하나님은 부당하게 짓밟히고 이 세상에서 대우를 받지 못하는 자들을 위하여 신원하신다는 말씀을 통해서 무슨 말을 하려고 했는지 알게 되었습니다.

우리는 이 본문 말씀을 통해서 많은 위로를 받습니다. 만일 우리가 이 세상에서 충분한 도움을 받지 못한다면 우리 하나님께서는 여기서 우리를 당신의 제자로 삼으십니다. 그리고 하나님께서는 우리가 당신께로 갈 때까지 기다리지 않으시고 당신이 우리의 호위자시며 우리의 보호자가 될 것이라는 것을 우리에게 알려 주십니다. 그러니 비록 불쌍한 자들이 학대를 받고 전에 없이 많은 폭력을 당하고 발로 짓밟힘을 당할지라도, 하나님께서는 그들을 불쌍히 여기시고, 마침내 하나님의 능하신 팔을 펴서 그들을 구조해 주실 것이라는 것을 그들이 알고 있으니, 그들은 그것에 만족하지 않겠습니까? 하나님께서 기뻐하시는 한 그들은 오랫동안 인내심으로 훈련을 받아야 하는 것이 사실입니다. 그러나 그들은 하나님께서 그들을 결코 잊지 않으시고 그들을 구조해 주시며, 그들에게 행해진 모든 악한 짓을 기록해 두시고 편리한 때에 그들에게 악한 짓을 한 자들에게 해명을 요구하실 것이라는 것을 확실히 믿고 있기 때문에, 그들이 그 은혜를 전혀 모르지 않는 한 그들은 흡족해 할 것입니다. 그러나 우리가 이런 위로를 받기 위해서 남자로서는 고아나 나그네가 되고, 여자로서는 남편이 없게 되는 것으로는 충분하지 않다는 것도 알아 둡시다. 우리가 겸손해져서 사람들이 우리를 이유 없이 괴롭힐 때, 하나님께 도와달라고 간구할 정도로 우리는 하나님 앞에서 참으로 괴로워하기도 해야 합니다.

만일 나그네가 자기 집에 있을 때가 친구와 함께 있을 때보다 더 거만하다면, 하나님께서 그의 행복을 지켜 주실 것이라고 믿는 것은 어리석은 일입니다. 나그네가 매우 당당해서 그를 도와줄 능력이 있는 당사자보다 더 많은 것을 떠맡으려고 한다면, 그는 그의 보호를 하나님이 아닌 다른 곳에서 찾아보아야 할 것입니다. 왜냐하면 그는 그의 보호를 하나님에게서 발견하지 못할 것이기 때문입니다. 그러나 만일 한 나그네가 자기 자신에게는 세상적인 도움을 받을 곳이 없지만 하나님이 그의 편이라는 것을 인식하고 하나님을 찾아가서 자기 자신을 하나님의 손에 온전히 맡긴다면, 마침내 그는 나그네를 위하여 신원하신다는 하나님의 약속이 헛말이 아니라는 것을 확실히 알게 될 것입니다. 만일 한 과부가 다른 사람에게 고통을 주고 괴롭히는 마귀와 같은 짓을 해서 그녀의 할 일이 열두 명의 남자들이 할 일보다 더 많다면, 그녀로 하여금 하나님께서 그녀를 위해서 수고하실 것이라는 생각을 하지 못하게 하십시오. 그러나 한 과부가 의지할 곳 없어 겸손하게 처신하며 모든 사람들과 평화롭게 살기만을 바란다면, 하늘에 계시는 재판관께서는 그녀를 당신의 장중으로 받아들이실 것입니다.

고아들의 경우도 그와 같습니다. 만일 그들이 모든 속박을 떨쳐 버리고 나쁜 행실에 빠져 하나님과 세상 사람들의 반대를 무릅쓰고 낭비하는 자가 되었음에도 불구하고 만일 그들이 이 가르침을 기화로 해서 하나님께서 그들에게 호의를 베푸실 것이라고 생각한다면 그것은 그들 자신을 속이는 것입니다. 그러므로 이 가르침은 환난을 잘 참고 견디며, 보복을 하지 않고 자기 문제를 하나님께 맡기는 자들을 위해서 분명하게 기록되었다는 사실을 잘 알아 둡시다. 비록 그런 사람들이 세상 사람들의 비웃음을 당하고 손가락질을 받고 그들이 발로 짓밟힘을 당할지라도, 하나님께서는 그들의 문제를 떠맡으시고 참아 주지 않으신다는 것을 확실히 보여 주실 것입니다.

우리는 환난을 당할 때 이 가르침을 통해서 위로를 받도록 합시다. 즉 하나님으로부터 불쌍히 여김을 받기를 구하고, 우리의 모든 문제를 하나님께 맡기며, 우리의 모든 걱정과 슬픔을 하나님의 무릎에 털어 놓을 정도로 하나님께 복종하고 허리를 굽히십시다. 그리고 비록 세상 사람들이 우리가 악한 짓을 하도록 허락해서 우리로 하여금 우리의 마음이 내키는 대로 사람들을 괴롭히고 곤란하게 할지라도, 우리는 하나님의 진노를 피하지 못하며, 비록 우리가 하나님과 언쟁을 할지라도 그것은 우리에게 아무 유익을 주지 못한다는 것을 알아 둡시다. 이렇게 해서 여러분은 그 본문 말씀을 통해서 무엇을 기억해야 하는지 알게 되었습니다.

간단히 말해서, 모세는 여기서 우리에게 공평하고 공정하라고 부탁하려 했다는 사실을 알아 둡시다. 분명히 말하지만, 그는 우리 주님이 우리에게서 어떻게 섬김을 받으셔야 하는지를 보여 주었습니다. 즉 우리는 우리 이웃을 솔직하게 대해서 어느 누구에게도 폭행을 하거나 나쁜 짓을 하지 않도록 해야 합니다. 특히 연약한 자나 사람의 지원을 받지 못하는 자에게 그렇게 해야 합니다. 따라서 하나님께서는 우리가 형식적으로 당신을 섬기는 것이 아닌, 우리가 정당하고 공정하게 처신하기를 바라시니, 우리는 모든 사람의 권리를 인정해 주어야 합니다. 그렇게 하는 것이 성경이 우리에게 자주 보여 주는 대로 하나님을 참되게 섬기는 방법입니다. 그런 까닭으로 선지자들은 하나님께서는 긍휼을 요구하시고 제물을 요구하지 않으시며, 하나님께서는 우리가 우리 이웃을 해치지 않고 그들과 화목하게 살기를 바라신다고 말했습니다.

"당신의 백성의 찬송"

하나님께서는 모든 폭력이 근절되고, 모든 잔악한 행위와 사기 행위가 우리에게서 멀리 떨어져 있기를 바라십니다. 선지자들은 그런 권고를 많이 합니다. 그들로 하여금 그런 권고를 하게 한 원천은 모세의 이 가르침입니다. 즉 사람들은 늘 하는 것처럼 하나님을 아름다운 성전과 좋은 그림과 화사한 초상화와 향기로운 향료와 종과 촛불과 그 밖에 그와 같은 지저분한 것으로 섬긴다고 과시하고 자랑하는데, 모세는 하나님께서는 그와 같은 미신적인 짓으로는 섬김을 받지 않으신다고 말했습니다. 사람들은 마치 하나님께서 그런 것을 즐거워하시고, 그들이 풍금을 치면 하나님께서 마치 어린애처럼 춤을 추신다고 여깁니다. 그러나 우리는 그런 하찮은 일에 신경을 쓰지 맙시다. 하나님은 참되고 의롭고 건전한 마음으로 드리는 섬김을 받으실 것이기 때문입니다.

하나님께서는 우리가 우리 이웃을 섬기기 위해서 노력하기를 바라십니다. 우리에게는 그것 외에 하나님께 드릴 것이 없기 때문입니다. 하나님께서는 우리가 의사소통을 잘해서 우리 모두가 각자의 능력에 따라 도움이 필요한 자들을 구조하기 위해 우리의 지혜를 최대한으로 활용하고, 우리가 어떤 사람에게도 무모하게 상처를 주거나 해를 주는 일을 하지 않도록 항상 조심하기를 바라십시다. 이제 우리 하나님을 당신의 뜻에 따라 섬기는 방법을 잘 알아 둡시다. 즉 우리가 만든 것을 가지고 와서 하나님의 눈을 부시게 하면 하나님은 많은 영광을 받으시게 되는 것처럼 여기는 어리석은 생각으로는 하나님을 변화시키지 못합니다. 그것은 불가능한 일입니다.

그 후에 모세는 하나님은 두려우신 분이시며, 만일 우리가 그분에게 반항하면 그분은 위대하셔서 우리를 충분히 훼방할 수 있으시니, 우리는 그분을 희롱해서는 안 되며, 정정당당한 생활을 해야 하며, 가난한 자를 불쌍히 여겨야 하며, 압박을 받는 자들을 구원해 주어야 하며, 연약한 자들과 지원받을 친구가 없는 자들을 잔인하고 포학하게 대해서는 안 된다는 것을 알려 주었습니다. 이 말을 다한 후에 그는 "하나님은 당신의 백성의 찬송이시다"라는 말을 첨가했습니다. 그렇게 말한 것은 친절과 다정한 행실을 통해서 그들의 마음을 사로잡기 위해서입니다. 우리는 그것을 통해서 하나님께서는 우리를 당신 곁으로 끌어들이기 위해서는 어떤 것도 게을리 하지 않으신다는 것을 알았습니다. 하나님께서는 우리로 하여금 허리를 구부리게 하시고 당신을 두렵게 하기 위해서 협박하신 후에는, 자기 아이를 칭찬하고 권위를 내세우기보다 상냥하고 친절한 말을 쓰는 아버지처럼 되십니다.

이렇게 해서 여러분은 우리 주님이 우리의 마음을 끌기 위해서 모든 방법을 다 쓰신다는 것을 알았습니다. 우리 주님께서는 우리를 당신 곁으로 끌어들이시기 위해서 모든 방법을 다 시도하셨으니, 만일 우리가 아름다운 방법으로나 더러운 방법으로 머리를 숙이지 않는다면 우리는 많은 책망을 받아야 하며, 변명할 여지가 적어질 것입니다. 그렇기 때문에 모세는 하나님은 당신의 백성의 찬송시오, 크고 두려운 일을 그들을 위해서 하셨다고 의도적으로 말했습니다. 모세가 그것을 통해서 말하고자 하는 것은, 우리가 일단 하나님을 알게 되고 하나님께서 당신의 말씀을 통해서 우리에게 당신의 실체를 보여 주신 후에는 하나님께서는 우리가 당신을 영화롭게 해 드리기를 바라신다는 사실입니다. 그 점을 중요하게 여기십시오.

다음에 그는 이스라엘 백성들로 하여금 그들이 애굽 땅에서 나올 때 행해진 엄청난 기적을 회상하게 했습니다. 그것들은 하나님이 선하시다는 표시며 증거이기 때문입니다. 하나님께서는 아브라함의 후손들에게 호의를 베풀기 위해서 그 백성들을 가장 다정하게 대해 주셨으니, 그 백성들은 그 은혜를 모르는 자들이라고 정죄 받지 않을 수 없습니다. 간단히 말해서, 하나님께서는 우리를 당신의 율법과 계명에 굴복시키기 위해서 갖고 계시는 당신의 통치권과 절대적인 권한을 행사하실 뿐만 아니라, 우리에게 한 아버지처럼 다가오셔서 우리를 향해서 가장 온화하고 은혜로운 사랑을 베푸십니다. 그렇게 해서 우리의 강퍅한 마음을 부드럽게 하려고 하십니다.

만일 우리가 하나님의 위대하심을 보고 감동을 받지 못했거나, 우리를 다스리시는 하나님의 통치권을 고려해서 하나님께 우리가 당연히 보여드려야 할 만큼의 존경심을 보여드리지 않는다면, 최소한도 우리는 온유해져야 합니다. 왜냐하면 하나님께서 우리에게 몸을 구부리시고 하늘에 있는 보좌에서 내려오셨기 때문입니다. 하나님께서 그렇게 하신 것은 마치 하나님께서 "좋습니다, 선생님. 그런데 내가 당신의 아버지라는 것을 확실히 믿으십시오. 그리고 내가 당신에게 한 선한 일에 대해서 잘 생각해 보기를 간절히 바랍니다. 나는 그것을 통해서 당신을 향한 나의 호의를 입증했으니, 최소한 그것이 당신의 마음을 움직여서 당신으로 하여금 나를 사랑하고 섬기게 하십시오"라고 말씀하시는 것과 같습니다. 그것이 모세가 한 말의 아주 중요한 뜻입니다.

우리가 또 알아 두어야 할 것은, 우리가 우리의 모든 영광을 하나님에 돌리지 않는 한 하나님은 결코 우리에게서 하나님께서 마땅히 받으셔야 할 만큼의 영광을 받지 못하신다는 사실입니다. 하나님은 우리의 찬송이라고 불리시니, 하나님께서는 그 말을 통해서 우리에게서 모든 영광을 빼앗아 가셔서 우리 안에는 우리가 자랑해야 할 것이 아무것도 없다는 것을 보여 주십니다. 어떤 사람으로 하여금 그가 원하는 만큼 많은 것을 저장하게 하십시오. 그러나 그는 자신의 몸속에 선한 것이 하나도 없다는 것을 깨닫고 마침내는 부끄럽게 될 것 입니다. 그렇다면 우리는 어떻게 해야 합니까? 우리는 즉시 우리 하나님께로 달려가서 그분 안에서 모든 선한 것을 찾아야 합니다. 그리고 우리를 관대하게 대해 주신데 대해서 감사하고, 그것을 우리의 자랑으로 삼아야 합니다. 예레미야 선지자는 "부자는 그 부함을 자랑치 말고 용사는 그 용맹을 자랑치 말고 지혜로운 자는 그 지혜를 자랑치 말라"(렘 9:23)고 했습니다. 인간에게 속한 모든 것은 폐해져야 하며, 의로움과 재판과 긍휼을 시행하시는 분은 하나님이시라는 것을 알고 우리의 영광이 하나님의 손에서 나오게 합시다.

이렇게 해서 여러분은 "하나님은 당신의 백성의 찬송이시다"라고 한 모세의 이 말을 통해서 우리가 무엇을 기억해야 하는지 알게 되었습니다. 만일 우리가 성경을 통해서 우리에게 알려지는 내용에서 감동을 받지 못한다면, 최소한 우리는 우리의 눈을 크게 뜨고 우리가 자주 했던 하나님의 유익에 대한 체험이 우리를 겸손하게 만들어서, 우리가 더 이상 우리 자신을 칭찬하지 못하게 하고, 우리의 입을 크게 벌려서 우리가 하나님에게 받은 것들을 찬송하고 찬양하도록 합시다. 우리의 모든 행복이 하나님 안에 있으며, 그것이 하나님 한 분에게서 나온다는 것을 하나님께서 우리에게 여러 번 보여 주셨으니, 만일 우리가 바보처럼 그것을 못 본 척한다면, 확실히 우리는 하나님으로부터 하나님의 찬송을 약탈하고 우리의 능을 다하여 하나님을 보잘것없는 분으로 만들었다는 정죄를 받게 될 것입니다. 하나님이 우리에게 주시는 유익은 무한하기 때문입니다.

그러므로 이 가르침을 통해서 하나님께서 우리에게 베푸시는 유익을 완전히 인식하도록 합시다. 그렇게 하는 것은 우리를 몰두하게 할 만한 가치 있는 일이기 때문입니다. 만일 우리가 우리의 지혜를 다 모아서 우리에게 향하신 하나님의 선하심에 대해서 깊이 생각해 본다면, 우리는 하나님 한 분에게서만 우리의 모든 찬송을 찾아야 한다는 것을 알게 될 것입니다. 그리고 이러한 까닭으로 모세는 네가 목도한 바 이같이 크고 두려운 일을 하신 분을 하나님이시다라고 말했습니다. 그 말은 "하나님께서는 너를 심문할 기록이나 재판관을 여기저기서 찾을 필요가 없으시다. 왜냐하면 너의 반대에도 불구하고 너의 하나님은 위대하시며, 능력이 많으시며, 두려운 분이시라는 것이 너의 목전에서 입증될 것이기 때문입니다. 너는 이 세상에서 처량한 존재였으며, 짐승처럼 구속을 받고 있었다. 그런데 너의 하나님께서 너를 몹시 사랑하셔서 당신의 팔을 애굽 왕국, 즉 당당하고 훌륭한 왕국, 이 세상의 모든 지혜가 포용되어 있는 유명한 왕국에 펴셨다. 그것은 하나님께서 너의 행복을 그 왕국보다 중요하게 여기셨기 때문이다. 그러니 너는 더 이상 너를 영화롭게 해서는 안 되고 하나님만을 영화롭게 해 드려야 한다. 하나님에게서 얼마나 많은 유익을 받았는지 확실히 알아 두도록 하라. 만일 네가 그것들을 하나님 앞에서 인정하지 않는다면, 너에게는 너의 야비함과 감사할 줄 모름을 알려 주는 많은 기록이 있다"는 말과 같습니다.

　　그러므로 우리는 여기에 주어진 예를 통해서 하나님의 큰 선하심을 인정하도록 하고, 그것을 우리의 머릿속에 쌓아 놓으며, 그것으로 좋은 추억을 만들고, 그것을 자주 회상해서 그것이 우리를 자극하여 우리로 하여금 하나님께 모든 영광을 돌리게 하고, 우리로 말하면 우리 안에는 저주밖에 없는 어리석고 처량한 존재라는 것을 고백하게 하도록 합시다. 우리가 받아야 할 것은 진노밖에 없으며, 우리의 모든 영광과 찬송을 받으실 분은 하나님 한 분밖에 없습니다. 그러므로 우리는 하나님이 우리의 아버지시라는 것과, 하나님께서는 당신의 모든 것을 우리에게 내어 주신 후에 황송하게도 당신의 유익을 우리에게 골고루 주신 것에 만족하도록 합시다.

74편_ 신 10:22, 11:1~4

Sermons on DEUTERONOMY

하나님이 우리를 부르신다는 것은 놀라운 일

"애굽에 내려간 네 열조가 겨우 칠십인이었으나 이제는 네 하나님 여호와께서 너를
하늘의 별 같이 많게 하셨느니라 그런즉 네 하나님 여호와를 사랑하여 그 직임과 법
도와 규례와 명령을 항상 지키라 너희의 자녀는 알지도 못하고 보지도 못하였으나
너희가 오늘날 기억할 것은 너희 하나님 여호와의 징계와 그 위엄과 그 강한 손과 펴
신 팔과 애굽에서 그 왕 바로와 그 전국에 행하신 이적과 기사와 또 여호와께서 애굽
군대와 그 말과 그 병거에 행하신 일 곧 그들이 너희를 따를 때에 홍해 물로 그들을
덮어 멸하사 오늘까지 이른 것과"(신 10:22~11:4).

　　나는 이미 모세가 말하고자 하는 내용을 보여 주었습니다. 모세는 하
나님께서 당신의 백성들을 포로생활에서 구출해 내시기 위해서 역사하
신 기사에 대해서 다시 이야기하면서, 이스라엘 백성들에게 그들은 하
나님께서 그들에게 베풀어 주신 호의와 사랑을 생각하여 하나님께 더
순종해야 한다고 가르쳐 주었습니다. 왜냐하면 하나님께서는 아브라함
과 그의 모든 후손들을 보호해 주시겠다는 약속이 헛되지 않았다는 것
을 항상 행하심을 통해서 보여 주셨기 때문입니다.
　　여러분은 하나님께서 아브라함의 후손들을 스스럼없이 친절하게 받

아들이셨다는 분명한 증거가 행함과 간증을 통해서 확고하게 되었다는 것을 알게 되었습니다. 따라서 만일 백성들이 전혀 완고하지 않았다면 그들은 당연히 하나님을 섬겼을 것이라는 결론이 나야 합니다. 그것이 모세가 말하고자 하는 요점입니다. 그는 "만일 네가 너의 하나님에게 온전히 순종하지 않아도 된다면 너 자신에 대해서 잘 생각해 보라고 했다. 왜냐하면 하나님께서 너를 하늘의 별 같이 많게 하셨기 때문이다. 하나님의 크신 선하심으로 인해서 너는 수가 많이 늘었으며, 너 자신도 그것을 보고 놀랄 것이다. 만일 네가 너의 집합체, 즉 너의 실체를 바라보게 되면 너는 네가 한 번도 기대하거나 소망하지 못했던 너의 하나님의 놀라우신 은혜를 느끼지 않을 수 없다. 하나님께서 너를 매우 친절하고 인자하게 대해 주시니, 만일 너에게 하나님의 이름을 영화롭게 해 드리겠다는 마음이 생기지 않는다면 변명할 여지가 없을 것이다"라고 말했습니다. 그것이 모세가 말하려고 했던 내용의 핵심입니다.

모세는 그 약속 때문에 하늘의 별들을 강조해서 말했습니다. 하나님께서 당신의 종 아브라함에게 말씀하시면서 환상을 통해서 그에게 셀 수 없는 많은 별들을 보여 주셨기 때문입니다(창 15:5). 하나님께서는 별들을 셀 수 없는 것 같이 너의 후손도 그렇게 될 것이라고 말씀하셨습니다. 모세가 여기서 말하고자 하는 것은 하나님께서 그렇게 말씀하신 것이 헛되지 않았다는 것과, 아브라함은 그 약속에 온전히 의지하겠다는 소망을 저버리지 않았다는 사실입니다. 우리는 그것이 시행된 것을 목격했습니다. 이것은 주목할 만한 가치가 있습니다.

만일 하나님께서 우리에게 어떤 은혜를 베푸시면 우리는 그것을 하신 분은 하나님이라고 정말 습관적으로 말할 것입니다. 그러나 그것을 우리 마음속으로 온전히 믿는다는 것은 매우 어려운 일입니다. 그러므로 우리의 그런 무례함을 고려할 때 우리는 하나님의 말씀을 통해서 정죄를 받을 필요가 있습니다. 그러면 우리는 하나님의 기량과 능력에 대해서 더 많은 생각을 하게 될 것입니다. 예를 들면, 만일 우리가 성경 말씀을 읽은 적이 전혀 없음에도 불구하고 하나님께서 우리를 역경에서 구해 내셨다면, 솔직히 말해서 우리가 타고난 의지가 우리로 하여금 우리 자신은 그것으로 인해서 하나님에게 빚진 자가 되었다는 생각을 하게 할 것입니다. 그러나 우리가 성경 말씀을 통해서 훈련을 받게 되면, 우리는 죽음에 대한 문제는 하나님께서 직접 맡고 계시다는 것과, 우리의 구원이 하나님 안에 있다는 것을 알게 됩니다.

그런데 모든 사람들이 완전히 버림을 받은 것처럼 보일 때 우리는 이상한 방법으로 그것을 알게 됩니다. 우리가 하나님을 찾아가면 하나님께서는 우리의 한탄을 들어주십니다. 그렇게 하시는 것이 우리로 하여금 하나님의 선하심을 쉽게 인식하게 합니다. 왜냐하면 우리는 우리가 그렇게 될 것을 체험을 통해서 미리 배웠고, 앞에 배웠던 말씀은 등불과 같아서 우리의 갈 길을 밝혀 주기 때문입니다. 우리는 본래, 이를테면 장님입니다. 하나님께서 성령님을 통해서 우리를 깨우쳐 주시는 것이 사실입니다. 우리는 아직도 어두움 속에 있어서 두 손가락 넓이의 앞도 보지 못합니다. 그러나 하나님께서는 당신의 말씀을 통해서 우리를 가르쳐 주십니다. 그것이 등불의 역할을 해서 우리를 인도해 주고, 우리의 갈 길을 안내해 줍니다.

그러므로 하나님께서 우리에게 베푸시는 유익을 통해서 이익을 얻으려 한다면 하나님의 약속을 명심하는 것이 좋고 필요합니다. 그것을 잘 알아 둡시다. 이제 하나님께서 그것을 이행하셨으니, 우리는 여기서 하나님의 말씀은 항상 진실하다는 증거를 보게 되었으며, 사람들은 하나님의 진리에 안전하게 의지할 수 있습니다. 그것이 모세가 이 본문 말씀을 통해서 우리에게 보여 준 내용입니다. 그는 그 백성의 수가 늘어서 이룬 큰 군중에 대해서 언급했을 뿐만 아니라, 하나님께서는 모든 사람들로 하여금 그들이 두루 알고 있는 약속에 대해서 생각하게 하고, 그것을 통해서 그들에게 확신을 주시려는 의도에서 그들을 하늘의 별 같이 증가시키셨다는 말도 했습니다. 하나님께서 당신의 종 아브라함과의 관계를 유지하시는 한, 모든 사람들은 비록 하나님의 말씀이 주는 효과가 보이지 않을지라도 그들은 정말 하나님의 꾸밈없고 순진한 말씀을 받아들여야 한다고 생각합니다.

선한 길을 안내하는 등불

하나님은 언행이 일치하셔서 우리 눈앞에 당신의 임재에 대한 확실한 증거를 보여 주시며, 당신의 종의 소망을 저버리려고 하지 않으십니다. 우리가 알고 있기로, 하나님은 우리를 돌보아 주시며, 우리가 애굽 땅에 있었을 때에도 우리를 잊지 않으셨습니다. 이스라엘 백성들이 그곳에 기거하고 있었을 때 그들은 무덤에 묻힌 것과 같아서 하나님의 모든 약속이 완전히 파괴된 것처럼 보였던 것도 무리가 아니었습니다. 하나님께서 아브라함을 그의 고향 땅에서 이끌어 내셨을 때, 하나님께서는 아브라함에게 "나는 이 땅을 이 끝에서 저 끝까지 너와 네 자손들에게 영원히 주겠다"고 말씀하셨습니다(창 12:7). 그럼에도 불구하고 아브라함은 나그네로 그곳에 체류하는 자에 불과했습니다. 그는 쫓기는 몸이 되어 어쩔 수 없이 이곳저곳으로 달아나야 했으며, 자기 몸을 숨길 곳이 없는 불쌍한 자처럼 터벅터벅 올라갔다 내려갔다 해야 했습니다.

그의 아들 이삭에게도 똑같은 일이 일어났습니다(히 11:9). 야곱은 한창 젊었을 때 그곳에서 추방되었습니다. 그곳으로 다시 돌아와서도 그는 어쩔 수 없이 노년에도 자주 이사를 해야 했으며, 하나님께서는 마침내 그를 멀리 애굽으로 보내셨습니다. 그 집안은 그렇게 파괴되고 그 나라에서 완전히 사라진 것 같았습니다.

하나님께서 그들에게 기업으로 주시겠다고 약속하신 가나안 땅은 어디에 있습니까? 그들은 그것을 빼앗겼습니다. 사실 야곱은 자신이 죽게 되면 그의 시체를 그곳으로 다시 운반해 달라고 부탁했습니다. 그런데도 이스라엘 백성들은 여전히 애굽 땅에 체류하고 있었습니다. "너희는 이 땅을 상속받게 될 것"이라는 말씀은 하나님께서 그들을 우롱하시는 것 같았습니다. 그러나 하나님께서는 그들을 포로생활과 그들이 처해 있던 잔인한 학정에서 다시 끌어내셨습니다. 그것은 죽음에서 다시 살아나는 것 같았고, 그들을 그들의 무덤 밖으로 끌어내는 것 같았습니다. 따라서 이 백성들은 그들이 이와 같은 구제를 받게 된 것은 오래전에 이루어진 약속 덕분이라는 것을 알아 두라는 충고를 이 본문 말씀을 통해서 받습니다.

한편 우리에게는 일반적으로 매우 유익한 교훈이 하나 있는데, 그것이 이것입니다. 우리는 자주 잠이 들어 있고, 또 우리로 하여금 하나님의 역사와 능력을 인식할 수 있을 만큼 하나님께서 주시는 유익에 대해서 충분히 마음을 쓰지 않기 때문에, 우리는 하나님의 약속에 의지해서 그것이 우리에게는 선한 길을 안내해 주는 등불처럼 되도록 해야 합니다. 그 점을 중요하게 여기십시오.

그런데 우리는 하나님께서 그 백성들을 그렇게 증가시키셨을 때 하나님께서는 당신의 능력을 어떻게 사용하셨는지 알았습니다. 거기에 있던 70명이 70만 명, 아니 그 이상으로 늘어날 것이라고 기대했던 사람은 아무도 없었습니다. 만일 우리가 자연의 관례 이상의 것을 인식하지 않으면 우리는 70명의 사람이 늘고 증가해서 이처럼 굉장히 많은 수가 되었다는 것을 믿을 수 없습니다. 만일 그들이 늘어나서 1만 명이나 2만 명이 되었다면 그것은 자연의 관례 덕분으로 돌려져도 좋을 것입니다. 그러나 그것이 10만 명 또는 2, 30만 명, 나아가서 70만 명이라는 거대한 수가 되었다면 모든 사람들은 틀림없이 그것에 놀랄 것입니다. 그렇게 되는 것이 가능하다는 생각을 해서는 안 되었습니다. 그러나 하나님의 능력을 우리의 지혜로 측정해서는 안 됩니다. 이상하고 진기한 방법으로 역사하시는 것이 하나님의 뜻이기 때문에 사람들은 하나님의 뜻이 하나님의 작품이 된다고 생각하게 됩니다.

만일 하나님께서 일반적인 방법으로 역사하시면 우리는 감사할 줄 모르게 되어서 그것이 우연이나, 우리의 지략이나, 어떤 사람의 수고나, 우리가 이 세상에서 발견한 다른 방법에 의해서 일어났다고 여깁니다. 그렇게 해서 우리는 계속해서 하나님의 명예를 박탈합니다. 사실 우리는 그런 짓을 하려 한다고 말하지 않을 것입니다. 우리는 그와 정반대되는 주장을 할 것입니다. 그럼에도 불구하고 사람들은 악한 짓에 깊이 빠져 있기 때문에 그들은 항상 하나님의 능력과 선하심을 있는 힘을 다해서 훼손합니다. 하나님께서는 어쩔 수 없이 우리로 하여금 하나님의 역사를 강제로 인정하게 하시니, 우리는 우리를 도와주시고 구출해 주신 분은 하나님이라고 억지로 고백해야 합니다.

우리가 잘 알아 두어야 할 것은, 하나님께서 당신의 백성의 수를 그렇게 증가시키셨을 때 하나님께서는 전에 하셨던 적이 전혀 없었던 기적을 일으키시려고 하셨다는 사실입니다. 하나님께서는 그렇게 하셔서 사람들로 하여금 아브라함에게 말한 분이 당신이라는 것과, 또 당신께서 아브라함에게 그와 그의 후손들의 보호자가 될 것이라고 약속한 것이 헛되지 않았음을 더 이상 의심하지 않게 하셨습니다.

오늘날에는 모든 것을 의심스럽게 만들기 위해서 이런 식으로 트집을 잡으려고 하는 일종의 조소자들이 있습니다. 70명이 짧은 기간에 자라서 70만 명이라는 많은 수가 되는 것이 가능합니까? 만일 그 백성들이 정상적인 방법이 아닌 다른 방법으로 증가했다면 그들은 무엇이라고 말하겠습니까? 이런 일이 다른 사람들에게도 일어났습니까? 우리는 하나님이 우리를 다스리신다고 말해야 하지 않습니까? 왜냐하면 자연의 이치가 그만큼 많은 수를 생산하기 때문입니다. 비웃기를 좋아하는 자들은 그런 식으로 지껄일 것입니다. 우리는 그것을 통해서 그들이 야비하다는 것을 알게 됩니다.

만일 하나님께서 자연의 일반적인 관례를 초월해서 행하지 않으시면 그런 자들에게는 하나님의 솜씨를 식별할 능력이 전혀 없습니다. 그것이 그들에게는 운이나 그들 자신의 지혜나 이 세상의 월등한 방법인 것처럼 보입니다. 반면에 만일 하나님께서 당신의 능하신 손을 드시어 사람의 능력을 초월한 일이나 사람들이 할 수 없다고 생각했던 일을 하시면 그들은 이 일이 어떻게 일어났느냐고 물을 것입니다. 그리고 그들은 하나님의 능력이 그들의 이성과 능력을 초월한다는 것을 구실로 삼아 하나님의 능력을 완전히 훼손하려는 마음을 먹습니다. 그러나 우리는 하나님께 많은 영광을 돌리도록 합시다. 하나님께서는 그럴 자격이 충분히 있으시며, 특히 하나님이 행하신 일이 불가사의할 때는 그것들을 우리의 생각으로 판단하지 않도록 합시다.

지금 우리에게는 하나님께서 당신의 교회를 어떻게 일으키셨는지를 보여 주는 한 거울이 있습니다. 그것에 관해서 하나님께서는 당신의 선지자 이사야를 통해서 "너희는 너희를 떠낸 반석을 생각하여 보고 너희 어머니 사라의 태를 보아라(사 51:1~2). 너희 아버지 아브라함을 보아라. 그는 혼자가 아니었니? 나는 말 그대로 너의 수를 늘렸다"고 말씀하셨습니다. 거기에서 하나님께서는 사라의 태를 반석으로 비유하셨습니다. 하나님께서는 "너희가 거기에서 나왔다는 것을 알아 두어라. 지금의 너희와 같은 많은 사람들이 한 반석에서 나오는 것은 도저히 불가능하다. 그럼에도 불구하고 나는 너희를 거기에서 나오게 했다. 너희들 모두가 그 샘에서 나왔다. 너희 시조 아브라함에 대해서 말하자면 그는 어떤 사람이었니? 그는 나이를 먹어 기진맥진하고 쇠약해진 노망한 노인이었다. 그에게서 그런 민족이 나올 것이라고 기대했던 사람은 아무도 없었다. 그런데 너희를 그렇게 증가시킨 것은 나 자신이라는 것과, 너희는 너희가 가지고 있는 모든 것에 대해서 나에게 신세를 지고 있다는 것을 알아 두도록 하여라"고 말씀하셨습니다.

따라서 여러분은 우리가 알아야 할 것은 하나님께서 당신의 신도들을 불러서 그들에게 생명을 주실 때 하나님의 역사가 그런 식으로 이루어지기 때문에 사도 바울이 고린도전서 1장에서 말한 것처럼 우리에게 생명을 주신 분은 하나님이시라(고전 1:28, 8:6)고 말해도 무리가 아닙니다. 그가 한 말의 뜻은, 우리는 하나님에 의해서 인간으로 창조된 것에 불과한 것이 아니라, 하나님께서는 우리를 함께 모아 당신의 백성으로 삼으셨다는 것과, 하나님에게는 우리에게서 아무것도 받을 가능성이 없음에도 그렇게 하실 마음이 드셨다는 사실입니다. 그러므로 우리가 제일 먼저 우선적으로 명심해야 할 것은, 하나님이 나타내신 능력에 놀라서 우리의 보잘것없는 능력을 초월하는 것들을 숭배해야 한다는 것입니다. 그리고 하나님께서는 전에 아무도 없어서 사람들이 모든 것이 멸망되었다고 생각했던 그곳에서 당신의 교인들을 증대시키십니다.

사람들은 일이 그들의 생각과는 정반대로 이루어지는 것을 보고 어찌 할 바를 몰라 합니다. 복음의 가르침을 받아들이는 사람의 수는 그것을 거절하는 사람의 수와 비교하면 얼마 되지 않습니다. 그리고 그것이 지금처럼 그렇게 멀리까지 퍼질 것이라고 생각되지 않았습니다. 하나님께서 역사하셨을 때 복음이 널리 퍼져서 많은 사람들이 그것에 복종할 것이라는 생각을 한 사람이 있습니까? 비록 온 세상 사람들이 이 가르침을 억압하기 위하여 모의를 하고, 또 그것의 적의 힘이 그 가르침을 완전히 삼켜 버리고도 남을 것 같았지만, 하나님께서는 당신의 신도들을 계속 증가시키시기를 중단하지 않으셨습니다. 하나님의 자녀에게는 엄청난 가혹 행위가 가해지는 것이 보이지만, 하나님께서는 여전히 당신의 신도를 증가시키기를 계속하십니다.

하나님의 손을 바라보라

우리가 살고 있는 이 시대에도 하나님께서는 인간의 모든 소망과 모든 상상을 초월한 일을 행하셨으니, 하나님께서는 모세가 여기서 말한 내용에 대한 기억을 새롭게 하셨습니다. 즉 하나님께서는 아무것도 아닌 것에서 당신의 나라를 이 세상에 세우시기를 기뻐하셨습니다. 그래서 오늘날에는 하나님의 자녀가 전에 못지않게 많이 있게 되었습니다. 만일 아브라함의 후손과 오늘날 복음에 대해서 약간 알고 있는 사람을 비교해 보면, 오늘날 복음을 알고 있는 사람의 수가 훨씬 많을 것이 확실합니다. 그러니 우리는 우리 하나님의 선하심과 능력을 찬양하도록 합시다. 그리고 하나님께 더 많은 영광을 돌려 드리기 위해서 우리는 아무것도 아닌 것에서 나왔다는 사실을 알아 두고, 손을 펴신 분은 하나님이시니 모든 것이 하나님에 의해서 창시되어야 하며, 하나님은 모든 것의 창조자라는 인정을 받으셔야 합니다.

이렇게 해서 여러분은 우리가 여기에서 알아 두어야 할 것이 무엇인지 알게 되었습니다. 더욱이 그 백성들은 그들 자신이 큰 자라고 자랑하지 말라는 경고를 받습니다. 그 말은 "너희가 소유하고 있는 것은 너희가 하나님에게서 받은 것이니, 그것에 대해서 하나님께 아주 겸손하게 절을 하라"는 것과 같습니다. 그러므로 우리 여호와께서 우리의 수를 늘리셔서 우리가 기대했던 것보다 더 번성하게 되었을 때마다 그것이 우리의 눈을 멀게 하지 않고, 그것이 우리의 눈을 가리지 않게 해야 합니다. 우리는 우리를 불쌍히 여기시겠다고 약속하셨으며 그것을 실제로 보여 주신 하나님의 손을 항상 잊지 말고 바라보도록 합시다.

이렇게 해서 우리는 실제로 무엇을 주목해야 하는지 알게 되었습니다. 하나님께서 전에 아무것도 보이지 않던 곳에서 한 민족을 일구어 내신 것처럼, 하나님께서는 당신의 손으로 당신의 교회를 다시 회복시키시려고 하셨습니다. 간단히 말해서, 성경이 우리에게 보여 주는 것은 교회가 우리 주 예수 그리스도의 영적인 나라인 이상 교회의 보존에 관한 문제에 있어서는 우리 주님께서도 기적적인 방법으로 역사하실 것이라는 사실입니다. 그러니 그분을 꼭 믿으십시오. 아브라함의 후손을 하늘의 별 같이 많게 하신 하나님께서 오늘날 우리에게도 아직 그와 같은 일을 충분히 하실 수 있으시다는 것을 의심하지 맙시다.

그리고 하나님의 교회가 완전히 무너진 것처럼 보일 때 하나님께서는 그것을 다시 세우실 기술이 있으시다는 것을 의심하지 맙시다. 이것은 성경이 우리에게 보여 주는 바와 같이 주로 우리 주 예수 그리스도에 의해서 성취되었습니다. 우리 주님이 오시기 전에 있었던 모든 것은 지금 온전하게 되어 있는 것의 그림자에 불과했었습니다(골 2:17). 온 세계에 믿는 자가 전혀 없는 것처럼 보이고, 모든 것이 버림받아 황무지 같을지라도, 우리는 하늘의 별들을 바라보고 한때 70명의 사람을 늘려서 거대한 집단으로 세우셨던 우리 여호와께서 오늘날에도 당신의 교회를 위해서 그처럼 큰일을 하실 수 있으시다는 생각을 하고 소원합시다. 그리고 하나님께서 그렇게 하셨을 때 그것이 우리에게 꿈처럼 되지 않게 하고, 그것이 우리가 타고난 지혜와 이성을 초월하는 한 그것에 놀라고 경악합시다.

이제 "그런즉 네 하나님 여호와를 사랑하여 그 직임과 법도와 규례와 명령을 항상 지키라"고 모세가 내린 결론에 대해서 생각해 봅시다. 우리는 모세의 결론을 통해서, 우리가 일단 하나님의 은혜를 알게 되면 우리는 더 열을 내어 하나님을 섬기는 일에 온전히 헌신해야 한다는 것을 알게 되었습니다. 사도 바울은 "형제들아, 나는 하나님께서 너희에게 보여 주신 동정심과 긍휼을 통해서 간청하고 엄명한다"고 했습니다. 그런데 그는 그가 한 설득보다 더 강렬하고 효과적인 것을 찾지 못했습니다. 사도 바울은 사람들이 느리고 태만하다는 것과, 더욱이 하나님의 가르침을 받을 대상인 믿는 자들이 자극을 받고 격려를 받을 필요가 있다는 것을 알고 있었습니다. 이에 사도 바울은 그가 한 권고에 더 많은 활기를 불어넣어 주기 위해서 "형제들아, 나는 하나님의 긍휼하심을 통해서 간청한다"고 말했습니다. 그것은 마치 그가 "너의 마음이 아무리 강퍅할지라도 하나님께서 너희를 위해서 행하신 많고 큰 선한 일에는 너희를 감동시켜서 너희 마음을 불타게 할 능력이 틀림없이 있다. 그리고 만일 너희 마음이 얼음처럼 차갑다면, 너희는 틀림없이 감동을 받아야 하며, 너희는 하나님께서 너희를 얼마나 은혜롭고 관대하게 대해 주셨는지 느끼지 않을 수 없다"고 말하는 것과 같습니다.

우리에게 하나님을 섬기겠다는 마음이 충분히 내키지 않을 때마다 우리는 이 세상의 헛된 것과 우리 자신의 육신적인 욕망에 의해서 제지를 당하고 방해를 받지 않을 수 없습니다. 우리는 사도 바울이 한 이 말을 활용합시다. 우리가 환락에 빠져 있을 때 그 말을 다시 회상해 봅시다. 하나님께서 우리를 선하게 대해 주신 것이 헛수고가 되어야 하겠습니까? 우리가 하나님을 향해서 무익한 백성이 되어야 하겠습니까? 우리는 하나님의 포도나무며 하나님께서는 우리의 가지를 쳐 주셨지만 우리는 포도나무를 마르게 하는 쓴 열매만을 생산하니, 우리의 비열함으로 인해서 하나님께서 우리에게 베풀어 주신 은혜를 헛되게 해야 합니까? 우리가 마땅히 살아야 할 삶을 살지 못할 때 우리 모두는 이런 방법으로 자신을 책망해야 합니다. 그러니 우리가 앞으로 나아가는 대신에 뒤로 물러서거나 태만하게 누워서 뒹굴고 있을 때에는 하나님의 은혜를 생각해 보고, 그것들에 대한 기록을 해 두거나 그것들을 상고하는 비망록을 만들어 놓도록 합시다. 만일 우리가 하나님께서 우리에게 베풀어 주신 은혜에 대해서 하나님께 어느 정도의 감사를 드리지 않는다면, 우리에게는 변명할 여지가 없다는 결론을 내리도록 합시다. 그것이 모세가 목적했던 것이었습니다. 그가 말하기를 "너희는 너희 여호와 하나님이 그런 분이시라는 것을 알았으니 그분을 사랑하라"고 했습니다.

우리가 더 알아야 할 것은, 율법의 참 실천은 하나님을 사랑하는 데서 시작한다는 사실입니다. 모세가 우리에게 알려 주는 것은 하나님께서는 한 왕처럼 두려움의 대상이 되는 것을 원치 않으신다는 것과, 하나님은 우리에게 더 친절한 방법으로 다가오신다는 사실입니다. 그런데 그 왕은 그의 백성들이 그를 두려워하기를 바라서 어느 누구도 그에게 반문하는 것을 한 번도 허락하지 않으며, 그가 그들에게 명령하는 것을 모두 실천하게 합니다.

사실 이 땅의 왕이 어떤 존재인지 깊이 생각해 보면, 그들은 연기나 땅벌레에 불과합니다. 그러나 하나님께서 그들을 인 쳐 주셨기 때문에 그들은 존귀하게 여김을 받아야 합니다. 그렇긴 하지만 그들은 아무것도 아닙니다. 그럼에도 불구하고 그들은 교만으로 가득 차 있기 때문에 그들이 백성들의 목을 발로 밟고 있어도 백성들은 어쩔 수 없이 그것을 조용하게 참아 내야 합니다. 그들은 목자나 목동이 되려는 생각이나 그들의 백성들을 향해서 어떤 책임이나 선한 일을 하려는 생각은 전혀 하지 않습니다. 그들에게는 이 세상이 그들만을 위해서 창조된 것처럼 보입니다. 그들은 온순하고 얌전한 자로 인정되지 않습니다. 그들에게는 틀림없이 강제적이고 강압적인 속박이 필요합니다.

그런데 우리 하나님의 위대하심은 너무 놀라워서 하늘의 천사들도 어쩔 수 없이 그분의 위대하심에 고개를 숙입니다. 분명히 말하지만, 우리 하나님께서는 우리에게 허리를 굽히시며 당신을 사랑하라고 말씀하십니다. 하나님께서는 "나를 두려워해서 내가 하는 말을 일어서서 듣고 벌벌 떨어라. 그렇게 하지 않으면 너희는 나에게 있는 큰 영광으로 인해 틀림없이 그것에 압도당하는 것을 느끼게 될 것이다"라고 말씀하실 수도 있으셨습니다. 그렇기는 하지만 하나님께서는 그런 말투를 사용하지 않으시고 "나를 두려워해야 하는 것이 사실이다. 왜냐하면 나에게는 하늘과 땅을 지배하는 최고의 권력이 있기 때문이다.

따라서 어느 누구도 나를 자기 친구처럼 희롱해서는 안 된다. 만일 그가 나를 그렇게 뻔뻔스럽게 대한다면, 그는 파멸해서 도망치지 않을 수 없게 될 것이다. 나는 사람들이 나를 존경하기를 소망한다. 그러나 나는 또한 네가 나에게 다정하게 다가오기를 바라고, 또 네가 너의 아버지에게로 갈 때처럼 대담하게 오기를 바란다. 그러한 까닭으로 나는 내가 가장 좋아하고 또 가장 중요하게 여기는 너의 사랑을 요구한다. 그러니 너희는 나를 사랑하고, 나를 향해서 너희 마음에서 나오는 선한 뜻을 품고 있다는 것을 스스로 나타내 보여라. 나에게는 두려움이라는 압박 수단을 써서 너희를 내 곁으로 끌어들이려는 마음이 없으며, 또 너희를 소나 나귀처럼 다스릴 마음도 없다. 내가 의도하는 것은 너희에게 어떤 포학한 지배권을 행사하지 않고 너희를 나의 자녀로 잡아 두는 것이다. 나는 너희에 대한 아버지의 권위만을 갖고자 하며, 또 너희도 어린아이 같은 사랑으로 나를 섬기기를 바란다"고 말씀하셨습니다.

두 개의 요점

이렇게 해서 여러분은 이스라엘 백성들은 그들의 영원하신 하나님을 사랑해야 한다고 한 모세의 결론에서 우리가 주목해야 할 두 개의 요점을 알게 되었습니다. 만일 우리가 하나님의 율법을 잘 이행하려고 한다면 우리는 제일 먼저 하나님을 사랑해야 합니다. 우리가 사람들 앞에서 흠이 없으려면 우리는 당연히 우리 손과 발을 부지런히 움직여야 할 것입니다. 만일 하나님께서 우리의 감정을 장악하시고, 또 우리가 하나님을 선한 뜻과 자발적이고 거짓 없는 마음으로 섬기지 않으면 모든 것이 허사가 될 것입니다. 그것이 두 요점 중의 하나입니다. 다른 하나는 하나님께서 자신을 우리에게 적응시키시고 우리의 능력에 맞추신다는 사실입니다. 우리는 그것을 알아야 합니다. 하나님의 뜻은 우리가 하나님을 두려워하거나 무서워하는 것이 아니고, 우리가 당신을 우리의 아버지로 여기는 것입니다. 우리를 부르시는 하나님의 부르심은 마치 하나님께서 우리를 당신의 무릎에 앉히시려는 것처럼 매우 다정하며 매력으로 가득 차 있습니다. 왜냐하면 하나님께서 우리를 택하여 당신의 자녀로 삼으셨기 때문입니다. 그것이 우리가 여기에서 기억해야 할 내용의 핵심입니다.

모세는 이어서 **사람들은 하나님의 직임과 법도와 규례와 명령을 지켜야 한다**는 말을 첨가했습니다. 나는 앞에서 모세가 그렇게 많은 말을 한 이유를 이미 설명했습니다. 모세는 "너희 하나님의 명령을 지켜라. 너희에게는 확실한 규칙인 율법이 있다. 그것을 고수하라"고 간단하게 말해도 충분했을 것입니다. 그러나 모세는 그런 식으로 간단하게 말하는 것으로는 불충분하다고 생각하여 율법의 내용과 우리가 거기에서 어떤 가르침을 얻어야 할 것인가를 강조하려는 의도로 **법령, 명령, 권리, 조례, 규례**를 언급했습니다. 그렇게 함으로써 우리는 모든 거룩함을 온전히 이룬다는 것을 우리에게 알려 주기 위해서입니다. 우리가 알고 있는 바와 같이, 사람들은 예나 지금이나 괴팍하며, 그들이 하나님을 온전하게 섬기는 데 실패한 원인을 사람들은 모두 그들 자신이 만든 것의 일부분을 하나님께서 명령하신 것에 첨가하려고 하는 데서 찾을 수 있습니다. 오늘날 이 세상에 퍼져 있는 모든 미신이 거기에서 나왔습니다.

분명히 말하지만, 하나님의 예배를 더럽혀 놓은 극악무도한 모든 미신의 근원은 하나님께서 명령하신 것을 준수하는 것만으로는 충분하지 않다고 생각하여 자신이 만든 무엇인가를 첨가하는 데 있습니다. 그런데 하나님께서는 당신의 백성들로 하여금 경외하는 마음을 갖게 하기 위해서 "나의 율법에는 너희가 지켜야 할 **도리**와 **규례**와 **법례**가 있다. 내가 너희에게 준 율법을 철저히 조사해 보면 너희는 그것이 완전하며 부족한 것이 아무것도 없다는 것을 알게 될 것이다. 그러니 고삐 풀린 망아지 짓을 하지 말고 나의 뜻에 따라 나를 순수하게 섬기는 데서 만족을 얻어라. 그리고 너희 머리로 만든 것은 어떤 것도 첨가하지 말아라" 라고 말씀하십니다.

여러분은 다른 수많은 말씀에서처럼(여러분은 최소한도 200개의 비슷한 것을 발견하게 될 것입니다) 모세는 이 본문 말씀에서 하나님의 율법을 찬양하기 위해 노력하는 것을 보았을 것입니다. 모세는 그렇게 해서 사람들로 하여금 율법에는 권위가 부족하다거나 율법은 우리를 불완전하게 가르친다는 생각을 하지 못하게 하려고 했습니다. 그리고 그가 그들에게 알려 주려고 한 것은, 율법에 온전히 집착하는 것이 그들의 의무라는 것과, 그들이 율법에 그렇게 순종함으로써 그들은 자신의 지혜를 버리게 되고 그들의 생각이 현명하다고 여기지 않게 된다는 것입니다. 아멘하고 찬양하라는(역상 16:36) 하나님의 명령에 따라서 하나님이 순종을 받으시게 해 드리면 하나님께서 당신의 입으로 일단 말씀하신 것에 대한 반박이 전혀 없게 됩니다. 바로 그런 까닭으로 '지켜 행하라'(Keep)라는 말이 여기에 사용되었습니다. 사람들에게는 그들이 지켜야 할 것이 틀림없이 많이 있을 것이며, 그들은 율법을 어떤 방법으로든지 잘 지켰다고 여깁니다. 그러나 우리 여호와께서는 우리가 당신의 율법을 따르려면 지키고 준수해야 할 것이 많이 있으니 우리는 율법에 아무것도 첨가할 필요가 없다는 것을 우리에게 알려 주십니다.

모세는 그 백성들로 하여금 더 많은 감동을 받게 하려는 의도로 우리가 지금까지 들었던 내용을 확실하게 하면서 "그러므로 너희가 생각할 것은 이 말은 그것을 보지도 못하고 그것에 대해서 듣지도 못한 너희 자녀에게 하는 것이 아니고 하나님께서 너희를 애굽 땅에서 구출해 내실 때, 특히 너희가 홍해를 건널 때 하나님께서 역사하신 엄청난 기적과 기사를 직접 목도한 너희들 자신에게 하는 것이다"라고 했습니다. 그는 이어서 "너희가 홍해를 건널 수 있는 길을 만들어 주기 위해서 바닷물이 줄었다는 것과, 후에는 그 바닷물이 너희를 살기등등하게 쫓아오던 너희의 원수들 모두를 삼켜 버렸다는 것이 얼마나 놀라운 일이었느냐? 너희는 완전히 망했다고 생각했었다. 너희는 그런 일들을 너희 눈으로 보았다. 만일 너희가 하나님의 그런 놀라운 역사를 잊고 그것들이 사라지는 것을 용납한다면 그것은 망측한 짓이다. 너희는 그렇게 된 것이 너희가 몰랐기 때문이라고 변명해도 되느냐? 그렇게 할 수 없다. 너희가 그렇게 한 것은 감사할 줄 모르기 때문이다. 하나님께서 너희에게 보여 주신 것을 발로 짓밟는다는 것은 심히 심술궂은 짓이다"라고 말했습니다.

그는 그 말씀이 그것을 보지도 못했고 그것에 대해서 들은 적도 없는 너희 자녀에게 하는 말이 아니라고 했는데, 그는 그것들에 관해서 미래에 대해 말하는 것처럼 하지 않으려고 했습니다. 그 당시 이루어진 구출에 대한 이야기를 읽으면 오늘날에도 그것에 감동을 받아야 하는 것이 사실입니다. 그것은 하나님께서 당신의 자녀에 대해서 염려하신다는 영원한 증거가 되기 때문입니다. 우리는 그것을 통해서 하나님께서 우리를 택하시어 당신의 가족으로 삼으심으로써 우리를 죽음의 토굴과 나락에서 끌어내셨다는 것을 보여 주는 생생한 그림을 갖게 되었습니다. 그러므로 비록 우리가 그때에 이뤄졌던 일들을 보지 못했을지라도 우리는 그것들을 통해서 유익을 얻어야 합니다.

그런데 모세는 비교를 해 가면서 다음과 같이 논리적으로 설명합니다. 그는 "만일 내가 너희 자녀들에게 말할지라도 그들은 그들이 들은 것을 통해서 유익을 얻어야 한다. 그리고 비록 그들이 그것들을 그들의 눈으로 보지 않았을지라도 그것들에 대한 이 기록은 그들에게 이익이 되어야 한다. 너희로 말하면, 너희는 하나님께서 너희에게 보여 주신 것을 더 현명하게 유념해야 한다. 만일 너희가 그것들을 통해서 유익을 얻지 못한다면 너희의 감사할 줄 모름이 두 배로 늘어나며, 너희가 받을 벌이 훨씬 가혹하게 될 것이다. 만일 너희가 그런 은혜를 찬양하는 데 온전히 헌신하지 않는다면, 다시 말해서, 하나님께서는 비싼 대가를 주고 너희를 사셨으며 또 너희 행복을 매우 중요하게 여기신다는 것을 보여 주셨음에도 너희가 하나님을 존귀하게 해 드리지 않는다면, 너희는 너희 자신을 위해서 무엇을 주장할 수 있느냐? 하나님께서는 당신이 너희에게 어떤 분이시라는 것을 보여 주셨으니, 너희가 할 의무는 무엇이냐?"고 말했습니다. 여기에서 우리가 명심해야 할 것은, 우리 여호와께서 우리에게 행함을 통해서 총애를 얻으라고 시키셨을 때 만일 우리가 그것을 통해서 유익을 얻지 못하여 하나님을 더 용감하게 더 열성적으로 섬기지 않는다면, 우리는 어쩔 수 없이 그에 대한 해명을 해야 하며, 감사할 줄 모르는 그런 태도에 대한 보복으로 더 무서운 저주를 예상하지 않으면 안 됩니다.

이제는 하나님께서 주시는 유익을 통해서 우리가 어떻게 좋아졌는지 알아봅시다. 우리가 필요할 때 하나님께서 우리를 어떻게 도와주셨으며, 당신의 강한 손을 어떻게 펼치셨는지가 우리가 살고 있는 지금은 잘 보이지 않습니까? 만일 우리 모두가 하나님께서 자신이 우리에게 관대하시다는 것을 굉장히 많은 방법으로 보여 주셨다는 것을 알게 되면, 확실히 우리는 심히 당황하게 될 것입니다. 하나님의 자녀의 일반적인 상태를 바라봅시다. 그리고 우리 모두가 어떻게 자극을 받아 하나님을 섬기게 되었는지 알아봅시다.

우리는 우리의 눈을 가릴 수건만 찾고 있는 것처럼 보이고, 또 우리에게 가장 분명한 것들을 믿지 않는 것처럼 보일 것입니다. 그러나 이 가르침이 주어진 것이 헛되지 않았습니다. 만일 하나님께서 우리에게 당신의 행하심을 통해서 당신이 우리 가운데 거하시며 모든 권능이 당신에게 속한다는 것을 입증하기 위해서 당신의 손을 하늘에서부터 펴신다는 것과 당신께서 당신의 신자들의 구세주가 될 것이라는 것을 보여 주셨음에도 불구하고 우리가 그것을 믿지 않고 의식이 없는 사생아 짓을 한다면, 또 하나님께서 당신이 우리 자신과 우리 자녀의 아버지와 구세주가 되신다는 것을 어떤 방법으로 나타내셨는지 깊이 생각해 보기 위해서 우리가 가장 많은 주의를 기울여야 할 때 오히려 하나님으로부터 등을 돌리고 의도적으로 못 본 체한다면, 우리는 어떤 변명을 할 수 있겠습니까?

성경이 끌고 가는 목적지

여기에 우리를 자극하는 한 교훈이 있습니다. 만일 하나님께서 당신의 정체를 드러내 보이신 적이 있다면, 확실히 이 시대를 살고 있는 우리는 하나님의 그런 행하심을 기억할 가치가 있는 것으로 보았을 것입니다. 그리고 지금부터 100년 후에 사람들이 하나님의 행하심을 다시 말하게 되면, 이 세상이 그때까지 지속되는 한 하나님의 행하심이 그 이야기를 듣게 될 사람들을 부끄럽게 만드는 역할을 할 것이 확실합니다. 따라서 우리는 예레미야 선지자가 말했던 것처럼 "하나님의 행하심의 기묘함이 그 이야기를 들으려는 사람들의 귀를 진동시킬 것이다"(렘 19:3)라고 말해도 좋을 것입니다. 그런 경우에 선지자들은 "우리는 이런 것들을 보았으며 경험했습니다"라는 화법을 사용했습니다.

그런데 만일 앞으로 하나님의 역사하심에 대한 이야기가 그것을 들은 적이 없는 사람에게 감동을 주어야 한다면, 지금 당장 우리가 그 이야기를 통해서 감동을 받아야 하는 것이 더 당연하지 않습니까? 그것들이 우리의 가슴을 찔러야 하지 않습니까? 만일 우리가 하나님의 은혜와 능력을 인식하고 난 후에도 아무것도 깨닫지 못하고 계속해서 아무것도 마음에 품지 않는다면, 이것은 틀림없이 사탄이 우리를 완전히 취하게 만든 것이 아닙니까? 그런 우둔함이 용서받을 수 있습니까? 용서받을 수 없습니다. 그러니 우리는 하나님께서 우리를 모아 놓으시고 우리로 하여금 당신께서 요구하시는 대로 순수한 제사를 드릴 수 있게 하기 위해서 어떻게 역사하셨는지를 잘 생각해 봅시다.

복음과 관련해서 말하자면, 이 세상은 미신과 극악무도함의 흉악한 소용돌이에 불과했으며 온갖 폭행과 우상 숭배와 사탄의 계략이 그 안에서 크게 유행하고 있었기 때문에 거기에는 하나님의 은혜가 있었을 가능성이 없었습니다. 그러므로 하나님의 다정한 방문을 받는 사람들에게는 하나님을 영화롭게 해 드릴 충분한 이유가 있었습니다. 외국에서 와서 여기에 함께 모여서, 이를테면 한 양떼가 된 그들로 말하면, 그들은 우리 여호와께서 오래전에 이사야 선지자를 통해서 말씀하셨던 것을 오늘날 그들을 향해서 이행하셨다는 말밖에 할 수 없습니다. 즉 하나님께서는 병거와 수레를 온 세상에 보내서 당신의 교회 안에서 당신을 섬기고 경배할 사람들을 온 땅에서 모으려고 하신다고 말씀하셨습니다(렘 17:25).

그런데 만일 우리가 그런 것들을 존경하지 않는다면 그것들이 우리에게 알려지지 않았기 때문에 우리가 그것들에 대해서 생각해 보지 않았다고 변명이나 구실을 댈 수 없습니다. 하나님께서는 그것들을 우리가 눈만 뜨면 볼 수 있게 우리에게 분명하게 보여 주셨기 때문입니다. 이렇게 해서 여러분은 이 말이 "나는 이것들을 보지도 못했으며 이것들에 대해서 듣지도 못했다고 대꾸하는 너희 자녀들에게 말하는 것이 아니라"고 한 이 가르침을 오늘날 우리가 어떻게 실천해야 하는지 알게 되었습니다. 모세는 "너희는 하나님의 능력에 관해서 무엇을 알아야 하는지 알아보라. 하나님께서는 그것을 당신의 행하심을 통해서 너에게 이해시키려 하셨다"고 말했습니다.

한편 우리는 아담으로 인해서 생긴 무한한 혼돈에서 우리를 구원해 주신 우리 하나님의 선하심과 능력을 체험한 것에 만족합시다. 우리의 근원은 무엇입니까? 하나님께서 황송하게도 우리를 당신의 양떼로 삼으셔서 우리를 이끌어 내셨을 때 우리는 어디에 있었습니까? 우리가 어머니의 배 속에서 가지고 나온 것은 극심한 저주밖에 없습니다. 우리는 무한하고 영원한 사망의 후사입니다. 우리는 저주를 받고 버림을 받았습니다. 만일 하나님께서 우리를 우리의 행함대로 심판하신다면 하나님이 틀림없이 우리의 원수와 적이 되실 것이며, 우리를 향해서 당신의 모든 능력을 행사하실 것입니다. 그리고 우리의 천성은 매우 무례하고 고집이 세기 때문에 그것이 우리 안에서 활동하고 있는 한 하나님을 반대하는 데 열중하고 있으니, 우리도 어쩔 수 없이 하나님께 전쟁을 선포해야 하지 않습니까?

그렇습니다. 우리 안에 얼마나 많은 탐욕이 있는지 알아보십시오. 거기에는 아주 많은 반항심이 있어서 마치 우리의 목적이 하나님을 무장시켜 드려서 우리를 보복하시게 하는 것 같습니다. 그럼에도 불구하고 하나님께서는 우리를 저지하시기를 기뻐하십니다. 하나님께서 우리를 택하시어 당신의 백성과 당신의 가족으로 삼으시는 것은 하나님께서 이스라엘 백성들을 애굽의 속박에서 구출하셨던 것보다 더 놀라운 일입니다. 왜냐하면 그들의 구출은 우리 주 예수 그리스도께서 이룩하신 이 구속의 형상에 불과했기 때문입니다. 예수 그리스도께서는 우리를 속박에서부터 세상적이고 인간적인 나라로 구출해 내신 것이 아니라 우리를 지옥의 나락과 사탄의 속박에서 구출하셨습니다. 하나님께서 우리를 부르시어 우리로 하여금 당신의 은혜를 느끼게 하셨을 때 하나님께서는 우리를 어디로 데리고 가셨습니까? 어떤 사자가 어쩔 수 없이 먼 곳에서 우리에게 구원의 소식을 가지고 와야 합니까? 먼저 우리 자신을 살펴봅시다. 그러면 우리는 자신에 관한 한 우리의 상태가 영원한 죽음에 불과하다는 것을 알게 될 것입니다.

그러므로 이 가르침을 유용하게 활용하기 위해서 우리가 알아야 할 것은, 하나님께서 우리 가운데서 어느 한 사람을 당신 곁으로 부르신다는 것은 하나님께서 우리로부터 이 세상의 모든 속박과 노예의 신분과 심지어는 우리가 견디어 낼 수 있는 가장 잔혹한 행위를 제거하는 것보다 놀라운 일이라는 사실입니다. 그것을 알아 둡시다. 또한 하나님께서 행하신 역사를 생각하는 일에 전적으로 전념합시다. 그것이 우리로 하여금 하나님께서 우리에게 베푸시는 유익을 인식하게 하기 위해서 성경이 우리를 끌고 가는 목적지입니다. 그렇게 함으로써 우리는 더 행복하게 살게 됩니다. 그것은 또한 우리로 하여금 하나님을 알게 하고, 우리를 자극해서 우리로 하여금 하나님을 우리의 여호와로 숭배하게 하고, 하나님의 위대하심에 허리를 굽히게 할 뿐만 아니라, 하나님을 향해서 천진난만한 사랑을 품게 하는 한 방법입니다. 그렇게 함으로써 우리는 기쁜 마음으로 하나님께로 나아갈 수 있습니다. 또한 하나님을 공경하게 되어서 하나님께서 우리를 받아 주시고, 우리 주 예수 그리스도 때문에 우리를 당신의 자녀라고 공언하시게 됩니다.

75편_ 신 11:5~8

Sermons on DEUTERONOMY

"명령을 지키라 너희가 강성하리라"

"또 너희가 이곳에 이르기까지 광야에서 너희에게 행하신 일과 르우벤 자손 엘리압의 아들 다단과 아비람에게 하신 일 곧 온 이스라엘의 한가운데서 땅으로 입을 열어서 그들과 그 가족과 그 장막과 그를 따르는 모든 생물을 삼키게 하신 일이라 너희가 여호와의 행하신 이 모든 큰 일을 목도하였느니라 그러므로 너희는 내가 오늘날 너희에게 명하는 모든 명령을 지키라 그리하면 너희가 강성할 것이요 너희가 건너가서 얻을 땅에 들어가서 그것을 얻을 것이며"(신 11:5~8).

우리는 모세가 우리에게 일러 준 내용을 전에 보았습니다. 즉 그는 하나님의 기사를 목격했던 자들은 그 기사를 듣기만 하고 눈으로 직접 보지 않았던 자들보다 용서받기가 훨씬 어렵다고 말했습니다. 하나님께서는 당신의 능력을 우리의 면전에서 보여 주실 정도로 인자하셨는데 우리가 그것을 마음에 두지 않는다면 우리는 매우 완고한 자임에 틀림이 없습니다. 우리 아이들이 그것을 듣기만 하고도 감동을 받았다면, 그것이 목도되었을 때에는 어떤 일이 이루어져야 합니까? 모세는 하나님께서 당신의 선하심으로 인해서 당신의 백성들을 어떻게 대하셨는지 보여 주었습니다. 하나님께서는 당신이 아브라함 자손의 구세주라는 것을 보여 주시기 위해서 애굽 왕국의 철천지원수처럼 처신하셨습니다. 하나님께서 우리를 택하시어 당신의 자녀로 삼으신 것은 매우 높이 평가받아야 할 특전입니다. 이것은 우리에게 어떤 자격이 있기 때문이 아니라 오로지 하나님의 선하심 때문입니다.

하나님께서는 황송하게도 우리를 다른 사람들보다 더 좋아하셔서, 비록 우리가 그들보다 나을 것이 없을지라도 하나님께서는 우리의 편을 들어 주시며, 우리가 필요할 때 우리를 위해서 싸워 주십니다. 만일 사람들이 우리를 괴롭히고 우리에게 고통을 줄 때 하나님께서 우리를 도와주시겠다고 약속하셨음에도 우리가 그 약속을 지키지 않는다면, 세상 사람들이 우리의 흉악한 고집을 정죄하지 않겠습니까? 모세는 하나님께서 애굽에서 홍해를 건널 때 행하셨던 기사에 대해서 또 한 번 언급한 후에 그들은 하나님께서 광야에서 그들에게 행하신 일에 대하여 깊이 생각해 보아야 한다고 말했습니다. 그가 한 말에는 전에 우리에게 자세하게 설명되었던 내용도 포함되어 있습니다. 즉 거기에는 그들이 하나님으로부터 받은 수많은 유익과 하나님의 징계가 다 포함되어 있습니다. 왜냐하면 그 둘은 우리에게 하나님을 경외하고 그분의 도를 행하라고 가르쳐 주어야 하기 때문입니다. 하나님께서 우리에게 친절을 베푸시는 것은 우리를 당신 곁으로 친절하게 끌어들여서 우리로 하여금 당신을 경배하게 하기 위해서입니다. 그리고 만일 하나님께서 우리의 잘못을 고쳐 주신다면, 그것은 우리를 온순하게 해서 우리로 하여금 당신의 멍에를 메게 하고 하나님을 제대로 섬기게 하기 위해서입니다.

때문에 모세는 거기에 이 둘 모두를 포함시켰는데, 그것은 마치 "하님께서는 너희가 아무 노력이나 일을 하지 않았음에도 불구하고 너희를 만나로 먹여 주셨으니 너희가 하나님을 섬기는 일에 온전히 헌신하는 것이 마땅하지 않느냐? 만일 어떤 사람이 너희를 그의 집으로 데리고 가서 먹여 주고 입혀 준다면, 너희는 그런 은혜에 대해서 너희 전 생애를 바칠 만큼 그에게 많은 신세를 진 것이 아니냐? 하나님께서는 하늘에서 너희에게 만나를 내려 주심으로써 광야에서 너희를 먹여 주셨다(출 16:4). 그런데 만일 너희가 그런 은혜로우신 선행을 잊는다면 그것이 얼마나 무서운 죄가 되겠느냐? 하나님께서는 만나를 보내 주셨을 뿐만 아니라 옷도 보존해 주셔서 너희들의 옷이 40년 동안 상하지도 않고 낡지도 않게 하셨다(신 8:4). 하나님께서는 밤에는 빛이라는 가시적인 표적을 통해 당신이 너희 안내자라는 것을 보여 주셨으며, 낮에는 너희 위에 당신의 구름을 펼쳐 놓으셔서 너희를 뜨거운 햇빛에서 보호해 주셨다(출 13:21). 하나님께서는 모든 가능한 방법을 다하셔서 너희를 따뜻하게 돌보아 주셨다. 너희가 목이 말랐을 때 하나님께서는 마른 바위에서 물이 솟아나게 하셨다(출 17:6). 간단히 말해서, 하나님께서는 아무것도 불완전하게 내버려 두지 않으셔서 당신께서 너희를 사랑하시고 너희에게 관대하신 아버지가 되신다는 것을 보여 주시려고 하신다.

그러니 너희는 하나님께 순종하기 위해서 헌신하는 것 외에 무엇을 할 수 있느냐? 그리고 너희가 너희 어리석은 욕심으로 인해서 하나님께 투덜거렸을 때 하나님께서 어떻게 하셨는지 기억해 두어라(민 11:32~33). 너희는 그때에 하나님의 엄하신 손을 느끼지 않았느냐? 너희가 살코기를 요구하였을 때 하나님께서 너희에게 그것을 보내 주신 것이 사실이다. 그러나 하나님께서는 너희에게 비싼 대가를 치르게 하셨다. 왜냐하면 그 고기는 너희를 질식시키는 것과 같았기 때문이다. 그 고기가 아직 너희 입안에 있을 때 하나님의 진노가 너희 위에 임했다. 그리고 너희가 방탕한 짓을 했을 때 하나님께서 너희를 치셔서 많은 사람들이 죽었다

(민 25:1, 9). 너희가 하나님의 말씀에 불순종했을 때 하나님께서는 너희 중에 불을 붙이셔서 태워 버리셨으며(민 11:1), 마침내는 놋 뱀을 만들어 장대 위에 달게 하셨다(민 21:9). 너희는 하나님으로부터 온갖 징계를 다 받았으니, 만일 너희가 그것을 마음에 새겨 두지 않는다면 너희는 짐승만도 못하다"라고 말하는 것과 같습니다.

하나님의 택함을 받은 자들

모세는 이와 같은 징벌을 다 말한 후에 주목할 만하고 명심해 두어야 할 가치가 가장 많은 예를 들었습니다. 즉 그는 고라와 다단과 아비람이 저지른 반역에 대해서 언급했습니다(민 16:1). 민수기 16장에 기록된 대로, 이 세 사람과 다른 르우벤 자손 한 사람이 아론에게 반란을 일으켜서 아론에게 이스라엘 백성들 가운데서 권위가 많은 제사장의 직분을 남용한 책임을 물었습니다. 그들의 주장은 아론이 우리 주 예수 그리스도를 대신해서 하나님과 그 백성들을 화해시키기 위해 지성소에 들어갔다는 것이었습니다. 이 사실이 이 사람들로 하여금 심술을 부리게 만들어서, 그들은 아론이 그런 위엄 있는 일을 하는 것에 동의하지 못했습니다. 그들은 시기심 때문에 백성들을 선동하여 소요를 일으켜 백성들로 하여금 "아론이 그렇게 하는 것은 아브라함의 자손인 우리 모두에게 공동으로 속하는 특권을 훼손하는 짓이다. 하나님께서는 우리를 거룩하게 하셨으며 우리를 당신의 기업이며 왕 같은 제사장이라고 부르셨다(출 19:6). 그런데 아론과 그의 자녀들이 온 백성 전체에게 속하는 것을 그들 자신에게만 속하는 것으로 여겨 왔다. 그러니 우리의 권리를 지켜서 이와 같이 위엄 있는 직분이 세습되는 것을 허용하지 말자"라고 말하게 했습니다. 이것은 그들의 핑계였습니다. 사실 그들이 그렇게 한 것은 심히 악한 마음 때문입니다. 우리가 제일 먼저 알아 두어야 할 것은, 하나님께서는 아론과 그의 자녀들이 제사장직 때문에 솔직하지 않다거나 악한 혐의를 받지 않게 하기 위해서 사전에 충분한 조치를 취하셨다는 사실입니다.

모세는 그 백성들의 지도자였으며, 그들을 해방시켜 준 사람이었습니다. 따라서 그의 자녀들이 다른 사람들보다 우대를 받는 것은 매우 타당했습니다. 모세에게는 자녀가 있었지만 그는 제사장직을 자신이 맡지 않고 그것을 자기 형에게 돌려주었습니다. 아론을 선택하신 분은 하나님이시지 모세가 아닙니다. 그것이 사실입니다. 어찌되었거나 하나님께서는 율법과 거기에 부수되는 것들이 의심을 받지 않게 하기 위해서 그렇게 하셨습니다. 하나님의 뜻은 모세에게 제사장직을 맡기는 것과 같은 영광을 주지 않는 것이었습니다. 그래서 그의 형인 아론이 이스라엘 백성들의 이름을 가지고 지성소에 들어가서 그들을 대신해서 하나님께 제물을 드릴 때, 모세는 어쩔 수 없이 하나님을 예배하는 나머지 백성들과 함께 떨어져서 겸손하게 서 있어야만 했습니다(출 28:12). 그런데 모세의 자녀들은 무슨 직분을 맡았습니까? 그들의 신분은 낮았으며, 모세의 형 아론에게 맡겨진 위엄 있는 자리로 승진하지 못했습니다. 하나님께서는 그것을 통해서 그런 것들이 야망이나 세상적인 욕심에 따라 이루어지지 않았다는 것과, 그것은 당신의 교회와 성전에서 지켜져야 할 질서를 만드신 하나님께서 직접 하신 것이라는 것을 보여 주셨습니다.

그럼에도 불구하고 이 비겁한 자들은 반항하기 시작했으며, 아론이 대제사장의 위신을 훼손했다고 부당하게 고발했습니다. 그래서 하나님께서는 어쩔 수 없이 당신께서 하신 일을 옹호하셔야만 했습니다. 그러자 모세는 그들에게 "무슨 짓이냐? 아론의 직분이 무엇이냐?"고 물었습니다. 거기에는 다음과 같은 뜻이 담겨 있습니다. "아론이 제멋대로 쓸데없이 참견했느냐? 그렇지 않다. 비록 하나님께서 그를 높고 존귀한 지위로 승진시키셨지만, 잘 생각해 보면 그는 너희를 섬기는 일만 할 뿐이다." 그러나 이 사악한 자들은 그 말에 만족하지 않았습니다. 그들은 모세에게 "우리는 거룩함을 받았으며, 하나님의 백성이다. 그런데 너는 우리보다 더 높으냐?"고 물었습니다.

이런 경우에 하나님께서는 이것을 바로잡아 주시기 위해서 손을 대셔야만 했습니다. 모세는 그들 모두에게 내일 자기 향로를 가지고 오라고 명령했습니다. 그리고 모세는 "너희는 이 반역의 주동자다. 너희는 너희가 드리는 제사를 통해서 하나님께서 어떤 제사를 제일 좋아하시는지 알게 될 것이다"라고 말했습니다. 그때 그 반란에 가담했던 자의 수가 250명에 이르렀습니다. 이들이 자기 향로를 가지고 오자 모세는 그 백성들에게 "만일 이들이 평범한 죽음을 당하고 하나님께서 너희 면전에서 그들에게 손을 대지 않으셔서 그들의 머리 위에 가공할 징계가 내리지 않는다면, 너희가 나를 하나님의 보내심을 받은 자로 여기지 않더라도 나는 그것에 만족할 것이다. 그러나 만일 너희가 나의 입을 통해서 말한 것들이 하나님께서 이행하시는 것이라는 것을 보게 되면, 너희는 내가 아무것도 내 마음대로 하지 않았다는 것과, 나는 하늘에서 나에게 명령된 것을 충실하게 이행했다는 것을 확실히 알게 될 것이다"라고 말했습니다. 그러자 땅이 갈라지고 그 백성들 가운데서 반역한 자들을 삼켜 버렸습니다. 이런 일이 있자 백성들은 감히 불평을 하지도 못하고, 모세와 아론이 하나님의 백성들을 죽이려고 한다는 말을 하지도 못했습니다.

하나님의 택함을 받은 자들은 그들의 제사장의 품위를 유지하기 위하여 어쩔 수 없이 수시로 죽어야만 합니다. 우리도 그들 중 하나입니다. 하나님께서는 온 세상 사람들, 심지어는 짐승들까지도 깜짝 놀라게 할 기적을 행하였음에도, 하나님의 택함을 받았으며 거룩하다고 자처하는 이 백성들은 투덜거리기를 그치지 않았으며, 그들의 악한 계획에 따라 하나님과 하나님의 종에게 반항했으니 이것은 참으로 은혜를 모르는 짓입니다. 하나님께서는 어쩔 수 없이 아론이 제사장이라는 것을 한 번 더 승인해 주셔야 했습니다. 이에 하나님께서는 그들 각자에게 그들의 이름을 써 놓은 지팡이를 가지고 와서 그것들을 한 곳에 모아 놓으라고 명령하셨습니다. 지팡이들이 성소 안에 계시는 하나님 앞에 놓였습니다. 그런데 아론의 이름이 적혀 있는 지팡이에서는 싹이 났으며 나머지 지팡이들은 마른 채로 남아 있었습니다(민 17:2, 8). 하나님께서는 그런 방법을 통해서 당신께서 아론의 일가를 제사장으로 택하셨다는 것을 보여 주셨습니다.

모세가 여기서 이 백성들에게 이 일들을 상기시키는 것은, 만일 그들이 어떤 변화를 추구하는 짓을 하거나 하나님의 명령을 어기는 어떤 일을 획책해서 하나님을 계속 희롱한다면 하나님의 보복이 고라와 다단과 아비람과 그들의 동반자에게 임했던 것처럼 그들도 하나님의 보복을 받게 된다는 것을 그들에게 알려 주기 위해서입니다. 이 외에도 모세는 그들이 심술궂다는 것과, 그들이 하나님은 공명정대한 분이시라는 것을 안 후에도 하나님을 다시 노엽게 해 드렸다는 것을 알려 주었습니다. 그는 그렇게 해서 그들이 그런 짓을 더 이상 하지 못하게 하려고 했습니다. 만일 그들이 하나님의 인내심과 하나님께서 그들을 참아 주시는 것을 한 번 더 악용한다면, 마침내 하나님께서는 그들에게 매우 혹독한 벌을 내리실 것입니다.

여러분은 여기서 모세의 의도가 무엇이었는지 알았습니다. 우리는 그것을 통해서 우리 자신에 대해 곰곰이 생각해 보라는 경고를 받습니다. 우리 가운데서 어떤 잘못이나 죄가 저질러져서 하나님께서 우리를 치실 때마다, 우리는 그것을 우리 마음 판에 새겨 그것이 우리로 하여금 하나님의 계명을 지키게 해야 합니다. 우리가 꾸밈없는 이야기를 알고 있는 것만으로는 충분하지 않으며, 우리는 그것을 우리의 교육에 활용해야 합니다. 따라서 만일 하나님께서 우리를 친절하게 고쳐 주시면, 우리는 우리에게로 향하신 아버지 같은 하나님의 선하심을 인정해야 합니다. 그때부터는 하나님을 더 이상 노엽게 해 드리지 맙시다. 우리 자신이 죄짓는 것을 막기 위해서 하나님께서는 죄를 참지 못하신다는 사실이 우리를 만족시키게 하십시오. 분명히 말하지만, 그것이 우리가 이 본문을 통해서 경고를 받아야 되는 내용입니다. 무엇보다도 우리 마음 속에 겸손을 새겨 두어서 우리로 하여금 우리가 저지른 잘못에 대해서 계속적으로 후회하게 합시다. 그리고 만일 우리 하나님께서 다른 사람들에게 당신의 진노를 발하실 때 우리는 그들의 편을 듦으로써 우리 자신을 그들과 똑같은 저주로 싸지 않도록 조심합시다. 그들을 멀리합시다. 하나님의 진노를 유발하지 않으려면 그들과 아무 관계도 맺지 맙시다. 그것이 모세가 여기서 말하는 내용의 핵심입니다. 모세가 그렇게 하는 것은 우리 모두로 하여금 자기 자신에 대해서 주의하게 하기 위해서입니다.

하나님의 교훈

내가 앞에서 말한 바와 같이, 그때 이스라엘 백성들에게 말했던 내용이 우리에게도 똑같이 해당됩니다. 우리는 하나님의 능력을 무엇과 같다고 느꼈습니까? 그 물음에는 본토에서 태어난 사람과 타국에서 이곳으로 온 사람이 같다는 뜻이 담겨 있습니다. 하나님께서 우리 가운데서 구조 활동을 하실 때 하나님의 놀라운 능력을 알아채지 못한 사람이 있습니까? 이 성읍은 파괴되어서 폐허가 되기로 정해지지 않았습니까? 그 성읍은 완전히 망해서 세상적으로는 다른 대책이 전혀 없는 것처럼 보이지 않습니까? 그런데 하나님께서 당신의 손을 뻗으셔서 세상 사람들이 믿기 어려운 변화를 일으키셨습니다. 그것은 꿈과 같았으며, 사람들은 그런 생각을 전혀 하지 못했을 것입니다. 거기에 참여했던 사람들도 후에 그것을 보고 깜짝 놀랐습니다. 그런데 만일 이것이 잊힌다면, 우리는 그 잘못을 누구에게 돌려야 할까요? 하나님께서는 구속받고 있었던 자들을 해방시켜 주시고, 모든 것이 황폐된 것처럼 보였을 때 그들을 죽음의 나락에서 끌어내 주셨을 뿐만 아니라, 황송하게도 그들 가운데 당신의 왕국을 세우셨습니다. 하나님께서는 여기에 당신의 복음을 심으셨으며, 또 여기에 당신의 으리으리한 보좌를 설치하셨으며, 여기에 당신께서 기거하실 성소와 장소를 정하셨습니다. 타국에서 온 사람들에 관해서 말하자면, 하나님께서는 당신의 손을 그들에게 어떻게 뻗으셨습니까? 그들이 저주받을 교황의 지배를 받고 있었을 때 그들은 지옥에 있었던 것과 같지 않았습니까?

여러분은 우리가 어떻게 해서 온전히 하나님의 능력 아래 모이게 되었는지 알았습니다. 따라서 우리가 이와 같은 은혜를 존중하는 것은 지극히 당연합니다. 우리는 그것을 우리 입으로 전할 뿐 아니라 우리 주님께서 우리를 당신 곁에 붙잡고 계시는 한 우리는 기꺼이 하나님의 자녀가 되려고 하며, 따라서 모든 일에서 하나님을 기쁘시게 해 드리기 위해 노력할 것이라는 것을 일생 동안 보여 주어야 합니다. 만일 그렇게 하지 않는다면, 확실히 우리에게는 변명할 수 있는 여지가 없을 것입니다. 우리는 하나님께서 내버려 두신 자들보다 일백 배나 중한 벌을 받아 마땅합니다. 그런 자들은 하나님이 그들에게 매우 인자하시며 호의적이시라는 것을 알지 못해서 여전히 이전에 했던 짓을 하고 있습니다.

이 외에도 우리를 위한 하나님의 역사는 한 번 있다가 없어지는 것이 아닙니다. 하나님께서 이 성읍 안에서 이룩해 놓으신 것들을 계속해서 유지해 오신다는 사실에 대하여 곰곰이 생각해 보면, 하나님께서는 해마다 당신의 기적을 보완하셨다는 것과, 그것이 어떤 괄목할 징조를 통해서 잘 드러나게 하셨다는 것, 그리고 계속해서 우리를 돌보아 주셨다는 것과 결코 우리를 버리지 않으셨다는 것을 알게 될 것입니다. 만일 우리가 우리의 목숨이 실오라기에 매달려 있는 것과 같다는 것은 인식하지 못한다면 우리는 시각장애인만도 못할 것입니다. 왜냐하면 우리 모두를 해치우는 것은 손바닥을 뒤집듯이 쉬우며, 하나님의 교회를 파멸의 위험으로 몰아넣는 데에는 한 차례의 모의만으로 충분할 것 같기 때문입니다. 이 모든 것에도 불구하고 하나님께서는 우리를 보존해 주셨습니다. 어떤 방법으로 그렇게 하셨습니까? 우리는 그것을 알 수 없습니다. 만일 우리에게 단 한 방울의 지혜가 있다면 그 생각이 떠오를 때마다 확실히 우리는 그것에 놀라 "오, 주여! 당신께서는 인간의 예상을 많이 초월하셨습니다!"라고 외칠 것입니다.

한편 하나님께서는 당신의 교회의 질서가 어지럽게 되면 당신께서는 당신의 복음을 통해서 세워 놓으신 건물을 전복하려고 하는 자들을 벌주기 위해서 당신의 손을 드신다는 사실을 알아 둡시다. 하나님께서는 그들을 벌하셨으며, 우리로 하여금 그들을 통해서 교훈을 받게 하시는 것이 확실합니다. 하나님께서는 우리로 하여금 당신의 보복을 보고 알게 하시지만, 하나님은 우리 자신을 거기에서 제외시키실 정도로 은혜가 많으십니다. 하나님께서 그렇게 하신 것은 우리의 공로 때문이 아니라 하나님께서 우리 살려두시기를 기뻐하셨기 때문입니다. 자신의 행함을 자세히 조사해 보지 않고 자신의 잘못을 깨닫는 사람은 우리 가운데 아무도 없습니다. 그럼에도 불구하고 하나님께서는 우리에게 어떤 사람도 하나님을 노엽게 해 드려서는 안 된다는 것과, 만일 어느 누구라도 하나님께 맞선다면 그는 무자비하게 압도당하게 된다는 것을 알려 주셨습니다.

분명히 말하지만, 이 사실은 우리에게 충분히 알려졌습니다. 하나님께서 역사하시지만 우리는 하나님의 역사를 유의해서 보지 않습니다. 비록 우리가 그렇게 할지라도 우리는 의도적으로 하나님을 향해서 우리의 눈을 감아 버립니다. 더 나아가, 이 이야기를 우리의 유익이 되도록 활용합시다. 내가 그 문제를 더없이 진지하게 다룬 것이 사실입니다. 그리고 성경이 쓰인 목적은 이스라엘 백성들에게 어떤 일이 행해졌는지를 우리에게 알려 주기 위해서일 뿐만 아니라 우리로 하여금 그들과 우리 사이에 있는 유사점에 대해서 깊이 생각해 보게 하기 위해서였습니다. 그리고 우리에게 그와 비슷한 일이 생길 때 우리는 그들이 우리에게 준 경고의 종소리를 통해서 유익을 얻게 됩니다. 사도 바울이 말하는 것처럼 하나님께서 그때에 행하셨던 것들은 우리가 바라볼 거울과 같아서, 우리는 그것 모두를 우리의 유익으로 삼아야 합니다(고전 10:11). 그리고 그는 우리에게 종말이 닥쳐오면 우리는 지금 하나님께서 그때에 시작하셨던 것에 불과했던 것들이 완성되는 것을 보게 될 것이라고 말했습니다.

여기서 고라와 다단과 아비람, 즉 하나님께서 그때 모세를 통해서 명령하신 것들을 지키지 못하는 자들이 언급됩니다. 그들은 하나님의 택함을 받았으며, 아브라함의 후손이라고 주장하는 것이 사실입니다. 그 점을 중요하게 여기십시오. 그들은 그들이 신성하게 되었다고 주장했는데, 그들의 의도는 그들이 받은 할례가 그들이 거룩하고 신성한 세대라는 것을 입증하는 보증과 같다는 것을 주장하려는 것이었습니다. 그들에게는 하나님께서 제사장의 자격으로 지정하신 조건 중 어느 하나에도 해당되지 않음에도 불구하고 그들 각자는 그 직분을 각기 맡으려고 했습니다.

분명히 말하지만, 지금 우리에게는 하나님과 하나님의 말씀에 그와 같이 반항하는 것이 보이지 않습니까? 교리와 교회의 규율에 반대하는 모든 충돌이 맹위를 떨치고 있는데, 그 이유는 오로지 사람들이 하나님께서 우리 가운데 제정해 놓으신 질서를 바꾸려고 하기 때문이 아닙니까? 이단자들이 이곳에 오게 되면 그들은 여기서 필사적으로 옹호를 받으려고 합니다. 심지어는 공의의 자리에 있는 사람들로부터도 공개적으로 옹호를 받으려고 합니다. 그것은 마치 공의의 자리에 있던 자들이 그들과 한 편이 되어서 그들에게 회교도가 마호메트 밑에서 누렸던 것과 같은 호의를 베풀어 주는 것과 같았습니다.

후에 다른 이단자들이 자유의지(Freewill)를 다시 가지고 들어와서 하나님의 은혜를 평가절하고 하나님의 선택과 섭리를 모독할 때, 그들은 자기들을 재판해 야할 공의의 사람들을 자기들의 보호자와 대변자로 삼았습니다. 그들의 보호자와 대변자가 된 자들은 우리의 면전에서 이단자들을 위해서 대변했으며, 그것도 매우 **뻔뻔스럽게** 해서, 마치 그들은 우리를 뿔로 받아 버리려 하고, 또 하나님과 하나님의 가르침에 가장 추잡하게 맞서려고 하는 황소처럼 열변을 토했습니다. 우리는 이것을 보았습니다. 그 사실은 천주교인들에 의해서 채택될 정도로 성경에 그들에게 분명하게 제시되었으며, 또 성경의 구절이 반박을 당하지 못할 정도로 선명하고 명확하게 진술되었습니다. 우리가 그것들을 입으로 말했을 뿐만 아니라, 그 사실이 손가락으로 지적하는 것처럼 성경에 기록했음에도 그들은 그것들 모두를 거절하는 것을 부끄럽게 여기지 않았으며 여전히 거만하게 나오는데, 그것은 마치 결과가 어떻게 되든 상관없이 하나님께 맞서서 싸우겠다고 말하는 것과 같습니다. 그들이 그런 말을 큰 소리로 하지 않는 것은 사실입니다. 왜냐하면 그들은 여전히 복음에 집착하고 있다고 주장하기 때문입니다.

선술집 복음

그들은 복음을 갖는 것이 그들의 욕망이라고 말합니다. 그런데 그들은 어떤 종류의 복음을 원합니까? 선술집 복음일 것입니다. 거기에 우리 주 예수 그리스도에 대한 이야기는 전혀 없습니다. 왜냐하면 그들의 복음은 "우리 모두가 알고 있는 것보다 더 많은 것이 필요하지 않다" 라는 상투적인 말이기 때문입니다. 즉 우리는 하나님과 우리의 이웃을 사랑해야 하기 때문입니다. 그 일에 대해서 많은 설교를 할 필요가 없습니다. 만일 누군가가 그것에 반대하여 그 이유를 묻거나, 또는 만일 당신이 설교를 중단시키고 성찬식이 불필요하다고 주장한다면, 하나님께서 당신의 교회 안에 제정해 놓으신 모든 규례가 무효가 될 것입니다. 그러면 그들은 복음이 그런 소동을 일으키지 않고 알기 쉽게 전해질 것이라고 말합니다. 그리고 성찬식에 대해서 말하자면, 그것은 당신에게 필요한 것처럼 우리에게도 필요하지 않습니까? 물론 그렇습니다. 우리는 우리가 지켜야 할 규례가 더 없기를 바랍니까? 그렇지는 않습니다. 우리는 목사님이신 여러분처럼 성만찬을 집례할 수 있습니다. 분명히 말하지만, 그런 예를 봐 왔고 또 들었습니다.

그런데 만일 모든 질서를 파괴하려고 시도한 고라와 다단과 아비람이 성령에 의해서 정죄를 받았다면, 이런 식으로 하나님에 대항해서 공개적으로 싸운 자들에 대해서 사람들은 무엇이라고 말할까요? 그들은 이런 짓들을 모르고 한 것이 아니니 말입니다. 비록 그들이 그런 의도로 한 것이 아니라고 말할 정도로 뻔뻔스러울지라도 그들의 악한 뜻이 너무나 분명하게 드러났습니다. 만일 어떤 사람이 그들의 악한 짓에 대해서 말해 주지 않았다거나 누군가가 성경 말씀을 손가락으로 지적하면서 "이것은 하나님의 뜻으로, 그 말씀에는 어려운 것이 없으며, 그 안에 의심스러운 것이 없어서 정밀 검사를 할 필요가 없다"고 그들에게 가르쳐 주지 않았다면 그들에게는 변명할 구실이 있었을 것입니다. 그러나 그것은 하나님께 공개적으로 전쟁을 선포하는 것이 아닙니까? 그들은 분명 이렇게 말했습니다.

만일 아론 한 사람만이 대제사장의 권한을 갖게 되어서 모든 권한을 행사한다면 우리는 무엇이 되겠습니까? 만일 하나님께서 지배하신다면 그들에게는 모든 것이 망쳐질 것처럼 보였을 것입니다. 하나님께서는 이 규례를 통해서 다스리실 것이며, 그것은 공권력과 전혀 상치되지 않고 행정관의 통치권을 가장 잘 유지시켜 줍니다. 그러므로 사람들이 그 규례를 파괴하기 위해서 최대한의 노력을 기울인다면, 그것은 그들이 예수 그리스도를 괴롭히기 위해서 그분의 얼굴에 침을 뱉기 시작하는 것이 아닙니까? 왜냐하면 우리를 다스리시는 것이 예수 그리스도의 뜻이며, 더욱이 그분께서는 당신의 나라를 우리 안에 세우시려고 하시기 때문입니다. 그런데 예수님께서는 당신의 교회를 당신의 이름으로 다스리기 위해서 사람들을 택하시고 세우셨으니, 만일 우리가 그것을 인정하려 하지 않고 그것을 거절한다면 그것은 너무나도 괘씸한 배은망덕이 아닙니까? 예수 그리스도께서 함께 뭉쳐 놓으신 것들을 분리시킴으로써 그분의 팔다리를 절단한다는 것은 그분에게 공개적으로 맞서는 것이 아닙니까?

이와 같은 반란이 우리 가운데서 일어나는 것을 우리가 보는데, 그것에 대해서 누가 비난을 받아야 합니까? 확실히 그 선동의 주동자들이 알려져야 합니다. 그들이 감지된 것이 한 번이나 하루 이틀 전이 아니고 7, 8년이 되었습니다. 하나님의 자녀들은 그들의 짐을 지고 어쩔 수 없이 신음하고 탄식해야 하며, 하나님의 교회가 매우 혼란스럽기 때문에 그들은 하나님께 불쌍히 여겨 달라고 큰 소리로 간청해야 합니다. 사정은 점점 나빠졌으며, 방탕한 짓 하나가 또 다른 방탕한 짓을 불러들였습니다. 그럼에도 그들은 모든 것이 그들에게는 합법적인 것처럼 처신했습니다. 그럼에도 불구하고 그동안 그들은 그들이 전에 느꼈던 아픔을 배로 늘렸을 뿐입니다. 그리고 그들은 자신을 튼튼히 하기 위해서 이마를 맞대고 상의하지 않고서는 최후까지 참을 수가 없다고 생각합니다. 때문에 그들은 계속해서 새로운 대책을 세웠습니다. 그들은 온갖 반역과 배신을 했으며, 그들이 잘못 시작했던 것을 지속하고 모든 악한 계략을 세우기 위해서 고심했습니다. 그러나 마침내 우리 여호와께서 역사하셨습니다. 그것을 두고 우리는 무슨 생각을 해야 합니까? 우리는 책망을 받아 마땅하다는 생각을 해야 합니다. 비록 그 사람들이 하나님께 공개적으로 싸움을 걸었을지라도, 우리의 죄가 없다면 하나님께서는 우리에게 그런 비운이 일어나는 것을 용납하지 않으실 것입니다.

하나님께서는 당신에게 분명하게 맞서서 당신께서 이룩하신 모든 것을 뒤엎을 계획을 세웠던 자들을 벌하시고 그들이 받은 벌을 통해서 우리를 깨우쳐 주셨으니, 우리는 먼저 하나님께 우리를 살려 주신 데 대해서, 그 다음으로는 하나님께서 우리를 위해서 예비해 두신 혼돈으로 우리를 둘러싸지 않으시고 그들과 우리를 기적적으로 구별하신 데 대해서 감사해야 합니다. 우리가 알아야 할 것은 하나님은 긍휼하셔서 한편으로는 우리를 참아 주시고, 다른 한편으로는 몇 안 되는 자들은 벌하신다는 사실입니다. 그것이 우리를 가르쳐 주는 교훈이 되어 우리로 하여금 그것을 통해서 더 복된 생활을 하게 해 주어야 합니다. 하나님께서는 그것을 통해서 일들이 평온하게 진행되게 하시고, 또 당신의 말씀에 따라 그것들이 정상적인 과정을 밟게 하는 것이 당신의 뜻이라는 것을 우리에게 보여 주시는 것이 확실합니다.

사람들은 하나님의 이름을 사칭해서 좌로나 우로 치우쳐서는 안 됩니다. 목사로 임명된 자처럼 하나님의 말씀을 전하는 사람들로 말하면, 그들은 하나님으로부터 당신의 말씀을 전하고 당신의 성례를 정결하게 집례하라는 책임을 맡은 사람으로서 그 이상도 아니며, 또 그 이상으로 여겨지기를 바라지도 않는다는 것을 하나님 앞에서 주장해야 하고, 또 사람들 앞에 그것을 분명하게 보여 주어야 합니다. 우리도 그렇게 하도록 노력해야 합니다. 우리가 그것에 반대해서는 아무것도 얻지 못하며, 기어이 하나님의 손이 항상 우리를 막을 것이라는 것을 알아 둡시다.

하나님께서는 당신이 제정하신 것들을 잊지 않으시고, 그것들을 계속해서 보존하고 보호하실 것입니다. 그러므로 우리는 하나님의 규례를 어기는 어떤 변화도 찾으려고 하지 맙시다. 성경에 담겨 있는 규율을 잘 살펴보고 아무도 그것에 반대하는 시도를 절대로 못하게 하십시오. 우리는 우리 하나님에 반대하여 어떤 것을 바꾸거나 어떤 것을 시도하기보다는 차라리 우리가 죽는 것이 더 좋습니다. 만약 예수 그리스도께서 우리의 목자가 되시기를 바란다면, 우리는 양처럼 됩시다. 온순한 마음을 갖고 있지 않은 사람은 누구든지 하나님의 자녀로 인정받을 자격이 없습니다. 왜냐하면 우리 주 예수 그리스도께서는 우리에게 그런 조건이 없으면 우리의 목자가 되지 않으실 것이기 때문입니다(마 16:24, 요 10:27). 이것이 우리가 제일 먼저 알아 두어야 할 내용입니다.

우리는 이스라엘 백성들의 심술궂음을 잘 관찰해 보고 그들처럼 되지 않도록 많이 조심합시다. 하나님께서 반란자들에게 당신의 능력을 발휘하셔서 땅이 열리게 하시고 그들을 그들의 아내와 아이들과 함께 삼키게 하셨다는 것은 참으로 무서운 일입니다. 모세와 아론에게 불평을 토로한 자의 수가 250명에 이르렀으며, 그들은 모두 사람들이 보는 가운데서 소멸되어서, 사람들은 하나님이 하늘에서 역사하시는 것을 보았습니다. 그럼에도 불구하고 모세와 아론에게는 여전히 불평불만이 쏟아졌습니다. 사람들은 그들에게 모든 책망을 퍼부었으며, 모든 잘못이 그들의 목에 걸려 있었습니다. 이를 볼 때 그 백성들은 지극히 강퍅했다고 해야 하지 않겠습니까? 그렇습니다.

우리에게 명하는 모든 명령

그러면 이제 우리 자신을 살펴봅시다. 우리도 오늘날 그와 같은 심술을 부린 죄인입니다. 마음에 독을 품고 의도적으로 악한 일에 집착하면서도 그 이유와 까닭을 모르는 자들이 많이 있습니다. 만일 어떤 사람이 그들에게 그것이 어떤 이익을 주었느냐고 묻는다면, 그들은 마귀가 그들의 넋을 잃게 해서 그들이 쉽게 나쁜 짓을 계속하게 되었다고 투덜거리고 앙심을 품게 되었다는 말 외에는 아무 말도 하지 못합니다. 그리고 그들은 하나님과 관계있는 것들을 보존하기 위해서 노력하는 사람들을 그 이유만으로 들볶기 시작합니다. 우리는 하나님께서 인간의 예상을 초월해서 이룩하신 것들을 얼마나 주의해서 보았습니까? 하나님께서는 사람이 그에 대해 생각하지도 않는 동안에 역사하셨습니다. 전에 일어났던 일에 대해서 생각한 재판관도, 사람도, 목사도 없었습니다. 하나님께서는 마침내 우리를 불쌍히 여기셨으며, 그것을 통해서 우리를 깨우쳐 주시려고 하셨습니다.

우리는 영원히 그 위엄을 잊지 말아야 한다는 것을 알고 있습니까? 하나님께서는 우리를 겸손하게 하시고, 우리로 하여금 하나님께 순종하고 하나님의 명령에 따르는 생활을 하게 하기 위해서 우리에게 당신의 손을 얹고 축복하셨다는 생각을 우리는 왜 하지 않습니까? 거기에서 유익을 얻지 못하는 사람들은 용서받지 못할 자들이 아닙니까? 확실히 그렇습니다. 그것은 하나님께서 하신 역사에 의도적으로 눈을 감는 것과 같습니다. 그러나 오늘날 세상이 무질서하게 되었다 해도 놀라지 마십시오. 우리는 복음이 있는 나라에는 천주교보다 더 많은 무절제한 자유와 비열함이 있다는 것을 보았습니다. 우리는 그것을 통해서 하나님께서 그 나라들을 포기하시는 것이 당연하다는 것을 알았습니다. 왜냐하면 사람들이 복음을 듣고서도 그것을 믿지 않는다면 그들은 어쩔 수 없이 항상 악마의 화신이 되고 괴물처럼 사악하게 되어서, 그들의 몸속에서는 저주받은 혼란 외에는 아무것도 보이지 않게 되기 때문입니다.

사실 천주교 신도들은 하나님의 불구대천의 원수이기 때문에 질책을 받아 마땅합니다. 그러나 복음을 자랑하고 조롱하며 모든 선한 가르침을 완전히 거절하면서 하나님에 대항하여 싸우는 자들로 말하면, 하나님께서는 틀림없이 전에 하셨던 것처럼 그들을 향해서 더 엄한 벌을 내리지 않으시겠습니까? 그 예를 멀리서 찾을 필요가 없습니다. 우리 주위를 조금만 살펴봅시다. 그러면 우리는 매일매일 베풀어지는 하나님의 은혜를 거절하는 불행한 자들에게 하나님의 무서운 보복이 임하는 것을 보게 됩니다. 그러니 이런 자들이 모든 선한 것에 대해서 앙심을 품는다면 그들은 그들의 머리 위에 훨씬 엄한 벌을 쌓는 결과만을 낳게 될 것입니다. 그러나 우리로서는 우리 하나님의 깃발 아래 정렬하도록 합시다. 그리고 하나님께서 아론의 지팡이에 싹이 나게 하신 것처럼 하나님께서 우리 안에 제정해 놓으신 질서도 꽃을 피우게 하실 것이라고 확신합니다. 우리는 하나님의 규례에 의지합시다.

한편 우리는 하나님의 날개 밑으로 들어가서 하나님의 초인적인 능력과 위엄을 거스르는 짓을 하지 말고, 큰 자와 작은 자를 막론하고 하나님을 영화롭게 해 드립시다. 만일 우리가 그렇게 행하면 우리는 하나님께서 그때 역사하셨던 것처럼 우리를 향해서도 계속해서 역사하실 것을 소망하게 될 것입니다.

우리는 "너희는 내가 오늘날 너희에게 명하는 모든 명령을 지키라"고 한 모세의 말을 명심합시다. 모세는 그것을 통해서 하나님께서 내리신 징벌을 상기하는 것이 우리에게 어떤 도움이 되는지 보여 주었습니다. 즉 그것은 우리로 하여금 하나님께 순종하게 하는 데 도움이 되었습니다. 만일 우리가 하나님의 질서를 어지럽히고, 우리 주 예수 그리스도의 가르침을 전복하려고 하는 자들을 정죄하겠다는 생각을 하고서도 한편으로는 그들과 똑같은 겉치레를 하고 한 시간도 안 되어서 그들의 발자국을 따른다면, 확실히 우리는 갑절의 벌을 받게 될 것입니다.

우리는 예후에게 무슨 일이 일어났는지 보았습니다(왕하 10:30~31, 15:12). 그것은 우리가 계속해서 바라보아야 할 거울입니다. 만일 한 재판관이 뇌물을 받기 위해서 한 손을 내밀고 다른 한 손으로는 도둑을 처벌하여 자신의 유익을 꾀한다면 그는 갑절의 벌을 받아 마땅하지 않습니까? 예후의 경우도 그와 같습니다. 하나님께서는 우상 숭배자와 아합의 집의 추행을 벌하시는 데 예후를 쓰신 것이 사실입니다. 그럼에도 불구하고 예후 자신은 똑같은 짓을 했습니다. 그래서 하나님께서는 어쩔 수 없이 예후도 도둑으로 처벌하시고, 그를 모든 것이 무질서하고 악으로 가득했던 아합의 집보다 더 가혹하게 대하셔야만 했습니다. 우리가 악한 자들과 하나님을 경멸하는 자들과 하나님께 정면으로 맞서는 자들을 정죄했으면서도 후에 우리 자신이 그들을 닮아 간다면 우리에게 그와 같은 무서운 벌이 내릴 것입니다. 그러므로 여기에서 언급된 내용을 잘 알아 둡시다. 우리 주님께서는 그들에게 벌을 주십니다. 그러나 하나님께서 악한 자들을 처벌하시는 것은 우리의 유익을 위해서입니다. 하나님께서는 우리가 탈선했을 때 그들의 예를 통해서 우리로 하여금 거기에서 돌이키게 하려고 하시며, 또 우리가 하나님을 따르지 않거나 우리가 하나님의 말씀에 따라 우리의 생활을 영위하지 않을 때 우리로 하여금 하나님 안에서 다시 속죄함을 받게 하시고, 하나님께서 우리 앞에 제시하시는 모든 계명을 지키게 하려고 하십니다.

모세는 여기서 우리가 하나님을 불완전하게 섬기는 것으로는 충분하지 않다는 것을 보여 줍니다. 사람들은 대개 그들이 원하는 만큼의 이

득을 얻으려고 합니다. 사실 우리는 그렇게 하는 것을 부끄러워해야 할 것입니다. 특히 하나님께서 그런 짓 하는 자를 징계하시고, 또 황송하게도 우리를 참아 주시고 당신이 우리의 아버지이심을 보여 주시는 것을 우리가 인식할 때 우리는 그렇게 해야 합니다. 하나님께서는 "내가 잘못을 저지른 자를 벌할 때 너희는 너희 주변을 살펴보라. 너희 자신이 그들과 똑같은 저주에 휘말리기를 꾀하지 않는 한 너희는 너희 율법에 따라 철저히 너희 자신을 지배하고 의로운 생활을 해야 한다. 그렇게 함으로써 너희가 나를 섬기는 데 헌신했다는 것과, 또 너희가 구하는 것은 나를 너희 여호와와 주인으로 모시고자 하는 것뿐이라는 것이 인정받게 될 것이다"라고 말씀하십니다.

이렇게 해서 여러분은 "너희는 내가 오늘날 너희에게 명하는 모든 명령을 지키라"고 말한 모세의 의도를 알게 되었습니다. 인간은 매우 연약하기 때문에 율법을 완전히 지킬 수 없는 것이 사실입니다. 하지만 우리는 그렇게 하기 위해서 계속 노력해야 합니다. 우리가 최대한의 노력을 기울여도 우리는 여전히 많은 것에서 뒤떨어질 것입니다. 만일 우리가 이룩해야 할 모든 것을 평가해 보면 우리는 일백 가지에서 실패할 것입니다. 그러므로 우리의 잘못을 인정합시다. 그럼에도 불구하고 우리가 지향하는 목표는 예외 없이 우리 하나님께 순종하는 것이 되어야 합니다. 따라서 하나님께 복종하는 것에서 만족을 얻도록 합시다. 그러나 우리로서는 하나님께서는 그 일에 있어서는 나를 용서해 주셔야 하며, 다른 일에서는 나를 참아 주셔야 한다고 말하지 않도록 해야 합니다. 만일 하나님과 그런 흥정을 하기 시작하면 우리는 마침내 우리의 어리석은 오만이 우리를 속였다는 것을 알게 될 것입니다.

규례에 승복하라

　하나님의 계명을 선포한 사람은 자기 자신이라고 한 모세의 말을 음미해 봅시다. 모세는 그렇게 해서 우리로 하여금 하나님의 말씀을 그에 의해서 전해지는 그대로 받아들이게 합니다. 그는 우리가 하나님의 뜻을 공중에서나 구름 위에서 찾는 것을 바라지 않을 것입니다. 우리는 하나님께서 우리에게로 내려오셔서 사람의 입을 통해서 우리에게 말씀하시는 것에 만족해야 합니다. 반역하는 자들은 하나님을 섬기고 싶다고 항상 말해 왔는데, 그들이 그렇게 불경스러운 말을 한다는 것은 매우 무서운 짓이며, 그것은 그들이 하나님을 버리고 하나님의 자녀가 되지 않겠다고 말하는 것과 같습니다. 그들은 그럴 듯한 주장을 늘어놓지만 한편으로는 하나님을 알려 주는 도구가 되는 하나님의 말씀을 발로 짓밟습니다.

　이런 현상이 모든 시대에 일어났습니다. 우리는 이런 현상을 우리를 부패시키기 위해서 우리 속으로 슬며시 끼어든 이런 경망스러운 자들에게서 찾았으며, 그들은 성경 말씀을 폐하기 위한 이야기만 합니다. 그들은 율법과 예언서가 더 이상 필요 없다는 것과 그것들이 완전히 폐기되었다는 소문을 냅니다. 이와 같은 불경한 짓이 유지되어 왔으며 오히려 기세를 올리고 있으니, 이에 완강하게 대항할 필요가 있습니다. 그들은 나의 면전에서 이와 같은 악한 말, 즉 구약성경은 거부되어야 하며 우리와는 전혀 관계가 없다는 말을 내뱉는 것을 부끄러워하지 않았습니다. 그들은 선술집 의자에 앉아서 복음을 갖는 것으로 충분하다는 상투어를 만들었습니다. 그들에게는 사람은 하나님을 사랑해야 하며 자기 이웃을 사랑해야 한다는 이 두 말 외에는 필요치 않다고 합니다.

　이렇게 해서 여러분은 그들이 우리에게 이단 종교를 들여와서 이단 종교보다도 더 무서운 혼란을 일으키려고 한다는 것을 알았습니다. 그들은 이와 같은 야비한 말을 아무 거리낌 없이 마구 쏟아 냅니다. 모세가 여기서 이것이 내가 너희에게 제시하는 **명령**이라고 말한 데에는 이유가 있다는 것을 알아 둡시다. 그가 한 말에는 "너희는 하나님을 섬기려 한다고 시치미를 떼고 말하지 말고, 하나님의 율법이 나에 의해서, 다시 말하면 하나님에 의해서 전해지지 않고 너희와 같은 죽어질 인간인 나에 의해서 전해졌기 때문에 너희는 그것을 인정하지 않는다고 솔직하게 말하라"라는 뜻이 있습니다.

모세는 이런 술책을 전혀 쓰지 말라고 했습니다. 왜냐하면 하나님께서 나에게 당신의 율법을 선포하라고 명령하셨으며, 그것이 나의 손을 통해서 받아들여지기를 바라시기 때문입니다. 모세는 "하나님께서는 나에게 그 임무와 책임을 주셨으니, 너희로서는 순종해야 한다"고 말했습니다. 다시 말하지만, 우리 주 예수 그리스도께서는 이 땅에서 직접 우리와 함께 기거하려고 하지 않으십니다. 그리스도께서는 당신의 교회 안에 목자를 세우셨으며, 그들을 통해서 당신이 전해질 것입니다. 우리는 예수님을 기쁘게 만나서 그분과 결합하여 온전히 하나가 되어야만 완전하게 됩니다. 예수님께서는 그런 방법을 사용하십니다(고전 13:12). 그것은 사도 바울이 한 말입니다. 만일 우리가 그 규례에 승복하지 않는다면 그것은 마치 우리가 그리스도의 몸을 우리의 능력을 다해서 갈기갈기 찢는 것과 같습니다. 그러므로 우리는 하나님의 말씀에 그것이 받아 마땅한 권위를 주어야 하며, 하나님의 말씀이 우리에게 전해질 때 우리는 그것을 경건하게 받아들이도록 유의해야 합니다.

따라서 우리가 하나님을 섬기는 일과 하나님을 믿는 일을 다루어야 할 때마다 우리는 "하나님으로 하여금 나에게 무엇이 당신을 기쁘시게 해 주는지 보여 주시게 하십시오. 그러면 나는 그것을 하겠습니다"라고 말하지 않도록 합시다. 왜냐하면 그것은 헛된 구실에 불과하기 때문입니다. 후에 모세가 그것에 대해서 우리에게 알려 줄 것입니다. 그는 너희 마음속과 너희 입안에 하나님의 말씀이 있으니 바다를 건너갈 필요도 없고 공중으로 올라갈 필요도 없고 깊은 곳으로 내려갈 필요도 없다고 말했습니다(신 30:11~14). 사도 바울은 이 말씀이 모세에 의해서 전해졌던 말씀일 뿐만 아니라 오늘날 우리가 전파하는 똑같은 믿음의 말씀이라고 했습니다(롬 10:8).

그것이 사실이니, 하나님께서 우리를 당신께 복종시키시는 것이 당신의 뜻이라는 것과, 그것을 이루려고 하신다는 것을 우리에게 알려 주심으로써 우리를 억제시키려고 하셨다는 사실을 명심하도록 합시다. 그러면 그것이 우리로 하나님께서 모세의 손을 통해서 공포하신 교리를 지켜 행하게 할 것입니다. 따라서 오늘날 우리 주 예수 그리스도께서는 우리를 다스리셔야 하며, 우리로 그분의 이름으로 우리에게 전파되는 것을 받아들이고 믿게 해야 합니다. 하나님의 말씀으로 하여금 우리에게서 그것이 받아 마땅한 초인적인 권능과 권위를 받게 하는 방법은 우리 자신을 우리 멋대로 다스리지 않고 예수 그리스도께서 하시는 말씀에 귀를 기울이고 거기에 복종하는 것입니다. 그러면 예수 그리스도께서는 그분의 아버지이신 하나님으로부터 받으신 지배권을 우리에게 행사하실 것이며, 우리는 그분의 말씀을 아무 불평 없이 모조리 받아들이게 될 것이고, 하나님께서 그 방법을 통하여 우리가 그분께 어떤 순종을 드리는지 시험하려고 하신다는 것을 알게 됩니다.

76편_ 신 11:8~15

Sermons on DEUTERONOMY

이른비와 늦은비를 내리시는 하나님

"그러므로 너희는 내가 오늘날 너희에게 명하는 모든 명령을 지키라 그리하면 너희
가 강성할 것이요 너희가 건너가서 얻을 땅에 들어가서 그것을 얻을 것이며 또 여호
와께서 너희의 열조에게 맹세하사 그와 그 후손에게 주리라고 하신 땅 곧 젖과 꿀이
흐르는 땅에서 너희의 날이 장구하리라 네가 들어가 얻으려 하는 땅은 네가 나온 애
굽 땅과 같지 아니하니 거기서는 너희가 파종한 후에 발로 물 대기를 채소밭에 댐과
같이 하였거니와 너희가 건너가서 얻을 땅은 산과 골짜기가 있어서 하늘에서 내리는
비를 흡수하는 땅이요 네 하나님 여호와께서 권고하시는 땅이라 세초부터 세말까지
네 하나님 여호와의 눈이 항상 그 위에 있느니라 내가 오늘날 너희에게 명하는 나의
명령을 너희가 만일 청종하고 너희의 하나님 여호와를 사랑하여 마음을 다하고 성품
을 다하여 섬기면 여호와께서 너희 땅에 이른비, 늦은비를 적당한 때에 내리시리니
너희가 곡식과 포도주와 기름을 얻을 것이요 또 육축을 위하여 들에 풀이 나게 하시
리니 네가 먹고 배부를 것이라"(신 11:8~15).

모세는 이스라엘 백성들에게 하나님의 계명을 지키라고 명령한 후
에 그들 앞에 하나님의 언약을 제시해 주어서 그들을 고무해 주었는데,
그것은 마치 하나님께서 그들이 합당한 보수를 받지 않고 당신을 섬기
는 일은 없을 것이라고 그들에게 말씀하시는 것과 같습니다. 사실 하나

님께서는 우리가 당신을 따르기를 꺼려하고 서두르지 않는다는 것을 알고 계십니다. 때문에 우리의 수고가 헛되지 않게 해 주실 것이라고 우리에게 약속해 주심으로써 우리로 하여금 당신을 섬기도록 유인하십니다. 하나님께서 그렇게 하시는 것은 하나님에게 그렇게 할 의무가 있으시거나 하나님께서 우리를 고용인으로 데리고 있으시려는 의도가 있으셨기 때문이 아니고, 또 우리가 하나님으로부터 무엇인가를 받을 권리가 있어서가 아닙니다. 우리는 그런 생각을 모두 버려야 합니다.

비록 우리에게 아무런 보상이 약속되어 있지 않을지라도 우리가 하나님께 순종하는 것이 합당합니다. 우리가 하나님을 사랑해야 하는 것은 하나님 때문이지, 우리가 기대할 수 있는 보상 때문이 아닙니다. 두 번째로, 우리의 사랑은 솔직하고 담백해야 하며, 자신들의 이익이 보장되지 않으면 아무것도 하지 않으려고 하는 자들의 것과 같아서는 안 됩니다. 우리는 하나님을 거리낌 없이 사랑해야 합니다. 세 번째로, 우리는 우리의 행함을 통해서 아무것도 주장할 수 없습니다. 우리가 무엇을 하더라도 그것으로 인해서 하나님께서 우리에게 더 많은 의무를 지지는 않으십니다. 왜냐하면 우리는 이미 하나님의 자녀가 되었으며, 우리가 하나님께 드릴 수 있는 것 중에서 하나님께서 이미 받지 않으신 것은 하나도 없기 때문입니다.

그러나 하나님께서는 우리의 미숙함에 적응하시기를 기뻐하십니다. 만일 우리가 당신을 섬기면 당신께서는 우리에게 보상해 주시겠다고 말씀하십니다. 그러니 우리가 하나님을 영화롭게 해 드리기 위해서 노력한다면 우리의 노력이 우리에게 무익하게 되지나 않을까 걱정할 필요가 없습니다. 하나님께서 당시의 율법을 지키는 자들에게 보상을 약속하셨기 때문에 사람들은 하나님으로부터 받을 권리가 있다고 결론을 내리는데, 그것은 어리석은 짓입니다. 하나님께서 그렇게 약속하신 것은, 하나님께서는 우리가 연약하여 자극을 받을 필요가 있다는 것을 아시기 때문입니다. 그러므로 율법에 있는 모든 약속은 박차를 동반한 일격과 같습니다.

　이 외에 우리는 사도 바울이 말한 가르침도 상기해야 합니다. 즉 하나님께서 당시의 율법에서 조건이 붙은 어떤 약속을 하시더라도 그것은 우리에게 전혀 유익이 되지 않습니다. 왜냐하면 우리로서는 하나님께서 우리에게 명령하시는 것들을 이행하는 대신에 그것들에서 완전히 벗어난 짓을 해서 우리에게 약속된 모든 유익으로부터 멀리 떨어져 있기 때문입니다. 그러므로 율법에는 "이것들을 행하는 자는 그 안에서 살리라"(레 18:5)고 기록되어 있습니다. 하나님께서 당신의 거저 주시는 선하심으로 우리와 다시 하나가 되지 않는 한 그것은 우리에게 아무런 유익이 되지 못합니다. 그때 하나님께서는 당시의 율법을 우리의 마음속에 써 넣으시며, 우리는 하나님에게 순종하는 법을 배우게 되는데 우리는 그것을 저절로 할 수는 없습니다. 그렇지만 우리는 그때에 그것을 완전하게 해내지 않으며 우리의 행함에는 여전히 어떤 흠이 있습니다. 따라서 우리의 소행이 완전히 사악하기 때문에 하나님께서 그것들을 거절하시는 것이 당연합니다. 그럼에도 불구하고 하나님께서는 그것들을 매우 값있게 여기시고 우리에게 보상금을 주시는데, 하나님께서 그렇게 하시는 것은 하나님의 의무 때문이 아닌 하나님의 선하신 뜻 때문입니다.

　그러므로 우리는 첫 번째 문제를 다시 상기하기 위해서 하나님께서는 당신이 알고 계시는 가장 편리한 방법으로 우리를 자극해서 당신의 율법을 지키게 하신다는 사실을 알아 둡시다. 그런 까닭으로 하나님께서는 "만일 우리가 온전히 하나님의 소유가 된다면(출 19:5) 하나님도 우리의 소유가 되시며, 만일 우리가 하나님께 가까이하면 하나님께서도 우리에게 가까이하시고, 우리를 축복해 주실 것이라(시 144:15)"고 말씀하십니다. 하나님께서는 덧없는 이 세상에서 우리를 형통하게 하실 뿐만 아니라, 우리가 천국에서 훨씬 더 큰 보상을 기대하는 것도 무리가 아닙니다. 이 모든 것들을 우리에게 알려 주시는데, 그 목적은 무엇입니까? 그것은 마치 우리가 하나님에게 무엇인가를 요구할 수 있는 것처럼 우리가 어떤 헛된 추정으로 우쭐대지 않게 하고 우리에게 더 많은 용기를 주어서 우리로 하여금 번창하게 하기 위해서입니다. 우리에게 어떤 보상도 허락하지 않으시고, 율법에 담겨 있는 모든 내용의 실천을 강요하시는 것이 당연하신 우리 하나님께서는 황송하게도 자발적으로 자신을 결박하십니다. 그것을 제일 중요한 요점으로 알아 두십시오. 하나님께서 그 백성들에게 이 모든 것들을 약속하신 것은 그들이 하나님께 바친 어떤 순종 때문이 아니라, 그들이 태어나기 오래전에 그 땅이 맹세를 통해서 그들의 열조에게 약속되었기 때문입니다.

약속된 유익

사람들은 다가올 미래에 대해서 언급하지만 하나님은 그것을 고려하지 않으십니다. 하나님께서는 그 백성들이 하나님으로부터 보상을 받을 정도로 선하게 처신하기를 기대하지 않으십니다. 그러나 하나님께서는 "나는 이미 너희에게 그 땅을 약속했으며, 더욱이 그것을 너희의 기업으로 약속하였다. 내가 그렇게 하는 것은 너희가 그것을 샀기 때문 얻은 것이라는 생각을 하지 못하게 하기 위해서다. 그리고 그에 대한 증거로서 나는 너희가 생기기 전에 거저 주는 선물을 통해서 그것을 너희에게 확실하게 해주었다. 그러나 만일 너희가 그것을 누리려면 너희는 나에게 헌신해야 한다"고 말씀하십니다. 여기서 여러분이 보는 바와 같이 하나님께서는 우리로 어떤 권리도 주장하지 못하게 하십니다. 하나님께서는 우리가 가치 있다고 하는 것을 중요하게 여기지 않으시고, 우리를 선한 것이 전혀 없는 처량한 자로 여기십니다. 따라서 하나님께서는 우리 안에서 죄밖에 발견하지 못하시니 우리는 거절당해 마땅합니다. 그럼에도 불구하고 하나님께서는 자신의 무한하신 긍휼로 인하여 마치 우리가 당신을 당신의 율법에 따라서 섬겼던 것처럼 자신의 몸을 우리 몸에 붙들어 매시고 우리에게 유익을 주시겠다는 약속을 하십니다. 그것을 중요하게 여기십시오.

하나님께서는 이어서 "너희는 내가 너희에게 명한 모든 것을 지켜라. 그리하면 너희는 내가 너희에게 약속한 유익을 누리게 될 것이라"고 말씀하셨습니다. 그렇게 말씀하신 이유는 하나님께서는 당신의 선하심이 농락당하게 하지 않으실 것이기 때문입니다. 하나님은 관대하시지만 사람들이 보통 하는 것처럼 당신의 선하심을 남용하는 것을 용납하지 않으실 것입니다. 우리가 하나님에게 받은 모든 것은 거저 주시는 하나님만의 선물이라는 말을 듣게 되면, 우리는 악한 짓을 해도 좋다는 허락을 받은 것처럼 처신합니다. 그러나 하나님께서는 당신의 선하심이 더렵혀지지 않게 하실 것입니다. 하나님께서 우리를 친절하게 대해 주시는 데에는 또 다른 목적과 목표가 있습니다. 즉 하나님의 목표는 우리를 자극해서 우리로 하여금 하나님을 다시 사랑하게 하고, 또 하나님이 우리의 착한 아버지시라는 것을 알았으니 우리도 그분을 향해서 똑같은 마음을 다시 품어서 그분의 자녀처럼 처신하게 하는 것입니다. 그것이

"만일 너희가 너희 하나님께서 너희 열조에게 약속하셨던 땅을 얻을 마음이 있다면 너희는 그분에게 순종하도록 하라"고 한 모세의 말의 핵심입니다.

한편 그는 그분을 농락해서는 안 되고, 그보다는 그분을 사랑하며 두려워해야 한다는 것을 그들에게 알려 주는 것을 꺼리지 않았습니다. 하나님은 긍휼하셔서 그들에게 많은 재물을 쏟아 부으시는 것을 그들이 보게 되면 그것이 틀림없이 그들의 감정을 자극해서 그들로 하여금 "우리 하나님에게 온전히 헌신하도록 합시다"라고 말하게 될 것입니다. 우리가 하나님에게서 벗어났을 때 우리를 발견하신 하나님께서는 우리의 가치 없음을 고려하지 않으시고 우리를 보호해 주셨으며, 그것을 우리에게 유익을 주실 계기로 삼으셨습니다. 그러니 그것이 우리 안에 있는 큰 욕망을 불붙게 해서 우리가 하나님의 능력과 뜻에 굴복하게 합시다.

모세는 여기서 가나안 땅과 그 백성들이 거기에서 거두어들일 열매에 대해서만 언급합니다. 그것은 하나님께서 믿는 자들을 그때보다 더 멀리 인도하려고 하시지 않으셨기 때문이 아니라, 그들에게는 오늘날 복음에 담겨 있는 것과 똑같은 생명의 언약이 있었던 것이 확실하기 때문입니다. 그러므로 하나님께서 옛날의 백성들을 돼지우리 안에 있는 돼지처럼 가두어 두셨다고 말하는 것이나, 그들에게는 오늘날 우리에게 직접 주어지는 영적인 선한 것의 형상밖에 없다고 말하는 것은 하나님을 심히 모독하는 말입니다. 그들은 모든 것을 뒤엎어 버리고 대담하게도 구약성경은 형상에 불과하여 믿음의 조상인 아브라함도 공상적인 믿음밖에 갖고 있지 않았으며 하나님을 바르게 알지 못했다는 이단적인 말을 토해 냈던 불쌍하고 비겁한 자와 같습니다. 그들은 그에 대한 증거로 아브라함은 하나님 대신에 천사에게 절을 했으며, 영생에 대해서는 아무런 지식도 갖고 있지 않았던 것이 사실이라고 말했습니다. 그 것이 얼마나 저주받을 어리석은 생각인지 보십시오.

사도 바울이 말한 대로, 옛 선조들도 우리와 마찬가지로 하나님의 자녀였으며 천국의 상속자였다는 것을 우리가 알고 있습니다(갈 4:1). 거기에는 이런 차이밖에 없습니다. 사도 바울이 말한 비유에 따르면, 그들은 어린아이와 같지만 그들은 기어이 그 유익을 소유했습니다. 그럼에도 불구하고 그들은 여전히 후견인과 청지기 아래 있었습니다. 옛 선조들에게는 율법과 의식과 그와 비슷한 것들이 있었지만 그들은 실체나 실재를 원하지 않았습니다. 그런데 하나님께서 이스라엘 백성들에게 가나안 땅을 제시하신 의도는 그들로 하여금 곰곰이 생각하며 서 있게 하려는 것이 아니라, 하나님께서 그들의 열조에게 약속하셨던 이 세상의 유업 아래서 그들에게 천국의 기업을 맛보게 하시는 것이었습니다.

열려 있는 천국 문

우리는 그것을 그들의 제사에서 보게 됩니다. 비록 그들이 짐승을 제물로 바쳤지만, 그들은 우리 주 예수 그리스도께서 이룩하신 속죄의 수혜자가 되었습니다. 우리 주 예수 그리스도께서 우리의 허물과 죄를 씻어 주시기 위해서 거룩한 피를 흘리셨을 때 그들은 짐승을 제물로 드렸는데, 그것이 그들을 하나님의 독생자께서 이룩하신 구속으로 인도하였습니다. 가나안 땅도 그와 같았습니다. 그들의 형편이 열약했기 때문에 그들은 그런 방법으로 인도되어야 했습니다. 가나안 땅이 그들에게는 담보물이 되었을 뿐만 아니라 천국 생활과 열조들이 우리와 마찬가지로 소망했던 영원한 행복의 보증금이 되었습니다. 그들도 우리와 똑같은 믿음을 갖고 있었습니다. 우리가 잘 알아 두어야 할 것은, 여기에서 가나안 땅과 하나님께서 당신의 백성들을 그곳에서 풍족하게 부양해 주신다는 사실이 언급된 이유는 이스라엘 백성들로 하여금 세상적인 것만 찾게 하기 위해서가 아니라, 그들로 하여금 더없는 이 세상에서 하나님의 선하심을 맛봄으로써 하나님께서 그들에게 이 세상의 모든 것보다 귀한 다른 기업을 천국에 준비해 놓으셨다는 것을 알려 주기 위해서입니다.

오늘날 여호와께서는 우리에게 그런 방법을 사용하지 않으십니다. 사도 바울이 디모데에게 말한 것처럼, 만일 우리가 우리에게 합당한 생활을 한다면 우리에게는 현세와 내세 둘 모두에 대한 약속이 있는 것이 사실입니다(딤전 4:8). 하나님께서는 우리를 영생으로 영접해 주실 뿐만 아니라, 우리가 이 세상에서 순례자의 삶을 사는 동안 결코 우리를 버리지 않으실 것이며, 우리를 돌보아 주실 것이며, 우리에게 유익을 주시고, 우리를 구원해 주시고, 우리에게 필요한 것들을 마련해 주실 것입니다. 그러나 천국 생활이 가장 중요하기 때문에 우리 주님께서는 거기에 현세(現世)를 한 장식품으로 첨가하십니다. 오늘날 우리는 우리의 선조들이 율법 아래서 가졌던 것보다 더 큰 불빛을 가지고 있습니다. 왜냐하면 예수 그리스도께서 하늘에서 내려오셔서 우리에게 영원한 천국의 문을 열어 주셨기 때문입니다(요 1:51). 그분은 우리와 같은 몸을 입으시고 천국으로 올라가셨습니다. 예수 그리스도께서는 우리 인간의 본성을 입으시고 다시 올라가셨습니다.

이렇게 해서 여러분은 지금 천국 문이 열려 있다는 것을 알았습니다. 비록 하나님께서 율법 시대에 하셨던 것보다 과장해서 말씀하시더라도 이상하게 여길 일이 아닙니다. 그 당시의 백성들은 어린아이들처럼 인도되어야 했으며, 사도 바울이 말한 대로 우리는 그들과 비교하면 성인의 반열에 들어 있습니다. 그럼에도 불구하고 우리가 거기에서 배울 것은, 하나님께서 당신의 백성들에게 용기를 주셔서 그들로 하여금 더 좋은 뜻을 가지고 당신을 섬기게 하시려는 의도로 당신이 이 세상에서도 그들의 아버지가 되신다는 것을 그들에게 알려 주셨습니다. 하나님께서는 모든 점에서는 아닐지라도 그들이 하나님의 아버지다우신 사랑을 어느 정도 맛보고 느낄 정도까지는 그렇게 하실 것입니다. 그러면 그들은 그들의 믿음의 눈이 더 높은 곳을 바라보게 되고, 그들이 타락하기 쉬운 이 세상 생활에서 데려가심을 당할 때까지 하나님께서 그들을 위해서 참된 축복과 완전한 영광을 유보하신다는 사실을 알게 될 것입니다. 이렇게 해서 여러분은 우리가 그 본문 말씀에서 우리가 얻어야 할 것이 무엇인지 실제로 알게 되었습니다. 더욱이 우리는 너희는 기운을 내야 한다고 한 이 말씀의 뜻을 잘 알고 있어야 합니다.

모세는 그것을 통해서, 하나님으로 말하면 그분은 성실하셔서 그분이 일단 말씀하시면 우리는 그 말씀을 확신해도 좋다는 선언을 합니다. 하나님께서는 우리의 마음을 끌기 위해서 다정하게 우리 곁으로 다가오시지만, 우리는 꾸물거리며 하나님 곁으로 가기를 게을리 하고 지체합니다. 때문에 우리에게는 강성해질 필요가 있습니다. 그것이 바로 율법에 있는 모든 약속이 지향하는 목표입니다. 그것은 하나님이 빚진 자처럼 우리에게 속박되셨다는 뜻이 아니며, 또 하나님께서 우리에게 어떤 자격이 있는지 없는지를 알아보시기 위한 것도 아니며, 더욱이 우리와 계약을 체결하려는 목적도 아닙니다. 하나님께서는 우리가 필요한 만큼의 결단력을 갖고 있지 않으며, 세상일에 휘말리어 허영심과 사악한 감정의 제지를 받고 있다는 사실, 간단히 말하면, 우리는 활기가 없어서 하나님께 순종할 수 없다는 사실을 아시기 때문에 우리를 강성하게 만들고 우리를 도와주시는 것을 목표로 삼으십니다.

하나님께서는 우리의 결점을 아시고 고쳐 주십니다. 그러니 강성해 지십시오. 하나님께서는 우리에 대한 통치권을 완전히 장악하고 계십니다. 우리는 본래부터 하나님의 것이므로 우리 주님께서는 우리에게 한마디 말씀으로 단호하게 명령하실 수 있으십니다. 우리 모두가 최대한의 능력을 다하여 노력할지라도 우리는 우리가 당연히 해야 할 것을 다하지 못합니다. 그럼에도 불구하고 하나님께서는 우리의 섬김을 받으시면 그에 대한 보답을 하십니다. 만일 우리가 하나님을 위하여 우리가 마땅히 해야 할 일을 조금이라도 한다면, 하나님께서는 그것으로 인해서 당신의 몸을 우리에게 구부리신다고 말씀하십니다. 이 사실을 알고 있으면서도 골수에 사무치는 자극을 받지 않고, 모든 나태함도 고치지 않고, 세상적인 방해나 장애를 물리치지 않은 채 하나님을 향해서 힘차게 달려간다면, 우리는 지나치게 비열하지 않습니까? 그것이 모세가 여기서 말하는 힘입니다.

그는 이어서 그 땅에 들어가는 것만으로는 **충분치 않으며**, 우리는 거기에 거하고 살아야 한다고 말했습니다. 만일 우리가 일단 구원의 약속을 받았으며 하나님께서 우리를 축복해 주셔서 우리로 하여금 이 세상을 향하여 번창하게 하셨다면, 우리는 잠을 자서는 안 되며, 우리의 목적지를 향해서 계속 달려가야 합니다. 우리는 이 세상에서의 생활이 한 여정이라는 것을 알고 있으니 계속해서 앞으로 나아가야 합니다. 하나님께서는 우리를 어디로 오라고 부르십니까? 하나님께서는 "너희가 조금 전진한 후에 세상에 얽매여서 머뭇거리느냐?"고 물으십니다. 우리는 천국 생활을 향하여 계속 올라가야 합니다. 그것은 세상을 계속해서 더 많이 버리지 않고서는 이루어질 수 없습니다. 하나님께서 일단 우리에게 구원의 소망을 주셔서 우리를 당신의 제자로, 당신의 양떼로 삼으시고 우리에게 유익을 주시기 시작하시면, 우리는 그것을 기화로 해서 잠을 자고 있어서는 안 되며, 계속해서 앞으로 나아가야 합니다. 도중에 중단하거나 포기하면 안 됩니다. 우리의 목숨이 다할 때까지 지속하지 않으면 모든 것이 허사가 된다는 것을 알아 둡시다. 그것이 이스라엘 백성들이 그 땅으로 들어가면 그들에게 약속된 그 땅을 영원히 누리고 소유하도록 유념해야 한다고 한 모세의 말의 의미입니다.

모세는 그렇게 말한 후에 가나안 땅은 애굽의 땅과 같지 않으며, 너희가 애굽에 있었던 것은 정원 안에 있었던 것과 같다고 말했습니다. 사람들은 그들의 정원에 물을 뿌립니다. 그와 같이 그들이 채소의 씨를 뿌리거나 채소를 심게 되면 그들은 그것들을 축축하게 해 주기 위해서 물을 찾게 될 것입니다. "너희가 일부는 인위적으로, 일부는 자연적으로 급수되는 애굽에 있었을 때 그렇게 했다."

자연을 통해 우리를 부르시는 하나님

우리는 그 땅에 다른 땅에는 없는 한 가지 특성이 있다는 것을 알아야 합니다. 우리는 이 지구상에 애굽을 제외하고 비나 소나기가 오지 않는 나라가 있다는 말을 듣지 못했습니다. 1년에 한 번씩 나일 강이 범람해서 물이 불게 되면 그것이 풍년을 약속해 줍니다. 만일 그 강의 깊이가 5.6피트를 넘지 못하면 그것은 식량 부족의 징조이며, 누군가가 말한 것처럼 하나님께서 온 나라를 기근으로 위협하십니다. 만일 그것이 20피트나 그 이상으로 올라가면 어느 정도의 풍요함이 있을 것입니다. 그러나 만일 나일 강의 물이 30이나 40피트로 불어나게 되면 그보다 훨씬 더 많은 풍요로움이 있을 것입니다. 따라서 애굽에는 풍년이나 풍작을 미리 알려 주는 것이 나일 강의 범람밖에 없습니다. 이 밖에 다른 강들이 범람하게 되면 그것들은 땅을 해롭게 합니다. 그 강들이 흙탕물이 되면 더 많은 해를 줍니다.

나일 강의 범람은 땅으로 하여금 많은 것을 생산하게 해 줍니다. 이스라엘 백성들에게 정원이 있을 때 그들은 어쩔 수 없이 그들의 정원을 애굽의 방법대로 축축하게 해 주기 위해서 물이 있어야 했습니다. 그런데 애굽에서는 땅에 물을 대기 위해서 많은 배수구와 도랑을 팠는데, 이 모든 것은 하나님께서 그 나라에 제정해 놓으신 규례에 따른 것입니다. 그러나 모세는 여기서 가나안 땅에서는 그렇지 않을 것이라고 알려 줍니다. 강이 많지 않은 나라가 많이 있으며, 더욱이 대부분의 지역이 그렇습니다. 요단강이 가나안 땅을 지나가고, 또 거기에 호수들도 있는 것이 사실입니다. 그러나 그것이 전부입니다. 그런데 그들 중의 하나는 그 땅을 오염시킬 뿐입니다. 소돔에 있던 호수는 어떤 농산물을 생산하기보다는 그 땅을 망쳐 놓았습니다.

우리가 알고 있는 바와 같이 선조들은 우물을 파기 위해서 야단법석을 떨었으며, 가뭄으로 인해서 죽을 위험에 처해 있었습니다. 그들은 물이 부족해서 이곳저곳으로 옮겨 다녀야 했습니다. 가나안 땅에서는 물을 애굽에서 하는 방법대로 대지 않았으며, 물이 가까이에 있지도 않았습니다. 그래서 모세는 그들에게 다음과 같이 말했습니다. "하나님께서는 애굽 땅을 1년에 한 번밖에 찾지 않으신다. 만일 그 강이 전국에 범람하면 그것은 마치 그 땅에 전에 없이 많은 비를 내린 것과 같다. 그러므로 나일 강의 물이 그렇게 불어나게 되면 애굽 사람들은 풍작을 확신하게 된다.

그러나 너희 하나님께서는 너희에게 1년 내내 비와 습기를 보내 주셔야 한다. 너희는 씨를 뿌리고 나서 하늘에서 비가 내리기를 기다려야 하며, 하나님께 이렇게 물어보아야 한다. '여호와여, 당신께서는 우리가 땅에 파종한 씨를 증가시키지 않으시겠습니까? 이제 당신께서는 우리를 중하게 여기신다는 것과 우리의 노력이 성공하기를 바라신다는 것을 보여 주셔야 하지 않습니까? 당신께서 우리에게 비를 내리시면 우리는 기꺼이 하늘을 쳐다보고 우리의 하나님이신 당신께서 그 땅으로 하여금 소출을 내게 하시기 위해서 그것에서 잠시도 당신의 눈을 떼지 않으신다는 생각을 하게 됩니다.' 너희 하나님께서 너희에게 비를 한 번 내리시는 것으로는 충분하지 않아서 하나님께서는 그 일을 계속하신다. 하나님께서 너희에게 당신의 축복을 퍼붓지 않으시면 그 땅에 물을 공급해 줄 방법이 없기 때문이다. 그렇지 않으면 그 땅은 틀림없이 말라서 묵게 될 것이다." 모세는 백성들을 각성시켜서 그들로 하여금 경외하고 경건한 생활을 하게 하며, 또 그들을 자극해서 그들로 하여금 계속해서 하나님을 찾아가게 하고, 더욱이 하나님의 통치에 승복하게 하며, 또 하나님의 도우심이 그들에게 얼마나 필요한지를 생각해 보게 해서 마침내는 "오, 주여! 만일 당신께서 우리를 축복해 주시지 않으시면 우리는 어떻게 되겠습니까?"라고 말하게 시키려고 했습니다. 이것이 모세의 뜻이라는 것을 우리는 알았습니다.

하나님께서는 가나안 땅에 1년에 한 번이 아닌 연초에서부터 연말까지 비 내리시기를 기뻐하셨습니다. 모세는 그 백성들로 하여금 하나님께서 그 땅에 대해서 얼마나 애틋한 관심을 갖고 계셨는지 생각해 보게 했습니다. 그것이 모세가 여기서 말하려고 했던 내용의 핵심입니다. 하나님께서 우리를 빈곤하고 궁핍하게 하시는 것은 우리를 자극해서 우리로 하여금 하나님 곁에 모여들게 하시고, 또 하나님의 선하심을 우러러보게 하시기 위해서입니다. 그렇게 되면 우리는 하나님께로 달려가게 됩니다. 우리는 이 사실을 이해하게 되었습니다.

오늘날에도 그와 같아서 우리에게는 알맞은 기후가 필요합니다. 그런데 그것이 1년에 4, 5일 동안만 필요한 것이 아니고 씨앗을 파종하고 땅을 갈 때마다 필요합니다. 그렇지 않으면 사람들이 땅을 갈 수도, 씨를 뿌릴 수도 없습니다. 그렇지 않을 때 그들이 씨를 뿌리게 되면 그 씨는 즉시 썩을 것이며, 결코 땅에 뿌리를 내리지 못할 것입니다. 그리고 포도송이도 포도 가지에서 썩게 될 것이며, 결코 익지 못할 것입니다. 더욱이 곡식알이 땅 속에 파종되면 비가 필요합니다. 만일 극도의 가뭄이 오게 되면 곡식알이 못쓰게 됩니다. 그 후 여름이 되면 수확을 하게 되는데, 그 시기가 가지치기나 풀베기를 할 때와 마찬가지로 합당해야 합니다. 간단히 말하면, 하나님께서는 우리로 하여금 당신을 필요하게 만드셔서 1년 내내 우리를 당신 곁으로 오라고 부르십니다. 비록 우리가 그것에 전혀 움직이지 않을지라도 하나님께서 자연을 통해 우리에게 주신 그 지혜와 명철이 우리로 하여금 당신에게 오도록 매일매일 부르신다는 것을 알게 해 주고, 하나님의 선하심을 전적으로 믿게 합니다. 이것이 이 본문 말씀에서 우리가 명심해야 할 내용입니다.

그러나 중요한 것은 이 가르침을 잘 실천하는 일입니다. 그러므로 우리 하나님께서 1년 내내 우리를 감찰하고 계시는 것이 보일 때마다 우리가 알아 두어야 할 것은, 하나님께서 얼마나 애틋한 심정으로 보살피시는지를 우리에게 더 친절하게 보여 주시려고 하신다는 사실입니다. 만일 우리에게 비가 아닌 다른 방법으로 땅에 물을 공급해 주는 나일 강과 같은 강이 하나라도 있다면, 우리는 다음과 같은 생각을 할 것입니다. '올해는 하나님께서 우리를 불쌍히 여기시기를 그치셨으니, 우리는 하나님께서 봄뿐 아니라 1년 내내 우리를 주목하실 때만큼 많은 감동을 받지 못할 것이다. 그때는 우리가 하나님의 놀라운 선하심을 보지 못하는 날이 1년 중 단 하루도 없었으며, 하나님께서는 우리의 물질적인 필요를 위해서 땅으로 하여금 열매를 생산케 하셨다.'

우리는 하나님께서 왜 한동안은 비를 가두어 두시고, 또 다른 때에는 하늘의 창문과 수문을 여시는지 생각해 보아야 합니다. 그것은 우리로 하여금 제때에 습기를 갖게 하기 위해서입니다. 하나님께서는 어쩔 수 없이 더위를 보내시다가 그것을 다시 완화시키시며, 추위를 보내시다가 그것을 악화시키십니다. 하나님께서는 좋은 날씨와 사나운 날씨를 서로 조절해서 보내 주십니다. 우리에게는 적당한 시기와 계절에 이런 모든 역경을 겪는 것이 필요합니다. 하나님께서 이 모든 것들을 우리를 위해서 마련해 주신다는 것을 알고 있으니, 우리로서는 하나님께서 계속해서 우리를 생각해 주시고, 결코 우리를 잊지 않으시고, 1년 내내 우리에게 아버지가 되신다는 것을 더 확실히 믿어야 하지 않겠습니까? 자신의 가정을 염려하는 사람은 아침 일찍 일어나서 그의 일을 시작하고, 한 가지 일을 끝마친 후에는 그 밖에 정돈할 것이 없는지 살펴보며 그에게 주어진 일을 어떻게 처리할 것인가를 마음속으로 계획해서 거기에서 나오는 유익이 자신의 온 가족에게 미치게 합니다. 이처럼 하나님께서도 우리를 향해서 가장(家長)처럼 처신하셔서 밤낮을 가리지 않으시고 계속해서 우리에게 유익을 주시기 위해서 노력하십니다. 하나님께서 그렇게 하시는 것은 하나님께서 어쩔 수 없이 인간의 방법으로 노력하셔야 하기 때문이 아니고, 사정이 어떻든 우리로 하여금 당신이 우리에게는 수양아버지 이상이라는 것을 느끼게 하시기 위해서입니다. 만일 우리가 그런 생각을 하지 않는다면, 우리는 너무나 무식하고 짐승과 다름없는 자입니다.

이렇게 해서 여러분은 모세가 주는 이 교훈을 실천하는 방법은 우리가 인식하고 있는 1년간의 시기와 날씨의 많은 변화에 따라 우리 하나님께 드리는 감사에 달려 있다는 것을 알게 되었습니다. 하나님께서 1년 내내 우리에게 필요한 것을 공급해 주셨다면, 우리로서는 하나님께서 우리를 불쌍히 여기셨고, 우리를 중하게 여기셨으며, 당신의 눈을 우리의 유익에서 떼지 않으셔서 우리로 하여금 필요한 것을 제공받고 공급받게 하셨다는 사실을 확실히 알아야 합니다. 더욱이 하나님의 선하심을 느낄 때 우리가 그분에게 감사하는 것만으로는 충분하지 않습니다. 모세는 하나님께서는 산과 골짜기가 있는 그 땅을 항상 바라보고 계신 것처럼 계속해서 우리를 바라보고 계신다고 말했습니다. 우리는 그 사실을 명심해야 합니다. 하나님께서 그렇게 하시는 것은 우리로 하여금 눈을 들어 당신을 바라보게 하고, 당신의 이름을 부르게 하고, 1년 내내 당신에게 구원을 호소하게 하기 위해서입니다. 하나님께서 우리에게 좋은 시절을 주시면 우리는 이후에도 계속해서 그렇게 해 달라고 기도해야 합니다. 우리에게 그런 시절이 필요함에 따라 그것이 우리를 자극해서 우리로 하여금 매일매일 그와 같은 일을 하게 할 것입니다.

하나님을 경외하는 생활이 필요

그러나 그와는 다르게 우리 자신은 나태합니다. 우리가 마음먹은 대로 일이 해결되면 우리는 하나님을 멸시하게 됩니다. 파종기가 되면 씨를 뿌리십시오. 그러면 맛 좋은 음식을 먹게 됩니다. 우리가 제때 씨를 뿌리면 풍성히 거둘 것 같습니까? 아니면 우리의 그런 감사할 줄 모르는 행위로 인해서 우리의 소원을 들어주지 않으실지도 모른다고 생각합니까? 이 얼마나 비겁한 짓입니까? 하나님께서는 우리를 감찰하고 계시지만 우리는 그것을 못 본 체하고 하나님을 발길로 차며 하나님을 조롱합니다. 하나님께서 우리의 그런 추악한 짓을 참아 주셔야 하거나 참아 주실 수 있으시다고 생각합니까? 하나님께서 먼저 "애들아! 나는 너희를 감시하고 있으며, 너희에게 관심을 갖고 너희에게 필요한 물건을 공급해 주고 있다"고 말씀하셨으니 우리가 그 말씀에 걸맞게 처신하는 것은 당연합니다. 우리 여호와께서 그렇게 시작하시니 우리는 어떻게 해야 합니까? 우리는 최소한 "오, 주여! 우리도 그처럼 당신을 바라보겠나이다" 하고 말하는 것이 당연하지 않습니까? 그런데 그와 반대로 우리가 하나님의 은혜를 입으면 우리는 하나님을 발로 차기 시작합니다. 하나님께서는 우리를 당신의 보호 속으로 끌어넣으시려고 하시지만 우리는 그분에게서 뛰쳐나가기 시작합니다.

우리가 하나님을 찾아가기 위해서 가져야 되는 관심은 어디에 있습니까? 우리로서는 다음과 같이 생각하는 것이 어울릴 것입니다. 즉 우리 주님께서 우리를 항상 지척에 두시는 것은 우리에게 항상 당신을 경외하는 생활을 시키기 위해서입니다. 그러니 우리의 강한 욕망이 곱지 않게 합시다. 우리 하나님께서는 우리에게 필요한 모든 것을 한 번에 다 주실 수 있으시며, 올해는 시절이 좋아서 풍년이 들어 많은 포도를 생산하게 될 것이라는 것을 우리에게 하루에 알려 주실 수도 있으십니다. 그러나 하나님께서는 그렇게 하지 않으십니다. 우리가 하루를 보낸 다음에는 그 다음 날을 하나님께 기도드리는 것으로 시작해야 합니다. 하나님께서는 우리가 그렇게 되도록 운명 지으셨습니다. 하나님께서는 우리에게 경외하는 생활이 매우 필요하다는 것을 잘 아시기 때문입니다. 그러니 우리는 이 가르침을 통해서 유익을 얻도록 합시다. 그리고 우리에게 비가 부족할 때마다 하나님께서 구름을 열어 주실 때까지 조용히 기다리면서 참아 내도록 조심합니다.

한편 하나님께서 황송하게도 이 땅에 물을 뿌리시는 것은 당신의 손으로 우리에게 물질을 주시는 것이라고 알아 두고 매일매일 그분을 찾아가도록 합시다. 하나님께서 우리를 감찰하신다는 것을 알았으니, 우리도 그와 같이 하나님을 다시 바라봅시다. 이렇게 해서 여러분은 모세가 여기서 선포하려고 했던 내용을 실제로 알게 되었습니다.

모세는 거기에 만일 너희가 내가 너희에게 제시했던 명령을 지켜서 너희 하나님을 사랑하고 또 내가 너희에게 주려고 하는 땅에서 온 마음을 다해서 섬긴다면이라는 말을 첨가했습니다. 모세는 여기서 이스라엘 백성들에게 참된 하나님의 섬김이 어떤 것인지를 다시 상기시켜 주었습니다. 즉 그것은 우리가 하나님께 순종하는 것입니다. 이 사실은 이미 앞에서 충분히 설명되었지만, 성령께서 그것을 자주 언급하시는 데에는 이유가 있습니다. 그 사실은 우리로 하여금 그런 경고를 우리 앞에 매분마다 세워 놓게 합니다. 우리에게는 그렇게 할 의지도 욕망도 전혀 없습니다. 그것에 대한 증거는 우리는 강제로 시키지 않으면 하나님을 섬기지 않는다는 사실입니다. 그러나 우리 주님께서는 기꺼이 하나님을 자신의 아버지로 사랑하지 않는 자의 섬김은 받아들이지 않으신다고 하십니다. 그와 관련해서 시편에는 하나님께서 우리에게 긍휼을 베푸셨기 때문에 우리는 그분을 두려워하지 않을 수 없다는 말씀이 있습니다(시 130:4, 7). 우리가 하나님 안에서 느끼는 것은 엄격하심밖에 없기 때문에, 우리가 할 수 있는 것은 하나님을 피하고 가능한 한 그분에게서 멀리 뒷걸음치는 것입니다. 비록 우리가 마지못해서 하나님을 바라볼지라도 하나님께서는 우리에게서 가치 없는 것은 아무것도 도출하지 않으실 것입니다.

그러므로 하나님을 바르게 섬기고 또 하나님을 사랑하는 첫 단계는 그분의 호의를 알고서 그것에 의지하며, 그분의 긍휼과 친절을 기대하는 것입니다. 시편 130편에서처럼 여기서도 사랑을 따르는 순종에 대한 언급이 있는데, 그것은 하나님의 섬김을 흉내 내는 것으로는 충분하지 않다는 것을 우리에게 보여 줍니다. 우리는 다음과 같이 말할 수 있을 정도로 하나님께 복종해야 합니다. 즉 "주님! 당신께서는 우리의 생활을 바르게 영위할 수 있는 은혜를 우리에게 주셨습니다. 그러므로 우리를 다스리시어 우리 가운데서 제멋대로 행하는 자가 하나도 없게 해 주시고, 우리 모두가 당신의 말씀에 천진난만하게 귀를 기울여서 그 말씀에 굴복하게 해 주십시오"라고 말할 수 있어야 합니다.

이제 **내가 주겠다**(I will give)고 모세가 한 말에 대해서 생각해 봅시다. 그는 여기서 하나님을 대신해서 말합니다. 그는 앞에서 "너희는 내가 오늘날 너희에게 명하는 명령에 순종하라 그리하면 너희 하나님께서 너희를 축복해 주실 것이라"고 말했습니다. 그는 지금 "내가 주겠다"라고, 마치 자기 자신이 하나님인 것처럼 말합니다. 그가 그런 식으로 인칭을 바꾼 데에는 이유가 있습니다. 그렇게 한 것은 그의 가르침에 더 많은 권위를 주고, 또 그 가르침이 더 잘 받아들여지게 하는 데 도움이 되게 하기 위해서입니다. 우리에게는 경멸하고 조롱하는 성향이 있어서, 하나님께서 사람을 통해서 우리에게 말씀하실 때 우리는 그 말씀을 중요하게 여기지 않습니다. 그 이유는 하나님의 말씀이 죽어질 인간에 의해서 우리에게 전달되기 때문입니다.

어떤 사람이 강단에 올라가서 이야기하면 우리는 그의 가르침을 통해서 요구되는 만큼의 감동을 받지 못합니다. 강단에는 천국과 같은 장엄함이 있어야 하는데 우리는 매우 우둔하고 둔감하기 때문에 거기에서 말씀하시는 분이 하나님이라는 것을 느끼지 못합니다. 이런 관점에서 모세는 여기서 "내가 너희에게 주겠다"(I will give thee)고 말했습니다. 그러나 그는 그들에게 비 한 방울도 줄 수가 없습니다. 그러면 그가 줄 수 있는 것이 무엇입니까? 그가 하는 말은 자기 자신이 아니라 하나님께서 하신다는 것을 확실하게 보여 줍니다. 그러므로 우리는 그가 하는 말을 마치 하나님께서 당신의 입으로 직접 말씀하시고, 당신의 모습을 가시적인 형체를 통해서 보여 주시고, 당신의 영광을 겉으로 나타내시는 것처럼 받아들여야 합니다.

우리가 이 본문 말씀에서 철저히 이해해야 할 것은 우리가 설교 말씀을 듣거나 성경을 읽으러 올 때 듣지 못하는 귀를 가지고 와서는 안 된다는 것입니다. 그렇게 하면 우리는 말씀에 아무런 감동도 받지 못하고, 그것이 우리에게 주는 명령과 권고에 자극을 받지도 않습니다. 그러나 우리는 하나님께 굴복해야 하며, 비록 하나님께서 당신의 도구인 인간을 통해서 당신의 역할을 행하실지라도 말씀을 전하고 그 말씀에 권능을 주시는 분은 하나님 자신이라는 것을 확실히 믿어야 합니다. 그와 관련해서 우리 주 예수 그리스도께서도 "너희 말을 듣는 자는 곧 내 말을 듣는 것이고, 너희를 받아들이는 자는 나를 받아들이는 것이며, 누구든지 너를 저버리는 자는 나를 저버리는 것이 되고, 아울러서 나를 보내신 나의 아버지를 저버리는 것이 된다"(눅 10:16)고 말씀하셨습니다. 우리가 인간을 통해서 우리에게 전해지는 하나님의 말씀을 들을 가치가 없다고 생각하는 것과, 또 마치 하나님 자신이 직접 우리에게 내려오셨거나 혹은 마치 하나님께서 천국의 천사들을 통해서 보내신 것처럼 우리에게 보내신 것을 우리가 아주 겸손하게 들을 가치가 없다고 생각한다는 것은 하나님에 대한 공개적인 반항입니다. 그것이 모세가 여기서 말하고자 하는 내용입니다.

"당신의 선하심과 풍성함"

끝으로 그는 그들이 하나님의 명령을 잘 지키면 그들은 배부르게 먹을 수 있으며 부양을 잘 받게 될 것이다라고 말했습니다. 이 말씀에는 결론으로 알아 두어야 할 두 개의 요점이 있습니다. 첫 번째 요점은, 우리 주님께서는 당신의 백성들에게 그들이 필요한 모든 것을 주실 뿐만 아니라, 그들에게 당신의 은혜를 풍족하게 베푸셔서 그들을 매우 만족하게 해 주신다는 사실입니다. 그것이 그 요점 중의 하나입니다. 두 번째 요점은 전에 이미 다루었던 내용입니다. 즉 하나님께서는 이 땅에서의 덧없는 생활과 관련이 있는 일시적인 물건에 대해서만 언급하시지만, 하나님께서는 그 범위를 넓혀 가십니다. 하나님께서는 우리에게 필요하다고 생각하시는 것들을 우리에게 쏟아 부으실 뿐만 아니라 당신의 풍족하심을 확장시키시고 늘리십니다. 우리가 그것을 실제로 보고 있습니다.

천연적인 필수품에 대해서 말하자면, 우리에게는 식량과 물이 제일 필요할 것입니다. 그러나 시편 말씀대로 하나님께서는 사람의 마음을 기쁘고 즐겁게 해 주시기 위해서 포도주를 더 주셨습니다(시 104:15). 그리고 하나님께서는 온갖 방법으로 우리를 즐겁게 해 주십니다. 우리를 기쁘게 해 주시기 위해서 이 세상에 있는 많은 것들을 우리에게 보여 주십니다. 그것이 하나님은 우리에게 후하시다는 증거가 됩니다. 하나님께서는 우리가 그것들이 없이도 지낼 수 있는 것들도 다 주실 뿐만 아니라, 우리를 즐겁게 해 주는 데 도움이 되는 많은 것들 또한 덤으로 주십니다. 우리는 그것들을 통해서 자극을 받아 하나님을 사랑해야 하며, 그것들이 우리에게는 날개처럼 되어서 하나님께로 날아가야 합니다. 반대로 만일 하나님께서 우리에게 너무 많이 주시면 우리는 참지 못하고 짐승처럼 너무 먹게 되어서 이 세상과 짝하게 됩니다. 나는 의지와 이성을 잃을 때까지 폭음과 폭식을 일삼는 이들에 대해서뿐만 아니라 욕망과 환락을 좋아하는 자들에 대해서 말하고 있습니다. 사람들은 필요 이상으로 많은 것을 갖게 되면 자기 자신을 제대로 억제하지 못하고 잠들어 버리며, 자극을 받아 하나님께로 달려가는 대신에 하나님으로부터 도망쳐 나가거나 아니면 환락 속에서 뒹굴고, 그 속에서 목욕을 하며 자기 분수를 잊어버립니다. 하나님께서 우리에게 풍성하게 주시는 것은 그것을 문란한 생활의 계기로 삼으라는 것이 아닌, 우리로 하여금 하나님을 더 사랑하게 하기 위해서입니다. 그렇게 하면 하나님께서는 우리를 하인이나 고용인으로 대해 주지 않으시고 아무것도 제재 받지 않는 하나님 자신의 아들처럼 대우해 주십니다. 이것을 알고 있으니, 우리는 그것을 통해서 더 복된 생활을 하도록 합시다.

충분한 양(Fill)이라는 말과 관련해서는 이만 하기로 하겠습니다. 그러나 우리가 알아 두어야 할 것은, 비록 하나님께서 우리가 요구하는 충분한 양을 주지 않으시더라도 하나님께서는 거기에서 값없이 주시는 당신의 선하심을 틀림없이 나타내신다는 사실입니다. 이 세상에는 아직 큰 기근이 없었으며, 우리 주님께서는 당신이 사람들의 아버지, 아니 아

버지 이상이라는 것을 항상 보여 주셨습니다. 그러나 그것이 우리에게
는 재난이 됩니다. 그것이 하나님께서 필요한 만큼 많은 양을 쏟아 붓지
않으신 이유가 되기도 합니다. 하나님의 은혜가 우리의 손에서 나쁜 도
랑물로 변하기 때문에 하나님께서는 어쩔 수 없이 당신의 축복을 우리
에게서 끊으시고, 우리를 궁핍과 가난 가운데 내버려 두십니다. 첫 번째
요점과 관련해서는 이만 하기로 하겠습니다.

하나님께서 우리를 이 세상에서 충분히 먹여 주시고 부양해 주시니,
그것이 우리에게는 자극이 되어 우리로 하여금 위에 있는 천국에는 우
리를 위하여 무한한 재물이 예약되어 있다는 생각을 믿음을 통해서 해
야 합니다. 우리는 그것을 알아 둡시다. 시편에는 "나는 당신의 선하심
과 풍성함을 만끽하게 될 것"이라는 말씀이 있습니다(시 16:11). 또 다른
곳에서는 "여호와여! 당신을 사랑하는 자들을 위해서 당신께서 쌓아 놓
으신 당신의 풍성하심이 얼마나 많으십니까?"(시 17:5)라는 말씀도 있습
니다. 하나님께서는 우리로 하여금 당신의 풍성한 선하심을 이 세상에
서도 부분적으로 느끼게 하시는 것이 사실입니다. 그러나 우리 주님께
서 우리를 당신 곁으로 데리고 올라가셔서 우리에게서 이 세상을 완전
히 제거해 주실 때까지 우리는 결코 만족하지 않을 것입니다. 우리는 우
리에게 약속되고 우리가 누리기를 기대하는 좋은 것들의 전 분량을 낮
은 이곳에서는 다 볼 수 없지만, 우리가 그중의 일부분을 보는 것으로
충분합니다. 비록 하나님께서 연약한 우리에게 필요하다고 생각하시는
만큼 많은 것을 주시더라도 우리는 그것으로 인해서 항상 더 높은 곳으
로 인도되도록 합시다. 그러면 그것은 우리로 하여금 다음과 같은 생각
을 하게 할 것입니다. 즉 하나님께서 당신의 모습을 우리에게 마주 대하
여 보여 주시는 때가 오면, 우리는 그분에게 지금보다 훨씬 더 밀접하게

연결될 것입니다. 간단히 말하면, 우리가 하나님의 천국에 모이게 되면 우리는 모든 것을 포식하게 될 것입니다. 우리가 이곳에 있는 것들에서 충만과 만족과 안식을 취해서는 안 되는 것처럼 이 세상을 지나가야 하며, 우리가 영적으로 유익한 것에 이를 때까지 우리는 점점 더 높이 이끌려야 합니다. 만일 우리가 낮은 이곳에서 궁핍에 빠져 우물쭈물하고 있다면, 하나님께서는 우리를 자극해서 우리로 마지막 날까지 하나님과 온전히 한 몸이 되게 하실 것입니다.

77편_ 신 11:16~21

"너희는 스스로 삼가라"

"너희는 스스로 삼가라 두렵건대 마음에 미혹하여 돌이켜 다른 신들을 섬기며 그것에게 절하므로 여호와께서 너희에게 진노하사 하늘을 닫아 비를 내리지 아니하여 땅으로 소산을 내지 않게 하시므로 너희가 여호와의 주신 아름다운 땅에서 속히 멸망할까 하노라 이러므로 너희는 나의 이 말을 너희 마음과 뜻에 두고 또 그것으로 너희 손목에 매어 기호를 삼고 너희 미간에 붙여 표를 삼으며 또 그것을 너희의 자녀에게 가르치며 집에 앉았을 때에든지, 길에 행할 때에든지, 누웠을 때에든지, 일어날 때에든지 이 말씀을 강론하고 또 네 집 문설주와 바깥 문에 기록하라 그리하면 여호와께서 너희 열조에게 주리라고 맹세하신 땅에서 너희의 날과 너희 자녀의 날이 많아서 하늘이 땅을 덮는 날의 장구함 같으리라"(신 11:16~21).

모세는 여기에서 사람들은 그들의 도가 지나치지 않도록 조심해야 한다고 말했는데, 그는 그 말을 통해서 우리가 매우 여리다는 것과, 만일 우리가 하나님을 두려워하고 또 하나님께서 우리를 인도하시고 다스리시는 가르침에 지속적으로 마음을 써서 우리 자신을 부단히 제지하지 않으면 우리에게는 악하게 될 경향이 매우 많다는 것을 우리에게 알려줍니다. 우리가 보기에는 "너희 하나님의 명령을 지키라"고 말하는 것으로 충분할 것 같습니다. 여러분은 하나님께서 여러분에게 요구하시는 것이 무엇인지 알고 있습니다. 여러분은 하나님의 뜻을 알고 있으니 그것에 집착하십시오. 그러나 사람들은 변덕스러워서 미미한 일이나 아무것도 아닌 것이 그들을 옳은 길에서 뛰쳐나가게 할 것입니다. 그래서 모세는 거기에 그들은 조심해야 한다는 경고를 첨가했습니다. 그것은 마치 "선생님! 감시를 철저히 하십시오"라고 말하는 것과 같습니다. 만일 우리가 사단의 유혹과 계교를 물리치기 위해서 조심하지 않으면 우리는 즉시 기습을 당하게 될 것이기 때문입니다. 특히 우리는 하나님을 섬기는 일에서 즉시 옆길로 벗어나게 됩니다. 그리고 우리를 유혹하는 데에는 다른 사람이 전혀 필요하지 않습니다. 왜냐하면 사람의 마음속에는 미신의 씨가 항상 있기 마련이고, 사람의 마음은 우상 숭배의 소굴이기 때문에 아무 교육을 받지 않은 자들도 우상을 만들어서 하나님의 예배를 뒤집어엎습니다.

마귀는 잠도 자지 않으며, 쉬지도 않으며, 우리로 여러 가지 어리석고 사악한 공상에 말려들게 합니다(벤후 5:8). 그러므로 만일 주의하려고 한다면 우리는 이 경고가 우리에게 매우 필요하다고 판단할 것입니다. 우리가 알고 있는 대로 우리 마음의 여림이 그와 같기 때문에, 우리가 사단의 유혹에 계속해서 대항하기 위해 우리의 울타리를 잘 치지 않으면 사단은 즉시 우리를 구원의 길과 하나님의 순수한 가르침에서 돌이키게 할 것입니다. 그러므로 이승의 삶을 사는 동안 우리는 계속해서 경계할 필요가 있다는 이 말을 단번에 알아듣도록 합시다. 비록 그의 유혹이 그리 대단하지 않을지라도 우리 자신은 매우 연약하기 때문에 아무것도 아닌 것이 우리를 뒤집어엎을 수 있습니다. 우리의 실정이 그러니 조심합시다. 특히 하나님의 성령께서 우리에게 그렇게 하라고 경고하시니 말입니다.

우리가 조심하지 않고 아무 대비도 하지 않고 있다는 것은 잘 드러납니다. 하나님께서는 우리가 태평하고 평온한 것처럼 태만하게 잠자고 있는 것을 벌하십니다. 이 땅에서의 우리의 생활은 마치 전쟁이 계속해서 일어나는 것처럼 바빠야 합니다. 왜냐하면 마귀가 사방에서 우리에게 공격과 충돌을 수없이 가해 오기 때문입니다. 우리는 멍하고 있는 반면에 우리의 적은 호시탐탐 우리를 파멸시킬 기회를 노리고 있으니, 우리가 지는 것이 지극히 당연합니다. 하나님께서는 우리에게 물러서지 말고 우리 자신을 지키라고 경고하시지만, 우리는 그 경고를 염두에 두지 않으며, 하나님을 찾지도 않고 우리를 보호해 달라고 간구하지도 않으니, 하나님께서는 당신께서 우리에게 하신 경고가 이유 있다는 것을 체험을 통해서 우리에게 알려 주셔야 하지 않습니까? 그렇습니다. 그러니 우리는 이 권고를 명심하도록 합시다.

"미혹되지 말라"

경험을 통해서 나타나는 바와 같이 우리의 눈을 현혹시키는 데에는 아무것도 필요하지 않다는 것을 확실히 알아 둡시다. 어느 곳에서나 참되고 순수한 신앙이 자리를 잡게 되면 사람들은 즉시 그것을 비하하기 시작합니다. 왜냐하면 그렇게 하는 것이 바로 그들의 천성이기 때문입니다. 그러므로 우리는 우리의 행실을 그만큼 더 자제해야 하며, 이리저리로 흔들리지 말고 계속해서 순수한 하나님의 말씀에 집착해야 합니다. 전에 없이 많은 사람들이 옳은 길에서 탈선하더라도 마음의 평온을 잃지 맙시다. 그렇게 하는 것이 사람들의 본성이기 때문입니다. 부정한 것이 다시 잠입해 들어와서 전에 선한 일을 했던 사람들이 자기 자신의 체면을 손상시키는 것이 보이게 되면, 우리는 그런 걸림돌에 대항하여 우리의 힘을 키웁시다. 사람들이 쉽게 잠들고 자신을 조심하지 않으니, 비록 아무것도 아닌 것이 그들을 부패시킨다고 해도 놀라지 맙시다. 이렇게 해서 여러분은 이 말이 우리에게 두 가지 이익을 준다는 것을 알게 되었습니다.

그리고 우리의 마음이 미혹되어서는 안 된다는 말이 강조되었습니다. 사람이 악한 행실을 의도적으로 자제하는 것만으로는 충분하지 않으며, 모든 어리석은 예배도 똑같이 정죄를 받습니다. 왜냐하면 우리 여호와께서는 사람들이 잘난 체하는 것을 바라지 않으시고, 하나님의 모든 명령에 순순히 순종하기를 바라시기 때문입니다. 사람들은 잘하려 했다고 말하는 것이 하나님 앞에서 할 수 있는 합리적인 변명이라고 생각합니다. 그러나 그런 짓은 모세가 여기에서 보여 주는 바와 같이 웃음거리에 불과합니다. 비록 사람들의 마음이 미혹을 당하여 그들의 사악한 행실과 파괴 행위를 인식하지 못했을지라도, 사람들은 하나님께서 그들의 행실을 매우 값있게 여기실 것이라고 생각합니다. 그들의 선한 의도는 여러분이 보는 바와 같이 정죄를 받으며, 틀림없이 하나님을 노엽게 해 드리며, 하나님을 노엽게 해 드림으로써 그들의 머리 위에 벌을 쌓아 올리게 됩니다. 그 이유는 그들이 하나님께 순종하는 생활을 하지 않았기 때문입니다. 그러니 지금까지 이 세상에 크게 유행하고 있는 어리석은 방법에 따라 드려지는 예배를 우리의 방패로 삼지 않도록 하고, 우리 여호와께서는 우리가 당신의 말씀에 불을 붙여서 그것을 통해서 우리의 삶을 영위해 나가기를 바라신다는 사실을 알아 둡시다.

하나님께서는 사단이 우리 속으로 침입하지 못하게 하시고, 또 사단이 우리의 동정을 살피다가 우리를 해치려 하고 전에 없이 많은 샛길로 우리 속으로 잠입하려 할지라도, 하나님께서는 그를 방해하려 하시며, 무엇이 유익한지를 우리에게 가르쳐 주실 정도로 우리에게 선하시니, 우리에게는 한 가지 길밖에 없다는 것을 철저히 알아 둡시다. 우리가 어떤 이유로든지 그 길에서 벗어난다는 것은 합당치 않습니다. 우리가 그만큼 경계를 강화했다면 하나님께서 당신의 손을 펴서 사방에서 우리를 단단히 보호해 주신다는 것을 의심하지 맙시다. 그러면 사단이 무슨 짓을 하더라도 결코 우리에게서 아무것도 얻지 못할 것입니다. 만일 그렇게 하지 않으면 이 권고는 아무 유익을 주지 못할 것입니다.

하나님께서 우리에게 조심하라고 말씀하셨음에도 불구하고 만일 우리에게 유의할 방법이 없다면 하나님께서 우리를 우롱하시는 것처럼 보일지도 모릅니다. 그러나 우리가 하나님께로 가면 하나님께서는 우리에게 지혜와 분별의 영을 주셔서 우리가 미혹을 받지 않게 하십니다. 그리고 마귀가 무슨 짓을 하더라도 확실히 우리를 이기지 못할 것입니다. 우리는 최소한 하나님의 순수한 말씀으로 다스려지는 것을 용납해서 우리 자신의 생각을 버리고, 우리 자신의 지혜를 믿지 않고, 하나님께 우리를 깨우쳐 주시고 당신의 성령을 통해서 무엇이 하나님의 마음에 드시는 것인지를 알려 달라고 기도하면 우리는 항상 그의 유혹을 물리칠 수 있게 될 것입니다. 우리가 그렇게 행해서 우리의 조심성이 겸손을 동반하게 되면, 하나님께서는 항상 당신의 강한 손을 우리를 향해서 펴실 것입니다.

이렇게 해서 여러분은 우리가 활용해야 할 두 가지, 곧 첫 번째는 방심하지 않고 철저히 감시하는 것이고, 두 번째는 우리가 쉽게 속임 당한다는 것을 알고 있으니 하나님의 보호를 구하는 기도를 드리며, 자신을 믿는 것이 아닌 하나님 한 분만 의지하는 것임을 알게 되었습니다. 이두 가지가 우리를 보존해 주어서 우리로 하여금 흑암 중에서도 계속해서 옳은 길을 지키게 해 줄 것입니다. 왜냐하면 이사야서에 기록된 대로, 하나님 자신이 우리에게 해와 달의 역할을 하실 것이기 때문입니다 (사 60:19~20).

그런데 모세는 만일 이스라엘 자손들이 하나님을 순수하게 섬기는 일을 계속하지 않는다면 그들은 이 세상에 있는 모든 이방인보다도 용서를 받지 못한다는 것을 알려 줍니다. 왜냐하면 그들에게는 **돌이키지 말라**(turn not away)는 명령이 주어졌기 때문입니다. 좋은 가르침을 받아 본 적이 없는 사람들은 선천적으로 짐승과 같습니다. 그러나 하나님께서 우리를 부르시어 우리에게 참된 건전함을 가르쳐 주셨지만 후에 우리가 그것을 그르친다면, 그것은 우리가 항상 무지하고 무식했던 어리석은 이방인과 같게 되는 것이 아니라, 그것은 마치 우리가 우리 하나님과 떨어지고, 또 하나님께서 우리를 당신에게 승복시키기 위해서 우리가 맺은 언약을 거절해서 그분에게 침을 뱉으려고 하는 것처럼 반항해서 악으로 돌이키는 짓입니다. 그러므로 이 말은 심사숙고되어야 합니다. 특히 오늘날 복음의 순수한 진리를 가지고 있는 우리가 그렇게 해야 합니다. 왜냐하면 우리 주변에 있는 우리의 이웃 모두가 무분별하고 무모하게 계속 달려가고 있기 때문입니다.

그들이 하나님의 진리를 모른다는 것은 참으로 가엾은 일이지만, 그것이 그들을 용서해 주지 않을 것입니다. 우리 하나님께서 당신의 모습을 우리에게 나타내 보이셨고, 당신에게 순종하는 방법을 우리가 놓칠 수 없도록 우리 앞에 분명하게 제시하셨으니, 그들과 비교해서 우리에게 무슨 말이 주어지겠습니까?(딤전 3:16) 하나님께서 우리를 당신에게 순종하는 길 위에 세우시고, 우리에게 당신에게 순종하는 방법을 가르쳐 주시면, 우리는 우리의 진로를 지키도록 유의해야 합니다. 갑절의 벌 받기를 원하지 않는 한 우리는 어떤 방법으로든지 탈선하지 않도록 조심해야 합니다. 주인의 뜻을 알고 있는 종이 그 뜻대로 행하지 않으면 갑절의 벌을 받게 될 것이라(눅 12:47)는 말씀이 있는데, 우리가 그렇게 될지도 모릅니다. 그러니 하나님의 말씀을 통해서 우리 자신을 더 든든하게 세우도록 합시다. 하나님께서 당신이 무엇을 시키고 싶어 하시는지를 우리에게 알려 주시면 우리는 그것으로부터 유익을 얻고, 그것을 통해서 힘을 얻도록 합시다. 그러면 마귀가 무슨 짓을 하든, 그리고 전에 없이 우리에게 강력하게 반항할지라도 그는 우리를 타락시키지 못할 것입니다.

'이상한 신'

다음에 그는 이상한 신들에 대해서(of strange gods) 언급합니다. 왜냐하면 모든 악의 원천은 우리가 어떤 신을 섬겨야 하는지 모르는 데에서 비롯되기 때문입니다. 만일 사람들에게 그런 점이 부족하다면 틀림없이 그들의 여생은 대단히 불안할 것이고 과오 속에 싸여 있을 것입니다. 그러므로 하나님께서 이 점을 강조하셔서 당신을 알아야 하며, 당신만을 섬기고 경배해야 한다고 하셨는데, 그것은 무익하지 않습니다.

우리가 이상한 신을 섬겨서는 안 된다고 한 말에는 두 가지 내용이 담겨 있습니다. 그중 하나는 우리는 하나님을 식별할 수 있어서 그릇된 의견이나 생각을 우리의 기초로 삼지 않고 실질적이고 틀림없는 사실을 우리의 기초로 삼아야 한다는 사실입니다. 그러나 만일 우리가 우리의 타고난 지혜에 굴복하면 그 일은 이루어질 수 없습니다. 그것이 이 세상의 모든 미신이 뻗어 나오는 뿌리가 되기 때문입니다. 오늘날 아직도 이 세상에 일고 있는 대 혼란의 원인은 사람들이 그들의 머릿속에 떠오르는 모든 것을 계속해서 마음에 그리기 때문입니다. 그들은 "나는 하나님께서 이것을 많이 좋아하실 것이라고 생각하며, 그것은 나에게도 좋아 보인다"고 말합니다. 만일 사람들이 그들의 세상적인 생각에 따라서 처신한다면 틀림없이 모든 것이 문란하게 될 것입니다. 여러분은 그것이 심한 소용돌이라는 것을 알게 될 것입니다. 따라서 하나님께서 우리에게 말씀하실 때 우리는 그분에게 귀를 기울이도록 하고, 말씀을 통해서 우리에게 알려 주지 않으시는 것은 마음에 품지 않도록 합시다. 이것이 하나님을 세상 사람들이 직접 제조한 모든 우상과 식별하기 위해서 알아 두어야 할 가장 중요한 요점입니다.

그러므로 우리는 하나님께서 허락하는 것만 시도해야 합니다. 천주교 신도들은 그들의 의도가 하늘과 땅을 만드신 하나님을 섬기는 것이라고 충분히 주장할 수 있습니다. 유대교 신자들과 회교도들도 그렇게 합니다. 그 문제는 그들 모두에게 똑같습니다. 그럼에도 불구하고 유대교 신도들은 율법을 그들의 생각과 혼합하며, 또 그들에게 약속되었으며 그들이 지켜야 할 모든 신앙의 기초가 되시는 구세주를 부인합니다. 그리고 천주교 신도들에 대해서 말하자면, 그들은 모든 진리를 변조해서 그것을 완전히 거짓말로 바꾸어 놓았습니다. 만일 우리가 이상한 신을 섬기지 않으려면 우리는 늘 하나님을 두려워하는 생활을 해야 하며, 하나님의 뜻에 부합되는 것이 확실하지 않은 것은 어떤 것도 시도해서는 안 됩니다. 왜냐하면 우리가 이상한 신을 우리의 마음이 내키는 대로 섬기기 시작할 때마다 우리는 우리 머릿속에 우상을 세우기 때문입니다. 하나님께서는 우리가 그렇게 하는 것을 대단히 싫어하시며, 거절하시며, 혐오하십니다.

우리가 여기에서 명심해야 할 것은 하나님께서 당신의 말씀을 우리의 길잡이로 삼는 은혜를 우리에게 허락하셨으니 우리는 그만큼 조심해야 한다는 사실입니다. 우리는 매우 연약하여 우리를 길 밖으로 밀어내는 데는 아무것도 필요하지 않으니, 우리는 더 많이 조심해서 매일매일 하나님의 말씀을 통해서 유익을 얻도록 해야 합니다. 그 밖에도 우리가 잘하고 있다고 생각하는 것만으로는 충분하지 않다는 것을 확실히 알아 둡시다. 우리가 사기를 당해서는 아무것도 얻지 못하며, 우리의 문제가 하나님 앞에서는 그것으로 인해서 조금도 달라지지 않기 때문입니다. 그러니 하나님께 우리를 깨우쳐 달라고 기도드리도록 합시다. 하나님께서 우리에게 당신의 뜻을 보여 주셨으니, 우리는 거기에 아무것도 첨가하지 말고 그것을 꿋꿋하게 지켜야 합니다. 이렇게 해서 우리는 모세가 한 이 말에서 우리가 명심해야 할 것이 무엇인지를 실제로 알게 되었습니다.

모세는 이어서 사람들은 그가 그들에게 말하는 것을 그들의 마음에 두어서 항상 그것들을 기억하고 있어야 하며 그것으로 그들의 손목에 매어 기호를 삼고 그들의 미간에 붙여 표를 삼으며 또 그것을 그들의 자녀에게 가르치며 집에 앉았을 때에든지 길에 행할 때에든지 누웠을 때에든지 이 말씀을 강론해야 한다고 말했습니다. 모세는 그것을 통해서 만일 사람들을 강제로 제지하지 않으면 그들은 즉시 하나님으로부터 뛰쳐나올 것이라는 것을 잘 보여 주었습니다. 그것은 마치 어떤 사람이 한 마리의 여우를 완전히 길들였다고 생각하여 그 여우를 반나절만 내버려두면 그 여우는 즉시 본성으로 되돌아가는 것과 같습니다.

우리도 그와 똑같습니다. 우리는 매우 다루기 힘든 자들이기 때문에, 비록 우리가 얼마 동안은 하나님을 절실히 느끼고 개심이 잘된 것처럼 보일지라도, 우리는 손바닥을 뒤집는 순간에 모든 것을 완전히 잊게 됩니다. 그러므로 우리 여호와께서는 모세가 이 본문 말씀에서 한 것처럼 어쩔 수 없이 우리로 하여금 그것을 기억하게 하시고, 우리를 자극해서 가능한 모든 방법을 사용하도록 시키셨으며, 하나님께 순종하면서 경외하는 생활을 하게 하십니다. 그런 까닭으로 모세는 이스라엘 백성들은 두부에 다는 장식품으로 미간에 그 표를 붙여야 한다고 말했습니다. 일반적으로 남자들은 브로치와 단추 및 그 밖에 그와 비슷한 것들을 달고, 여자들은 머리에 금으로 만든 장식품이나 그 밖에 다른 값비싼 장식품을 다는 것처럼, 믿는 사람들의 복장에도 하나님의 율법을 상기시키는 무엇인가가 있어야 합니다. 우리는 팔찌나 우리 몸을 꾸며 줄 화려한 장난감 대신 우리 영혼을 장식해 주는 방법과 더욱이 하나님께 온전히 헌신하는 방법, 그리고 하나님의 말씀에 절대적으로 복종하는 방법을 가르쳐 줄 수 있는 복장을 해야 합니다. 우리는 집안을 화려하게 꾸미기 위한 번쩍거리는 물건 대신, 하나님께서 우리에게 무엇을 시키려고 하시는지와 하나님께서는 우리가 당신을 잊는 것을 바라지 않으신다는 것을 알려 주는 무엇인가를 가지고 있어야 합니다. 만일 우리가 한도를 넘어서 우리의 마음이 배회하게 되면, 하나님께서는 우리를 다시 집으로 불러들이시고, 우리는 우리의 헛된 공상을 따라 방황해서는 안 된다고 일러 주십니다.

이렇게 해서 여러분은 여기에 담겨 있는 내용의 핵심을 알게 되었습니다. 6장에도 그와 비슷한 말씀이 있습니다(신 6:7~9). 그러나 이 말씀은 우리가 우리의 헛되고 종잡을 수 없는 상상에서 한 번 물러서는 것으로는 충분하지 않다는 것을 우리에게 더 강조합니다. 그래서 하나님께서는 어쩔 수 없이 우리의 게으름과 태만을 회상시켜 주십니다. 그렇지 않으면 우리는 계속해서 우리 상상 속에 머물러 있게 되며, 하나님께서는 어쩔 수 없이 우리의 심령이 연약하고 여리다는 것을 보여 주실 것입니다. 실제로 경험이 그것을 잘 보여 줍니다. 예를 들면, 우리 눈앞에 한 마리의 파리가 획 지나가도 그것은 우리로 하여금 그 파리를 쫓아가게 하기에 충분하며, 그 파리를 잡기 위해서 우리는 우리가 할 수 있는 모든 것을 다합니다. 우리는 공중누각을 세우지만 그 즉시 모든 것이 사라집니다. 우리의 머릿속에는 허황된 것들이 많이 있기 때문에, 우리가 하나님으로부터 매우 신속하게 뛰어나간다 해도 그것을 이상하게 여기지 않습니다.

이 세상에는 이런저런 방법으로 우리를 돌이켜서 우리가 생각하기도 전에 우리를 아주 멀리 끌고 가서 우리의 넋을 빼앗아 가는 경우가 아주 많습니다. 다시 말하지만, 사단은 대단히 미묘한 존재이기 때문에, 만일 우리가 사단에 대항해서 단단히 무장하고 있지 않으면 우리가 계속해서 우리 하나님께 순종하는 것은 불가능할 것입니다. 때문에 이 말을 반복하는 것은 지나치지 않습니다. 하나님께서는 우리가 당신의 율법을 모든 곳에 써 놓아서 그것을 수시로 읽게 하는 것이 좋다는 것을 우리에게 알려 주십니다. 그리고 하나님께서는 당신의 명령을 열 개의 문장으로 만드셨습니다. 그렇게 해서 그것들이 우리에게 더 잘 알려지게 하셨습니다. 우리의 손에 몇 개의 손가락이 있는지 보십시오. 하나님의 계명의 수도 그와 같아서 그것들을 기억하기가 쉽습니다. 길게 기록할 필요도 없으며, 휴대하기도 어렵지 않습니다.

하나님께서는 우리에게 아주 짧은 규칙을 주셨습니다. 만일 우리가 그것을 오랫동안 익히고 있다면 그것은 우리가 의욕적이라는 것을 입증해 줍니다. 간단히 말해서, 만일 우리가 의도적으로 눈을 감고 있지 않는다면 우리는 하나님께서 우리에게 일러 주시는 것을 곧 익히게 될 것이라고 말하지 않을 수 없습니다. 하나님의 뜻은 남자와 여자가 어리석은 허영심 때문에 몸단장에 골몰하는 것이 아니라, 우리가 우리 자신에게 당신의 율법을 상기시켜 주는 무엇인가를 갖는 것이기 때문에, 우리는 그것을 통해서 경건한 생활을 해야 합니다. 만일 우리가 탈선하기 시작하거나 악한 짓에 빠진다면, 우리는 무슨 변명을 하겠습니까? 이 본문 말씀과 관련해서는 이만큼 다루고 마치겠습니다.

늘 하나님을 생각하라

위선자들과 하나님의 모든 규례를 비웃는 고약한 자들이 항상 좋아하는 세상적인 방법에 따라서 이스라엘 백성들은 하나님의 율법 중의 한 문장을 미간에 붙여 표로 삼았으며, 여기에 기록된 말씀대로 행해서 그들은 율법을 아주 잘 지켰습니다. 그들은 율법으로 만든 팔찌를 끼고 있었으며, 그들의 머리에는 율법으로 만든 두루마리와 장식품도 꽂혀 있었기 때문에 그들의 몸속에는 거룩하지 않은 것이 하나도 없는 것처럼 보였습니다. 그뿐 아니라 그들의 집에는 계명도 써 붙였습니다. 분명히 말하지만 이것은 잘한 일입니다. 그런데 그들은 이런 겉치레를 하나님을 잘 섬기는 것으로 여겼습니다. 그것은 전혀 하나님을 섬기는 것이 아닙니다.

우리로 말하자면, 만일 우리가 하나님의 뜻을 고려하지 않고, 또 하나님의 뜻에 굴복하지 않는다면, 우리도 그와 똑같은 지경에 처하게 될 것입니다. 앞에서 말한 대로, 위선이 사람의 천성에 깊이 뿌리박고 있기 때문에, 사람들은 항상 하나님을 가지고 놀려고 하며, 위조품으로 하나님을 만족시켜 드리려고 합니다. 거기에는 위장 외에는 아무것도 없습니다. 그럼에도 불구하고 그들은 하나님께서는 그것들이 그들의 책임을 다한 것으로 여겨 주셔야 한다고 생각합니다. 그러나 우리가 알아 두어야 할 것은 하나님은 당신의 율법에 있는 어떤 말을 문설주나 문 또는 집의 출입구에 써 놓는 것을 통해서 섬기심을 받지 않으신다는 사실입니다. 모세가 한 말의 뜻은 전혀 그렇지가 않습니다. 비록 우리가 하나님의 말씀에 대해서 충분한 가르침을 받았더라도 우리는 지혜가 부족해서 거기에서 쉽게 돌이킵니다.

모세가 우리로 하여금 가능한 모든 도움을 받게 해서 우리 자신을 더 잘 보존하고 우리의 연약함을 고치는 방법을 익히게 하려고 한 데에는 이유가 있습니다. 사실 우리를 타락시키기 위해 필요한 것은 아무것도 없습니다. 우리 몸속에 사악한 것이 있다는 것을 우리가 알고 있으니, 부지런히 하나님을 찾으며 항상 하나님을 경외하는 생활을 하도록 합시다. 만일 우리가 하나님이나 하나님의 계명에 대한 생각을 하지 않고 단 하루라도 지난다면 우리는 즉시 하나님을 잊게 됩니다. 그러니 우리는 어떻게 해야 합니까? 마귀는 아침부터 우리에게 여러 도전을 해 옵니다. 그러니 우리는 그에 대항하지 않을 수 없으며, 우리의 원수가 우리를 가격해 올 때까지 기다리지 말고 우리를 당신 곁으로 부르신 우리 하나님에 대해서 생각해야 합니다. 그리고 밤에 잠을 잘 때에도 마귀는 쉬지 않고 우리의 머릿속에 어리석은 생각을 많이 집어넣습니다. 그래서 사람들은 그들의 머리가 이러저런 헛된 생각을 품는 것을 제지할 수 없습니다.

우리는 우리 하나님을 염두에 두는 것과 하나님께 모든 것을 맡기는 것과 거기에 편안히 안주하는 것을 우리의 울타리로 삼아야 합니다. 만일 우리가 오랫동안 기다리게 되면 우리는 하나님으로부터 멀리 벗어나게 되어서 거기로 다시 돌아갈 길을 찾지 못하게 될 것입니다. 그것은 마치 어떤 사람이 그가 가는 길이 옳은지 옳지 않은지를 상관하지 않고 계속 질주하는 것과 같습니다. 그가 오랫동안 걸어가면 갈수록 그는 그가 가야 할 길에서 멀어집니다. 더욱이 그의 길을 안내하는 사람이 있는데도 그가 바른길로 다시 들어서려고 하지 않는다면, 그는 길을 잃고 계속해서 방황하는 것이 당연합니다. 만일 어떤 사람이 그에게 저 방향으로 가야 한다고 알려 주었는데도 마치 허공을 헤매고 있는 것처럼 기꺼이 반대 방향으로 가고 있다면, 마침내 그는 자신이 바른 길에서 멀리 떨어져 있다는 것을 알게 될 것입니다. 그러므로 우리는 우리 자신의 잘못을 고치기 위한 노력을 하지 않을 정도로 쓸데없는 고집을 부리지 않도록 조심합시다. 내가 전에 말한 바와 같이 우리는 어느 때고 쉽게 길에서 벗어날 수 있기 때문에 우리를 탈선시키는 데에는 필요한 것이 아무것도 없습니다. 그러니 만일 우리가 옳은 길에서 벗어나게 되면 우리는 새사람이 되기 위해서 즉시 되돌아오도록 노력해야 합니다.

우리 하나님께서는 우리에게서 멀리 떨어져 있지 않으십니다. 하나님께서는 당신의 선지자 이사야를 통해서 마치 한 선생이 그의 어린 제자의 등 뒤에 있는 것처럼 우리의 등 뒤에 계시겠다고 약속하셨습니다 (사 30:21). 그것은 어머니가 항상 자기 아이에게서 눈을 떼지 않으며 항상 그의 곁에 있는 것과 같습니다. 만일 우리가 하나님을 찾아가고 또 우리가 하나님께서 우리를 새사람으로 만들어 주시는 것을 허락한다면, 하나님께서는 어머니처럼 바로 우리 곁에 계실 것이라는 것을 낯익은 예를 통해서 보여 주십니다. 그러니 일생 동안 그것을 실천하도록 노력합시다. 특히 긴급히 필요할 때에는 우리 모두 서두르도록 합시다. 마귀는 우리가 더 이상 우리의 자리로 돌아올 수 없게 하기 위해서 우리를 멀리까지 끌고 갑니다. 그때까지 기다리지 맙시다. 우리가 불과 한 발자국 벗어났기 때문에 조금밖에 빗나가지 않았다 생각될지라도 우리는 즉시 우리 자신에 대한 생각을 다시 떠올리도록 합시다. 너무 오랫동안 기다리지 말고 미리 대비하여 하나님께 우리를 인도해 주시고 당신의 선하심으로 우리를 보호해 달라고 그만큼 더 간절하게 간청합시다.

우리에게 빛을 주는 등불이 되시는 하나님의 말씀을 따르도록 합시다. 우리는 하나님께서 우리에게 비추어 주시는 빛을 바라보기 위해서 눈을 크게 뜨고 우리가 배웠던 것을 자주 회상해 보도록 합시다. 몇 사람들은 이런 감정에 빠져 있고 또 몇 사람은 저런 감정에 빠져 있으니, 우리 모두는 어떤 악한 짓에 기울고 있는지 알아보고 그에 대한 대책을 찾도록 합시다. 우리가 일단 우리 자신의 질병을 알았으니 거기에 알맞은 약을 사용하도록 합시다. 하나님의 말씀 안에서 우리의 병을 치유해 주고 고쳐 주는 것들을 많이 발견할 수 있으니, 그것을 통해서 우리에게 제공되는 유익을 기꺼이 활용하도록 합시다.

이렇게 해서 여러분은 우리가 이 본문 말씀을 어떻게 실천해야 하는지를 알게 되었습니다. 그것을 실천하는 목적은 일종의 의식을 행하는 것이나, 또 외모를 멋지게 꾸미거나, 또 우리의 의복에 하나님의 율법을 다는 것이나, 또 그 내용에 대해서는 전혀 관심을 갖지 않고 멋져 보이는 몇 개의 문장을 써 놓은 것에 있지 않습니다. 분명히 말하지만, 그렇게 하는 것은 아무 효과가 없습니다. 우리는 우리가 하나님을 경외한다는 것을 확인해야 하며, 또 우리를 옳은 길로 다시 복귀시켜 줄 방법을 찾아야 합니다. 우리는 매우 연약하기 때문에 하나님께서 우리에게 지정해 주시는 대책을 받아들여야 합니다.

무엇보다도 우리는 여기에 있는 말씀을 지켜야 합니다. 즉 너희는 나의 이 말을 너희 마음과 뜻에 두라는 명령을 지켜야 합니다. 모세가 그렇게 말한 것은 사람들로 하여금 외적인 모양이나 형상에 대해서 곰곰이 생각하지 못하게 하기 위해서입니다. 그것이 중요한 요점입니다. 분명히 말하지만, 모세가 과녁으로 삼는 푯대와 이 가르침이 지향하는 목표는 하나님의 율법이 우리의 마음과 뜻에 있게 하는 것입니다. 비록 우리가 하나님의 율법을 항상 우리 눈앞에 두고 암기하고 있어서 전에 없이 그것을 중요하게 여기는 것처럼 보이지만, 우리의 마음이 닫혀 있고 우리에게 하나님을 섬기겠다는 뜻이 없다면 우리는 확실히 사람들을 속일 뿐이며, 하나님 앞에서 더 무서운 벌을 자초하게 됩니다.

하나님의 율법을 마음에 새기라

이제 하나님의 율법을 기록해 놓도록 합시다. 그 말씀을 벽이나 식탁에 써 놓읍시다. 아침저녁으로 우리에게 그것을 상기시켜 줄 물건을 갖도록 합시다. 그것을 우리 마음속에 새겨 놓아서 절대로 지워지지 않게 합시다. 더욱이 그것을 우리의 마음과 뜻에 새겨 놓아서 절대로 지워지지 않게 합시다. 그렇게 해서 그것이 우리의 모든 감정을 사로잡게 합시다. 그곳이 하나님의 말씀이 보관되어야 할 장소입니다. 사도 야곱이 언급하는 내용이 이전보다 오늘날에 더 많이 나타납니다. 즉 하나님의 말씀을 들으러 오는 사람들은 자기 자신을 거울에 비추어 볼 때만큼 하나님의 말씀을 통해서 유익을 얻습니다(약 1:23). 그러나 그것들이 사라지자마자 모든 것이 잊힙니다. 사람들이 자신의 모습을 거울에서 보았다고 해서 나아지는 것이 무엇입니까? 그들이 얼굴을 돌리자마자 그들의 모습은 사라지고 말 것입니다. 우리도 그와 같습니다.

사도 바울이 고린도후서에서 말한 것과 같이, 우리가 하나님의 말씀에 이르게 되면 우리가 변하여 하나님 같이 되어야 합니다. 우리가 예수 그리스도를 통해서 하나님을 바라보게 되면 우리를 하나님의 영광으로 바꾸어 놓습니다(고후 3:18). 그것이 복음의 능력이며 특성입니다. 우리가 복음을 심심풀이로 여기게 되면 모든 것이 곧 다시 가 버릴 것이며, 우리에게는 그것의 실체나 그것의 능력도 남아 있지 않을 것입니다. 복음의 귀중한 씨가 그런 방법으로 말라 죽습니다. 그것이 돌에 떨어져서는 뿌리를 내리지 못합니다. 어떤 사람이 곡식을 마른 땅이나 길가나 돌에 뿌리면 많은 손해를 볼 것입니다. 왜냐하면 새들이 와서 즉시 그것을 쪼아 먹을 것이기 때문입니다(마 13:19). 그러니 비록 하나님의 말씀이 우리 몸속으로 들어오지 않더라도 이상하게 여기지 맙시다. 우리의 마음이 쟁기가 땅을 가는 것처럼 갈아져야 하기 때문입니다. 우리의 마음은 여전히 열리지 않았으며, 전혀 깨지지 않았습니다. 그런 까닭으로 하나님의 말씀이 우리에게 씨앗으로 주어졌다고 해도 그것은 우리에게 아무 이익을 주지 않을 것입니다. 하나님의 말씀이 우리의 마음과 뜻에 뿌리를 내리지 않았기 때문에 마귀가 즉시 그것을 채어 갑니다. 율법이 우리 안에 뿌리를 내렸지만, 만일 우리가 하나님께 헌신하기 위해서 그것을 애정으로 받아들이지 않는다면 우리에게 좋아질 것이 조금도 없으며, 그것을 통해서 이롭게 되는 것이 전혀 없습니다.

그러나 그것이 우리가 해야 할 일의 전부는 아닙니다. 하나님께서도 모든 사람들이 그것을 통해서 자신의 이익을 얻으려고 노력하는 것으로는 충분하다고 생각하지 않으십니다. 하나님께서는 아버지들에게 그들의 자녀들을 교육시키라고 시키실 것입니다. 하나님께서는 그것을 통해서 우리가 살아 있는 동안에 우리의 하나님을 섬기는 것으로는 충분하지 않으며, 우리가 죽은 후에도 신앙의 씨가 남아 있도록 준비해야 한다는 것을 알려 주십니다. 우리는 일시적이며, 우리의 생활은 그림자에 불과합니다. 그러나 하나님의 진리는 영원합니다. 따라서 하나님의 진리가 영원토록 지속되고, 그것이 이 사람 손에서 저 사람 손으로 옮겨지는 것, 그리고 사람들이 그것을 위해서 노력을 기울이는 것은 당연합니다. 특히 하나님께서 사람들에게 자녀를 주셨으니, 그들은 그들의 자녀가 보물이라는 것을 알아야 하며, 그들은 그들의 자녀에 대한 결산서를 제출해야 합니다. 하나님께서 남자와 여자에게 자녀를 주신다는 것은 작은 영광이 아닙니다. 그들은 하나님의 형상을 닮은 피조물이며, 우리는 그들을 교회의 씨라고 부릅니다. 그런데 하나님께서 그들을 우리에게 맡기셨으니 우리는 하나님이 그들에게서 섬김을 받으시도록 그들을 양육하기 위해 노력하는 것이 당연합니다. 헌신이 우리의 일생 동안 지속되었다면 우리가 죽은 후에도 그것이 계속 지속될 것입니다.

그런데 우리는 여기에서 우리 자신의 나태함, 아니 그보다는 우리의 비겁함을 보게 됩니다. 우리는 게으를 뿐만 아니라 우리 대부분이 하나님의 말씀으로 훈련 받는 것을 있는 힘을 다해서 피하고 멀리하려고 합니다. 만일 우리가 사람들에게 하나님의 말씀을 들려주면 그들은 질색을 합니다. 만일 그들이 거기에는 선한 가르침에 대한 이야기가 있을 것이라는 감을 잡게 되면 그들은 들을 생각을 하지 않습니다. 많은 사람들이 회교도들보다 악하며, 그들은 자신의 어리석은 생각에 취해 있습니다. 그래서 하나님의 말씀을 들으러 오라고 재촉하는 종소리가 울리자마자 그들은 다른 길로 가 버립니다. 온힘을 다해서 그것을 피하는 자의 수가 굉장히 많다는 것이 그에 대한 증거입니다. 그들이 그리로 오더라도 그들은 그들의 악한 감정에 잡혀 있고, 또 마귀가 그들을 취하게 했기 때문에 그들은 의도적으로 그들의 귀를 틀어막습니다. 그래서 그들은 그들에게 하는 말에서 어떤 호의도 전혀 발견하지 못하고, 하나님에 대한 이야기가 나오자마자 싫증을 냅니다.

다음에는 자녀들의 양육 문제와 관련해서 생각해 보겠습니다. 아버지들은 그들의 자녀들이 그들 자신보다 훌륭하게 되는 것을 꺼립니다. 그 이유는 자녀들이 아버지들을 부끄럽게 할지도 모른다는 두려움 때문입니다. 그들 자신이 일생 동안 한결같이 하나님을 멸시해 왔기 때문에 그들은 그들의 자녀가 하나님을 그들만큼, 또는 그 갑절로 멸시하는 것에 만족합니다. 만일 그들의 자녀가 다행히도 가르침에 대해서 관심을 갖게 되었다면 그것은 유행 때문이거나 부득이했기 때문일 것입니다. 우리는 이 본문 말씀에서 이것들을 배웠으니, 만일 우리가 하나님께서 말씀하신 것에 대해서 관심을 갖지 않는다면 우리는 하나님으로부터 경고를 받고 비싼 대가를 치르게 될 것입니다. 그러므로 우리는 하나님의 말씀에 명심하도록 항상 주의하고, 비록 우리가 전에 없이 유익은 조금밖에 받지 못했을지라도 우리는 그 길에 있지 않을 수 없고, 그 길을 계속해서 가야 한다는 사실을 확실히 알아 둡시다. 따라서 우리에게는 그것들을 한 번 아는 것으로는 충분하지 않으며, 우리는 어쩔 수 없이 그것들을 계속해서 기억하고 있어야 하고, 하나님으로부터 주의를 받아야 합니다. 그렇지 않으면 우리는 즉시 탈선해 버릴 것입니다.

가장 훌륭한 유산

이제 우리 각자는 우리에게 맡겨진 책임에 대해서 생각해 보고 그것에 유의합시다. 자녀를 둔 자들로 하여금 그들의 자녀를 하나님을 경외하는 마음으로 키우게 하고 그것이 그들의 제일 큰 관심사가 되게 하십시오. 그것이 그들이 물려줄 수 있는 가장 훌륭한 유산이기 때문입니다. 그렇게 하지 않으면 비록 그들이 자녀에게 아무리 많은 재산을 물려주고 그들을 아무리 좋은 환경에 앉혀 놓아도 틀림없이 모든 것이 망할 것이기 때문입니다. 만일 모든 것이 순수한 신앙심에 기초를 두고 있지 않으면 하나님께서 그것들 모두를 저주하실 것이기 때문입니다. 우리 여호와께서는 잠자리에 드는 것과 일어나는 것과 쉬는 것과 노동에 대해서 언급하셨는데, 그것은 헛된 일이 아닙니다. 하나님께서는 우리에게 하나님의 율법을 명심시키는 데에는 가능한 모든 보조물이 필요하다는 것을 보여 주십니다. 만일 여기에서 우리에게 보여 주는 보조물이 우리 앞에 제시되지 않으면 우리는 모든 수단과 방법을 통해서 하나님을 기억하기를 거절하기 때문에 이런 계기가 우리를 자극하고 우리를 분발시켜야 합니다.

그리고 나서 그는 밤에 잠을 잘 때든지 아침에 일어날 때든지라고 말했는데, 우리는 그것에 대하여 생각해 보도록 합시다. 그 말은 육체적인 모든 필요를 생각해서 휴식을 취해도 좋다는 것을 보여 줍니다. 사람이 하루 종일 여행을 하거나 그의 업무를 수행하여 지치게 되면 안정을 찾는 것이 당연합니다. 만일 우리가 우리 육신의 안식을 얻기 위해서 용의주도해야 한다면 우리 영혼의 안식은 하나님의 목소리를 듣는 것이라고 말해야 하지 않습니까?(마 11:29) 만일 어떤 사람이 그에게는 시간 여유가 없다고 말한다면 그에게는 아침에 일어날 시간 여유도 없단 말입니까? 그리고 당신이 식사를 하기 위해서 식탁에 앉을 때 당신에게는 당신 자신을 하나님을 두려워하는 마음으로 교화시킬 충분한 시간이 있지 않습니까? 더욱이 당신이 하루 종일 당신의 업무를 수행할 때나 또는 당신이 여행을 할 때 하나님이 잊히셔야 합니까? 그렇지 않습니다. 그러나 사람이 하나님께로 나가는 것을 막는 장애물이 있기 마련입니다.

사실 우리는 사람들을 만족하게 해 줄 수 있는 경솔한 구실을 쉽게 찾을 수 있습니다. 그러나 하나님께서 우리에게 가라고 하실 때 우리가 일생 동안 무엇을 해야 합니까? 하나님께서는 "너희는 몹시 바빠서 나의 말을 통해서 훈련을 받을 짧은 시간을 낼 여유조차 없느냐? 나는 너에게 너의 직무를 수행할 충분한 시간을 주어서 너로 하여금 나의 가르침을 공부하는 데 얼마간의 시간을 투자하게 했는데, 너는 그 생각을 전혀 하지 않고 있다. 그보다도 너는 아주 작은 장애물에 부딪힐 때마다 그것을 거기에서 돌이킬 구실로 삼아 왔다. 그래서 너는 온갖 악한 짓으로 강퍅하게 되어서 사람들이 너를 개심시킬 수 없게 되었으며, 짐승보다도 못하게 되었다"고 말씀하십니다. 이렇게 해서 여러분은 우리가 항상 염두에 두어야 할 하나님의 가르침을 통해서 유익을 얻지 못한다면 우리는 어떤 모욕죄와 어떤 불경죄를 받게 되는지 알게 되었습니다.

그는 이어서 이 말씀을 강론하라고 했습니다. 그것은 자기들의 어리석은 이야기를 그치지 못하는 사람들 사이에서 행해지는 악하고 부정한 짓을 책망하는 말입니다. 하나님에 대한 이야기가 나오면 그 이야기가 즉시 중단되어야 했습니다. 그들은 그 이야기는 슬픈 일에 불과하다고 생각합니다. 더욱이 그들은 어리석고 바보 같은 이야기를 하는 것에 만족하지 않고 서로에게 독이 되는 경향이 있는 상스럽고 야비한 말을 합니다. 하나님께서는 오늘 우리가 들었던 내용을 자주 상기해 볼 필요가 있다는 것과, 하나님께서 우리를 자극해서 우리로 하여금 우리 자신에 대한 생각을 하게 할 필요가 있다는 것을 우리에게 알려 주셨는데, 그것이 당연합니다. 우리는 심히 나태하여 뒷걸음을 치고 있고, 절박한 가난으로 넋을 잃었기 때문에 우리 마음은 악한 짓에 완전히 빠져 버렸습니다. 하나님께서 그들을 선한 곳으로 유인하셔도 그들은 즉시 꽁무니를 빼고 악한 곳으로 빠져들어 갑니다. 그것을 인식하고 있는 우리는 하나님께서 우리에게 하신 말씀을 잘 활용해야 합니다.

하나님께서는 우리에게 아침에 일어날 때든지 밤에 잠자리에 들 때든지 하나님의 율법에 대해서 생각해야 한다는 것과, 하루 종일 그것에 대한 이야기를 해야 한다는 것을 알려 주십니다. 하나님께서 당신의 백성들에게 그렇게 말씀하신 데에는 이유가 있다는 것을 확실히 알아 둡시다. 그것은 예나 지금이나 모든 사람들이 알아 두어야 할 일반적인 교훈입니다. 모세는 미개하고 세련되지 못한 사람들을 향해서만 기억을 새롭게 하기 위해서 이런 보조물을 활용하라고 말하지 않고, 너희들 모두, 즉 너희 한 사람 한 사람이 다 그렇게 하라고 했습니다. 하나님께서는 자기 자신이 가장 현명하다고 생각하는 자들을 향해서 말씀하셨습니다. 그러니 여기에서는 자신이 예외가 된다고 생각하는 사람이 없게 하십시오. 남을 가르치는 책임을 맡은 사람들에게 이것은 교양이 없고 무식한 자들에게만 하는 말이 아니고 그들 자신을 깨우는 방법을 알려 주기 위해서 한 말이라는 것을 알려 주십시오. 우리 모두는 우리 자신이 하나님의 말씀을 통해서 유익을 받기를 매우 갈망해서 하나님의 말씀이 계속해서 우리에게 생각나게 되기를 바란다는 것을 함께 보여 주어야 합니다. 이것이 우리가 이 세상에 있는 동안에 전념해야 할 중요한 사항입니다. 우리는 그것을 확실히 알아 둡시다.

78편_ 신 11:22~25

하나님께 충성할 때 우리가 얻는 승리

"너희가 만일 내가 너희에게 명하는 이 모든 명령을 잘 지켜 행하여 너희 하나님 여호와를 사랑하고 그 모든 도를 행하여 그에게 부종하면 여호와께서 그 모든 나라 백성을 너희 앞에서 다 쫓아 내실 것이라 너희가 너희보다 강대한 나라들을 얻을 것인즉 너희의 발바닥으로 밟는 곳은 다 너희 소유가 되리니 너희의 경계는 곧 광야에서부터 레바논까지와 유브라데 하수라 하는 하수에서 서해까지라 너희 하나님 여호와께서 너희에게 말씀하신대로 너희 밟는 모든 땅 사람들로 너희를 두려워하고 무서워하게 하시리니 너희를 능히 당할 사람이 없으리라"(신 11:22~25).

우리는 모세가 이스라엘 백성들에게 어떤 약속을 했는지 보았습니다. 즉 모세는 그들이 물려받게 되었던 땅을 소유하게 될 것이라고 했습니다. 그러나 그들의 적이 그들이 하는 일에 방해가 되어서 하나님께서는 당신께서 약속하신 것을 이행하실 생각을 아직 완전히 굳히지 않으신 것처럼 보였기 때문에 모세는 그 장애물도 제거될 것이라는 말을 첨가했습니다. 그는 "하나님께서는 당신이 정죄하셨던 모든 나라 백성들에게 두려움을 주실 것입니다. 그러면 그들 중 누구도 하나님의 인도를 받은 백성들을 이겨내지 못할 것입니다"라고 말했습니다. 그것이 모세가 여기서 말하고자 하는 핵심입니다.

그의 말은 "하나님께서 일단 우리에게 어떤 것을 보증해 주시면 비록 우리가 이 세상에 있는 모든 장애물에 부닥치게 되더라도 우리는 하나님의 약속을 의심해서는 안 된다"는 것과 같습니다. 그 이유는 인간에게는 불가능한 것처럼 보이는 것들이 완전히 하나님의 지배하에 있으며, 어떤 피조물도 하나님께 저항할 수 없기 때문입니다. 그러므로 우리가 우리의 눈앞에 다가오는 방해물을 보고 당황하게 될 때 우리는 모든 것을 이길 수 있는 하나님의 위대하심에 대해서 깊이 생각하기 시작해야 합니다. 따라서 우리가 확실히 믿어야 할 것은, 하나님께서는 당신의 입으로 말씀하신 것은 무엇이나 실천하실 수 있으시다는 사실입니다. 우리의 판단으로는 비록 모든 접근 방법이 하나님으로부터 완전히 배제된 것 같을지라도 하나님께서는 당신의 능력을 통해서 그것을 뚫고 나가십니다. 그러므로 하나님께서 하신 약속의 결과를 우리의 시력이나 우리가 자랑하는 명철로 측정하지 않도록 하고, 온 세상이 하나님께 아무리 강력하게 맞서고 또 하나님께서 말씀하신 것의 실천을 저지하기 위해서 아무리 노력할지라도 하나님께서 항상 승리하신다는 사실을 확실히 믿도록 합시다.

우리는 이 사실을 주로 우리 자신의 힘을 키우는 데 활용해야 합니다. 마귀는 우리의 행복을 저해하고 완전히 좌절시킬 준비를 하고 있습니다. 그러니 우리를 기쁘게 받아 주시고 우리에게 천국을 유산으로 물려주시겠다고 약속하신 하나님은 만군의 하나님이며 승리의 하나님이시라는 이 말씀을 계속해서 우리의 기억 속에 새겨 두도록 합시다. 지옥에 있는 모든 시설물들이 하나님께 대항해 오더라도 모든 것이 소용없게 될 것이며 연기로 변할 것입니다. 비록 우리가 이 세상에서 전에 없이 많은 습격을 견뎌내야 하고, 또 마귀가 끊임없이 우리에게 이런저런 짓을 할지라도, 하나님께서는 우리를 굴복시킬 수 없는 계획을 충분히 세우실 것이라는 것을 확실히 믿읍시다. 하나님이 우리의 편이 되시는 한 하나님께서는 우리에게 확신을 주시며, 또 우리는 하나님의 보호를 받아 우리 자신을 보존합니다. 이 사실을 사단 자신뿐만 아니라 그의 졸개들 모두가 알아야 합니다.

마귀는 가능한 모든 수단과 방법을 사용하며 모든 악한 자들을 자기 마음대로 부립니다. 그리고 그는 악한 자들을 다스리며 그들을 온갖 악으로 몰아갑니다. 그들은 악한 영의 인도를 받고 있기 때문에 있는 힘을 다해서 우리를 성가시게 하며 괴롭힙니다. 그러나 우리는 우리를 위해서 싸우시는 하나님을 우리 편으로 모시고 있기 때문에 하나님의 능력이 우리를 지켜 줄 것입니다. 비록 우리가 많은 고통과 괴로움을 견뎌내야 하지만 하나님께서 우리에게 승리를 안겨 주실 것임을 의심하지 맙시다. 그런 충돌에서는 항상 얼마간의 공포가 없을 수 없기 때문입니다. 악한 자들은 하나님의 자녀를 괴롭히는 일에는 항상 불같이 뜨거워서 한 개의 손가락만 움직일 수 있게 되어도 즉시 새로운 충돌을 시작합니다. 따라서 하나님께서 우리를 그런 방법으로 훈련시키시기를 기뻐하실 때 우리는 그것을 꾸준히 참아 내야 합니다. 그리고 모세가 여기서 믿는 자들에게 약속한 결과, 즉 우리를 항상 우리의 적에게서 승리하게 하실 것이라는 사실을 기대해야 합니다. 이렇게 해서 우리는 이 가르침이 어떤 목적에 활용되어야 하는지 알게 되었습니다.

하나님께서 그런 것을 약속하셨으니, 하나님께서 사람의 마음을 지배하신다는 것도 알아 둡시다. 모세는 이어서 하나님께서는 우리의 공포와 두려움을 우리의 모든 원수에게 던지실 것이다라고 말했습니다. 그 말은 하나님께서 우리에게 우리가 당신의 자녀라는 표시를 하시게 되면 악한 자들이 전에 없이 원한으로 가득 차 있고 전에 없이 심한 격노와 분노에 사로잡혀 있을지라도 그들은 부끄럽고 당황하게 되어서 어찌할 바를 전혀 모르게 된다는 말과 같습니다. 세상적으로 보아서는 악한 자들이 사자의 심장을 가지고 있는 것처럼 보이는 것도 무리가 아닐 것입니다. 그러나 하나님께서는 그들의 심장을 녹여서 물처럼 되게 하실 것입니다. 그래서 하나님께서 주지 않으시면 모든 사람들에게는 단한 방울의 용기도 없다는 것을 사람들이 눈으로 보게 될 것입니다. 그러나 우리로 말하면, 비록 우리가 겁이 많고 본래부터 대담한 용기를 갖고 있지 않을지라도, 하나님께서는 우리를 변화시키셔서 우리에게 불굴의 용기를 주실 것입니다. 따라서 비록 우리가 많은 전투에서 용맹을 날렸을지라도 우리의 용맹은 하나님께서 우리로 하여금 느끼게 하시는 것과 비교하면 아무것도 아닙니다. 그래서 우리는 주제넘은 짓을 하지 않게 되고, 하나님께 의지하게 되고, 하나님의 능력과 사랑으로 지탱되기를 구하게 됩니다.

그러므로 우리가 거기서 제일 먼저 알아야 할 것은, 비록 우리의 생활이 전쟁과 같을지라도 하나님께서 우리를 위해서 싸우시겠다고 약속하셨기 때문에 우리는 두려워해서는 안 된다는 것입니다. 그렇습니다. 그러나 우리는 강력한 적을 상대해야 하며, 우리가 대적할 마귀는 하나가 아니고 무수한 마귀의 군단입니다. 우리는 심히 연약하고 사방에서 유혹을 받고 있으니, 우리가 무엇을 할 수 있습니까? 간단히 말해서, 우리의 안전이 약탈당할 지경입니다. 우리에게는 우리 자신을 방위해 줄 것이 아무것도 없습니다. 그래서 우리는 우리 하나님을 중요하게 여겨야 합니다.

승리의 약속

내가 전에 말한 바와 같이 하나님께서 당신을 만군의 여호와라고 부르시는 것은 당연합니다. 하나님께서는 우리를 그런 방법으로 지켜 주셔서 우리의 원수들을 좌절시키실 것입니다. 비록 그들이 전에 없이 맹렬한 힘으로 공격해 와서 우리가 그들의 첫 공격을 받고 겁을 먹을지라도 우리는 모든 능력을 쥐고 계시는 하나님의 도우심을 받아 항상 승리할 것입니다. 사실 우리는 하나님께서 당신의 천사들을 우리의 호위병으로 배정해 놓으신다는 것을 알고 있습니다(히 1:14). 하나님께서는 우리를 도와주시기 위해서 당신의 팔을 뻗으시는 것으로는 충분치 않다고 생각하시어 당신의 모든 축복도 내리시며 사방에서 우리를 호위해 주십니다. 그러니 그것을 믿고 우리를 향해서 달려오는 모든 고난을 대범하게 뚫고 나아갑시다. 그리고 이 본문 말씀에서 언급된 대로 우리는 그런 선도자를 모셨으니 그 고난을 극복하게 될 것을 의심하지 맙시다.

이제 이 사실들을 이 땅에서의 생활필수품에도 활용합시다. 하나님께서 우리를 도와주시는 것은 우리로 하여금 이 땅에서의 생활 과정을 마치게 하기 위해서입니다. 사실 그것이 중요한 요점입니다. 우리는 어쩔 수 없이 시시각각으로 하나님의 도우심을 받아야 합니다. 하나님께서는 우리가 통과해야 할 많은 험한 길을 인도해 주시고 우리를 모든 위험에서 보호해 주십니다. 하나님께서는 마지막에 우리에게 승리를 안겨 주시고, 우리를 천국으로 데리고 가실 뿐만 아니라 이 세상에서 계속 우리를 도와주실 것입니다. 그래서 우리는 우리가 처해 있는 모든 고난과 난국을 뚫고 나가게 될 것입니다. 우리가 완전히 압도당한 것처럼 보일 때에도 하나님께서 우리를 향해 당신의 손만 뻗으시면 우리는 즉시 곤경에서 벗어나게 될 것입니다.

우리는 이 사실에 대한 의심을 말끔히 벗어 버려야 합니다. 하나님께서 우리에게 사단과 마귀에 대항하여 그런 승리를 약속하셨으니, 사람들이 우리에게 대항할 때에도 그들은 우리를 이기지 못할 것입니다(롬 16:30, 엡 6:12~13). 비록 온 세상 사람들이 우리를 반대하는 데 힘을 쏟고 있고 우리가 불구대천의 원수가 되었을지라도 하나님께서 우리에게 호의적이시라면 틀림없이 그것이 우리를 만족시켜 줄 것입니다. 하나님께서는 그들이 시도하는 모든 계획이 아무 성과를 얻지 못하게 하시고, 또 그들의 계획을 뒤집어엎어 버리시겠다고 약속하셨으므로 우리는 하나님께 여가 시간이 생길 때까지 인내심을 갖고 조용히 기다리도록 해야 합니다. 비록 우리가 한동안은 당황하고, 또 하나님께서 당신께서 하신 말씀에 따라 역사하려고 하신다는 사실을 인식하지 못할지라도 하나님의 가르침을 굳게 지키도록 합시다. 그러면 하나님께서는 당신이 참되시다는 것을 보여 주실 것입니다. 그것이 우리를 멸망시킬 방법만을 찾고 있는 모든 악한 자들을 무시하고 물리칠 방법입니다. 그들은 일종의 미친개와 같아서 그들이 물지 못할 때에는 짖어 댈 것입니다. 그들은 항상 입을 벌리고 있고, 그들의 이빨은 항상 날카로우며 그들의 발톱은 항상 대비되어 있기 때문에, 하나님께서 그들을 풀어 주시면 그들은 사자나 다른 어떤 짐승보다 더 사납게 됩니다. 우리 여호와께서는 우리를 보호해 주십니다. 그리고 그들이 할 수 있는 모든 짓을 다할지라도 결국 그들은 타도될 것이며, 그들의 시도는 보람이나 효과를 전혀 발하지 못할 것입니다. 그것이 기억해 두어야 할 내용입니다.

우리로서는 우리의 원수가 매우 강력하다는 것을 보는 것과 그들이 우리에게 많은 심술을 부리는 것을 보는 것은 괴롭고 항상 속이 터지는 일일 수밖에 없지만, 우리는 여기에 주어진 말, 즉 하나님께서는 사람의 마음을 지배하신다는 사실에 의지합시다. 인간의 자만심이 아무리 크고 용감해서 하늘과 땅을 벌벌 떨게 할 수 있을지라도, 우리 여호와께서는 인간의 용감함을 두려움으로 바꾸시고, 인간을 겁쟁이로 만드실 것입니다. 따라서 다른 사람에게 두려움을 주어야 할 당사자가 마침내 여자와 아이들보다도 더 적은 용기를 갖게 될 것입니다. 이것을 확실히 믿읍시다. 사람들에게 용기와 끈기를 주시는 분은 하나님이시며, 하나님께서 원하실 때 그것을 거두어 가시는 분도 하나님이십니다. 우리 여호와께서 인간의 마음을 제지하신다는 사실을 우리가 온전히 믿는다면, 하나님께서는 항상 우리의 원수를 물리치시고 우리에게 승리를 주실 것입니다. 그것이 성경이 강조하는 점입니다.

하나님께서 주시지 않는 한 사람 안에는 용기나 남자다운 것이 조금도 없다는 것을 우리에게 알려 주기 위해서 솔로몬은 왕의 마음이 여호와의 손에 있다(잠 21:1)고 강조했습니다. 평민은 복종을 하고 제제를 받는 것처럼 보이지만, 왕은 평민과 다릅니다. 감히 왕의 비위를 상하게 하는 말을 하는 사람이 전혀 없습니다. 그리고 왕이 일단 말을 하면 그것은 즉각 시행되어야 합니다. 왕에게는 일반적인 사람들이 갖지 못하는 특권이 있는 것처럼 보입니다. 그렇습니다. 하나님께서는 왕의 마음을 마치 강을 이리저리로 흐르게 하시고 강의 흐름을 당신께서 원하시는 대로 바꾸시는 것처럼 지배하신다고 솔로몬 왕이 말했습니다. 거위 새끼들이 머리를 치켜 올리지만 그것들에게는 능력이나 힘이 전혀 없으니 그것들이 무슨 일을 하겠습니까? 우리가 그것들의 협박을 받고 당황하겠습니까? 우리가 해야 할 일은 하나님께서 우리에게 받기 원하시는 영광을 하나님께 드리는 것입니다.

사람들이 두려워할 때 그들에게 용기를 주는 일과, 마치 자신의 명령에 따라 천둥과 번개가 치는 것처럼 생각하여 날뛰는 자들의 기를 꺾는 일은 하나님의 몫입니다. 하나님께서는 그들의 콧대를 꺾으셔서 그들로 하여금 어찌 할 바를 몰라 심히 당황하게 만드실 것입니다. 그러면 그들에게는 전에 그들이 보여 주었던 용감함 대신 연약함과 두려워하는 마음만 있게 됩니다. 믿는 자들은 그런 방법으로 확신을 얻게 됩니다. 우리가 그렇게 하지 않는다면 우리는 어떻게 되겠습니까? 우리는 무엇을 고민합니까? 내가 전에 말한 것처럼, 사단과 그 졸개들이 사방에서 우리를 에워싸고 있습니다. 그들이 우리에게 두려움을 주지 않을 때가 일분일초도 없습니다. 천 가지 위험이 우리를 에워싸고 있습니다(벧전 5:8). 그러니 우리가 이 가르침을 온전히 믿지 않을 뿐 아니라, 그것을 원수들이 가해 오는 공격을 막아 주는 참호와 도랑으로 삼지 않는다면 우리는 어떻게 되겠습니까? 우리의 생활은 항상 불안하고, 우리는 여러 종류의 죽음으로부터 위협을 받고 있어서 이런저런 불운에 부닥치지 않고서는 한 발자국도 앞으로 나아갈 수 없습니다. 특히 마귀가 우리를 괴롭히려는 방법과 마귀가 거기에 쏟는 노력을 생각할 때, 또 마귀가 몰고 다니는 악한 자들의 수에 대하여 생각해 보면 그렇습니다. 그러니 승리를 주관하시는 만군의 여호와께서 우리 편에 계셔서 우리를 보위해 주신다는 이 가르침을 활용하도록 합시다. 그러면 우리는 굴복을 당하지 않게 되고, 하나님의 능력에 의해서 보존되고 보호될 것입니다. 일단 이 가르침을 우리 마음속에 잘 새겨 두면 우리는 계속해서 대담하게 앞으로 나아갈 수 있습니다.

비록 사람들이 전에 없이 자만심으로 가득 차고 또 몹시 심술궂어서 그들에게 우리를 한입에 먹어치울 마음이 생기더라도 그것 때문에 기절하지는 맙시다. 하나님께서는 그들을 치셔서 겁을 먹게 하시는데, 그러면 그들은 기가 꺾이고 용기를 잃게 될 것이기 때문입니다. 비록 우리에게 단검이나 막대기가 없을지라도 그들은 스스로 멸망할 것입니다. 그들은 그 이유는 물론 방법도 인식하지 못할 것입니다. 그것은 오로지 하나님의 신비하신 역사로 이루어집니다. 우리는 그것을 주목하도록 합시다. 하나님께서 그것을 당신의 입으로 약속하셨을 때, 우리는 우리를 속이려 하지 않으셨다는 것을 체험을 통해서 알게 될 것입니다. 그러나 우리 자신의 불신과 비겁함이 우리가 여기서 언급된 것을 체험을 통해서 인식하는 것을 용납하지 않습니다. 우리는 하나님께 어떻게 해서 당신께서는 우리의 원수에게 그런 용맹을 주시게 되었으며, 어떻게 해서 우리는 겁 많고 비참하게 되었느냐고 충분히 불평할 수 있습니다. 그러나 우리는 그 이유에 대해서 생각하지 않습니다. 그 이유는 우리 안에 있습니다. 우리 원수도 우리가 그들에게 주는 것 이상의 능력을 갖고 있지 않습니다.

하나님의 보호하심

분명히 말하지만, 사단은 물론 그의 졸개들도 똑같습니다. 우리가 하나님을 저버리면 하나님의 도움을 받지 못하게 되는 것과 하나님께서 우리를 버림받은 불쌍하고 비겁한 자처럼 내버려 두시는 것이 당연합니다. 그럴 때 우리는 우리의 양 옆을 바라보지만, 우리 원수에게 저항할 방도는 전혀 발견하지 못합니다. 왜냐하면 출애굽기와 시편에 있는 말씀대로 우리는 하나님께서 우리에게 약속하셨던 호위병과 난공불락의 요새를 잃었기 때문입니다. 거기에는 백성들이 하나님을 버린 즉 성채를 잃게 되었다고 기록되어 있습니다(출 32:25, 시 106:23).

분명히 말하지만, 우리가 하나님을 경외하는 생활을 계속하지 않는다면 성경의 말씀대로 하나님께서 우리로 하여금 사람과 짐승은 물론 우리 주변을 날고 있는 파리까지도 무서워하게 하시는 것이 당연하지 않습니까?(레 26:36) 우리 하나님께서는 당신의 존귀하신 몸을 드러내 보이셔서 우리가 당신께 굴복하고 우리의 몸과 마음을 제물로 드려 경의를 표하기를 요구하십니다. 그럼에도 불구하고 우리는 하나님을 경멸하며, 하나님의 거룩하신 말씀을 조롱하고 하나님과 맹수처럼 싸우니, 하나님은 우리로부터 아무런 섬김을 받지 못하십니다. 그러니 하나님께서 우리에게 사람을 무서워하는 벌을 내리시는 것이 당연하지 않습니까? 그렇습니다. 그런데 나는 나를 향해서 머리를 쳐드는 벌레를 보기만 해도 겁이 나고 그것을 무서워합니다. 그 이유를 알아보기 위해서 멀리까지 갈 필요는 없습니다. 내가 하나님께 처신을 잘했는지, 또 모든 일에 순종했는지 생각해 보기만 하면 됩니다.

나는 그렇게 하지 않았습니다. 그 반대입니다. 나는 하나님으로부터 뛰쳐나왔으며, 더욱이 역적질을 했습니다. 나는 나의 지경을 뛰어넘었습니다. 간단히 말하자면, 나는 하나님의 원수가 되었습니다. 따라서 내가 아무것도 아닌 사람을 무서워해도 그것을 이상하게 생각해서는 안 됩니다. 하나님께서는 우리의 오만과 자부심을 더욱 비웃으실 것입니다. 하나님께서는 우리로 하여금 나뭇잎이 떨어지는 것을 보고도 벌벌 떨게 하실 것입니다. 간단히 말하면, 솔로몬이 말한 것처럼 우리를 쫓는 사람이 없는데도 우리는 도망을 치며, 작은 소리도 우리로 하여금 우리가 대부대의 추격을 받고 있다고 생각하게 할 것입니다(잠 28:1). 진실로 우리가 하나님의 보호를 확실히 믿어 마음의 안정을 얻는다는 것은 하나님이 주시는 특별한 은사입니다.

이와는 반대로, 우리가 하나님의 보호 아래 있지 않아 당황하게 되는 이유는 사람 때문이 아닌 오로지 우리가 하나님을 우리의 적으로 삼았기 때문입니다. 우리 원수가 우리를 괴롭혀서 우리로 하여금 어찌 할 바를 모르게 한 이유는 우리가 하나님을 존귀하게 여기지 않았기 때문입니다. 우리가 하나님 편에 있지 않을 때 하나님이 우리의 친구가 되시는 것이 이치에 맞습니까? 하나님께서는 그때 우리의 원수가 되셔야 합니다. 그런 까닭으로 모세는 32장에 있는 노래에서 이렇게 노래했습니다. 그는 "여호와께서 너희를 버리셔서 너희를 너희 원수에게 포로로 넘겨 주지 않으셨다면 너희 백 사람이 한 사람에게 쫓기며 너희 일천 사람이 너희 원수 일백 명에게 쫓길 수 있겠느냐?"(신 32:30)고 물었습니다. 모세는 "만일 너희가 너희 원수에게서 환난을 당하게 되면 그것은 너희 하나님께서 너희로 간담이 서늘하게 하셨기 때문이라고 생각하라. 너희에게는 하나님께서 당신의 능력을 너희에게 집어넣으시거나 너희를 위해서 그것을 발하실 가치가 없기 때문이다"라고 말했습니다.

그러므로 우리가 우리의 원수를 두려워하는 상태에 너무 오랫동안 있게 되어 심히 당황해서 하나님의 이름을 거의 부를 수 없게 될 때, 그리고 불신과 마음의 번뇌로 압도당할 때마다 우리는 하나님이 우리로부터 물러나셨으며 우리를 곤궁에 빠지게 하셨다는 사실을 알아 둡시다. 하나님이 그렇게 하신 이유는 우리가 하나님께 반발하고, 하나님을 두려워하는 마음을 털어 버리고, 하나님을 경외하는 생활을 제대로 하지 않았기 때문입니다. 그런 관점에서 하나님께서는 사람을 통해서 우리를 협박하시고 우리로 하여금 우리 자신의 야비함을 느끼게 하시는데, 그것은 우리를 당신께로 되돌아오게 하시기 위해서입니다. 더욱이 모세는 하나님의 약속이 헛되지 않았다는 것을 결과를 통해서 잘 보여 주었습니다. 그에 대한 증거가 이스라엘 백성들이 가나안 땅에 들어갈 때 나타났습니다. 그들에게는 그들 모두를 당황하게 할 정도로 많은 적이 있었습니다. 그러나 그것이 문제가 되었습니까? "그것이 무슨 상관이 있었습니까?" 할 정도로 하나님께서는 당신의 백성들을 위하여 직접 싸우셨습니다.

한 미천한 기생은 그것을 잘 알고 있었습니다. 그녀는 그 땅을 정탐하러 온 사람들에게 "당신들의 하나님은 모든 것을 다스리시는 하늘과 땅의 하나님이라는 것을 알고 있다"고 말했습니다(수 2:9). 그녀는 그것에 대한 증거로서 "이 땅의 거민들은 당신들이 왔다는 소문만 듣고도 놀랐으며, 그로 인해서 용기를 잃었으며, 이미 죽은 거나 다름없게 되었다"고 말했습니다. 믿음을 조금밖에 맛보지 못했던 이 불쌍한 여인이 그것을 확실하게 이해하고 있었으니, 분명히 말하지만 우리는 여호와께서 우리에게 약속하신 능력을 훨씬 더 공공연하게 주시는 것이 당연하지 않습니까? 즉 하나님께서는 우리보다 훨씬 더 능력이 많고 강력한 자들에게 공포심과 두려워하는 마음을 주실 것입니다.

성경에는 하나님께서 왕과 제후에게 표시를 해 놓으시면 이성이 없는 짐승들도 그들을 두려워한다고 기록되어 있습니다(단 2:38). 그 이유는 하나님께서는 우리가 알지 못하는 비밀한 방법으로 역사하시기 때문입니다. 만일 우리 여호와에게 인간을 감동시킬 능력이 없으시다면 군주의 지위와 위계질서가 단 1분도 지속되지 못할 것이 확실합니다. 하나님께서는 공의의 검을 맡기신 사람들에게 그런 표시를 달아 주셔서 사람뿐만 아니라 짐승들에게도 그들을 두려워하고 그들에게 복종하라고 시키셨으니, 만일 우리가 하나님의 자녀라면 우리는 그분의 형상을 지니게 될 것이라는 사실도 알아 둡시다. 우리가 하나님의 보호를 받고 있는 한 우리는 우리 원수의 반대에도 불구하고 안전할 것입니다. 그렇습니다. 그리고 우리는 경외함을 받게 될 것입니다. 그러면 우리는 하나님의 도우심을 받지 않는 것이 다른 사람의 잘못이 아닌 우리 자신의 잘못이라는 것을 알게 될 것입니다. 비록 감사할 줄 모르는 우리가 하나님의 도우심을 뿌리칠지라도 하나님께서는 당신의 무한하신 선하심을 통해서 우리를 당신 곁으로 끌어가십니다. 비록 악한 자들이 율법을 손에 쥐고 있을지라도 그들은 매우 무안하고 당황하게 되었으며, 완전히 의기소침해졌습니다. 우리는 그것을 알아야 합니다. 그렇지 않으면 우리는 나무토막보다도 더 둔하게 될 것입니다. 우리 여호와께서는 그런 능력으로 역사하시기 때문에, 비록 우리의 눈이 멀었다 해도 우리는 그것을 손으로 더듬어서 알 수 있습니다.

오래 전에 하신 약속

하나님께서는 당신의 자녀들을 파멸시켰다고 생각했던 자들의 기를 꺾으셨습니다. 그들은 감히 아무도 그들에게 대항해서 새끼손가락조차 들지도 못할 정도로 그들의 목표를 달성했다고 생각했지만, 그들이 때려눕힘을 당하고, 용기를 잃게 되고, 공포와 혼란 속으로 던져져서 어찌할 바를 모르게 된 것이 보였습니다. 분명히 말하지만, 그들은 율법을 손에 쥐고 있었으며 충분한 기량과 계략을 가지고 있었지만, 그들에게는 의로움도 없었고 성실함도 없었으며, 그들이 어떤 생활을 하든 그들은 용기를 잃고 멍하니 서서 서로를 바라본 채 두려움에 휩싸여 어찌해야 할지 몰랐습니다. 이것을 통해서 우리는 우리 여호와께서는 그들의 손을 묶어 놓으실 뿐만 아니라 그들의 마음을 빼앗아 가신다는 것을 알았습니다. 하나님께서는 그렇게 해서 그들의 기지와 이성을 꺾으십니다. 그런 까닭으로 그들은 매우 멍청하게 되고, 그들은 갓난아이가 갖고 있는 것보다, 심지어는 짐승들이 갖고 있는 것보다 더 적은 능력을 갖게 되었습니다. 이렇게 해서 여러분은 이것이 여기서 약속된 내용에 대한 상당한 증거가 된다는 것을 알았습니다. 즉 만약 우리가 하나님께 하나님이 받아 마땅하신 영광을 드린다면 우리는 하나님의 보호를 받아 계속해서 살아갈 수 있게 되며, 더욱이 우리가 탈선하는 것을 막게 될 것입니다.

이제 내가 한 말에 대해서 많은 주의를 기울이도록 합시다. 탈선해서 나쁜 짓에 빠진 자들은 우리 여호와께서 약속하셨던 보호를 받지 못합니다. 왜냐하면 그들은 의도적으로 그들의 몸을 내던져서 망쳐 버리기 때문입니다. 따라서 하나님께서 그들을 저버리시는 것과 그들이 준비되지 않은 자로 여겨지는 것은 당연합니다. 그러나 우리가 겸손히 행하며 항상 우리 하나님의 인도를 받고 싶어 한다면, 대담하게 하나님을 믿읍시다. 그러면 영원토록 보호를 받을 것입니다. 사람들이 사자처럼 입을 벌린 채 우리를 바라보고 있을 때 우리에게는 그들에게 대항할 방도가 없을지라도 하나님께서는 그들을 넉넉히 물리치실 수 있으십니다. 우리가 불가피하게 싸워야 할 때도 있을 것입니다. 그러나 전투 중에도 하나님께서 약속하신 대로 우리의 생명은 유지될 것이며, 그 약속은 우리에게 난공불락의 요새가 될 것입니다. 그것이 우리가 여기서 기억해 두어야 할 내용입니다.

모세는 너희보다 강대한 백성 혹은 민족이라는 말을 강조해서 말했습니다. 그의 의도는 우리로 하여금 눈에 보이는 것들을 비교하지 않게 하고, 또 우리로 만약 우리에게 자연스럽거나 세상적으로 인정받는 방법이 없으면 하나님께서는 우리를 도와주시지 않을 것이라는 생각을 하지 못하게 하는 것이었습니다. 그렇습니다. 우리는 그런 단계에 있어서는 안 되며, 하나님의 능력은 무한하다고 생각해야 합니다. 그러므로 우리가 하나님의 능력을 우리의 감각이 미치는 데까지로 한정한다면 그것은 하나님께 크게 잘못하는 짓입니다. 우리 원수가 우리에게는 너무 강대해서 그들이 아무 때나 우리를 발로 짓밟을 것처럼 보일지라도, 우리는 하나님께서 우리를 구원해 주시기 위해서 당신의 능력을 발휘하실 것이라는 것을 확실히 믿어야 합니다. 그러니 최소한 건방지지 말고 우리 하나님에 대하여 고집을 부리지 맙시다.

우리에게 매우 필요한 것이 두 개 있습니다. 그 첫째는 우리가 우리 하나님을 섬기고 영화롭게 해 드리는 데 헌신하는 것이고, 그 둘째는 우리가 하나님을 믿고 하나님이 하신 약속을 어김없이 지키며, 하나님께서는 비록 가망이 없는 것처럼 보이는 것도 좋은 결과를 낳게 하신다는 것을 의심하지 않는 것입니다. 이렇게 해서 여러분은 우리가 이 가르침에서 무엇을 기억해 두어야 하는지 알게 되었습니다.

모세는 이어서 너희의 발바닥으로 밟는 곳은 다 너희 소유가 되리니 너희의 경계는 곧 광야에서부터 레바논까지와 유부라데 하수라 하는 하수에서 서해까지라고 말했습니다. 그것들이 하나님께서 당신의 백성에게 약속하셨던 지경이며 경계였는데, 그것들은 하나님께서 아브라함을 통해서 보여 주신 것과 같았습니다(창 13:14). 여기서 이루어진 약속은 전혀 새로운 것이 아닌, 하나님께서 오래전에 언급하셨던 내용의 인준이며 확인입니다. 그것은 마치 하나님께서 "내가 너희에게 배정한 기업을 누리는 것을 아무것도 방해하지 못할 것이다. 너희는 나에게 충실하라. 그러면 내가 너희에게 말한 것은 무엇이든 다 실천할 것이다. 만일 너희가 굴복시켜야 할 민족의 엄청난 수를 보게 되면 겁을 먹고 어떻게 해야 할지 모르겠다고 말하는 것도 무리가 아니다"라고 말씀하시는 것과 같습니다. 그들이 큰 무리를 이루고 있는 것이 사실이지만, 그들을 거인처럼 장대한 그들의 적과 비교하면 아무것도 아닙니다. 그들은 그것을 이미 보았습니다. 그리고 그들의 적은 이미 정착을 했으며 성읍의 방비를 잘해 놓았으니 그들이 그들의 성읍 중에서 2, 300개를 탈취한들 나머지 성읍과 비교할 때 아무것도 아니며, 더욱이 그들의 적은 계속해서 그들 앞에도 있고, 뒤에도 있을 것입니다. 이런 상황이 이스라엘 백성들로 하여금 겁을 먹게 만들었을지도 모릅니다. 그러나 이스라엘 백성들에게 "비록 그 땅이 아무리 넓고 너희가 빼앗아야 할 성읍이 아무리 많을지라도, 또 비록 너희가 참전해야 할 전투의 수가 아무리 많더라도 너희는 너희 하나님의 약속을 굳게 믿어라. 왜냐하면 하나님께서는 당신께서 말씀하신 것을 실천하실 방법을 충분히 알아낼 수 있으시기 때문이다. 너희는 너희의 용기를 꺾을 가능성이 있는 것을 바라보지 말고 너희 하나님의 측량할 수 없는 능력을 바라보고 하나님의 신실하심을 의심하지 말라"는 말이 주어집니다.

이제 우리는 모세가 목적하는 것이 무엇인지 알게 되었습니다. 그러나 하나님의 약속은 다윗과 솔로몬이 왕이 되어서야 완전하게 이루어졌습니다. 비록 하나님의 명을 받은 여호수아가 그들의 분깃을 분배해 주었지만, 믿지 않는 백성들이 이스라엘 백성들과 섞여 있었으며, 더 잘못된 것은 이스라엘 백성들이 믿지 않는 백성들을 완전히 멸절시켜서 그 땅을 마음 편하게 소유하고 있었어야 함에도 불구하고 그들의 원수들에게 조공을 바친 것입니다. 그들의 원수들은 그들을 노예처럼 구속했으며, 그들의 등골을 빼먹었습니다. 이스라엘 백성들은 심한 괴롭힘을 당하여 살해된 시체와 같았으며, 보기에도 딱할 정도의 가혹행위를 견디어 냈습니다(사 3:8, 13:1). 그러므로 하나님께서 그들과의 관계를 끊으신 것처럼 보일 것입니다.

그런데 여기에 그 이유를 알려 주는 아주 적절한 말씀이 있습니다. 즉 "하나님의 백성들이 그들에게 주어진 모든 명령을 지키면 하나님께서는 그들에게 승리를 안겨 주실 것이다"라는 말씀입니다. 하나님께서는 거기에 한 가지 조건을 붙이셨습니다. 하나님께서 말씀하시기를 "너희는 내가 너희에게 명령하는 것을 다 행하라. 그러면 너희는 나의 능력이 강대하여 너희 원수가 무슨 짓을 하더라도 너희를 조금도 이길 수 없다는 것을 알게 될 것이다"라고 하셨습니다. 그러니 우리는 이스라엘 백성들이 하나님의 명령을 다 지킬 수 있었는지 알아봅시다. 그들은 그렇게 하지 못했습니다. 그들은 그 명령을 전혀 지키지 않았습니다. 그러나 우리도 하나님께서 당신의 성령을 통해서 우리를 거듭나게 하실 때까지 계속해서 하나님께서 우리에게 가르쳐 주시고 명령하셨던 것과는 정반대 방향으로 가고 있었습니다(롬 7:19, 23).

이스라엘 백성들이 하나님께 순종하지 않았으므로 그들에게는 하나님의 약속이 무효가 되었습니다. 그렇습니다. 그럼에도 불구하고 하나님께서는 항상 당신의 긍휼을 베푸실 여지를 남겨 두셨습니다. 즉 비록 그들의 원수들이 가시처럼 그들을 찔렀지만 그들은 하나님께서 그들에게 지정해 주셨던 그 땅을 여전히 소유하고 있었습니다. 그리고 그들에게는 다음과 같은 말이 주어졌습니다. 즉 "너희는 비열하게 처신했으며, 하나님께서 너희를 인도하시려고 하셨을 때 너희는 앞으로 나가기를 거절했다. 너희 하나님을 진노하게 해 드렸으므로 너희는 너희 원수를 이기지 못할 것이며, 그들은 전과 다름없이 너희 옆구리에 박혀 있는 가시처럼, 또 너희를 쏘는 말벌처럼 남아 있을 것이다. 더욱이 너희는 너희가 내야 할 용기를 내지 않았고, 하나님의 명령을 수행하기 위해서 하나님께 굴복하지도 않았기 때문에 그들이 너희 눈을 뽑아 버릴 것이다"(수 23:13).

그들에게 어떤 협박이 가해졌는지 보십시오. 그러나 우리 여호와께 서는 그들을 여러 가지 방법으로 징벌하신 후에 당신께서는 그들을 여전히 불쌍히 여기신다는 것을 보여 주셨습니다. 즉 하나님께서는 그들의 원수로부터 구원해 줄 사람을 수시로 그들에게 보내셨습니다. 세상이 어떻게 돌아가든 그들은 여전히 하나님의 은혜를 부분적이나마 누렸습니다. 그들이 그렇게 할 수 있던 것은 그들에게 그런 자격이 있었기 때문이 아니라 약속을 지키시는 것이 하나님의 뜻이었기 때문입니다. 그래서 그 약속이 사람들의 비열하고 감사할 줄 모르는 행실로 인해서 효력을 잃게 되는 것을 모면하게 되었습니다.

두 종류의 약속

마침내 다윗과 솔로몬이 그 약속을 달성했습니다. 그래서 하나님께 서는 당신의 백성들을 완전히 해방시키셨으며, 하나님께서 그렇게 약속하셨기 때문에 그들의 왕국이 온전히 세워졌습니다. 그러나 우리가 주목해야 할 것은 다윗과 솔로몬이 우리 주 예수 그리스도의 형상이었다는 사실입니다. 만일 우리가 하나님이 명령하신 대로 하나님께 순종하면 우리에게는 부족한 것이 아무것도 없을 것이며, 우리는 이 땅에서의 생활에서도 하나님께서 우리를 영원한 구원으로 인도하시는 것을 느끼게 될 것입니다. 하나님은 모든 선한 것의 원천이시고, 또 우리에게 모든 것을 풍성히 주고 싶어 하십니다. 때문에 우리는 모든 것을 마음껏 가질 수 있으며 이 세상을 지상낙원처럼 통과하게 되고, 그 후에는 우리를 위해서 예비된 천국에 이르게 됩니다.

하나님께서 당신의 일신을 우리에게 어떻게 바치셨는지 보십시오. 거기에는 하나님께서 우리에게 명령하시는 것을 다 행한다는 조건이 붙어 있습니다. 우리는 그것을 전혀 이행하지 못한 채 거기에서 뒷걸음질을 치고 있으며, 우리 안에는 하나님과 하나님의 의로우심을 적대시하지 않겠다는 생각과 감정이 없습니다(롬 8:7). 그러한 까닭으로 하나님께서는 당신께서 율법에서 약속하셨던 유익을 베푸시는 대신에 어쩔 수 없이 우리의 원수가 되셔야 하고, 우리에게 대항하시기 위해서 무장을 하셔야 하며, 우리가 완전히 실패할 때까지 우리를 소멸시키셔야 합니다. 때때로 천둥을 치기도 하시는데, 그러면 우리는 한순간에 무너집니다. 어째서 그런 일이 일어납니까? 꼭 그렇게 하셔야 할 필요가 있습니다. 왜냐하면 내가 전에 말했던 것처럼 하나님은 우리에게 관대하셨으며, 우리에게 큰 은혜를 베푸셨기 때문입니다. 그런데 우리는 어떻게 했습니까? 우리의 마음은 닫혀 있고 잠겨 있습니다. 그러므로 우리는 하나님의 은혜를 빼앗겨야 하며, 거기에서 오는 고통을 느껴야 합니다. 우리는 다시 신음할 정도로 고통을 당해야 하며, 어찌할 바를 모를 정도로 마음이 괴로워야 합니다. 그럼에도 불구하고 만일 우리가 하나님의 자녀가 된다면 하나님께서는 틀림없이 당신께서 우리에게 내리시는 징계에 얼마간의 부드러움을 계속해서 섞으실 것입니다.

하나님께서는 악한 자들과 완전히 버림받은 것과 다름없는 자들을 참아 주시는 것이 사실입니다. 그러나 하나님은 결국 그들에게 무서워지시며, 또 그들을 당신 곁에 두려 하시는 자들처럼 대하지 않으십니다.

비록 우리 모두가 하나님께 순종치 않는 것이 자연스러울지라도 하나님께서는 우리를 계속해서 불쌍히 여기십니다. 우리는 하나님께서 손으로 치시는 것이 아프다는 것을 느끼지만, 하나님께서는 우리를 완전히 멸절시키실 의사가 없으시다는 것을 우리에게 보여 주십니다. 그러나 하나님께서 약속된 다윗, 즉 우리 주 예수 그리스도를 세우지 않으셨다면 확실히 우리는 끝까지 죄짓는 생활을 계속하며 죄 가운데서 타락해 버렸을 것입니다. 우리는 죄로 인하여 잃었던 것을 도로 찾았으며, 예수 그리스도께서는 율법에서 우리에게 약속된 기업을 우리로 소유하게 해 주셨습니다. 그럼에도 불구하고 만일 예수 그리스도께서 우리를 그분의 아버지이신 하나님이 주시는 유익의 동참자로 만드셔서 우리를 구원해 주시지 않으시면 우리는 그 기업을 잃게 되고 그것은 우리의 소유가 될 수 없습니다.

이제 우리는 그분을 통해서 모든 것을 도로 찾았습니다. 하나님께서는 이스라엘 백성들이 당신의 계명을 지킨다는 조건으로 그들에게 여러 가지 중요한 약속을 하셨습니다. 그런데 천주교 신도들은 "하나님께서는 만일 우리가 하나님의 계명을 지키면 우리에게 이런저런 일을 해 주시겠다고 약속하셨다. 때문에 우리는 우리의 공로를 따라 하나님의 호감을 얻고, 천국을 소유하며, 우리 자신의 순종을 통해서 구원을 얻을 수 있다. 하나님께서는 모든 사람들에게 그들의 공로에 따라 주시려고 노력하시기 때문이다"라고 말합니다. 그러나 우리는 그런 말을 해서는 안 됩니다. 그 말은 그들이 성경 말씀을 하나도 이해하지 못한다는 것을 잘 보여 줍니다. 이 말은 그들이 추악하고 무식하다는 것을 증명하기에 충분하여 더 이상 논할 필요가 없습니다. 하나님께서 당신의 백성들에게 지정해 주신 그 땅을 그들이 누리게 될 것이라고 약속하신 것이 사실이지만, 그것의 이행은 다윗 왕조 때까지 늦추어졌습니다. 율법의 언약이 우리에게 효력을 내게 하신 분은 우리 주 예수 그리스도라는 사실을 알아 둡시다. 따라서 거기에 담겨 있는 내용이 우리를 실망시키는 일은 없을 것입니다. 사실 그런 까닭으로 그 약속이 다윗과 솔로몬에게 중점을 두고 만들어졌습니다. 이것이 내가 다루고자 하는 가르침을 더 분명하게 해 주는 데 도움이 될 것입니다.

성경에는 두 종류의 약속이 있습니다. 그중 하나는 이 일을 행하는 자는 그 안에서 살 것이라는 약속이고, 다른 하나는 아버지가 보낸 아들을 믿는 자는 구원을 받을 것이라는 약속입니다. 우리는 두 약속의 차이점을 알아야 합니다. 왜냐하면 그들은 아주 다르기 때문입니다. 하나님께서 이 일을 행하는 자라고 말씀하셨을 때 거기에 만약이라는 조건, 즉 하나님의 율법을 부분적이 아니라 전체를 온전히 실천함으로써 우리의 책임을 다할 때라는 조건을 붙이셨습니다. 그러나 그렇게 할 수 있는 사람은 아무도 없습니다. 그러므로 우리는 모든 희망에서 차단되었으며, 그 약속이 우리에게 더 이상 효력을 발휘할 것이라고 기대할 수 없게 되었는데, 그것은 우리의 태만 때문입니다.

하나님은 항상 약속을 잘 지키시지만, 우리는 하나님의 은혜가 우리에게 베풀어지는 것을 용납하지 않습니다. 하나님께서는 우리가 하나님으로부터 받은 모든 유익을 잃게 된 것을 보시고 우리에게 다른 새 방안을 찾아 주십니다. 즉 하나님께서는 하늘과 땅의 만유의 후사인 당신의 독생자를 우리에게 보내셨습니다(마 28:18). 그분은 세상 만물을 복종시키시며 그분 안에는 온전한 신성이 가득합니다. 그리고 그분 안에서는 하나님의 형상이 가장 완전하게 빛나고 있습니다. 그것이 복음에 잘 나타납니다. 그러므로 그분의 지체가 되는 사람들은 그분이 가지고 계시는 모든 유익의 동참자가 됩니다. 그 약속이 효과를 내서 우리 안에서 시행되게 하는 방법은 율법에 있는 가르침을 시행하는 것이지, 그것을 바라보기만 하는 것이 아닙니다.

하나님의 약속은 지켜진다

하나님께서는 "내가 너희에게 땅을 줄 것"이라고 말씀하셨는데 그 것은 누구에게 하신 말씀입니까? 모든 사람들에게 하신 말씀입니다. 그러나 거기에는 하나님의 계명을 지킨다는 조건이 붙어 있습니다. 그런데 그 약속이 무효가 되었습니다. 백성들이 순종하지 않았으며, 하나님과 맺은 언약을 지키지 않았기 때문입니다. 그래서 언약 전체가 파괴되었으며, 하나님은 다시 자유의 몸이 되셨고, 더 이상 그들의 구속을 받지 않으셨습니다.

그렇게 되어서 하나님께서는 무엇을 하셨습니까? 하나님께서는 우리에게 한 왕을 보내셨으며, 그 왕에게 "나는 그 땅을 너에게 너의 기업으로 주겠다"고 말씀하셨습니다. 하나님께서는 모세가 여기에 기록해 놓은 것과 똑같은 말씀을 하셨습니다. 즉 하나님께서는 "나는 너희에게 광야에서부터 레바논까지와 유브라데 하수라 하는 하수에서 서해까지의 땅을 너희 기업으로 주겠다"고 말씀하셨습니다. 하나님께서는 그것을 누구에게 주셨습니까? 다윗과 솔로몬에게 주셨습니다. 하나님께서는 똑같은 그 땅을 전에 모든 백성에게 주신 것이 사실이지만, 그 백성들은 자기들의 잘못으로 인해 거기에서 추방되었습니다. 그렇다면 그 땅은 한 사람만을 위한 것입니까? 하나님으로 하여금 당신께서 아브라함의 모든 후손에게 약속하셨던 그 땅을 다윗이나 솔로몬에게 주고 싶게 만든 것은 그들에게 그런 자격이 있었기 때문입니까? 그렇지 않습니다. 그것은 그들이 우리 주 예수 그리스도의 형상이었기 때문입니다.

하나님께서는 당신의 재산을 예외 없이 모든 사람에게 나누어 주어서 그들로 하여금 이 땅에서 그들의 목숨을 보존하게 하려고 하시는데, 그것은 마치 하나님께서 "너희가 나의 율법을 일부분이 아니라 모든 면에서 철저히 지킨다면 내가 옛 선조들에게 주겠다고 약속한 모든 것이 너희의 것이 된다"고 말씀하시는 것과 같습니다. 그러나 우리는 그 책임을 전혀 완수할 수 없어서 하나님을 경멸하기 시작합니다. 그래서 하나님께서도 어쩔 수 없이 당신이 우리의 적이라는 것을 보여 주십니다. 우리가 기어이 율법을 충실히 지키려고 해서 얻을 수 있는 것은 그것이 전부입니다. 그럼에도 불구하고 우리 주 예수 그리스도께서 오셔서 우리를 당신 곁으로 끌어가시려고 당신의 손을 우리에게 뻗으실 때 우리는 그분이 그분의 아버지이신 하나님이 가지고 계시는 모든 선의 절대적인 후사라고 일컬어지는 것이 당연하다는 것을 알았습니다.

예수 그리스도께서 하나님의 선하심을 소유하자는 것은 자기 자신을 위한 것이 아닙니다. 그분의 본질은 아버지 하나님과 똑같으며(요 1:1), 언제나 영광의 하나님이셨습니다(요 17:5, 고전 2:8). 그분은 우리의 육신과 우리의 인성을 입고 계셨으나 왕 중의 왕으로 임명되어, 이 땅의 지배권은 물론 천국의 지배권도 주어졌습니다(마 28:18). 따라서 우리가 만일 그분의 몸에 접붙여져서 그분과 완전히 하나가 되면 우리는 우리의 행위나 공로로 얻을 수 없었던 것을 그분을 통해서 도로 찾게 됩니다. 영광 중에 다시 들어 올리심을 받으신 예수 그리스도께서는 당신의 선하심으로 인해서 우리를 당신이 계시는 곳으로 끌어당기셔서 우리를 당신이 가지고 계시는 모든 것의 분담자로 만드십니다. 더욱이 이 일을 말하는 것은 사람들에게 악을 행할 기회를 주기 위해서가 아니라, 하나님께서는 우리를 당신 곁에 두시고 우리로 당신의 재물을 소유하게 하셔서 당신의 성령을 통해 우리를 거듭나게 하신다는 것을 우리에게 알려 주기 위해서입니다.

비록 우리가 하나님의 다스리심을 받고 있고, 하나님을 섬기겠다는 선한 뜻을 갖고 있을지라도, 우리가 할 수 있는 모든 것을 우리가 중하게 여긴다면 그것은 아무 가치가 없습니다. 하나님께서는 예수 그리스도 때문에 우리와 우리의 업적을 받아들이시며, 그 기업은 우리에게 확실하고 단단하게 붙어 있을 것입니다. 우리는 두려워하지 말고 그것을 얻도록 노력해야 합니다. 그것이 우리에게 주어진 것은 우리 자신 때문이 아니라, 우리가 우리 주 예수 그리스도의 동참자가 되고, 그분께서 값을 치르시고 우리에게 사 주시는 은혜를 받았기 때문입니다. 따라서 우리는 그분의 죽음과 속죄를 통해서 하나님과 화해하게 되었습니다. 그런 것을 고려할 때 그분은 우리에게 인자하십니다. 우리의 모든 허물이 깨끗이 씻기고 벗겨졌으므로 우리는 우리의 죄가 사함 받은 것을 확실히 믿게 되었습니다. 비록 우리 몸속에는 죄와 온전치 못한 것이 있어서 그것이 우리로 하나님 앞에서 책망 받게 할지라도, 우리가 일단 성령으로 거듭나게 되면 우리는 의롭게 되고 하나님의 은혜를 다시 받게 됩니다. 그러므로 만약 우리가 그런 방향으로 행한다면 그 약속이 굳게 지켜질 것임을 의심하지 맙시다. 그러면 우리는 그것의 효과와 힘을 느끼게 되어 구원을 받게 될 것입니다. 그러나 그렇다고 해서 우리 자신을 자랑하지는 맙시다. 우리에게는 그렇게 할 것도, 그렇게 할 이유도 없기 때문입니다.

79편_ 신 11:26~32

하나님의 복을 받는 방법

"내가 오늘날 복과 저주를 너희 앞에 두나니 너희가 만일 내가 오늘날 너희에게 명하는 너희 하나님 여호와의 명령을 들으면 복이 될 것이요 너희가 만일 내가 오늘날 너희에게 명하는 도에서 돌이켜 떠나 너희 하나님 여호와의 명령을 듣지 아니하고 본래 알지 못하던 다른 신들을 좇으면 저주를 받으리라 네 하나님 여호와께서 네가 가서 얻을 땅으로 너를 인도하여 들이실 때에 너는 그리심산에서 축복을 선포하고 에발산에서 저주를 선포하라 이 두 산은 요단강 저편 곧 해 지는 편으로 가는 길 뒤 길갈 맞은편 모레 상수리나무 곁의 아라바에 거하는 가나안 족속의 땅에 있지 아니하냐 너희가 요단을 건너 너희 하나님 여호와께서 너희에게 주시는 땅에 들어가서 얻으려 하나니 반드시 그것을 얻어 거기 거할찌라 내가 오늘날 너희 앞에 베푸는 모든 규례와 법도를 너희는 지켜 행할찌니라"(신 11:26~32).

모세가 여기서 한 주장은 사람들 자신이 모든 불행의 원인이며, 그들은 그것에 대한 책임을 다른 곳에서 찾아서는 안 된다는 것을 보여 주는데 도움이 됩니다. 한편 하나님께서 우리에게 당신의 뜻을 선포하실 때 거기에는 행복해지는 방법이 제시되었으니, 우리의 생활이 모든 면에서 영영 행복하지 않다는 것은 우리 자신의 잘못입니다. 모세는 여기서 하나님께서 사람들을 가르치실 때 하나님께서는 황송하게도 그들에게 친절을 다하신다는 사실을 말하려고 했습니다. 그들이 하나님의 뜻을 기록해 둔다는 것은 구원에 이르는 방법과 또 덧없는 이생에서 형통한 생활을 하는 방법을 알려 주는 것과 같습니다. 그와 반대로, 만일 그들이 그들에게 전해진 가르침을 통해서 보다 더 나은 생활을 하지 못하고 불행하다면 그들은 경고를 받을 것입니다. 그들에게는 마치 그것이 하나님의 잘못인 것처럼 불평할 이유가 없습니다. 왜냐하면 선택은 그들이 했기 때문입니다.

우리가 하나님의 말씀을 통해서 교육을 받아 참되고 순수한 신앙을 알고서도 만일 그것을 끝까지 지키지 못한다면 모든 비난이 우리 자신에게 가해져야 합니다. 왜냐하면 하나님께서 우리에게 선한 도를 가르쳐 주셨음에도 우리가 그것을 지키지 않았으며, 그런 생활을 하지 않았기 때문입니다. 따라서 우리는 어떤 변명도 해서는 안 되며, 하나님께서 우리를 죄인으로 여기셔야 합니다. 왜냐하면 우리는 우리를 기꺼이 생명과 구원으로 인도하려고 하시는 하나님께 복종하기보다는 의도적으로 썩어 없어지고 멸망시키는 방법을 좇으려고 하기 때문입니다. 이러한 까닭으로 모세는 내가 오늘날 복과 저주를 너희 앞에 둔다고 말했습니다. 그 말은 마치 "너희 자신이 생각해 보아라. 하나님께서 나에게 당신의 율법을 선포하라고 명령하셨는데, 그것은 너희를 잠자게 하시려는 것이 아니다. 하나님께서는 너희에게 일생 동안 형통하게 생활하는 방법, 즉 하나님께 순종하는 방법을 보여 주셨다. 반면에 너희가 너희 하나님께 순종하지 않을 때 너희는 형벌을 면한다는 생각을 해서는 안 된다. 너희의 감사할 줄 모르는 그런 짓은 벌을 받지 않고 넘어가지 않는다. 왜냐하면 하나님께서는 어쩔 수 없이 당신의 가르침을 거절하고 그것을 중하게 여기지 않은 자들에게 보복하셔야 하기 때문이다"라고 말하는 것과 같습니다.

'하나님의 뜻을 안다는 것'

우리가 제일 먼저 알아야 할 것은 하나님의 뜻을 안다는 것이 측량할 수 없는 은혜라는 사실입니다. 우리 모두는 행복한 생활을 영위하기를 간절히 바라지만, 하나님께서 당신께로 가는 관문을 우리에게 열어 주지 않으시면 우리가 행복한 생활을 하는 것은 절대 불가능합니다. 만일 사람들이 선한 일을 하려고 노력한다면 그들은 복을 받아야 하지 않습니까? 그들이 선한 의도를 가지고 하나님을 섬기려 하는 것이 보이면 하나님께서는 그들의 섬김을 다 받아 주셔야 하지 않습니까? 이러한 주장을 하는 것도 무리가 아닙니다.

그러나 우리가 제일 먼저 알아야 할 것은 사람들이 보기에는 그들이 아무리 뜨거운 열정을 갖고 있다고 하더라도 그들은 잘못할 수밖에 없다는 사실입니다. 우리가 잘하고 있다고 생각하는 것이 우리가 해야 할 것이 전부가 아닙니다. 우리가 택한 길이 샛길이 아니라 하나님께로 직접 인도하는 길이라는 것을 우리는 확실히 해야 합니다. 하나님께서 요구하시는 것이 무엇이며, 하나님께서 용납하시는 것이 무엇인지를 당신께서 우리에게 보여 주지 않으시면 우리는 어떤 복도 확신할 수 없습니다. 즉 우리는 우리의 생활이 하나님을 기쁘시게 해 드리는지, 또 하나님께 드리는 우리의 섬김이 하나님의 마음에 드시는지를 확실하게 알 수 없습니다. 우리가 우리 자신의 생각대로 행하는 한 우리는 완전히 반대 방향으로 가고 있습니다. 우리는 앞으로 가지 않고 뒤로 가고 있습니다. 그 점을 중요하게 여기십시오.

우리가 두 번째 요점으로 알아 두어야 할 것은, 비록 우리가 모든 것을 다했을지라도 하나님께서는 그것으로 인해서 우리에게 신세지는 것이 아무것도 없다는 사실입니다. 하나님께서 우리에게 빚지신 것이 무엇입니까?(아무것도 없습니다) 우리가 모든 것을 소망할 수 있는 것은 하나님께서 우리에게 하신 약속 때문입니다. 또 우리가 당신의 율법을 준행하면 우리의 수고가 헛되지 않고, 우리가 실망하지 않으며, 우리는 하나님으로부터 상당한 보답을 받게 될 것이라고 알려 주셨기 때문입니다. 그렇게 하신 하나님의 말씀이 모세가 여기서 말하는 복이 흘러나오는 원천이 됩니다. 사도 바울도 똑같은 말을 했습니다. 그는 율법이 있기 전에도 사람들에게는 어떤 것을 요구할 자격이 없었다고 말했는데, 거기에는 일리가 있습니다. 만일 우리가 할 수 있는 것을 다했다 하더라도 내가 전에 말한 대로 하나님께 무엇인가를 달라고 주장할 수 있습니까? 없습니다. 왜냐하면 우리는 그것 모두를 하나님께 빚졌고, 하나님은 우리에게 빚지신 것이 아무것도 없기 때문입니다.

이렇게 해서 여러분은 모세가 율법이 선포되었을 때 복이 백성들 앞에 놓였다고 말한 이유를 알게 되었습니다. 그것은 마치 "이전에는 너희가 아무 규칙도 몰랐고, 또 너희는 모든 모험을 다하고 신뢰할 만한 확신도 갖지 못한 불쌍한 이방인과 같았다. 그러나 지금은 너희 하나님께서 너희를 당신 곁에 모으셨으며 너희에게 올바른 도를 보여 주셨다. 따라서 너희가 행복한 생활을 영위할 방법은 너희 하나님께 순종하는 것이다"라고 말하는 것과 같습니다. 그리고 거기에 한 개의 언약이 첨가되었는데, 이스라엘 백성들은 그것을 통해서 하나님께서 그들을 축복해 주실 것이라는 희망을 더 갖게 되었습니다. 그것은 내가 이미 전에 여러분에게 말했던 내용과 똑같습니다. 즉 하나님께서는 우리에게 매우 인자하시기 때문에 우리가 어떤 방법으로 우리의 생활을 영위해야 하는지를 보여 주십니다. 하나님께서 그렇게 하지 않으셨다면 우리가 아무리 노력했을지라도 그것은 아무런 성과를 내지 못했을 것입니다.

우리는 하나님의 이름으로 우리에게 전해지는 말씀을 더 경건하게 받아들이도록 노력해야 합니다. 특히 그 말씀은 하나님의 뜻과 하나님의 은혜 가운데서 생활하는 방법을 알려 주는 복을 주기 때문입니다. 그리고 하나님께서는 당신의 선하신 뜻으로 인해서 당신 자신을 속박하십니다. 비록 하나님이 속박되셔야 할 의무가 전혀 없으심에도 불구하고 하나님께서는 황송하게도 우리와 언약을 맺으셔서 우리가 당신을 섬기는 것이 헛되지 않게 하십니다.

모세가 율법에 대해 언급하면서 그는 복을 강조 했는데, 어떻게 그것이 가능한지 의심하는 사람도 있을 것입니다. 우리가 어제 다루었던 것과 같이 하나님께서 당신의 율법에서 우리에게 무엇을 약속하셨든, 우리가 그것을 통해서 득을 보는 것은 조금도 없습니다. 왜냐하면 거기에 수반되는 조건 때문입니다. 즉 하나님께서 복을 주시겠다고 하신 약속에는 하나님의 명령을 이행한다는 조건이 따르기 때문입니다. 그러나 그렇게 행하는 사람이 아무도 없습니다. 따라서 그 조건을 충족시키는 것은 불가능하기 때문에 율법에서 한 약속은 우리 모두에게 허사가 됩니다. 따라서 그 백성들에게 복을 약속한 모세의 말은 아무 효과가 없는 것처럼 보입니다. 사도 바울도 그것에 대해서 언급했는데, 그는 율법은 하나님의 진노와 보복을 가지고 올 뿐이라고 말했습니다(롬 4:15). 우리 가운데는 의로운 자가 하나도 없으며, 그런 사람이 지금까지도 없었기 때문에 율법이 우리를 꾸짖습니다. 우리 모두는 율법에서 하나님의 의로움을 거스르는 죄인으로 정죄를 받았으며(시 14:3), 영원히 계속되는 죽음의 위험 중에 있습니다. 그러니 율법 자체는 우리가 하나님의 저주를 받은 자라는 것과, 하나님이 우리의 불구대천의 원수라는 것과, 하나님이 반드시 우리의 재판관이 되셔야 한다는 것을 우리에게 보여 주는 것 이상을 할 수 없는 것이 당연합니다.

그렇다면 모세가 여기서 말한 복은 어디에 있단 말입니까? 그것에 대한 대답은 이렇습니다. 만일 우리가 본질적으로 심술이 궂은 것과 우리가 아담에서 물려받은 죄에 대한 생각만 해도 율법은 우리를 저주하지 않을 수 없습니다. 하나님께서는 우리의 의로움이 어떠해야 하는지를 우리에게 보여 주시기 때문에, 만일 우리가 우리 생활을 세밀하게 검사해 보면 우리는 모든 면에서 하나님께 죄를 지어서 우리가 구제 불능한 자라는 것을 알게 될 것입니다.

우리의 죄가 장애물

그러나 그것은 율법의 본질에서 비롯되지 않고 우리 자신의 죄에서 비롯되었습니다(롬 7:14). 왜냐하면 우리는 하나님께 완강히 반대해서 하나님께 순종하는 대신에 전적으로 우리 자신의 사악한 욕망에 따르려고 노력하기 때문입니다. 따라서 율법은 우리 자신에게 진노와 죽음밖에 가지고 오지 못합니다. 그러나 율법 자체는 복을 가지고 있는 것이 확실합니다. 왜냐하면 만일 우리가 마땅히 되어 있어야 할 자처럼 되었다면, 다시 말해서 우리가 건전하고 부패되지 않아서 우리에게 우리의 조상 아담이 타락하기 전처럼 하나님을 온전히 섬기고 싶어 하는 마음이 있다면, 율법이 우리에게 하나님의 축복을 가져다주었을 것입니다. 왜냐하면 율법은 우리에게 우리 마음을 다하여 하나님을 사랑해야 한다는 것을 보여 주기 때문입니다. 우리가 일단 하나님께 연결되고, 또 우리가 일단 선함과 희락과 생명과 영광의 모든 온전함으로 하나님께 결합되었을 때 이 말이 참되다는 것이 알려질 것입니다. 만일 우리가 본래 선하고 의롭다면 우리는 이 가르침에 대해서 책임을 져야 하고, 그 가르침을 준수해야 할 것이며, 이 복이 우리에게 이루어져야 합니다.

지금 율법이 우리에게 죽음과 저주만을 가져다주는 것은 누구의 잘못입니까? 우리의 잘못입니다. 그렇기 때문에 우리는 거기에서 우리에게 약속된 것들을 받을 수 없게 됩니다. 우리 여호와께서는 "나에게로 오라 그러면 나는 너에게 모든 은혜를 풍성하게 주겠다"고 말씀하십니다. 그러나 우리는 하나님으로부터 완전히 물러섭니다. 그것은 그 가르침이 잘못되었기 때문이 아닙니다. 그러면 그것은 누구의 잘못입니까? 우리 자신의 잘못입니다. 그 잘못을 어디에서 찾아내야 합니까? 율법에서입니까? 아닙니다. 우리 자신에게서 찾아야 합니다.

모세는 이스라엘 백성들 앞에 복을 둔다고 큰소리쳤는데, 그가 그렇게 한 데에는 일리가 있습니다. 그러나 우리는 다음과 같이 대답할 수 있습니다. 즉 비록 우리 자신의 죄가 장애물이 되어서 우리가 율법에서 약속된 복의 동참자가 되어 그것을 누리는 것을 막아서 우리가 거기에서 완전히 배제되었을지라도 모세가 "나는 너희 앞에 복을 둔다"고 말한 것은 헛된 것이 아닙니다.

우리에게는 주목할 점이 두 개 있습니다. 그 하나는 하나님께서 당신의 말씀과 관련해서 그렇게 말씀하시는 것은 우리로 하여금 하나님의 말씀을 존중하고 존경하게 하며, 또 하나님의 말씀을 사랑하게 하여 거기에 희망을 걸게 하고, 더욱이 우리 자신의 가증스러움에 대해 생각하게 해서 우리를 겸손해지게 하고 거꾸러지게 하기 위해서입니다. 우리가 하나님의 말씀을 받아들일 마음을 먹지 않았기 때문에 우리의 유익이 변하여 독이 되고, 우리의 생명이 변하여 사망이 된 것을 유감으로 여기게 됩니다. 그러나 하나님께서는 우리를 거기에 내버려 두셨기 때문에 하나님께서는 우리에게서 아무것도 얻지 못하실 것입니다. 때문에 우리는 어쩔 수 없이 한 발자국 앞으로 더 나아가야 합니다. 율법이 사문(死文)으로 남아 있는 한(고후 3:6) 우리는 율법에서 말하는 복을 받지 못하게 됩니다. 즉 율법이 우리가 해야 할 일을 알려 주기만 하고 실제로 그것을 행할 능력을 우리에게 주지 않는다면 우리는 우리 주 예수 그리스도의 도우심을 청해야 합니다. 그러면 그분께서는 하나님께서 돌판에 쓰셨던 내용을 우리의 마음에 새기셔서 우리로 하여금 반대쪽으로 기울지 못하게 하시고 기꺼이 순종하게 하십니다. 그렇게 하시는 것이 그분의 임무입니다(고후 3:3). 그리고 우리 주 예수 그리스도께서는 우리를 위해서 이런 복을 예약해 놓으십니다. 그러면 우리는 그분으로 인해서 은혜를 입게 됩니다.

우리 업적 그 자체는 아무 가치가 없을지라도 하나님께서는 그것들을 가납하십니다. 왜냐하면 우리 자신이 율법을 이행하지도 않았지만, 우리는 우리 주 예수 그리스도의 지체로서 그분의 이름으로 왔기 때문입니다. 우리는 우리가 원하는 방도를 우리 안에서 찾음으로써 복이 우리 안에서 성취됩니다. 즉 하나님께서는 조건부로 사람들에게 복을 주시겠다고 약속하셨습니다. 그러나 그 약속은 우리에게 이익이 되지 못하기 때문에 거기에 유리한 조건이 하나 더 첨가되었습니다. 즉 하나님께서는 당신의 독생자 때문에 우리를 받아 주시고, 우리 마음에 당신의 율법을 써 놓으시며, 우리 죄를 우리 탓으로 돌리지 않으십니다(렘 31:34). 그러므로 비록 우리가 율법을 실천할 수 없으며, 그렇게 하는 것은 우리의 능력을 초월하는 일일지라도, 우리는 그런 방법을 통해서 틀림없이 율법에 담겨 있는 복의 동참자가 됩니다. 그 점을 중요하게 여기십시오.

이제 모세가 저주와 관련해서 말한 내용에 대해서 생각해 보기로 합시다. 그가 말하기를 율법이 우리에게 하나님의 은혜, 즉 우리 행복에 도움이 되는 복을 주는 것처럼 우리는 여기에 기록된 협박에 불을 붙여서는 안 된다고 했습니다. 만일 우리가 하나님께서 하시는 말씀에 귀를 기울이지 않아서 우리의 완악함으로 인해 마음이 굶거나 모든 것을 웃음거리로 만드는 조소자의 짓을 한다면, 우리는 세상이 어떻게 돌아가든 하나님의 말씀은 우리 생명이 되거나 우리의 죽음이 되어서 그중의 어느 한마디 말도 땅에 떨어지는 일이 없을 것이라는 것을 명심합시다. 하나님을 대신해서 그들에게 전해진 내용을 통해서 유익을 얻은 자들은 그 가르침이 그들의 구원에 도움이 된다는 것을 알게 될 것입니다.

한편 그 가르침으로 교육받기를 거절하며 그것을 경멸하는 자들은 그것에 대한 사유서를 제출해야 하며, 그 가르침이 조금도 헛되지 않고 멸시당해서는 안 된다는 것을 알게 될 것입니다. 하나님의 입에서 나오는 말씀은 미완성된 채로 남겨지거나 아무 효과도 없이 사라지지 않습니다. 그렇습니다. 하나님께서 당신의 가르침을 사람들에게 보내셨을 때 사람들이 그것을 그들의 유익이 되도록 활용하고자 하는 마음을 갖지 않는다면 그것이 변하여 그들의 영원한 죽음이 될 것이며, 그들은 갑절의 저주를 받게 될 것입니다. 왜냐하면 그들은 그들에게 예비된 유익을 계속해서 비웃었기 때문입니다. 이 가르침이 우리에게는 매우 필요합니다. 사람들은 하나님의 말씀을 몹시 희롱하고 있습니다. 그리고 그런 짓을 완전하게 버리지 않은 자들은 자신들이 거의 온전하다고 생각합니다. 왜냐하면 그들이 그것에 전적으로 반대하지 않으며, 또 그들은 하나님께서도 그것에 만족하셔야 한다고 생각하기 때문입니다.

그런데 우리는 하나님께서는 그런 선한 것이 없어지는 것을 용납하실 것이라고 생각합니까? 하나님께서는 우리에게 생명을 주시겠다고 제안하셨는데 우리는 그것을 거절했습니다. 그와 같은 무례한 행위는 무서운 보복을 받아 마땅하지 않습니까? 다시 말하지만, 하나님께서는 당신의 명예를 우리 영혼의 구원보다 더 중요하게 여기십니다. 하나님께서 그렇게 하시는 것이 당연합니다. 하나님께서는 우리가 당신을 영화롭게 해 드리는 방법을 우리에게 보여 주셨지만 우리는 그것을 중요하게 여기지 않고 완전히 거절했습니다.

만일 우리가 하나님의 말씀이 주는 복을 받아들이지 않는다면, 다시 말해서, 만일 하나님의 말씀이 우리를 하나님과 화해시켜서 우리로 하나님을 우리의 아버지로 여기게 하는 역할을 하지 못한다면, 우리는 우리의 반대에도 불구하고 하나님을 우리의 재판관으로 느껴야 하며, 하나님의 말씀이 우리를 정죄해야 합니다. 그것이 우리에게로 향하신 하나님의 사랑에 대한 증거가 되어서 우리에게 구원을 주고 천국을 상속받게 해 주었어야 함에도 불구하고 그것이 우리의 생명에 가해지는 기소장이 되어야 합니다. 그래서 우리는 이생에서 저주를 받게 되고, 우리가 죽은 후에도 하나님의 복수가 영원히 우리를 추적할 것입니다. 왜냐하면 하나님의 말씀이 우리에 전해지고 우리에게 제시되었을 때 우리는 그것에 순종하지 않았기 때문입니다.

하나님께서는 지금이 편리한 때라고 말씀하시며 우리를 오라고 부르십니다. 그분께로 서둘러 가도록 합시다. 우리는 우리에게 주겠다는 유익을 받아들이기를 거절하지 않도록 해서 이런 협박이 우리에게 내려져 우리의 죄를 저주하지 못하게 해야 합니다. 특히 우리의 옛 선조들에게는 그와 같은 기회가 없었기 때문에 오늘날 우리는 그런 자극을 더 많이 받아 마땅합니다. 사실 모세가 그 복을 율법 시대의 백성들에게 제 시했다고 말해도 좋을 것입니다. 그러나 이 시대를 살고 있는 우리에게 는 그 복이 복음을 통해서 더 공개적으로 제시되어 있습니다. 그 당시의 약속은 막연했으며, 멀리 떨어져 있는 예수 그리스도를 암시했습니다. 그 약속은 구원에 대해서 조금 맛보게 했습니다. 그러나 오늘날 우리는 그것을 만끽할 수 있습니다. 하나님께서는 아무것도 빠뜨리지 않으시 고 당신의 마음까지도 주십니다. 하나님께서 그렇게 하시는 것은 우리 로 하여금 당신의 측량할 수 없는 사랑을 느끼게 해서 우리를 당신께로 끌어들이고 우리의 마음을 사시기 위해서입니다.

두 가지 증언

율법은 멀리 떨어져서 하나님의 사랑을 우리에게 보여 주지만, 복음 은 하나님의 사랑을 우리 가까이까지 가지고 오는 것이 사실입니다. 우 리는 마치 우리가 저주를 받을 목적으로 기어이 하나님을 괴롭혀드리 려고 하는 것처럼 고집을 부리지 않도록 합시다. 우리는 거저 주시는 하 나님의 은혜를 기쁘게 받아들이기만 하면 됩니다. 하나님께서는 "네 입 을 벌려라 그러면 내가 채워 주겠다"고 말씀하셨습니다. 똑같은 목적으 로 사도 바울도 "지금은 은혜 받을 만한 때요 지금은 구원의 날이라"(고 후 6:2)고 말해서 그것이 어떻게 복음을 전하는 데 활용되어야 하는지를 보여 주었습니다. 그가 이사야 선지자가 한 말을 강조한 것은 마치 우리 주님께서 소원하시는 것은 우리 구세주의 직분을 다하시는 것이니, 그 분께서 그분의 직분을 다하시도록 해 드리라고 말하는 것과 같습니다.

그러고 우리는 하나님을 찾기 위해서 멀리 갈 필요가 없습니다. 왜냐하면 하나님께서는 우리가 그분에 대하여 한번 생각해 보기도 전에 우리에게 나타나시며, 우리로 하여금 당신의 아버지다우신 사랑과 선하심을 느끼게 하시기 때문입니다. 반면에 하나님께서 우리를 위협하시거나 우리로 하여금 당신이 엄하시다는 것을 느끼게 하려고 하실 때에는 우리에게 단번에 달려들지도 않으시고, 우리를 치시기 위해서 즉시 손을 들지도 않으시며, 처음에는 그저 멀리서 그것을 우리에게 보여 주십니다.

복음이 전파될 때마다 하나님께서는 두 가지를 증언하십니다. 그중의 하나는 하나님께서는 사람들을 긍휼로 받아들일 준비가 되어 있으셔서 그들에게 당신의 천국 문을 열어 주셔서 그들이 거기에 들어가게 해 주신다는 것이고, 다른 하나는 만일 사람들이 완강해서 그들이 악한 짓을 하려고 한다면 그들이 도망칠 생각을 하거나 하나님의 말씀이 헛되게 되거나 아무 효과가 없게 될 것이라고 생각하는 것은 그들에게 이익이 되지 않을 것이라는 것입니다. 왜냐하면 하나님께서는 항상 당신의 말씀에 힘과 능력을 주실 것이기 때문입니다. 하나님께서는 당신의 말씀을 거절하고, 발로 짓밟고, 조롱하고, 반대하는 자들을 멸하실 것입니다.

우리는 여기서 내가 전에 다루었던 내용을 다시 회상해 보아야 합니다. 즉 하나님께서는 당신의 명령에 순종하지 않는 자에게는 어떤 복도 약속하지 않으셨는데, 그것은 다른 말로 하면 하나님께서는 당신에게서 돌이키는 자들만을 협박하셨다는 말과 같습니다. 하나님께서는 그것을 통해서 사람들이 아무리 많은 노력을 할지라도 만일 그들이 율법에 따라 자기 자신을 다스리지 않으면 그들의 노력이 헛수고가 될 것이라는 것을 보여 주십니다. 여기서 여러분은 사람들이 사실 천주교도들과 회교도들과 유대교도들은 그들의 머리를 써서 많은 것을 했으므로 그들에게는 하나님으로부터 많은 것을 받을 자격이 있다고 믿고 있습니다. 그러나 하나님께서는 당신의 명령에 순종하지 않는 자에게는 아무것도 약속하지 않으셨습니다. 따라서 우리의 소망을 잃어버리지 않도록 하나님의 뜻을 하나님에게서 직접 알아보고 하나님이 우리에게 하시는 모든 말씀에만 순종하도록 합시다. 사람들이 자신의 생각이나 인간의 전통에 따라서 자기 자신을 다스리는 한 그것은 순종이 아니며 하나님을 불쾌하게 해드리는 것입니다. 하나님께서는 그것이 그들의 이익이 되는 것을 용납하지 않으실 것입니다. 복과 관련된 첫 번째 요점에 대해서는 이만큼 다루고 마치겠습니다.

사람들이 복에 대해서 아무리 많은 불평을 하고, 우리에게 반대하고, 더욱이 우리가 그들의 어리석은 생각 따르기를 거절한 것을 비난할지라도, 하나님께서는 여기에서 우리를 사면해 주십니다. 하나님께서는 당신을 반역할 자만을 협박하시기 때문입니다. 오늘날 교황은 우리에게 고함을 칩니다. 왜냐하면 다른 사람들은 그에게 고개를 숙이고 불쌍한 짐승처럼 굴복하는데 우리는 그들처럼 굴복하려고 하지 않기 때문입니다. 교황에게는 우리를 지옥의 나락으로 내동댕이칠 수 있는 능력이 있다고 생각하는 자들이 있는데, 그들의 생각이 그들로 하여금 교황을 두려워하게 합니다. 그리고 미개하고 무식한 자들도 그렇게 합니다. 우리가 하나님께 복종하지 않는 경우 외에는 하나님을 두려워할 필요가 없다는 말을 우리 하나님으로부터 직접 들었으니, 우리는 그것을 끝까지 믿고 대담해져서 교황이 하는 모든 협박을 조롱합시다. 그것들은 갓난아이에게 겁을 주는 몇 개의 콩이 든 바람주머니의 위협에 불과합니다. 사람들이 할 수 있는 모든 위협이 그와 같습니다.

여기에 주목할 만한 가치가 있는 또 다른 말씀이 있습니다. 모세는 "너희가 만일 내가 오늘날 너희에게 명하는 도에서 돌이켜 떠나 너희 하나님 여호와의 명령을 듣지 아니하고 본래 알지 못하던 다른 신들을 좇으면 저주를 받으리라"고 말했습니다. 그는 여기서 옳게 가르침을 받은 자들은 불쌍한 이방인들보다 더 많은 책망을 받는 것이 마땅하다는 것을 보여 주었습니다. 그런 자들은 악의적이고 계획적으로 하나님을 괴롭힙니다. 그들이 죄를 짓는 것은 무지 때문이 아니라 하나님께서 그들이 걸어가기를 바라시는 길에서 일부러 벗어나서 의도적으로 하나님께 도전하기 때문입니다. 그들은 그렇게 함으로써 그들의 벌을 더 중하게 만듭니다. 복음의 가르침을 받은 우리가 하나님께 순종하지 않는다면 우리는 천주교인들보다도 용서받기가 힘들 것입니다. 천주교인들은 계속해서 그들의 오래된 전통을 지키며 불쌍한 짐승처럼 타락할 것입니다. 그리고 그들이 하는 것은 음란한 짓과 혐오감을 주는 행위뿐입니다.

그러나 우리로 말하면 하나님께서 우리에게 오셔서 우리를 당신께로 더 가까이 데리고 가셨을 때 우리는 우리 하나님에게서 돌이키는 아주 나쁜 짓을 했습니다. 모세는 "너희가 알지 못하는 신들을"이라는 말을 강조했습니다. 사람들은 확실한 것보다는 불확실한 것을 좇으려는 열정을 갖고 있었기 때문에 그는 그들의 잘못을 꾸짖었습니다. 우리의 속성에는 완전히 상반되는 면이 있는 것이 사실입니다. 만약 어떤 사람에게 어떤 일을 믿고 싶어 하느냐 아니면 의심하고 싶어 하느냐고 묻는다면 그는 믿고 싶어 한다고 항상 대답할 것입니다. 그럼에도 불구하고 우리 모두는 누가 가장 갈팡질팡하며, 누가 가장 의심이 많으며, 자신의 건강을 가장 의심하는 자가 누구인지 알고 싶어 합니다. 그럼에도 불구하고 중요하게 여겨야 할 것이 무엇입니까? 하나님께서는 그것을 우리에게 확인시켜 주실 준비를 하고 계시며, 당신의 말씀을 통해서 우리에게 그것을 보증해 주십니다. 그러므로 우리가 하나님께 순종한다면 우리는 그것을 그르칠 수가 없습니다. 그러니 하나님께서 우리에게 명령하시는 대로 계속 행합시다.

천주교인들이 어떻게 하는지 보십시다. 그들은 자기들에게는 하나님께 기도드릴 자격이 없다는 것을 알고 있습니다. 그것이 사실입니다. 그러나 우리 여호와께서는 우리에게 한 방법을 주셨습니다. 즉 우리 주 예수 그리스도께서 우리의 대변인이 되시게 하셨습니다(요 14:13, 요일 2:1). 그러므로 그분께서 우리를 대신해서 간구하시면 우리가 가납될 것이며, 하나님께서 우리의 기도를 다 들어주실 것입니다. 성령이 우리에게 그것을 확인시켜 줍니다. 그런데 천주교인들은 어떻게 합니까? 그들에게는 하나님을 기쁘시게 해 드릴 자격이 없기 때문에 그들은 동정녀 마리아, 사도 미가엘과 사도 베드로를 찾아갈 것이라고 합니다. 그렇게 해서 그들은 그들의 마음이 내키는 대로 저명한 성도들을 세웠습니다. 그것이 얼마나 괘씸한 짓입니까?

우리의 상반된 성질

우리 주 예수 그리스도께서는 우리를 실망시키지 않으실 것을 우리가 확신합니다. 그것이 그분의 아버지께서 그에게 맡겨 주신 임무이기 때문에 그분께서는 그 책임을 완수하실 것입니다. 우리는 곧장 우리 주 예수 그리스도께로 갈 수 있습니다. 그분께서 우리의 훌륭한 버팀목이 되실 것입니다. 그분께서는 그분에게로 오라고 말씀하시면서 우리를 친절하게 유인하십니다. 그리고 우리에게는 수많은 약속이 있기 때문에, 그분에게 호소하면 우리는 우리가 소망하는 것을 얻게 될 것입니다. 그럼에도 불구하고 우리는 우리 자신의 생각에 기울어져서 미가엘 성도나 동정녀 마리아에게로 가는 것이 제일 좋을 것 같다고 말합니다. 그러다 우리는 하나님께서 우리에게 주시는 확실한 것을 저버리고 불확실한 것을 붙들기 시작합니다. 우리는 그 밖에 것도 그렇게 처리합니다. 우리가 하나님의 율법에 따라서 하나님을 섬기면 우리의 섬김이 가납될 것을 확신해야 합니다. 그런데 천주교인들은 이런저런 것을 창안해 내기 시작해서 하나님의 율법을 버립니다. 그것은 불확실한 것을 좇기 위해 확실한 것을 저버리는 짓이 아닙니까? 그렇습니다. 그것은 자연을 거스르는 짓입니다. 그로 인해 우리의 눈이 사단에 의해서 감겨진 것처럼 보입니다.

본래부터 우리 몸에는 상반되는 성질이 있습니다. 우리에게는 우리는 어떤 위험에서도 우리의 생명을 위태롭게 하기를 싫어한다고 말할 만한 지혜가 충분이 있습니다. 이 경우에 우리는 매우 열렬하기 때문에 밧줄이나 쇠사슬로도 우리를 억제하지 못합니다. 내가 이것을 예로 든 것은 이 가르침을 활용하는 방법을 보여 주기 위해서입니다. 왜냐하면 사람들이 모든 경우에 의도적으로 하나님에게서 멀어지려고 하기 때문입니다. 하나님께서 그들에게 당신의 모습을 나타내 보이셨음에도 그들은 하나님께 붙어 있으려 하지 않고 오히려 그들 자신의 공상과 망령된 짓에 분주합니다. 사실 그들은 하늘과 땅을 만드신 하나님은 한 분밖에 없다는 것을 알고 있다고 쉽게 말할 것입니다. 그러면서도 그들은 다른 신 한 떼를 부화시킵니다. 우리는 그들이 주조해 낸 우상을 통해서 그것을 알 수 있습니다.

이런 일이 왜 일어납니까? 그것은 사람들이 하나님을 알고 있으면서
도 하나님을 영화롭게 해 드리기를 좋아하지 않았기 때문입니다. 그들
은 자신의 생각에 따라 헤매고 있었으며, 그로 인해서 그들은 하나님으
로부터 버림을 받았습니다. 그런 때에 하나님께서는 당신의 율법을 주
셨으며, 그때의 복은 복음 시대인 오늘날보다 더 희미했습니다. 하나님
께서는 당신이 하늘과 땅의 창조주라는 것을 알려 주셨을 뿐만 아니라,
당신은 불가사이하시기 때문에 당신의 위대하심은 우리의 명철을 초월
한다고 말씀하셨습니다. 그래서 하나님께서는 우리에게 당신의 생생한
형상, 즉 우리 주 예수 그리스도를 통해서 당신을 보라고 시키실 것입
니다(고후 4:4). 그분은 하나님의 아드님이시며 당신의 모습을 매우 자상
하게 보여 주셨기 때문에 우리는 살아 계시는 하나님을 참배한다는 확
신을 충분히 갖게 되었습니다. 우리는 그분 안에 신성의 모든 영광이
충만하게 있다는 것을 알았습니다(골 2:1). 그러한 까닭으로 이사야 선지
자도 그분에 대해서 "보라. 이분이 그분이시다. 보라 이분이 우리의 하
나님이시다"(사 25:9)라고 말했습니다. 옛 선조들은 율법 시대에도 확실
한 것에 의존해야 했으며, 하나님께서는 당신의 백성들이 의심을 품는
것을 바라지 않으셨습니다. 우리의 귓속에서는 "보라. 이분이 그분이시
다. 보라. 이분이 우리의 하나님이시다"라고 한 이사야 선지자의 말이
계속 울려야 합니다. 그러므로 어느 누구도 거기에서 벗어나서는 안 되
며, 무턱대고 어슬렁거려서도 안 되며, 이쪽저쪽으로 비틀거려서도 안
됩니다. 그러나 만일 우리가 예수 그리스도와 그분의 가르침에 집착할
수 있다면 우리는 지혜의 전 분량을 충만하게 갖게 됩니다. 그런데 비
참한 세상 사람들은 이리저리로 쏘다니고 있으며, 모든 사람들은 자신
의 갈 길을 빠른 걸음으로 가고 있습니다. 즉 모든 사람들은 타락해지

려고 합니다.

한편 우리는 무식하다는 것을 구실로 삼습니다. 우리는 빛을 보지 않으려고 눈을 감으며, 구원의 가르침을 듣지 않으려고 귀를 막으며, 하나님께서 당신의 얼굴을 보이시려 하실 때 등을 돌리며, 하나님께서 우리에게 당신의 손을 내미실 때 우리는 그분에게 침을 뱉습니다. 그럼에도 우리는 여전히 몰랐다는 말로 우리 자신을 변명합니다. 하나님의 말씀이 사람들에게 전해질 때 그들이 거기에서 돌이키므로 하나님께서는 그들을 꾸짖으십니다. 우리가 그것을 보고 기억해 두어야 할 것은, 그들이 그렇게 하는 것이 못쓸 외고집 때문이며, 또한 그들 자신의 양심에 비추어 보아도 그들이 모르는 신들에게 절하기 때문이라는 사실입니다. 우리의 믿음이 불확실해서는 안 되며, 우리의 믿음이 의견이나 생각이 되어서는 안 되고, 그것은 확실한 지식을 동반해야 합니다. 어떤 지식을 동반해야 합니까? 진정 우리의 지혜와 이성을 고려한 지식을 동반해야 합니다. 즉 만일 우리가 하나님께로 가려고 한다면 우리는 아주 겸손하게 하나님을 경배해야 하며, 하나님의 신비는 우리의 명철을 초월하신다는 것을 기억하고 있어야 합니다. 무엇보다도 우리는 지식으로 다져진 확실한 기반 위에 서 있어야 하며, 우리 자신의 양심이 그에 대한 기록을 지니고 있어야 합니다. 그리고 우리는 사도 요한과 함께 우리가 하나님의 자녀라는 것을 잘 알고 있다고 말할 수 있어야 합니다(요일 3:2).

무엇이 참 믿음인지 여기를 보십시오. 그것은 무분별한 열정이나 사람들이 이것저것에 쏟아 붓는 취미가 아니라 하나님의 진리에 기초를 둔 확실하다고 알려진 가르침입니다. 우리는 그것으로 인해서 우리에게 말씀하신 분이 하나님이시며, 하나님은 우리의 행복과 구원을 위한 것들을 주실 성실한 증인이라고 말할 수 있습니다. 그리고 우리가 무엇을 주장하든 우리는 우리의 악한 뜻으로 인해서 유죄 판결을 받는 것을 항상 감수하게 될 것입니다. 따라서 우리가 일단 하나님의 말씀으로 가르침을 받고서도 우리가 알지 못했던 신에게 절을 한다든지, 또 어떤 미신에 홀린다든지, 또 성경의 순수성을 유지하지 않는다면, 우리가 진리보다도 거짓을 더 사랑하는 자로 비난 받는 것이 마땅합니다. 그와 관련해서 사도 바울은 복음에 순종치 않는 자들 모두에 대해서 언급하면서 그들을 지독한 무지로 치는 것이 지극히 마땅하며, 그들이 창조주를 영화롭게 해 드리지 않았으니 그들이 피조물, 즉 그들이 그들의 어리석은 머리와 바보 같은 생각으로 꿈꾸었던 것들의 졸개가 되는 것이 타당하다고 했습니다(롬 1:25). 우리 하나님께서 우리를 가르쳐 주셨으니, 우리는 하나님의 말씀에 집착하도록 하고, 또 하나님께서는 당신의 실체를 우리에게 어떤 방법으로 나타내 보이시는지 알아보도록 합시다. 그리고 하나님께서 우리에게 주시는 모든 기록을 통해서 유익을 얻도록 하며, 이리저리로 방황하지 않도록 조심하고, 우리 자신의 거짓된 것을 좇지 맙시다. 하나님께서 보증하려고 하실 때 하나님의 보증을 받으려고 하지 않는 자들에게는 변명이 있을 수 없습니다.

모세는 "이스라엘 백성들이 약속의 땅에 들어서게 되면 그들은 두 패로 나누어져야 한다. 한 패는 그리심산에, 다른 한 패는 에벨산에 있어야 한다. 그리심산에 있는 사람들은 축복을 선포해야 하고, 에벨산에 있는 자들은 저주를 선포해야 한다"고 말했습니다. 이 명령은 27장에서 다시 반복될 것입니다. 여호수아는 여호수아서 8장에서 모세의 명령에 순종했다고 말했습니다.

이 이야기의 내용은 다음과 같습니다. 그 백성들이 약속의 땅에 들어가게 되면 그들은 두 개의 산과 마주치게 되는데, 하나는 에벨산이고 다른 하나는 그리심산입니다. 하나님께서는 그 백성들 중의 한 떼, 즉 일정한 지파는 그리심산의 한쪽에 있고, 나머지 지파는 에벨산 위에 있어야 하며, 레위 지파는 언약궤를 나르는 무리 가운데 서 있어서 하나님이 그곳의 가장 높은 통치자라는 것과 레위 지파는 그 백성들을 대표해서 그 사실을 보증하는 증인이나 보증인과 같다는 것을 보여 주라고 명령하셨습니다. 그것은 마치 두 당사자가 중대한 협약이나 서약을 할 때 공증인이나 기록원이 참여해서 두 당사자들에게서 서약을 받는 것과 같습니다. 하나님께서도 어떤 중요한 계약을 비준할 때처럼 구원의 가르침을 듣고 그것을 받아들이기 위해서는 백성들이 거기 있어야 한다고 명령하셨습니다. 그렇게 해서 하나님께서는 당신이 그들을 택하셨던 조건과, 또 그들을 이 땅에 있는 다른 어떤 민족보다 더 좋아하셨다는 것을 알려 주시려고 하셨습니다. 그에 대해서는 27장에서 더 다루어질 것입니다.

그런데 그것이 어떤 축복입니까? 그것은 하나님께서 전에 말씀하셨던 것과 똑같습니다. 즉 하나님께서는 "나의 율법을 지키는 자는 모두 복을 받을 것이며, 순수한 마음으로 나를 경배하는 자는 모두 복을 받을 것이며, 자기 부모에게 순종하는 자는 모두 복을 받을 것이며, 순결한 생활을 하는 자는 모두 복을 받을 것이며, 속이지 않고 강탈하지 않고 온갖 악을 행하지 않는 자는 복을 받을 것이다"라고 말씀하셨습니다. 하나님으로서는 그런 방법으로 축복을 약속하셨습니다. 거기에 백성들은 "아멘, 아멘"이라고 화답했습니다. 즉 그들은 그렇게 되라고 말했습니다. 그들은 그것을 통해서 하나님께서 직접 말씀하신 내용을 인준했습니다. 그리고 반면에 이와 똑같은 방법으로 에벨산에는 저주가 내렸습니다. "알지 못한 신을 쫓아 돌이키는 자는 저주를 받을 것이며, 자기 부모를 경멸하는 자는 저주를 받을 것이며, 강도나 음탕한 짓을 하는 자는 저주를 받을 것이며, 이 책에 담겨 있는 모든 명령을 이행하지 않는 자는 저주를 받을 것이다." 거기에 백성들이 "아멘, 아멘"이라고 했습니다. 저주가 이런 방법으로 공포되었을 때 모든 사람들은 아멘이라고 화답해야 합니다.

"내가 믿는 고로 말하리라"

이렇게 해서 여러분은 모세가 이 말씀에서 말하고자 하는 것이 무엇인지 알게 되었습니다. 하나님께서는 그런 방법으로 백성들로 그 언약을 뼈에 더 사무치게 해서 그것에 동의하게 하셨습니다. 그것은 우리에게도 해당됩니다. 비록 우리가 그 당시의 의식을 행하지 않을지라도 세상이 어떻게 돌아가든 상관없이 우리에게는 그 실체가 있습니다. 하나님의 말씀이 우리에게 전해질 때면 비록 우리가 그것을 받아들이지 않더라도 그것이 땅에 떨어지지 않으며, 우리의 반대에도 불구하고 그것은 우리의 머리 위에 내려앉습니다. 그것은 견딜 수 없는 짐이 되어 우리를 지옥의 밑바닥으로 가라앉힐 것입니다. 그러므로 하나님의 말씀을 우리의 마음속으로 받아들이게 되면 우리는 그것을 대단히 좋아하게 되며, 하나님께서 우리에게 하신 구원의 약속에 동의하게 됩니다.

하나님께서는 우리를 당신의 자녀로 양자 삼으셨습니다. 따라서 우리가 그분의 자녀가 되었다면 우리는 그분의 후사도 됩니다. 그러므로 우리가 우리에게 전해진 말씀을 믿음과 순종으로 받아들인다면 비록 우리의 입이 한마디 말도 하지 않을지라도 "하나님의 독생자를 믿는 자는 다 하나님은 참되시다는 것을 인증했다"(요 3:33)고 한 사도 요한의 말에 따라서 하나님의 참되심을 확증하게 됩니다. 이렇게 해서 여러분은 우리가 아멘이라고 올바르게 화답하면 우리의 구원과 그 약속의 전 분량이 넉넉하게 이루어지고, 그 효능과 능력을 충분히 발휘하게 된다는 것을 알게 될 것입니다. 비록 입으로 그렇게 말하지 않더라도 마음이 그렇게 말하게 하십시오. 왜냐하면 그것이 가장 중요하기 때문입니다. "내가 믿는 고로 말하리라"(시 116:10)는 시편 말씀처럼 믿음이 마음속에 있으면 입은 그것에 따르지 않을 수 없습니다. 사도 바울도 고린도후서에서 그것을 강조했습니다(고후 4:13). 비록 우리 가운데 그리심산과 에벨산이 없고, 비록 우리를 두 패로 가르기 위해서 함께 모이지 않았을지라도, 비록 우리 가운데에는 눈에 보이는 언약궤가 없을지라도 우리에게는 하나님께서 그것을 한번 선포하시는 것으로 충분하며, 하나님께서 그것은 오늘날 우리에게도 해당된다는 것을 알려 주시고 그것을 우리 앞에 한번 기록하시는 것으로 충분합니다.

우리 주 예수 그리스도의 이름으로 우리에게 복음을 전하는 것은 마치 우리가 아멘이라고 말하여 하나님이 우리의 아버지라는 것을 확증하는 것과 같습니다. 그것이 바로 우리가 영접되어 하나님의 자녀가 되는 방법이며, 우리가 천국을 상속받은 것을 확실하게 해 주는 방법입니다. 하나님께서 우리의 주인이 되시기 위해서 황송하게도 친절을 통해 우리의 마음을 사지 않으시고, 우리에게 품고 계셨던 많은 사랑을 베풀지 않으시고, 기꺼이 우리를 당신의 자녀로 삼지 않으셨다면 처참한 피조물인 우리가 어떻게 그렇게 높은 자리에 올라갈 수 있었겠습니까? 만일 우리가 그런 은혜를 통해서 유익을 얻지 못한다면 우리는 완고한 자보다 더 나쁜 자가 되어야 하지 않습니까? 그렇습니다. 따라서 우리 여호와께서 우리에게 당신의 복을 주시겠다고 약속하실 때 우리는 기꺼이 아멘이라고 화답하도록 합시다. 그와 반대로 비록 우리가 우리의 마음을 강퍅하게 하고 우리의 눈을 감고 화가 나서 하나님을 향해서 이를 갈고 하나님을 무시할지라도 거기에는 아멘이 따라야 하는데, 그것은 낙인을 찍는 쇠도장처럼 우리를 태울 것이며, 하나님께서는 그것을 통해서 당신의 말씀은 모든 것을 소멸시키는 타오르는 불과 같다는 것을 보여 주실 것입니다. 따라서 하나님께서 당신의 말씀의 능력을 발하실 때 우리는 거기에서 나오는 내적인 열을 느끼지 않을 수 없습니다. 그러한 이유로 만일 하나님께서 우리를 외면하시면 우리는 영원토록 불안과 고통을 당하게 될 것입니다.

그럼에도 불구하고 믿는 자들은 축복에는 물론 저주에 대해서도 아멘이라고 화답해야 합니다. 하나님께서 우리에게 베풀어 주시는 은혜를 아멘으로 받아들이십시오. 하나님께서는 우리에게 당신의 실체를 나타내십니까? 우리가 완전히 길을 잃고 버림을 받았을 때 하나님께서 오셔서 우리를 찾아내십니까? 하나님께서는 이처럼 심히 비참한 지경에 빠져 있는 우리에게로 내려오십니까? 우리가 하나님께로 가는 것과 또 하나님께서 우리를 다정하게 유인하실 때 뒤로 물러설 정도로 고집을 부리지 않는 것이 우리의 의무입니다.

저주에 대해서도 아멘으로 화답하라

우리는 성령께서 주시는 은혜를 받아들임으로써 그 축복에 아멘이라고 화답해야 합니다. 그러면 그 축복이 우리를 인도하고 다스려 줄 것입니다. 그리고 우리는 우리의 생활을 하나님께서 우리에게 주신 규칙에 맞추고, 우리 주 예수 그리스도의 은혜에 의존함으로써 우리가 하나님께 가납됩니다. 우리 주 예수 그리스도의 은혜로 인해서 하나님께서 우리와 화해하시고 우리를 의롭다고 여기십니다. 비록 우리가 죄인일지라도 하나님께서는 당신의 아드님 때문에 우리를 받아 주시고, 우리의 모든 죄와 잘못을 덮어 주십니다. 그러므로 우리는 그런 방법으로 아멘이라고 화답해서 우리 여호와로 하여금 그분께서 우리에게 거저 주시겠다고 하신 모든 약속을 이행할 수 있게 해 드려야 합니다.

　우리는 저주에 대해서도 아멘이라고 화답해야 합니다. 왜냐하면 보기에 안타깝게도 우리에게는 많은 모순이 있기 때문입니다. 하나님께서는 우리에게 당신의 말씀을 받아들이려고 하는 선한 욕망을 주셨습니다. 우리는 그것을 실제로 받아들이기는 하지만 충분히 받아들이지 않습니다. 우리가 일부러 꾸물거릴 때에는 우리 안에 다른 속셈이 있기 마련입니다. 그 밖에도 우리는 고집이 너무 세서 강제로 끌고 가야 하는 나귀와 같습니다. 그러므로 우리는 저주에 대해서도 아멘이라고 화답해야 합니다. 하나님께서 우리에게 이 세상의 환난과 속세의 번뇌를 뚫고 나가라고 시키시면 그것들이 우리를 자극해서 우리로 하여금 하나님께 의지하게 하십시오. 그리고 하나님께서 우리에게 당신의 저주를 주시는 것이 때로는 우리의 유익을 위한 것이라는 사실을 확실히 알아 둡시다. 더욱이 이런 생각도 해 봅시다. 만일 하나님께서 당신의 명령을 어긴 자 모두를 저주하신다면 나는 어떻게 될까? 그러니 우리 모두 자신의 잘못을 찾아내서 하나님께서 이승을 살고 있는 우리에게 당신 마음에 내키시는 어떤 벌을 내리셔도 우리는 그것을 참고 견디도록 합시다. 우리가 저주에 찬성하는 것은 그 저주가 우리에게 내리지 않게 하기 위해서입니다. 왜냐하면 그런 방법으로 자기 자신을 자극하는 자는 저주에서 자유로워지기 때문입니다(고전 11:32).

그런데 우리가 알아 두어야 할 것은, 우리가 율법에 있는 모든 계명을 이행하지 않게 되면 우리는 그에 대한 대책을 우리 주 예수 그리스도 안에서 발견하게 된다는 사실입니다. 만일 우리 모두가 그렇게 하지 못하면 사도 바울이 갈라디아서에서 "누구든지 율법 책에 기록된 대로 온갖 일을 항상 행하지 아니하는 자는 저주 아래 있는 자라"(갈 3:10)고 말한 것처럼 우리 모두는 저주를 받을 것입니다. 그는 우리 모두의 행함을 고려한다면 우리 모두가 하나님의 저주를 받게 된다는 결론을 내렸습니다. 만일 우리가 우리의 공로를 통해서 죄를 용서 받으려고 한다면 우리는 지옥에서 우리의 보상을 찾아야 합니다. 하나님께서는 "이 율법의 모든 말씀을 실행치 아니하는 자는 저주를 받을 것이라"(신 27:26)고 말씀하셔서 온 인류를 향하여 벼락을 치셨습니다. 그러나 율법의 모든 조항을 실행하는 사람은 없습니다. 이 세상에서 가장 거룩한 사람들도 그 점에 있어서는 빚진 자입니다. 그래서 사도 바울은 우리 자신은 모두 저주받은 자라는 결론을 내렸는데, 그것이 옳습니다.

그러나 하나님께서는 우리에게 우리 주 예수 그리스도를 보내시고, 우리가 예수님을 받아들이는 한 우리는 엄격한 율법에서 자유롭다고 알려 주십니다. 하나님께서는 지금 우리에게 당신의 뜻을 가르쳐 주시고, 행할 도를 알려 주시고, 또 우리 앞에 당신의 약속과 당신의 협박 둘을 다 제시하시니, 비록 우리 생활이 아직 안전하지 못할지라도 하나님께서는 우리를 받아 주시기를 중단하지 않으실 것입니다. 그러므로 우리는 우리의 부족한 것을 채워 주시는 하나님을 의지하게 됩니다. 우리 주 예수 그리스도께서는 당신의 죽음이라는 제물을 통해서 그런 배상을 하셨으므로 하나님께서는 그 제물을 받아 주시고 우리의 모든 죄를 덮어 주십니다. 그러니 그곳에 가서 우리의 모든 흠을 깨끗이 씻고 제거하기 위해서 우리의 몸을 거기에 빠뜨립시다. 만일 우리가 우리 하나님 앞에서 겸손하고 경건한 생활을 하며, 하나님의 선하심과 인내심을 모욕하지 않는다면 어떤 일이 일어나겠습니까? 그것이 우리를 하나님께 가납되게 하는 방법이 되어 하나님의 저주가 우리의 머리 위에서 하나님의 은혜와 축복으로 바뀌게 될 것이며, 그것들이 우리 안에서 계속 증가해서 마침내 완전히 차고 넘치게 될 것입니다.

80편_ 신 12:1~5

마음속의 모든 우상을 폐하라

"네 열조의 하나님 여호와께서 네게 주셔서 얻게 하신 땅에서 너희가 평생에 지켜 행할 규례와 법도는 이러하니라 너희가 쫓아낼 민족들이 그 신들을 섬기는 곳은 높은 산이든지 작은 산이든지 푸른 나무 아래든지 무론하고 그 모든 곳을 너희가 마땅히 파멸하며 그 단을 헐며 주상을 깨뜨리며 아세라 상을 불사르고 또 그 조각한 신상들을 찍어서 그 이름을 그곳에서 멸하라 너희 하나님 여호와에게는 너희가 그처럼 행하지 말고 오직 너희 하나님 여호와께서 자기 이름을 두시려고 너희 모든 지파 중에서 택하신 곳인 그 거하실 곳으로 찾아 나아가서"(신 12:1~5).

모세는 여기서 이스라엘 백성들에게 율법의 규례와 법도를 지켜 행하라고 권고했는데, 만일 우리가 하나님의 뜻을 열심히 따르지 않는다면 이런저런 방법으로 곧 악에 빠지게 된다는 것을 우리에게 알려 줍니다. 우리는 실수를 해서 많은 잘못을 저지르는 일과 마귀가 우리를 쉽게 속여서 손바닥을 뒤집는 순간 넘어지는 일이 우리에게 일어납니다. 우리에게는 지혜와 분별력이 많지 않습니다. 우리의 생각은 어리석음으로 꽉 차 있습니다. 따라서 우리에게는 지구력도 없습니다. 그러므로 만일 우리가 우리 하나님께 매우 열심히 순종하지 아니하면 우리는 하나님의 율법을 우리가 당연히 해야 할 만큼 지키지 못하게 될 것입니다.

우리는 생활을 규제하는 데 우리의 정열을 쏟도록 주의합시다. 만일 우리가 그것에 대해서 신중하지 않거나 그것에 대하여 별로 많은 관심을 갖고 있지 않다면 우리는 틀림없이 이런저런 방법으로 실수를 하게 될 것입니다. 모세가 말하기를 우리는 하나님의 명령을 시험해야 할 뿐만 아니라 그것을 지켜 행하라고 했는데, 그것이 우리가 여기서 알아야 할 내용입니다. 모세가 한 말은 "만일 사람들이 경건한 생활을 하지 않거나, 그들의 직무를 매우 조심스럽게 수행하지 않거나, 또 만일 그들이 하는 일을 현명하게 열심으로 하지 않는다면, 그들에게는 끈기가 없기 때문에 즉시 도망을 칠 것이며, 비록 그들에게 얼마간의 열심히 있더라도 그것은 곧 사라질 것이다"라고 말한 것과 같습니다.

모세는 그것들은 그들의 열조의 하나님의 규례와 법도라는 것을 강조했습니다. 그 말은 우리가 전에 다루었던 내용을 더 확실하게 하는 데 도움이 됩니다. 즉 가나안 땅은 그들이 태어나기 전에 이루어진 언약과 약속 덕분으로 그들에게 주어졌다는 사실을 더 확실하게 해 줍니다. 이스라엘 백성들은 여기서 거저 주시는 하나님의 선하심에 신세를 지고 있다는 생각을 하게 됩니다. 그들은 그들에게 약속된 유업을 그들이 정복하여 얻은 것이라고 자랑할 수 없습니다. 왜냐하면 하나님께서 그 땅을 그들이 태어나기 전에 그들의 열조에게 배당하셨기 때문입니다.

모세의 목적은 율법의 가르침을 통해서 이스라엘 백성들을 강하게 하는 것입니다. 그렇게 해서 그는 그들에게 그들이 섬기는 하나님은 새 신이나 최근에 발견된 신이 아니고 오래전에 그들의 열조에게 나타내 보이셨던 바로 그 하나님이라는 것을 알려 주려고 했습니다. 그러므로 그는 만일 그들이 오래전에 알려졌던 신앙, 최소한도 그들의 열조에게 알려졌던 신앙을 고수하지 않는다면 그들에게는 변명할 구실이 더 적어진다는 것을 알려 줍니다. 하나님께서는 그들을 당신의 선지자 예레미야를 통해서 심히 꾸짖으셨습니다. 그가 말하기를 "바다를 건너 온 세상을 돌아다니면서 자기들의 신을 바꾼 이방 국민이 있는지 알아보아라 그런 나라가 있다면 그 신은 우상에 불과하다"(렘 2:10~11)고 했습니다. 이교도에게도 그런 지조와 지구력이 있어서 그들의 미신을 쉽게 바꾸지 않고 오히려 그것과 짝하고 의도적으로 그것에 몰두하니, 만일 여러분이 살아 계시는 하나님을 알고서도 그분을 저버리고 그분의 말씀 안에서 살아가지 않는다면 얼마나 부끄러운 일이 되겠습니까? 하나님께서 당신의 실체를 이스라엘 백성들과 그들의 열조에게 나타내 보이시면서 꾸짖으신 것은, 만일 그들이 그들에게 잘 보장된 가르침에 집착하지 않는다면 정죄를 받아 마땅하다는 것을 보여 주시기 위해서입니다.

우리에게는 우리의 선조들이 일종의 신앙을 가지고 있었다는 것으로 충분하지 않으며, 우리는 그들의 신앙이 가납될 만한 것인지 알아보아야 합니다. 여기서 그들의 열조들은 율법을 공포하신 바로 그 하나님을 알고 있었다고 했지만, 열조들이 갖고 있었던 지식이나 의견이 우리가 근거로 삼아야 할 주된 기초는 아닙니다. 우리는 먼저 우리 여호와께서 우리에게 무엇을 선포하셨는지 알아본 다음에 옛 선조들에게 무엇이 선포되었는지 알아봅시다. 만일 그 신앙이 참되고 선하다면 그것이 새로운 것이나 우리 시대에 창안된 것이 아닌 것이 확실합니다. 우리가 의지하는 신앙은 율법이나 예언서에서 입증된 것이어야 합니다. 우리는 거기에서 하나님께서 어떻게 당신의 교회를 세우셨으며, 그것을 어떻게 다스리셨으며, 교회가 창세로부터 어떻게 하나님의 진리를 갖게되었는지 알게 됩니다. 사실 독실한 생활을 하는 사람의 수가 적었으며,

나머지 사람들은 그들 자신의 생각에 따르는 생활을 했습니다. 어찌 되었거나 우리는 세상에 눈을 돌려서는 안 되고, 하나님께서 전 시대에 걸쳐서 당신의 교회를 가지고 계셨다는 사실에 만족합시다.

끊을 수 없는 믿음의 피

우리는 연합하여 하나가 되어야 합니다. 비록 하나님의 교회가 세상 사람들의 멸시를 받았지만 하나님이 보시기에 그것은 항상 귀중했습니다. 오늘날에도 여전히 그렇습니다. 자신이 믿는 자라고 자랑하는 자의 대부분이 거짓과 잘못과 남용으로 점철되어 있는 것이 사실입니다. 그러나 우리는 그들을 내버려 두고, 하나님께서 우리에게 알려 주시는 진리에 굴복하고 하나님께서 보여 주시는 것은 무엇이나 따르기를 기뻐하는 믿는 자들과 결합하여 믿음으로 하나 되고 화합해야 합니다.

옛 선조들의 하나님이 언급된 그 말씀에서 우리가 기억해야 할 것은, 천주교인들이 주장하는 것처럼 우리가 옛것을 가지는 것으로는 충분하지 않으며, 우리는 확실한 것에 뿌리를 든든히 내려야 한다는 것입니다. 그러면 우리가 경배하는 하나님이 우상이 아니라는 것을 알게 될 것입니다. 어떤 사람이 일단 그것을 알게 되면 그로 하여금 우리가 믿는 믿음을 받아들이고 동의하게 하십시오. 우리는 우리 하나님께서 성령을 통해서 우리에게 나타내 보이신 당신의 위대하심에 대한 기록을 전할 수 있다고 고백하는 것처럼 우리로 하여금 우리가 우리의 믿음을 통해서 우리 주 예수 그리스도의 아버지이신 전능하신 하나님 한 분밖에 없다는 것과, 우리 주 예수 그리스도는 우리에게 나타나신 구세주라는 것, 그리고 우리는 성령에 의해서 거룩하게 되었다는 것을 고백하게 하십시오. 그렇게 한 다음에는 거기에 우리가 거룩한 공회를 믿고 있다는 것과 성도들이 영적인 교감을 이루어서 한 몸이 된다는 사실을 첨가합시다. 그러나 하나님께서는 어쩔 수 없이 우리에게 당신이 전능하신 분이라는 것과 당신이 하늘과 땅을 지으신 바로 그분이라는 것, 그리고 우리에게 구원의 소망을 주셔야 하는 바로 그분이라는 것과 당신께서는 자신의 영광을 유지하실 수 있다는 것을 보여 주셔야 합니다. 따라서 사람들이 그들의 머리로 창안해 낸 것은 모두 거짓에 불과합니다.

우리는 처음부터 거기에서 시작해야 합니다. 그 다음에 우리는 창세이후에 생존해 있었던 믿음의 족장들과 사도들과 모든 신도들과 하나가 되어야 합니다. 우리에게는 끊을 수 없는 믿음의 띠가 있어야 하며, 모든 것이 확실하고 틀림없는 진리에 기반을 두어야 합니다. 그 후에 태어난 이스라엘 백성들에게도 그들처럼 열조가 있었는데, 그들도 그들의 열조를 방패로 삼았습니다. 그러나 하나님에게는 그들의 행동이 전혀 마음에 들지 않았습니다. 그래서 하나님께서는 에스겔 선지자를 통해서 "너희 열조의 율례를 쫓지 말라"(겔 20:18)고 하셨습니다. 얼핏 보아서는 거기에 모순이 있는 것처럼 보입니다. 왜냐하면 거기에는 "너희는 너희 열조의 하나님에게 경배를 드리고 그분에게 충실하고 너희 신앙을 바꾸지 않도록 조심하라"는 말씀이 있기 때문입니다. 그런데 에스겔 선지자는 그와 반대로 "너희는 너희 열조의 신앙을 따르지 않도록 주의하라"고 했습니다. 그것이 사실입니다.

이스라엘 백성에게는 두 종류의 열조가 있었습니다. 그중의 하나는 아브라함과 믿음의 족장들과 선지자들과 살아 계시는 하나님을 알고 그분을 아주 순수하게 섬긴 사람들입니다. 그런 것을 고려해서 모세는 지금 그들에게 너희 열조의 하나님에게서 돌이키지 말고 그들의 믿음을 계속 유지하라고 합니다. 이런 열조들 이외에 그들에게는 타락하고 완고하며 율법을 어기고 이방인의 모든 미신을 끌어들여서 율법을 뒤죽박죽으로 만든 다른 부류의 열조가 있었습니다. 에스겔 선지자는 그런 열조들을 고려해서 너희는 너희 열조를 따르지 않도록 조심하라고 한 것입니다. 왜냐하면 그들은 그들이 고집이 세고 하나님께 불성실했기 때문입니다. 천주교인들도 그들의 열조를 내세웁니다. 그런데 어떻습니까? 사도들은 그리스도 교회의 열조들입니까? 그렇습니다. 그러나 천주교인들은 사도들이나 하나님의 명령에 따라 교회의 질서를 바로잡았던 사람들이 하는 말을 들으려고 하지 않습니다. 그들에게는 서출 세대인 자신들과 같은 서출의 열조가 있으며, 수도사와 얼간이를 그들의 열조로 여깁니다. 그리고 만일 그들이 옛날의 박사를 내세울 때 그들이 집필한 내용 중에 어리석은 말이나 미신적인 사실이 있다면 그들은 그것을 완전히 가려 낼 수 있습니다. 그러나 그들은 그들에게 이익이 되는 것을 대부분 버립니다.

이제 우리는 그런 종류의 열조를 조심하고 참된 열조를 선택하는 데 분별력을 사용하여 모든 열조는 하나님과 우리 주 예수 그리스도에 의존해야 한다고 한 사도 바울의 말을 활용하도록 합시다. 만일 우리가 합당한 열조를 가지려고 한다면 우리의 열조가 되는 자격을 그 말씀에 맡겨야 합니다. 하나님은 모든 열조의 우두머리가 되시며, 열조들은 그들이 하나님의 아들이며, 그들은 하나님 말씀이라는 부패하지 않는 씨를 통해서 우리를 잉태하게 되었다고 증언합니다. 그렇지 않다면 거기에는 혼란만이 있을 뿐입니다. 이렇게 해서 여러분은 우리가 이 말씀에서 기억해 두어야 할 것이 무엇인지 알게 되었습니다.

사도 바울은 "우리 주 예수 그리스도께서 죽으셨다가 산 자와 죽은 자를 다스리기 위해서 다시 사셨다"(롬 14:9)고 말했습니다. 죽음과 속죄를 통해서 우리를 사 주신 하나님의 독생자께서 즉시 다시 살아나셨으니, 우리가 그분과 그분의 아버지이신 하나님께 굴복하고, 그분에게 온전히 헌신하고, 또 우리가 이 땅에 살아 있는 동안 그분을 섬기기 위해서 노력하고, 우리의 죽음이 그분에게 드리는 제물처럼 되게 하고, 모든 면에서 그분에게 순종하는 것이 타당하지 않습니까? 그렇습니다. 그러므로 우리는 많은 사람들처럼 그렇게 하기를 괴로워해서는 안 됩니다. 즉 하나님을 섬기는 데 2~3일 동안은 열을 냈다가 그 후로는 그들의 마음이 변하고 그들의 열정이 완전히 사라져 버려서 그들에게는 열의가 전혀 없다는 것을 잘 보여 주는 사람들이 있는데, 우리는 그들처럼 되지 맙시다. 우리가 살아 있는 한 하나님을 섬기겠다는 마음을 항상 품도록 합시다.

우리는 또한 모세가 한 말에 대해서 깊이 생각해 봅시다. 우리 여호와께서 매일매일 우리에게 당신의 은혜를 상기시켜 주시니 우리는 많은 용기를 내어 하나님을 섬기고 새 힘을 모으는 것이 당연합니다. 하나님께서는 나를 향해서 선한 일을 계속하시고, 더욱이 그것을 증가시키신다는 것을 내가 알고 있으니, 나의 열정과 그분을 섬기겠다는 나의 열심이 더 활활 타오르게 하고, 나의 소망이 꺾이지 않게 하는 것이 당연하지 않겠습니까? 모세는 "너희는 그 땅을 소유하게 될 것이다. 그리고 너희가 그 땅을 소유하고 있는 동안에 너희 앞에는 선명한 거울이 있어서, 너희 하나님께서 어떻게 너희를 부르셨으며 또 너희로 하여금 하나님께서 너희에게 베풀어 주신 은혜를 어떻게 계속해서 소유하게 하셨는지를 보여 줄 것이다"라고 말했습니다.

하나님께서 우리에게 은혜를 베푸셨는데 만일 우리가 그것을 인정하지 않고, 그것을 잊고, 더욱이 그것을 하나님의 의도와는 다른 목적에 활용한다면, 우리는 그것을 박탈당해 마땅합니다. 성경에는 하늘과 땅이 존재하는 한 이스라엘 백성들이 그 땅을 소유해야 한다고 기록되어 있습니다(신 11:21). 그런데 그들은 거기에서 밀려났으며, 오늘날 그들은 그 땅의 어느 부분도 소유하고 있지 않으며, 온 세상을 방황하고 있으며, 이리저리로 쫓기는 신세가 되었습니다. 그런데 그 이유가 무엇입니까? 만일 그들이 하나님으로부터 돌이키지 않았다면 확실히 하나님께서는 그들로 하여금 당신께서 그들에게 약속하신 기업을 유지하게 하셨을 것입니다. 그 땅이 하나님의 안식처라고 불리는 것도 무리가 아닙니다(시 132:14). 그것은 마치 이 세상의 나머지 백성들 모두가 내던져지고 괴롭힘을 당하더라도 이스라엘 백성들은 그 땅에서 평안하게 안식할 것이며, 따라서 어느 누가 그들에게 도전하고 그들을 괴롭힐지라도 하나님께서는 그들을 거기에 안주시킬 것이라고 말하는 것과 같습니다. 그런데 그들은 하나님과 맺은 약속을 어겼습니다. 그러므로 오늘날 우리가 보는 바와 같이 그들은 이 세상의 어느 곳에서도 안식할 수 없게 되었습니다. 그들은 모든 곳을 떠돌아다니는 방랑자처럼 되었습니다. 그것은 오로지 그들의 불신과 옹고집으로 인해서 하나님의 약속을 저버리고 그들의 능력을 다해서 그것을 완전히 취소한 그들 자신의 불충 때문이 아닙니까? 우리는 우리 자신에 대해서 곰곰이 생각해 보도록 합시다.

사도 바울이 말한 대로 만일 우리가 천국의 상속자가 되려면 우리는 이 세상에서는 나그네처럼 되어야 하는 것이 사실입니다(히 11:13). 그러나 사정이 어떻든 만일 우리가 우리 하나님의 축복을 받고 싶고 하나님이 우리의 훌륭하신 보호자라는 것을 느끼고 싶다면 우리는 그분께 순종하고 복종해야 합니다. 그렇게 하지 않는다면 비록 온 세상 사람들이 우리에게 찬동할지라도 박해와 추적을 당한다는 것을 알게 되어 우리는 어느 곳에서도 안식하지 못할 것입니다. 만일 한 독실한 신자가 하나님을 경외하는 생활을 한다면 비록 그가 박해를 받고 괴롭힘을 당할지라도 그는 하나님이 아직도 그의 보호자라고 믿고 안식할 수 있으며, 하나님을 찾아갈 것입니다. 그리고 그가 하나님을 찾아감으로써 그는 위로의 근거가 되시는 분을 발견하게 될 것입니다. 그러나 그와 반대로 만일 한 불신자가 하나님께 반항한다면, 비록 그가 세상적으로는 평안하고 사람들로부터 호감을 받고 또한 존경을 받을지라도 그는 항상 불안할 것입니다. 그는 하나님과 화평하기를 구하지 않기 때문입니다.

섬김의 순수성이 필요

모세가 여기서 백성들에게 일생 동안 하나님을 섬기라고 권고했다는 사실을 알아 둡시다. 모세가 그렇게 한 것은 하나님께서는 우리를 향하여 당신의 긍휼과 선하심을 매일 보충하신다는 것을 알고 있으니 우리는 더 많은 용기를 내어 하나님을 섬기는 일에 열을 올려야 하며, 매일매일 항상 그렇게 하기를 계속해야 합니다. 어떤 사람이 일을 하거나 길을 걸어서 피곤하게 되었다면 수면이 그를 다시 좋은 건강 상태로 되돌려 주기 때문에, 다음 날 아침이면 그는 일터로 돌아갈 준비를 하며 그래야겠다는 마음을 먹게 됩니다. 이와 같이 우리도 우리 여호와께서 우리에게 용기를 주실 때와 우리를 오라고 부르실 때 용기를 내어서 기꺼이 하나님을 따를 준비를 하고 있어야 합니다.

이제 모세가 여호와의 규례와 법도에 관련해서 한 말에 대해 생각해 보기로 합시다. 모세가 이스라엘 백성들에게 한 첫 번째 명령은 그들이 그들의 기업으로 소유하게 될 땅에 들어가면 그들은 이방인의 단을 다 헐며 그들의 우상을 깨뜨리고 아세라상을 불사르고 그들에 대한 기억을 완전히 뿌리 뽑으라는 것이었습니다. 우리는 여기서 우상이 하나님에게는 매우 가증스럽다는 것과, 하나님께서는 당신에게 드리는 예배가 손상당하는 것을 참지 못하신다는 사실을 다시 알게 되었습니다. 우리가 하나님께 드리는 섬김에 어떤 악습이나 우리의 머리로 생각해 낸 어리석은 것이 섞여 있을 때는 하나님께서 그것을 가납하지 않으신다는 것을 알아 둡시다.

따라서 우리는 하나님을 우리의 생각대로 섬겨서는 안 되고, 하나님의 뜻과 명령과 허락에 따라 섬겨야 합니다. 우리는 이 사실을 통해서 오늘날 자신을 기만하는 무지하고 불쌍한 자들이 아주 많다는 것을 알게 되었습니다. 그들은 그들의 의도가 유일하신 하나님을 섬기는 것이라고 주장하면서도 그들 자신의 생각을 많이 덧붙이며 그렇게 하는 것이 잘못이 아니라고 여깁니다. 그들은 "나는 하나님을 섬기려고 노력하고, 그것도 나의 선한 의도로 그렇게 하는 것인데 왜 그것이 비난을 받아야 하느냐?"고 묻습니다. 우리 하나님께서 곳곳에서 선포하신 대로 그분은 어떤 우상도 참지 못하십니다(사 42:8). 우리는 이 본문 말씀에서 그에 대한 가르침을 충분히 받았습니다. 하나님께서는 우상에 대한 모든 기억이 완전히 뿌리 뽑히게 하실 것입니다. 왜냐하면 우상이 영향을 미치는 한 하나님이 손상을 당하시고 가리워져서 하나님을 판별할 수 없게 되고, 또한 이 세상의 모든 것들이 그것으로 인해서 혼란스럽게 되기 때문입니다. 그것은 마치 사람들이 하나님의 위대하심과 영광을 해치기 위해서 돌아다니는 것과 같습니다.

만일 하나님께 드리는 섬김이 그 자체의 순수성을 유지하지 않는다면 모든 것이 못쓰게 된다는 것을 알아 둡시다. 비록 사람들이 하나님을 전에 없이 아무리 공경할지라도 하나님께서는 순수하지 않는 섬김을 싫어하십니다. 우리는 그것을 당신의 선지자 에스겔을 통해서 하신 말씀에서 알 수 있습니다. 하나님께서는 "나는 너희와의 관계를 청산했으니 너희는 가서 너희 신을 섬기라"(겔 20:39)고 말씀하셨습니다. 그 말씀은 "너희 뜻이라면 마귀에게 온전히 붙어라. 너희는 나에게 진정으로 집착하지 않았으며, 나에게는 나와 함께하는 동반자가 있어야 하는데 너희는 나를 평범한 자로밖에 여기지 않아서 나는 아무 쓸모가 없는 자처럼 되어야 하니, 나는 너희를 버리고 너희가 마귀에게로 갈 수 있도록 너희를 양도한다. 나에게는 너희와 할 일이 더 이상 없을 것이기 때문이다"라는 것 같습니다. 하나님을 옳게 섬기려면 그분의 위대하심은 인간의 능력을 초월하신다는 것을 인정해서 하나님의 말씀과 가르침에 전적으로 의지해야 하며, 하나님께서 명령하신 것에 아무것도 첨가해서는 안 됩니다. 그것을 알아 둡시다.

모세는 이어서 **우상에 대한 기억이 뿌리 뽑혀야 한다**고 말했습니다. 그것은 백성들을 더 분별 있게 하기 위해서입니다. 하나님께서는 사람들에게 목상과 거기에 쓰였던 모든 것을 불사르라고 하셨으며, 모든 돌을 부수어서 가루로 만들고, 금과 은을 깨뜨려서 모든 것이 완전히 사라지게 하라고 하셨습니다. 하나님께서는 그렇게 해서 모든 우상을 대단히 증오하신다는 것을 우리에게 보여 주십니다. 하나님께서는 좋아 보이는 것들을 정죄하십니다. 그것들은 우상의 도구이기 때문입니다. 우리는 이것을 통해서 하나님께서는 우상을 결코 참지 못하신다는 것을 잘 알 수 있습니다.

이 외에도 하나님께서는 우리의 심약함을 항상 고려하고 계십니다. 우리에게 어떤 일이 닥치게 되면 우리는 곧 실패하게 되고, 이리저리로 헤매기 시작하기 때문입니다. 그 원인이 무엇입니까? 본래 우리는 세속적이고 육에 속했기 때문에 우리에게는 우상을 숭배하는 경향이 있습니다. 우리는 항상 신을 우리 자신에게 이로운 것처럼 보이는 것으로 상상하고 있으며, 그런 까닭으로 우리는 신의 모습을 여러 가지로 바꾸어 버립니다. 우리가 악으로 빨려들어갈 가능성이 아주 적어 보일지라도 우리는 즉시 그렇게 됩니다. 만일 파리 한 마리가 우리의 눈앞을 지나가기만 해도 우리는 그것을 우상으로 삼습니다. 우리는 하나님께서 그 단을 헐며, 나무 숲을 자르고, 목상을 불사르며, 신상을 찍어서 허수아비를 멸하라는 엄한 명령을 내리신 이유가 무엇인지 알았습니다. 만일 이런 것들이 이스라엘 백성들 가운데 남아 있다면 그들은 이방인의 미신에 홀린 자들일 것입니다. 그런데 그들은 "사람이 우상을 사랑하면 어떻습니까? 그것은 신성한 일입니다"라고 말할 것입니다.

오늘날에도 그와 같아서 천주교에서 양육된 자들은 그들에게 시시한 쓰레기 같은 우상이 보이는 한 그것을 굳게 고수합니다. 빠져나오려고 아무리 노력해도 그들은 거기에서 빠져나오지 못합니다. 만일 여러 번 미사에 참여했던 사람이 미사에 쓰였던 포도주가 담겼던 잔을 보게 되면 그것이 말할 수 없이 더럽고 심히 오염되어 있을지라도 그는 그 안에 어떤 거룩한 것이 들어 있다고 생각합니다. 그 이유는 내가 전에 말한 대로 우리는 본래부터 육에 속해 있기 때문입니다.

그 밖에도 사단이 우리 눈앞에 우리를 현혹시킬 것들을 보여 주면 우리는 즉시 그 올무에 걸리게 됩니다. 그럴 때 우리가 취해야 할 대책은 우리를 미신으로 유인해 가는 것들을 완전히 제거하는 것뿐입니다. 사실 우리 가운데 천주교에 있는 것과 같은 허수아비가 있다고 하더라도 그것들이 경배를 받지 않는 한 그것들이 우리를 해할 수 없다고 주장해도 좋을 것입니다. 그것들 자신의 힘으로는 우리를 해할 수 없는 것이 사실입니다. 그러나 우리 자신을 잘 살펴보도록 합시다. 그러면 우리 자신이 매우 연약하다는 것을 알게 될 것입니다. 시대에 뒤진 그런 생각이 우리의 눈을 가려서 우리를 하나님의 순수한 말씀에서 돌이키게 합니다. 만일 우리가 그런 단을 아직도 갖고 있다면, 우리는 우리로 하여금 하나님의 동참자가 되게 하고, 또 하나님이 베푸시는 모든 은혜를 누리게 하기 위해서 성만찬이 우리에게 집전된다는 것을 알지 못할 것입니다. 우리의 머릿속에는 항상 어떤 나쁜 생각이 남아 있기 마련입니다. 그런 까닭으로 하나님께서는 주상을 깨뜨리고 단을 파괴하며 우상이 있던 숲을 불사르라는 매우 준엄한 명령을 내리셨습니다.

우상 숭배자들이 갖고 있는 생각의 감옥

오늘날 천주교 신자들은 이스라엘 백성들이 미신에 미혹되어 있었기 때문에 그 명령은 이스라엘 백성에게만 주어진 것이라고 주장합니다. 분명히 말하지만, 오늘날의 우리가 그 당시의 이스라엘 백성들보다 더 좋은 기질을 가지고 있다고 말할 수 있는 사람은 아무도 없습니다. 하나님께서는 우상의 제사에 사용되었던 것을 다 태워 버리라고 명령하지 않으신 것이 사실입니다. 그럼에도 불구하고 하나님께서는 우리를 순수한 믿음에서 돌이키게 할지도 모르는 모든 것을 완전히 제거하기를 바라셨습니다. 만일 우상의 제사에 사용되었던 모든 물건이 없어져야 하는 것이 꼭 필요하다면, 그 안에서 하나님의 말씀을 전하는 이

신전은 지금 존재하지 않았을 것입니다. 그것은 사단의 매춘 굴이었지만, 지금 우리는 하나님의 말씀을 거스르는 겉만 번지르르한 것들을 제거하고 그것을 유용하게 사용해야 합니다. 그러나 세상이 어떻게 돌아가든 만일 우리가 우리의 약점을 잘 살펴보면 이 가르침은 오늘날 우리에게도 해당된다는 것을 알게 될 것입니다. 즉 우상에 대한 모든 기억이 지워져야 합니다. 그리고 미신이라는 병이 우리 몸속에 깊이 뿌리 내렸기 때문에 그것을 치료할 수 있는 방법은 우리를 그리로 유인할 수 있는 모든 것을 제거해서 마귀가 더 이상 우리를 그가 쳐 놓은 그물에 옭아매지 못하게 하는 것입니다. 그러면 우리는 하나님이 어떻게 경배와 섬김을 받으셔야 하는지 쉽게 알게 됩니다.

또한 우리는 선지자들이 언급한 것처럼 이 본문 말씀을 통해서 사람들이 미신에 얼마나 미쳐 있는지 알게 될 것입니다. 선지자들은 이런 비유를 들었습니다. 즉 사람은 맹신적인 사랑에 빠져 순정과 총명과 냉정을 잃은 사람을 닮았을 뿐만 아니라, 암말을 따라 우는 숫말과(렘 5:8) 또 다른 맹수와 같다고 했습니다. 이제 여러분은 불쌍한 우상 숭배자들이 어떻게 미신에 빠지게 되는지 아셨습니다. 모세는 푸른 나무와 높은 산과 작은 산에 대해서 언급합니다. 이스라엘 백성들은 묘한 장소에 대해서 특별한 애정을 갖고 있기 때문입니다. 그로 인해서 우상 숭배자들은 미신적인 추악한 짓과 주문(呪文)으로 샘물과 숲과 작은 산을 오염시켰습니다. 주목할 만한 것이 있는 곳곳에는 사원이나 예배 처소나 우상을 세울 수 있는 모든 건물이 세워졌습니다. 사람들이 자기들의 마음이 내키는 대로 하나님을 섬기려고 할 때에는 끝과 한계가 없습니다. 따라서 우리는 우리 자신을 그만큼 제지해서 하나님의 말씀이 보증하지 않는 것은 어떤 것도 하려고 해서는 안 됩니다. 만일 우리가 우리의 행동을 한도 내로 제한해서 우리 몸을 하나님께서 명령하신 것에 단단히 매어 놓지 않으면 사단이 우리를 옳은 도에서 끌고 나가지 않을 수 없을 것입니다. 그러면 우리에게는 무서운 혼란이 일어날 것입니다.

그렇게 되는 첫 번째 이유는 하나님을 기어이 자신의 생각대로 섬기려고 하는 자들은 그들이 다시 빠져나올 수 없는 지하 감옥에 빠져서 한 미신적인 짓에서 다른 미신적인 짓으로 계속 빠지게 마련이기 때문입니다. 그 점을 중요하게 여기십시오. 한편 만일 우리에게 하나님께 헌신할 마음이 없다면 우리의 죄가 매우 클 것입니다. 그리고 우상 숭배자들은 그들의 어리석은 망상에 깊이 빠져 있기 때문에 그들의 어리석은 망상을 버리지 못하여 그들이 미신에 빠져 있다는 생각을 충분히 하지 못합니다. 그러니 만일 우리가 계속해서 하나님께 순종하지 않는다면 우리는 어떻게 되겠습니까? 하나님께서는 우리의 목에 쉬운 멍에를 메일 것입니다(마 11:30). 하나님께서는 우리의 연약함을 고려하셔서 우리에게 당신께서 합당하다고 생각하시는 힘을 주시고, 우리를 더 말할 수 없이 다정하게 참아 주십니다. 하나님께서 그렇게 하시는데도 불구하고 하나님께서는 우리의 마음을 얻지 못하십니다. 그 이유는 보기에 딱할 정도로 우리가 까다롭기 때문입니다. 우리는 하나님이 우리를 너무 아프게 치신다고 불평하기 시작합니다.

우리는 우리가 하나님께 거짓된 섬김을 드리고 나서나 또 우리의 책임을 100분의 1만 하고서도 하나님께서는 그것에 만족하셔야 한다고 생각합니다. 반면에 우상 숭배자들은 한없는 희생을 하며 거기에서 오는 마음의 고통을 참아내며 계속해서 그들의 미신적인 행위를 늘리려고 합니다. 그러므로 우리 자신을 잘 살펴보도록 합시다. 우리는 우리가 하나님의 뜻을 뛰어넘어서 어떤 일을 하려고 시도하는 것은 부당하다는 것과, 하나님께서 우리에게 요구하시는 것이 무엇인지 알아야 합니다. 우리는 하나님께 온전히 승복해야 하니, 하나님께서 우리에게 메워 주시는 멍에를 얌전하고 온순한 마음으로 견디어 내도록 합시다. 그 멍에는 내가 전에 말한 대로 힘들지도 않고 괴롭지도 않기 때문입니다. 우상 숭배자들은 그들이 하는 일에 매우 열중하기 때문에 아무것도 그들이 하는 일을 막지 못합니다. 그리고 그들은 그들의 우상을 섬기기 위해서 날아다닙니다. 우리 여호와께서는 우리에게 갈 길을 보여 주시니 우리도 전진하도록 합시다. 우리가 타락했다는 사실을 고려할 때 그 길은 매우 힘들 것 같지만, 성령의 은혜로 인해서 우리에게는 매우 평평하고 쉽습니다.

여기서 우리가 더 알아 두어야 할 것은, 모세는 이스라엘 백성들에게 모든 곳에서 우상을 깨뜨리고 파괴하라고 하지 않고 하나님께서 그들에게 그들이 물려받을 땅에서 그렇게 하라고 명령하셨다고 말했다는 사실입니다. 우리는 그것을 통해서 성령님께서는 믿는 자 모두에게 이 세상에 있는 모든 우상을 헐고 파괴하라고 명령하지 않으시고, 믿는 자들이 권력을 장악하고 있는 곳에서만 그렇게 하라고 하셨다는 것을 알게 되었습니다. 그것은 주목할 가치가 있는 요점입니다. 왜냐하면 만일 우리가 우상 숭배자들과 함께 살고 있다면 우리는 그 땅 안에서 강대한 영향력을 행사하는 우상을 제거하는 것이 불가능하기 때문입니다.

그러면 어떻게 해야 합니까? 모든 사람들이 자기 마음속으로 개심을 해서 모든 우상이 거기에서 밀려나도록 해야 합니다. 어느 곳에서든지 하나님의 예배가 더럽혀지는 것이 보여도 나는 그곳으로 자주 가는 것과 그런 짓을 하는 우상 숭배자들과 대화하는 것을 삼가야 합니다. 나는 나의 육신 안에 있는 모든 악한 감정을 다 잘라 버려야 합니다. 더욱이 나에게는 나의 하나님을 저버릴 마음이 없다는 것과, 나는 내 자신을 나의 주변에 있는 우상 숭배자들과 함께 더럽히는 짓을 해서 내가 하나님께 약속했던 믿음을 그르칠 마음도 없다는 것을 보여 주어야 합니다. 그러므로 사람들은 제일 먼저 마음을 바꾸어야 하며, 그 다음에는 자신을 더럽힐지도 모르는 모든 것에서 떨어져 있어야 합니다. 그 이유는 하나님께서 우리에게 우리 자신을 다스리라는 책임을 주셨으며, 우리를 당신의 성전의 파수꾼으로 삼으셔서 우리 모두로 하여금 자기 자신을 세밀하게 감시하게 하셨기 때문입니다. 그것이 우상 숭배자의 나라에 있을 때 우리가 해야 할 일입니다.

성령의 전이 되라는 임무

그 밖에도 모든 사람들은 자기 자신의 집을 모든 추악한 짓에서 정결하고 깨끗하게 해야 합니다. 따라서 가장은 자기 주변을 잘 살펴보아서 자기 자녀와 하인들로 하여금 하나님을 경외하게 하고 순수한 믿음을 유지하게 해야 합니다. 만일 어떤 사람이 자기 집이 불결하게 되고 거기에 있는 모든 것이 엉망진창이 되는 것을 용납한다면 그는 틀림없이 하나님 앞에 나가서 그 이유를 설명하게 될 것 입니다. 거짓말을 하는 사람은 자기 부인이나 하인을 기독교로 개종시킬 수 없습니다. 내 말은 그가 어떤 미신적인 짓이나 우상 숭배를 허용해서는 안 된다는 것입니다.

하나님께서는 가장에게 자기 가정을 다스리는 권한을 주셨습니다. 때문에 그는 하나님이 거기에서 영광을 받으시게 하고, 어떤 추악한 것도 순수한 믿음에 섞이지 못하게 하고, 모든 추악한 것들이 완전히 제거되도록 처신해야 합니다. 힘과 권력을 가지고 있는 왕이나 제후나 방백들로 말하면, 그들은 모든 미신과 우상 숭배를 뿌리 뽑아야 합니다. 하나님께서는 그들을 검으로 무장시키셨기 때문에, 그들은 그것을 그 목적에 사용해서 하나님의 마음을 아프시게 해 드리거나, 하나님의 예배를 폐하거나 손상시키는 부정한 것이 생기는 것을 허락하거나 용인해서는 안 됩니다. 이것들이 모세가 한 말에서 우리가 알아 두어야 할 내용입니다. 그는 우리 모두에게 우리의 몸과 영혼을 항상 깨끗이 하라고 명령했다는 사실을 기억해 둡시다.

하나님께서는 우리에게 당신의 성령의 전이 되도록 하라는 임무를 주셨습니다(고전 6:19~20). 그러므로 하나님께서는 우리 모두가 우리의 몸을 항상 깨끗하게 하기를 바라십니다. 이제 우리는 우상 숭배를 멀리하고 결코 그것에 말려들지 않도록 조심합시다. 그리고 각자의 가족을 살펴서 그 안에는 하나님의 예배를 해치는 어떤 부정한 것도 없게 합시다. 그리고 왕이나 제후나 방백들처럼 중요한 권력을 가지고 있는 계층의 사람들로 하여금 여호와께서 그들에게 그러한 권력과 권한을 주셨으므로, 만일 그들이 하나님께 드리는 제사가 더럽혀지는 것을 용납한다면 그들은 소환을 받아 그것에 대한 사유를 설명하게 될 것이라는 생각을 하게 하십시오. 왜냐하면 "너희가 그 땅에 들어가게 되면 너희는 모든 우상을 몰아내고 미신적인 행위를 하는 데 도움을 주었던 것들을 다 말살하라"는 명령이 내려졌기 때문입니다.

모세는 그렇게 말하면서 우상을 제거하는 것이 우리가 해야 할 일의 전부가 아니라는 것을 보여 주었습니다. 중요한 요점은 하나님께 드리는 순수한 예배를 발전시키고 부흥시키고 정착시키는 것입니다. 그것은 주목할 만한 가치가 있습니다. 오늘날 우리에게는 많은 사람들이 교황의 어리석은 짓과 그의 폭정 하에서 기승을 부리는 악습을 몹시 비웃는 것이 보입니다. 그들은 과감하게도 금요일에 고기를 먹으며, 사순절이나 성도의 전야제나 성수를 마시는 것이나 순례 여행을 하는 것이나 그 밖에 시시콜콜한 것을 중요하게 여기지 않습니다. 그들에게는 미사나 고해에 대한 열의가 많지 않습니다. 많은 사람들이 천주교에서 행해지는 미신적인 행위를 경멸하며, 심지어 비웃고 완전히 정죄하기도 합니다. 그런데 그들에게는 하나님을 경외하는 마음과 신앙심이 없습니다. 확실히 그들에게는 자신들이 경멸하는 그런 짓을 해서 온 세상을 다스리시는 위대하신 하나님을 향하여 맹수처럼 돌진하고, 또 온 세상을 다스리시는 하나님이 계시다는 것을 알지 못하는 것보다는 무식해서 짐승 같은 생활을 계속하는 것이 훨씬 좋았을 것입니다. 우상 대신에 참된 종교를 세우지 않는다면 우상을 폐하는 것이 별다른 이익을 주지 못합니다. 한 집이 잘못 지어져서 그 집은 아무 가치가 없다거나 그 집에는 많은 결점이 있다는 말을 듣게 되면 그 집을 허물어 버리는 것이 좋을 것입니다. 그럼에도 불구하고 그것을 전과 다름없이 나쁜 상태로 내버려 두었는데 어떤 사람이 돼지우리 같은 그 집에 들어가서 살게 되면 그 집이 추하고 불결할지라도 그 집은 그에게 소용이 되는 것과 같습니다. 그러나 만일 그 집이 허물어져서 완전히 파괴되고 그 대신에 다른 건물이 전혀 지어지지 않았다면 그 집을 허무는 것이 아무 이익이 되지 못했을 것입니다.

먼저 악한 행실을 고치라

모세는 여기서 우리에게 두 개의 규칙으로 구성된 완전한 가르침을 전하고 있습니다. 우리는 그 사실을 잘 알아 둡시다. 즉 우리는 우리 하나님을 전적으로 섬겨야 하며, 더 나아가서 모든 미신을 타파해서 아무것도 하나님께 그분이 받아 마땅한 경배 드리는 것을 막지 못하게 하고, 또 사람들로 하여금 하나님 한 분만을 주목하게 해서 하나님의 위대하심에만 집착하게 해야 합니다. 그는 제일 먼저 모든 미신을 폐하는 것에 대해서 언급했는데 그 이유는 무엇입니까? 만일 어떤 사람이 밭을 경작하기 위해서 씨를 뿌리려고 하는데 그 밭에 찔레나무와 가시나무와 독초가 무성하다면, 그는 제일 먼저 그 땅을 깨끗이 고르거나, 그렇지 않으면 씨를 뿌리기 전에 해로운 잡초를 죽여 버리기 위해서 그 밭을 쟁기로 갈아야 합니다(렘 4:3). 이와 같이 우리가 하나님을 섬기는 데 전념하기 위해서는 그 전에 모든 더러운 것이 우리 몸에서 제거되어야 합니다. 우리가 경배해야 할 분은 하나님 한 분밖에 없다는 것을 우리에게 아무리 설교해도 만일 우리가 이미 어리석은 망상과 생각에 사로잡혀 있다면 우리의 생각은 영원히 혼란하게 될 것입니다. 모세는 그런 취지로 그렇게 말했습니다. 그리고 그는 그 땅을 정지하는 것으로는 충분하지 않았으며, 만일 그 땅이 개간되고 또 씨가 뿌려져서 소산을 내지 않는다면 그 땅은 계속해서 불모인 채로 남아 있게 될 것이라는 말을 첨가했습니다. 그것이 여기서 우리에게 알려 주는 요점입니다.

사람들이 참된 믿음에 반대되는 악한 행실을 고치지 않고 하나님의 말씀을 기어이 전하려 한다는 것은 완전히 우롱하는 짓에 불과합니다. 우리는 우선 그것을 알아야 합니다. 오늘날 천주교에서는 양다리를 걸치는 사람들이 많이 있습니다. 우연히 복음을 조금 맛보고서 하나님의 말씀을 전했다고 자랑할 수 있는 위선자들이 그런 유에 속합니다. 그들은 처참한 세상 사람들이 심히 무식하게 되고, 우상 숭배와 미신 외에는 아무것도 생각나지 않을 정도로 말할 수 없이 멍청하게 되었다고 여깁니다.

그러나 그들은 우리가 경배드려야 할 분은 하나님 한 분밖에 없다고 말하는 것으로 충분하다고 생각합니다. 그들은 용기를 내어서 하나님 한 분만이 경배를 받으셔야 한다고 말하지 않고 하나님을 경배하자고 말합니다. 회교도들도 그 정도로 말하지 않겠습니까? 천주교도들은 항상 똑같은 말을 해 오지 않았습니까? 그들이 말하기를 우리는 예수 그리스도를 우리의 대변인으로 모시고 있다고 말하면서도 그분을 그들의 등 뒤에 혼자 내버려 두고 세상 사람들이 생각해 낸 변호사를 찾아다닙니다. 그들은 사람들로 하여금 천주교에서 저질러진 가증스러운 짓의 동참자가 되는 것은 악한 일이 아니라고 믿게 만듭니다. 그러나 하나님의 의도는 그것에 완전히 반대입니다. 모세는 "너희는 너희 하나님 여호와를 섬겨야 한다"고 말했을 뿐만 아니라 "너희는 단을 헐고 주상을 깨뜨리며 아세라 상을 불사르고 악한 짓에 사용되었던 모든 것을 완전히 제거해서 그것을 완전히 없애 버려야 한다"고 말했습니다. 만일 백성들이 그런 악한 풍습을 여전히 계속한다면 하나님께서 경배를 온전히 받으시는 것이 불가능하기 때문입니다.

사람들이 하나님의 진리를 조금 맛보는 것으로는 충분하지 않습니다. 전에 거짓이 영향력을 행사했다면 그것들은 차단되어야 하며, 사람들은 그것들에 반대해야 하며, 사람들은 개심을 해야 하며, 그들은 옳은 길로 인도되어야 하며, 그들이 탈선하는 것이 더 이상 허용되어서는 안 됩니다. 그리고 우리가 알아 둬야 할 것은, 사람들이 미신에 반대할 때 그들이 거기에 정체해 있어서는 안 되고, 모세가 거기에서 언급한 대로 앞으로 나아가서 하나님께 드리는 섬김을 똑바로 세워야 합니다.

오늘날 이 세상에는 많은 쾌락주의자가 있고 사람들보다는 돼지와 잔인한 짐승을 닮는 자가 많은데, 그 이유는 그들이 불신자의 어리석음과 무지를 조롱하면서도 하나님을 온전히 섬기며 하나님께 집착하고 하나님의 말씀에 순종하는 것이 무엇인지 깨닫지 못하기 때문입니다. 따라서 하나님께서 그들을 열등의식에 빠지게 하시고, 그들을 제지하시고, 그들에게는 정직성이나 인간성이나 어떤 선한 것도 더 이상 갖지 못하게 하시는 것이 타당합니다. 그러므로 천주교도들은 불쌍하고 비참한 자들이라는 것을 알고 그들의 어리석고 미신적인 짓을 정죄할 뿐만 아니라, 하나님께서 우리를 부르실 때 달려갈 준비를 하고 있도록 합시다. 그리고 하나님께서는 우리에게 참된 종교와 당신의 복음이 주는 교훈을 가르쳐 주실 정도로 우리에게 관대하셔서, 우리가 경배해야 할 분은 당신 한 분뿐이라는 것을 우리에게 보여 주신다는 사실을 알아 둡시다.